PORTUGUÊS BRASILEIRO
E
PORTUGUÊS EUROPEU

SINTAXE COMPARADA

Conselho Acadêmico
Ataliba Teixeira de Castilho
Carlos Eduardo Lins da Silva
Carlos Fico
Jaime Cordeiro
José Luiz Fiorin
Tania Regina de Luca

Proibida a reprodução total ou parcial em qualquer mídia
sem a autorização escrita da editora.
Os infratores estão sujeitos às penas da lei.

A Editora não é responsável pelo conteúdo deste livro.
O Autores conhecem os fatos narrados, pelos quais são responsáveis,
assim como se responsabilizam pelos juízos emitidos.

Consulte nosso catálogo completo e últimos lançamentos em **www.editoracontexto.com.br**.

PORTUGUÊS BRASILEIRO E PORTUGUÊS EUROPEU

SINTAXE COMPARADA

Mary A. Kato
Ana Maria Martins
Jairo Nunes

Copyright © 2022 dos Autores
Todos os direitos desta edição reservados à
Editora Contexto (Editora Pinsky Ltda.)

Ilustração de capa
Desembarque de Pedro Álvares Cabral
em Porto Seguro, 1500, Oscar Pereira da Silva, 1900
(Domínio público / Acervo Museu Paulista (USP))

Montagem de capa e diagramação
Gustavo S. Vilas Boas

Preparação e revisão de textos
Dos autores

Dados Internacionais de Catalogação na Publicação (CIP)

Kato, Mary A.
Português brasileiro e português europeu : sintaxe comparada
/ Mary A. Kato, Ana Maria Martins, Jairo Nunes. –
São Paulo : Contexto, 2023.
384 p. : il.

Bibliografia
ISBN 978-65-5541-212-3

1. Língua portuguesa – Gramática
2. Língua portuguesa – Sintaxe
I. Título II. Martins, Ana Maria III. Nunes, Jairo

23-0508   CDD 469.5

Angélica Ilacqua – Bibliotecária – CRB-8/7057

Índice para catálogo sistemático:
1. Língua portuguesa – Gramática

2023

EDITORA CONTEXTO
Diretor editorial: *Jaime Pinsky*

Rua Dr. José Elias, 520 – Alto da Lapa
05083-030 – São Paulo – SP
PABX: (11) 3832 5838
contato@editoracontexto.com.br
www.editoracontexto.com.br

SUMÁRIO

APRESENTAÇÃO: SINTAXE, JABUTIS E TARTARUGAS 11
Nota 12

ABREVIATURAS 13

DELIMITANDO O OBJETO DE ANÁLISE 15
Notas 19

SISTEMA PRONOMINAL 21
2.1 Introdução 21
2.2 Pronomes pessoais fortes, fracos e clíticos em português 22
2.3 Pronomes pessoais em português e seus traços constitutivos 25
    2.3.1 Pessoa 26
    2.3.2 Número 26
    2.3.3 Gênero 27
    2.3.4 Caso 27
        2.3.4.1 Nominativo 27
        2.3.4.2 Acusativo 28
        2.3.4.3 Dativo 29
        2.3.4.4 Oblíquo 30
        2.3.4.5 Genitivo 31
    2.3.5 Reflexividade 31
2.4 Semelhanças e diferenças entre português europeu e português brasileiro 33
    2.4.1 Pronomes de primeira pessoa 33
    2.4.2 Pronomes de segunda pessoa 37
    2.4.3 Pronomes de terceira pessoa 40
2.5 Resumo 47
Notas 50

CONCORDÂNCIA 57
3.1 Introdução 57
3.2 Concordância dentro de domínios nominais 58
   3.2.1 Concordância de gênero 58
   3.2.2 Concordância de número 59
       3.2.2.1 Sem concordância 61
       3.2.2.2 Concordância parcial 62
       3.2.2.3 Singulares nus com substantivos contáveis 63
3.3 Concordância entre sujeito e predicado 66
   3.3.1 Concordância com predicados nominais e adjetivais 66
   3.3.2 Concordância com predicados verbais 67
       3.3.2.1 Concordância de gênero e número em orações participiais 67
       3.3.2.2 Concordância de pessoa e número 68
           3.3.2.2.1 Concordância de pessoa e número
                  em orações finitas 69
           3.3.2.2.2 Concordância de pessoa e número
                  em infinitivos flexionados 72
           3.3.2.2.3 Concordância de pessoa e número em gerúndios
                  flexionados de dialetos do português europeu 75
3.4 Reanalisando os sistemas de concordância
   em português europeu e português brasileiro 77
   3.4.1 A composição de traços dos pronomes pessoais
       e aparentes casos de incompatibilidade de concordância 77
   3.4.2 Especificação de traços dos pronomes pessoais
       e concordância sintática 90
   3.4.3 Concordância defectiva e hiperalçamento
       em português brasileiro 103
3.5 Casos especiais de concordância 111
   3.5.1 Assimetrias de concordância e ordem das palavras 111
       3.5.1.1 Concordância com verbos inacusativos 112
       3.5.1.2 Concordância com sujeitos coordenados 115
   3.5.2 Concordância com predicados impessoais 116
   3.5.3 Concordância em construções com o clítico *se* 118
3.6 Resumo 120
Notas 121

SUJEITOS NULOS		129
4.1	Introdução	129
4.2	Diferentes tipos de sujeitos nulos	129
4.3	Sujeitos nulos definidos	133
	4.3.1 Sujeitos nulos definidos em orações finitas	135
	4.3.1.1 Sujeitos nulos de primeira e segunda pessoa em orações finitas	135
	4.3.1.2 Sujeitos nulos de terceira pessoa em orações finitas	155
	4.3.1.3 Resumo	164
	4.3.2 Sujeitos nulos definidos em infinitivos flexionados	165
	4.3.2.1 Sujeitos nulos de primeira e segunda pessoa em infinitivos flexionados	165
	4.3.2.2 Sujeitos nulos de terceira pessoa em infinitivos flexionados	170
	4.3.2.3 Resumo	171
	4.3.3 Sujeitos nulos definidos em orações participiais	172
	4.3.3.1 Sujeitos nulos de terceira pessoa em orações participiais	173
	4.3.3.2 Sujeitos nulos de primeira e segunda pessoa em orações participiais	174
	4.3.3.3 Resumo	177
	4.3.4 Sujeitos nulos definidos em gerúndios	178
	4.3.4.1 Sujeitos nulos definidos em gerúndios flexionados de dialetos do português europeu	179
	4.3.4.2 Sujeitos nulos definidos em gerúndios não flexionados atribuidores de caso	180
4.4	Sujeitos nulos indefinidos	182
	4.4.1 Sujeitos nulos indefinidos de terceira pessoa do plural	182
	4.4.2 Sujeitos nulos indefinidos de terceira pessoa do singular	183
4.5	Sujeitos nulos expletivos	184
4.6	Outras questões relevantes	186
	4.6.1 Expletivos foneticamente realizados em português europeu dialetal	186
	4.6.2 Preenchendo posições de expletivos nulos em português brasileiro	187
	4.6.3 Sujeitos nulos e a distinção entre pronomes fortes e fracos	188
4.7	Resumo geral	189
Notas		191

ORDEM DE PALAVRAS 195
5.1 Introdução 195
5.2 Ordem de palavras em sentenças declarativas
    e conteúdo informacional 196
   5.2.1 Julgamentos téticos e categóricos 196
      5.2.1.1 A posição de sujeito e a distinção tético-categórico 196
      5.2.1.2 Topicalização de constituintes outros que não o sujeito 203
   5.2.2 Estruturas de foco 205
      5.2.2.1 Foco informacional e ordem das palavras 206
      5.2.2.2 Foco contrastivo e ordem das palavras 210
      5.2.2.3 Clivagem 214
5.3 Ordem de palavras em sentenças interrogativas 218
   5.3.1 Ordem de palavras em interrogativas-*sim/não* 218
   5.3.2 Ordem de palavras em interrogativas-*qu* simples 220
   5.3.3 Ordem de palavras em interrogativas-*qu* múltiplas 227
   5.3.4 Ordem de palavras em interrogativas-*qu* clivadas 228
5.4 Ordem de palavras em sentenças exclamativas 230
5.5 Ordem de palavras em domínios não finitos 234
5.6 Colocação de clíticos 237
   5.6.1 Colocação de clíticos em português europeu 238
   5.6.2 Colocação de clíticos em português brasileiro 248
5.7 Resumo 257
Notas 258

OBJETOS NULOS E POSSESSIVOS NULOS 265
6.1 Introdução 265
6.2 Elipse de projeções verbais 266
6.3 Objetos diretos nulos 269
6.4 Objetos oblíquos nulos 281
6.5 Possessivos nulos 285
6.6 Resumo 291
Notas 292

**AFIRMAÇÃO, NEGAÇÃO, INTERROGATIVAS-*SIM/NÃO*
E RESPOSTAS CURTAS** 295
7.1 Introdução 295
7.2 Afirmação enfática 295
    7.2.1 Afirmação enfática com *sim*, *pois* e *já* 296
    7.2.2 Afirmação enfática com reduplicação
        de verbos em português europeu 298
7.3 Padrões sintáticos da negação 305
    7.3.1 Negação predicativa e concordância negativa 305
    7.3.2 Negação enfática 310
    7.3.3 Negação metalinguística 312
    7.3.4 Negação expletiva 320
7.4 Interrogativas polares enviesadas 321
    7.4.1 Interrogativas polares negativas 321
    7.4.2 Interrogativas-*tag* 324
7.5 Respostas curtas para interrogativas-*sim/não* 326
    7.5.1 Respostas curtas com verbos e partículas responsivas ... 326
    7.5.2 Respostas curtas com advérbios e quantificadores 336
    7.5.3 Respostas curtas com a cópula *ser* 340
7.6 Resumo 343
Notas 344

**PORTUGUÊS BRASILEIRO E PORTUGUÊS EUROPEU:
UMA OU DUAS GRAMÁTICAS?** 349

REFERÊNCIAS BIBLIOGRÁFICAS 359

FONTES 382

OS AUTORES 383

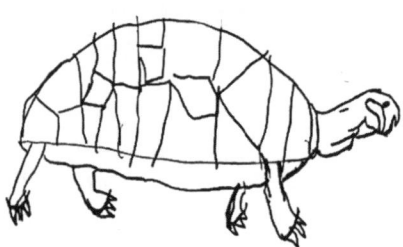
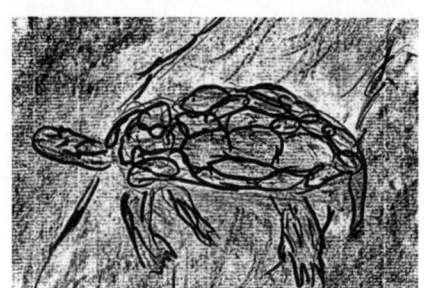

Lucas Nunes (8 anos): Jabuti   Miguel Nunes (10 anos): Tartaruga

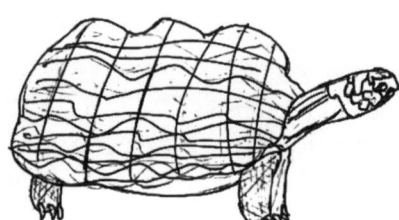
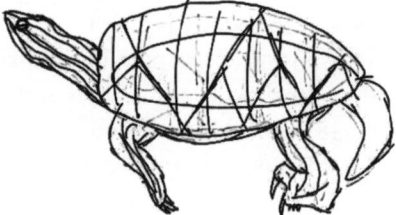

Rubens Nunes (12 anos): Jabuti & Tartaruga

APRESENTAÇÃO:
SINTAXE, JABUTIS E TARTARUGAS

O leitor certamente deverá ter se surpreendido ao se deparar com jabutis e tartarugas no título da apresentação de um livro sobre questões linguísticas. Alguns leitores também podem ter se lembrado da velha dúvida sobre a diferença entre jabutis e tartarugas. Outros podem ainda ter percebido que, mesmo depois de ficarmos sabendo da diferença, continuamos no mais das vezes chamando jabuti de tartaruga, dando mais relevância à semelhança que às diferenças entre eles. Vem daí a inspiração para a nossa discussão sobre português brasileiro e português europeu: são duas línguas distintas ou uma só?

A resposta para essa pergunta evidentemente depende do que se entende por *língua*. Esse vocábulo escorregadio pode, no entanto, abrigar inúmeras acepções e não é nosso intuito aqui fazer um cotejo entre as várias concepções de língua e as correspondentes respostas para a pergunta acima. Nosso objetivo neste livro é mais pontual: sistematizar semelhanças e diferenças entre o português brasileiro e o português europeu no que diz respeito às suas propriedades sintáticas. Do mesmo modo que a semelhança entre jabutis e tartarugas permite que se possa agrupá-los abstratamente como quelônios, diferenciando-os de outros répteis, e até informalmente usar o nome de um para designar ambos, o português brasileiro e o português europeu compartilham propriedades que os distinguem de outros sistemas linguísticos e podem, em conjunto, ser abstratamente (e informalmente) designadas de *português*. Por outro lado, da mesma forma que as diferenças sistemáticas entre dois grupos de quelônios levam à subdivisão entre jabutis e tartarugas, a comparação detalhada entre português brasileiro e português europeu revela que há suficientes diferenças sistemáticas para que se distinga brasileiro de europeu.

Partindo dessa analogia, este livro faz uma comparação detalhada entre a sintaxe do português brasileiro e a sintaxe do português europeu, salientando pontos em que as duas variedades se comportam como quelônios e pontos em que se comportam como jabutis e tartarugas. O livro consiste na tradução para o português do livro *The Syntax of Portuguese* (Cambridge University Press), de nossa autoria.[1] A tradução foi adaptada tomando como leitores potenciais, falantes nativos interessados em questões de linguagem (mas não necessariamente especialistas). Assim, o livro procura não "chover no molhado", deixando de lado a descrição de fatos que são do conhecimento dos falantes nativos, e faz uso bastante parcimonioso (e com as devidas explicações) de termos técnicos que não são familiares a não especialistas. Além disso, na medida em que procura caracterizar de modo não prescritivo a estrutura que subjaz ao conhecimento de um falante nativo (de português brasileiro ou de português europeu), o livro abre espaço não só para uma discussão acadêmica das propriedades sintáticas abordadas, mas também para debates sobre o ensino de português (mais especificamente, sobre o conteúdo de sintaxe) nas escolas. Como o leitor poderá constatar, o livro põe por terra alguns dos mitos mais disseminados sobre as variedades do português, como a ideia de que o português brasileiro não segue regras, ou ainda a ideia platônica (presente nos livros didáticos de cunho prescritivo) de que a vertente "culta" do português brasileiro equivale ao que se imagina que seja o português europeu (considerado a variedade "correta").

Reza a lenda que Sérgio Buarque de Holanda certa vez encontrou seu clássico *Raízes do Brasil* em meio a livros sobre ervas medicinais brasileiras. Para não correr semelhante risco e desagradar um biólogo encontrando um livro de sintaxe entre volumes sobre quelônios, não incluímos *jabutis* e *tartarugas* no título deste livro. Fica, no entanto, o convite para que o leitor embarque nessa analogia e venha examinar as facetas jabutianas e tartarugueanas do português. Boa leitura!

São Paulo/Lisboa/Campinas, 30 de maio de 2022.
Mary A. Kato
Ana Maria Martins
Jairo Nunes

Nota

[1] A redação da versão final deste livro contou com apoio parcial do CNPq – Conselho Nacional de Desenvolvimento Científico e Tecnológico (primeira autora, processo 304954/2021-7, e terceiro autor, processo 303195/2019-3) e FCT – Fundação para a Ciência e Tecnologia (segunda autora, projetos UIDB/00214/2020 e SynAPse, PTDC/LLT-LIN/32086/2017).

ABREVIATURAS

↓:	entoação descendente
↑:	entoação ascendente
→:	entoação plana
Ø :	constituinte nulo
1:	primeira pessoa
2:	segunda pessoa
3:	terceira pessoa
AC:	caso acusativo
CA3P:	clítico acusativo de terceira pessoa
Cl:	clítico
CORDIAL-SIN:	Corpus de Dialetos Portugueses Orientados à Sintaxe
CRPC:	Corpus de Referência do Português Contemporâneo
DAT:	caso dativo
Det:	determinante foneticamente nulo
DP:	sintagma determinante
ECM:	marcação excepcional de caso
EXPL:	expletivo
Fc:	pronome fraco
FEM:	feminino
Ft:	pronome forte
G:	gênero
GEN:	caso genitivo
[hum]:	humano
T_E:	tempo sujeito a empobrecimento morfológico
IND:	indefinido
INDIC:	indicativo

Infl:	flexão
MASC:	masculino
n:	não valorado
NOM:	caso nominativo
NP:	sintagma nominal
NPI:	item de polaridade negativa
OBL:	caso oblíquo
P:	pessoa
PB:	português brasileiro
PE:	português europeu
PL:	plural
PPI:	item de polaridade positiva
PRES:	presente
PERF:	perfeito
PRET:	pretérito
pron:	pronome
[±prox]:	maior ou menor grau de familiaridade, intimidade ou proximidade de *status* social
-*qu*:	constituinte interrogativo
REFL:	reflexivo
SG:	singular
SV:	ordem sujeito-verbo
SVO:	ordem sujeito-verbo-objeto
VP:	sintagma verbal
VSVPE:	elipse de VP com verbo remanescente
VS:	ordem verbo-sujeito
VSO:	ordem verbo-sujeito-objeto
VXS:	ordem verbo-constituinte arbitrário-sujeito

O leitor encontrará um índice remissivo no link "Material extra" da página do livro no site da Editora Contexto (https://www.editoracontexto.com.br/produto/portugues-brasileiro-e-portugues-europeu-sintaxe-comparada/5403292).

DELIMITANDO O OBJETO DE ANÁLISE

A ordem dos quelônios (*chelonii/chelonia*), que compreende as tartarugas terrestres, as de água doce e as marinhas, se subdivide em famílias, gêneros e espécies, gerando taxonomias que variam no tempo e nas classificações de diferentes escolas e autores. A ordem também pode ser designada *testudine/testudinata* e, no plano filogenético, discute-se se os quelônios pertencem à classe dos *anapsida* ou dos *diapsida* (dois tipos de répteis). Descendo ao nível da espécie, a *mauremys leprosa* (com o nome comum de *cágado mediterrânico*, *cágado mourisco* ou, popularmente, *cágado da ribeira*), uma tartaruga de água doce autóctone de Portugal e de outros países do Mediterrâneo, foi sendo classificada em diferentes famílias: *bataguridae, emydidae, geoemydidae*. Mas independentemente de taxonomias e de possíveis considerações sobre quão próxima ou distante ela está, por exemplo, da *chelonoidis carbonaria*, sua parente terrestre brasileira (com o nome comum de *jabuti-piranga* ou *jabuti-vermelho*), da família *testudinidae*, é possível descrever em detalhe e comparar a morfologia/fisiologia de ambas as espécies, identificando tanto os traços caracterizadores que decorrem da ordem e família de que fazem parte, como os que são particulares ao gênero (*mauremys vs. chelonoidis*) e à espécie (*mauremys leprosa vs. chelonoidis carbonaria*). Da mesma forma, independentemente de considerações sobre o grau de proximidade/distância entre o português europeu e o português brasileiro refletido em termos classificatórios como *variedade*, *dialeto* ou *língua*, é possível fazer uma descrição detalhada e comparativa do inventário e organização de seus traços constitutivos. Esse é o objetivo deste livro no domínio da sintaxe: fazer uma descrição detalhada e comparativa da sintaxe do português europeu contemporâneo e do português brasileiro contemporâneo, identificando pontos em que se comportam como quelônios, compartilhando propriedades herdadas filogeneticamente, e pontos em que se comportam como jabutis-pirangas e cágados da ribeira, divergindo tanto em forma quanto em função.

Começando brevemente pela filogenia, o português é uma língua românica que se ramificou do galego-português medieval, uma das comunidades linguísticas que emergiram na Península Ibérica a partir do latim. Originando-se no noroeste da península, o português foi gradualmente divergindo do galego à medida que se expandia para o sul, acompanhando a expansão do reino de Portugal, que se tornou independente em 1143. Dessa expansão resultou uma fronteira política que veio a se consolidar também como uma fronteira linguística. No século XV, Portugal iniciou a construção de um império colonial e a partir daí a língua portuguesa se espalhou pelo mundo. Hoje é a língua oficial de oito países (Portugal, Brasil, Angola, Cabo Verde, Timor Leste, Guiné-Bissau, Moçambique e São Tomé e Príncipe) e de um território chinês autônomo (Macau), sendo falado por cerca de 250 milhões de pessoas. No entanto, apenas em Portugal e no Brasil o português é a língua nativa da grande maioria da população. Nos outros lugares, a situação difere de país para país, mas em geral o português é majoritariamente aprendido na escola como segunda língua e apenas uma minoria das crianças cresce falando a língua.[1]

Em parte refletindo essa diferença, a literatura sobre o português europeu e o português brasileiro (doravante *PE* e *PB*) é muito mais abrangente e detalhada do que a literatura correspondente sobre as outras variedades. Na verdade, o crescimento exponencial da literatura sobre a sintaxe do português nas últimas quatro décadas foi substancialmente alimentado por estudos que contrastam sistematicamente o PE e o PB. Dada essa assimetria na literatura disponível e a perspectiva comparativa que consideraremos neste livro, nossa discussão se concentrará nas principais propriedades sintáticas que são comuns a todas ou à maioria das subvariedades de PE e PB. Usaremos o termo consagrado *gramática* para nos referirmos a esse conhecimento sintático comum que é compartilhado pela maioria dos falantes nativos de cada variedade, geralmente refletido por seus julgamentos sobre a boa formação das expressões linguísticas.[2]

O interesse comparativo pela gramática do português e por sua sintaxe, em particular, aumentou consideravelmente nas últimas quatro décadas como reflexo do interesse geral pela sintaxe comparativa motivado pela Teoria dos Princípios e Parâmetros (Chomsky, 1981; Chomsky e Lasnik, 1993). Com base na literatura publicada nesse período, este livro apresenta uma visão geral dos principais aspectos sintáticos do português que podem ser relevantes para leitores interessados em gramática, em sintaxe teórica e em linguística comparada em geral.

Antes de passarmos à apresentação dos capítulos propriamente ditos, algumas observações metodológicas sobre o escopo do livro são necessárias. A primeira diz respeito às variedades específicas de PE e PB a serem consideradas. Em consonância com o recorte metodológico assumido aqui, focamos nossa atenção principalmente no conhecimento sintático que os falantes nativos de PE e PB detêm que presumivelmente resulta do processo normal de aquisição da linguagem e não de escolarização. Consequentemente, discutiremos diferenças entre língua falada e língua escrita apenas quando forem reveladoras de aspectos relevantes das gramáticas em exame. Por exemplo, os clíticos acusativos de terceira pessoa *o*, *os*, *a* e *as* são adquiridos via escolarização em PB e são principalmente empregados em linguagem escrita. Assim, não serão analisados como parte da gramática do PB. Curiosamente, as posições sintáticas que esses clíticos ocupam em PB escrito são diferentes das posições que ocupam em PE e até diferentes das posições ocupadas por outros clíticos em PB escrito. Portanto, uma breve discussão do PB escrito nesse caso pode fornecer evidência independente para excluir clíticos acusativos de terceira pessoa da gramática do PB (ver seção 5.6.2).

Dito isso, a abordagem explorada aqui diverge sensivelmente da abordagem adotada em gramáticas tradicionais em quatro pontos. Primeiro, a apresentação se dá sob uma perspectiva teórica uniforme. As propriedades sintáticas relevantes de PE e PB são sistematizadas de forma que – esperamos – possam lançar mais luz sobre características centrais da arquitetura sintática das línguas naturais. O material empírico e os resultados teóricos são discutidos usando o quadro geral da Teoria dos Princípios e Parâmetros como ponto de referência, mas a linguagem técnica é reduzida ao mínimo e apresentada de modo acessível para os não iniciados.

Em segundo lugar, nossa principal preocupação é descrever as propriedades internas das gramáticas de PE e PB, em vez de seu uso. No entanto, informações sociolinguísticas, diacrônicas ou de aquisição também serão reportadas quando destacarem contrastes entre PE e PB.

Em terceiro lugar, os paradigmas que apresentamos envolvem o que acreditamos corresponder às características comuns subjacentes à maioria das subvariedades de PE e PB contemporâneos e podem, portanto, diferir de descrições encontradas nas gramáticas tradicionais por não incluir formas que desapareceram ou formas que não fazem parte da maioria das subvariedades. Isso não significa que propriedades dialetais que não são analisadas como parte da gramática do PE ou do PB serão simplesmente desconsideradas. Quando sua discussão levar a um melhor entendimento dessas gramáticas, os dados relevantes receberão a devida atenção. Tomemos o pronome nominativo de

2ª pessoa do plural *vós* e sua correspondente flexão verbal de 2ª pessoa do plural (como em *cantais*), por exemplo. Embora as gramáticas tradicionais sempre forneçam paradigmas pronominais e verbais que incluem *vós* e sua flexão verbal correspondente, ambos são inexistentes em PB e são dialetalmente restritos às variedades do norte de Portugal. Assim, assumiremos que as gramáticas do PB e do PE (no sentido especificado anteriormente) não incluem *vós* ou a flexão verbal correspondente. No entanto, uma breve discussão dessa perda (ver seção 2.4.2) pode nos ajudar a entender por que ela tem um impacto maior na gramática do PB contemporâneo do que na gramática do PE contemporâneo (ver seção 3.4.2).

Finalmente, fazer parte da gramática da variedade relevante não equivale ao que os livros escolares elegem como "padrão". Se uma determinada propriedade sintática faz parte do conhecimento obtido por meio da aquisição regular da linguagem e é comum à maioria dos dialetos, ela será incluída como parte da gramática em discussão, mesmo se for considerada prescritivamente "não padrão". Um exemplo disso é o uso dos pronomes de 3ª pessoa *ele*, *eles*, *ela* e *elas* na posição do objeto em PB. Embora condenado enfaticamente pela gramática tradicional e estigmatizado sociolinguisticamente, esse uso pode ser observado na fala (informal) de praticamente todos os falantes de todos os dialetos do PB. Assim, analisaremos a ocorrência desses pronomes na posição de objeto como parte da gramática do PB (ver seção 2.4.3).

Ao longo do livro, adotaremos as seguintes convenções na apresentação dos dados. Quando a discussão enfocar apenas uma das variedades de português aqui analisadas ou o conjunto de comparação for relevante apenas em uma variedade e não na outra, os exemplos serão identificados como PE ou PB. Quando a discussão se concentrar em suas diferenças, julgamentos serão fornecidos com relação a cada variedade. Os exemplos não serão identificados se receberem o mesmo julgamento gramatical tanto no PE quanto no PB e a comparação for irrelevante para a questão em discussão. Um sinal de porcentagem antes de PE ou PB (*%PE* ou *%PB*) indica que a aceitabilidade da sentença em questão é dialetalmente/idioletalmente restrita.

Seguindo a prática da literatura em sintaxe, também adicionaremos pontos de interrogação e asteriscos precedendo um exemplo para sinalizar que, sob a leitura indicada, as sentenças relevantes são julgadas por falantes nativos como marginais ou inaceitáveis, respectivamente. Da mesma forma, usaremos "#" precedendo um exemplo para indicar que a sentença está gramaticalmente bem formada, mas é pragmaticamente anômala. Finalmente, se um asterisco, por exemplo, for colocado fora de parênteses – *(...)* –, isso indica que a ausência do material entre parênteses gera inaceitabilidade;

inversamente, um asterisco dentro de parênteses – *(* ...)* – significa que a presença do material entre parênteses leva à inaceitabilidade da sentença.

Informações morfológicas serão precedidas por um hífen se corresponderem a um morfema independente e por um ponto se refletirem sincretismo morfológico. As partes dos exemplos que constituírem o foco da discussão aparecerão em negrito.

Com essas diretrizes metodológicas gerais em mente, nos próximos capítulos comparamos as gramáticas do PE e do PB em relação a todas as propriedades sintáticas examinadas, destacando o significado teórico de seus contrastes e semelhanças. O capítulo "Sistema pronominal" apresenta os paradigmas de pronomes pessoais em PE e PB. O capítulo "Concordância" apresenta seus sistemas de concordância. O capítulo "Sujeitos nulos" analisa as propriedades das construções de sujeito nulo de cada variedade em face de suas diferenças em relação ao sistema pronominal e à concordância verbal. O capítulo "Ordem de palavras" é dedicado à ordem dos principais constituintes de cada variedade. O capítulo "Objetos nulos e possessivos nulos" discute complementos nulos no domínio verbal e possessivos nulos no domínio nominal. O capítulo "Afirmação, negação, interrogativas-*sim/não* e respostas curtas" descreve como afirmação, negação, interrogativas polares e respostas correspondentes são codificadas sintaticamente em cada variedade. Finalmente, o capítulo "Português brasileiro e português europeu: uma ou duas gramáticas?" sintetiza algumas das principais diferenças sintáticas entre o PB e o PE, mostrando como elas estão entrelaçadas.

Notas

[1] No entanto, é importante notar que a situação em Angola e Moçambique mudou consideravelmente desde as suas independências nos anos 70. Com as populações rurais se mudando para as suas capitais (Luanda e Maputo, respectivamente), o português se tornou uma língua franca entre pessoas com línguas nativas muito diversas e isso, por sua vez, propiciou que mais crianças adquirissem o português como língua nativa. Em poucas décadas, a porcentagem de falantes de português como língua nativa cresceu de cerca de 1% para cerca de um terço da população em Angola e 10,7% em Moçambique, com uma porcentagem mais elevada de falantes nativos na província de Maputo e muito mais elevada na cidade de Maputo (para números e discussão relevante, ver *e.g.* I. Castro 2006, Gonçalves 2012, Hagemeijer 2016 e Mutali 2019).

[2] Ana Maria Martins é falante nativa de PE e Mary A. Kato e Jairo Nunes são falantes nativos de PB.

SISTEMA PRONOMINAL

2.1 INTRODUÇÃO

Uma propriedade distintiva das línguas naturais é que elas identificam formalmente três tipos de participantes do discurso (o falante, o destinatário e qualquer outro terceiro). Os pronomes pessoais são os principais representantes dessa distinção tripartida. Apesar de não terem conteúdo descritivo, seu traço de pessoa nos permite fazer referência a cada um desses participantes. Portanto, temos pronomes de primeira pessoa para identificar o falante, pronomes de segunda pessoa para nos referirmos ao destinatário e pronomes de terceira pessoa para nos referirmos a um outro participante, conforme exemplificado respectivamente pelos pronomes *eu*, *você* e *ela*. O sistema de pronomes pessoais de uma língua está geralmente associado às suas propriedades sintáticas centrais e isso não é diferente no caso do português. Veremos que as diferenças entre os sistemas pronominais do português europeu (*PE*) e do português brasileiro (*PB*) estão intimamente ligadas às suas diferenças sintáticas mais flagrantes. A diferente especificação morfológica dos seus pronomes nominativos, por exemplo, está relacionada aos seus diferentes sistemas de concordância (ver seção 3.4.2) e ao seu comportamento distinto no que diz respeito ao licenciamento de sujeitos nulos (ver capítulo "Sujeitos nulos"). Portanto, antes de discutirmos essas diferenças nos capítulos seguintes, vamos primeiro discutir em detalhe o sistema de pronomes pessoais em PE e PB.

A discussão está organizada da seguinte forma. A seção 2.2 apresenta a classificação tripartida de pronomes de Cardinaletti e Starke (1999) aplicada aos pronomes pessoais do português. A seção 2.3 descreve resumidamente sua composição de traços. Dado esse pano de fundo geral, na seção 2.4 passamos a discutir as semelhanças e diferenças entre PE e PB no que diz respeito a cada pessoa gramatical. Finalmente, a seção 2.5 apresenta um resumo com as principais propriedades dos sistemas pronominais de PE e PB.

2.2 PRONOMES PESSOAIS FORTES, FRACOS E CLÍTICOS EM PORTUGUÊS

Comecemos nossa discussão com uma distinção que se mostrará muito importante para a comparação entre PE e PB. Os livros didáticos tradicionais fazem uma oposição entre pronomes tônicos e átonos (clíticos). Os pronomes clíticos se diferenciam por terem requisitos posicionais especiais. Por exemplo, em PB os pronomes de segunda pessoa do singular *você* e *te* diferem na medida em que o pronome "tônico" *você* pode ocupar a posição canônica de objeto, seguindo-se ao verbo, enquanto o clítico *te* deve aparecer na posição pré-verbal, conforme ilustrado em (1).

(1) a. Eu vi **você** ontem. (PB)
    b. Eu **te** vi ontem. (PB)

No entanto, essa distinção binária é insuficiente para capturar os diferentes tipos de pronomes encontrados nas línguas naturais. Com base em evidências de várias línguas, Cardinaletti e Starke (1999) argumentam que os pronomes não clíticos ("tônicos") na verdade envolvem duas classes distintas, que denominam de pronomes fortes e fracos. Os pronomes fortes diferem dos pronomes fracos por serem capazes de aparecer isoladamente e por permitirem topicalização, coordenação e modificação por partículas de foco, por exemplo. A título de ilustração, consideremos o comportamento dos pronomes *você* e *cê* em PB em relação a cada uma dessas propriedades, conforme ilustrado respectivamente em (2)-(5).

(2) *Fragmentos de discurso*:
    a. Quem vai fazer isso? **Você**? (PB)
    b. Quem vai fazer isso? ***Cê**? (PB)
(3) *Topicalização*:
    a. **Você**, eu convidei. (PB)
    b. ***Cê**, eu convidei. (PB)
(4) *Coordenação*:
    a. O João e **você** foram promovidos. (PB)
    b. *O João e **cê** foram promovidos. (PB)
(5) *Modificação por partículas de foco*:
    a. Nem **você** comprou o livro. (PB)
    b. *Nem **cê** comprou o livro. (PB)

As sentenças-*a* de (2)-(5) mostram que *você* pode funcionar como um fragmento de discurso, pode ser topicalizado, pode ser coordenado e pode ser modificado pela partícula de foco *nem*. Em contraste, as sentenças-*b* mostram que exatamente o oposto se observa em relação a *cê*.[11] Assim, de acordo com esses testes, *você* em (2)-(5) é um pronome forte, enquanto *cê* não é.

Se *cê* em PB não é um pronome forte, a questão agora é se se trata de um pronome fraco ou um clítico.[2] Um teste que pode separar essas possibilidades envolve estruturas coordenadas: enquanto pronomes fracos em posição de sujeito podem ser elididos sob coordenação, clíticos não podem. Considere as sentenças em (6), por exemplo. Dado que *cê* pode receber uma interpretação arbitrária, (6a) pode ser uma paráfrase de (6b), com o pronome clítico indefinido *se* (ver seção 2.4.3). No entanto, as duas sentenças contrastam na medida em que *cê* pode ser elidido na coordenação, mas *se* não pode. Isso mostra que *cê* é um pronome fraco e não um clítico.

(6)   a. Aqui **cê** não deve chegar atrasado,
       mas também **(cê)** não deve chegar muito adiantado.   (PB)
    b. Aqui não **se** deve chegar atrasado,
       mas também não *****(se)** deve chegar muito adiantado.   (PB)

Confirmação adicional de que *cê* em PB não é um clítico é fornecida por seus requisitos de posicionamento. Embora também possam ter restrições especiais de colocação, pronomes fracos não ocupam a mesma posição que clíticos. Em (6a), por exemplo, *cê* precede a negação, enquanto o clítico *se* em (6b) a segue. Um contraste semelhante pode ser observado quando *cê* funciona como um complemento verbal. Considere os dados em (7)-(9), por exemplo. (7) mostra que o objeto pronominal *cê* se comporta como o clítico *te* em PB, não podendo aparecer em posição pós-verbal. Por outro lado, (8) e (9) mostram que esses pronomes diferem em relação à posição sintática em que podem se superficializar: *te* deve imediatamente preceder o verbo (ver (8a)) e o objeto pronominal *cê* deve aparecer em uma posição específica na periferia esquerda da sentença (cf. (3b)/(8b) *vs.* (9b)), que não abriga clíticos (ver (9a)). Assim, esses requisitos de colocação específicos fornecem evidências adicionais de que *cê* não é um pronome forte, nem um clítico, mas um pronome fraco.

(7)   a. *O João convidou-**te**?   (PB)
    b. *O João convidou **cê**?   (PB)
(8)   a. O João **te** convidou?   (PB)
    b. *O João **cê** convidou?   (PB)
(9)   a. ***Te** que o João convidou?   (PB)
    b. **Cê** que o João convidou?   (PB)

A distinção entre pronomes fortes e fracos pode ser morfologicamente transparente como no caso de *você* e *cê* no PB, com o pronome fraco sendo uma versão reduzida da forma forte. No entanto, não é incomum encontrar exemplos de homofonia entre formas fortes e fracas nas línguas naturais. Nesse caso, a identificação de cada tipo de pronome pode exigir uma combinação de diferentes diagnósticos. Considere o contraste em (10)[3] envolvendo o pronome *ele* no PB, por exemplo.[4]

(10) a. Ele é alto. (PB)
   [*ele* = o João/o prédio]
 b. ELE é alto (e não ELA). (PB)
   [*ELE* = o João/*o prédio; *ELA* = a Maria/*a árvore]

Uma propriedade semântica de pronomes fortes é que eles estão sempre associados ao traço [+hum]. O fato de que em PB *ele* em (10a) pode se referir a um homem ou qualquer expressão nominal não humana gramaticalmente masculina, como *o prédio*, por exemplo, indica que deve haver uma versão fraca de *ele* em PB, pois apenas pronomes fracos (e clíticos) podem permitir leituras [-hum]. Outra propriedade dos pronomes fortes é que eles podem ser prosodicamente proeminentes e interpretados como sendo (contrastivamente) focalizados. Assim, a aceitabilidade de (10b), com proeminência prosódica em *ele*, nos leva a concluir que também deve haver uma versão forte de *ele* em PB. Em outras palavras, *ele* em PB é lexicalmente ambíguo entre um pronome fraco e um forte. Observe que essa ambiguidade não resulta em uma situação de "vale tudo". Em (10b), *ele* (e também *ela*) só pode ter uma leitura [+hum], pois a proeminência prosódica sinaliza o uso da forma forte. A combinação do traço [±hum] com proeminência prosódica, portanto, nos permite isolar cada versão de *ele* no PB.

Os pronomes fortes podem "redobrar" clíticos ou pronomes fracos. O PE só permite redobro de clíticos (*clitic doubling*) e os pronomes fortes que redobram os clíticos têm de ser precedidos pela preposição *a*, como ilustrado em (11).[5]

(11) a. O professor repreendeu-**te** a **TI**. (PE)
 b. O professor não **me** recomendará a **mim**,
   nem aos meus colegas. (PE)
 c. O João insultou-**nos** a **nós** os três. (PE)

Evidência de que o pronome que redobra o clítico em construções como (11) em PE é forte é fornecida pelo fato de esses pronomes só serem lícitos se tiverem ênfase de foco, como em (11a), ou forem coordenados ou sintaticamente modificados, como em (11b) e (11c), respectivamente. Confirmação adicional é dada pelo contraste entre (12a) e (12b) em PE. Enquanto o clítico em (12a) é ambíguo entre [+hum] e [-hum], o clítico em (12b) não é, pois o pronome forte força a leitura [+hum].

(12) a. O João deixou-**o** em casa.   (PE)
　　　[*o* = o filho/o livro]
　　b. O João deixou-**o** a **ELE** em casa.   (PE)
　　　[*o* = o filho/*o livro]

O PB, por sua vez, permite redobro apenas com pronomes fracos,[6] conforme ilustrado em (13), com os pronomes fracos *cê* e *ele* na posição de sujeito retomando respectivamente os pronomes fortes *você* e *ele*, que ocupam uma posição de tópico.[7]

(13) a. **Você**, **cê** vai ser promovido com certeza. (PB)
　　b. **Ele**, **ele** é alto.   (PB)
　　　[*ele* = o João/*o prédio]

Recorde-se que *ele* é ambíguo entre um pronome fraco e um pronome forte em PB. Assim, a sentença em (13b) sem o pronome na posição do tópico seria ambígua entre uma leitura [+hum] ou [-hum] (ver (10a)). No entanto, como apenas os pronomes fortes podem ser topicalizados (ver (3)), o pronome topicalizado em (13b) deve ser uma forma forte; dado que pronomes fortes devem ser [+hum], (13b) só pode admitir a leitura [+hum].

Nas seções a seguir e nos capítulos seguintes, veremos que a distinção tripartida forte/fraco/clítico embasa várias propriedades sintáticas distintivas entre PE e PB. Para fins de apresentação, as formas não ambíguas terão sua especificação como forte, fraca e clítica codificada pelos índices [Ft], [Fc] e [Cl], respectivamente; se a forma relevante for ambígua entre um pronome forte e um fraco ou se a informação for irrelevante para o ponto em discussão, nenhum índice será adicionado.

2.3 PRONOMES PESSOAIS EM PORTUGUÊS E SEUS TRAÇOS CONSTITUTIVOS

Em termos de composição de traços morfológicos, os pronomes pessoais do português podem ser classificados quanto a pessoa, número, gênero, caso e reflexividade. Pessoa, número e gênero são traços essencialmente lexicais, no sentido de que seus valores são independentes das estruturas sintáticas em que podem ocorrer. Em contraste, caso e reflexividade são de natureza mais sintática, pois seus valores devem ser licenciados em configurações sintáticas específicas. Vamos considerar brevemente cada traço em particular.

2.3.1 Pessoa

Conforme mencionado na seção 2.1, o traço de pessoa admite três valores: 1 (primeira pessoa), que se refere ao falante (*eu*) ou ao falante e outra pessoa (por exemplo, *nós*); 2 (segunda pessoa), que se refere ao destinatário (por exemplo, *tu*) ou ao destinatário e outra pessoa que não seja o falante (por exemplo, *vocês*); e 3 (terceira pessoa), que se refere a qualquer participante que não seja o falante ou o destinatário (por exemplo, *ela*). Esses valores são semânticos por natureza e devem ser mantidos separados dos valores sintáticos (ou seja, o tipo de concordância sintática que um determinado pronome aciona). Por exemplo, em PE *tu* e *você* são especificados como segunda pessoa (do singular) de um ponto de vista semântico, mas diferem em relação ao tipo de concordância sintática que desencadeiam: *tu* desencadeia concordância de segunda pessoa (do singular), enquanto *você* desencadeia concordância de terceira pessoa (do singular) (ver seção 3.4.1). Para fins de apresentação, iremos representar os valores semânticos de pessoa nos pronomes e os valores sintáticos de pessoa nos verbos, conforme ilustrado em (14).

(14) a. Tu$_{[2.SG]}$ saíste$_{[2.SG]}$ cedo ontem.   (PE)
     b. Você$_{[2.SG]}$ saiu$_{[3.SG]}$ cedo ontem.   (PE)

Ao codificar formalmente os participantes do discurso, os pronomes pessoais também podem ser associados a informações extralinguísticas sobre as relações sociais entre os participantes ou seu *status* social.[8] Por exemplo, em PE, o pronome de segunda pessoa do singular *tu* (bem como sua contraparte nula detectada pela flexão verbal) transmite mais familiaridade, intimidade ou proximidade de *status* social em relação ao falante do que o pronome de segunda pessoa do singular *você* (ou sua contrapartida nula).[9] Sempre que essa distinção se fizer relevante no que se segue, usaremos o traço [±prox] para representá-la; assim, para o PE, *tu* será especificado como [+prox] e *você* como [-prox].[10,11]

2.3.2 Número

Em relação ao traço de número, os pronomes pessoais em português admitem dois valores: singular (SG) e plural (PL). Os pronomes no singular e no plural podem ser distinguidos pelo sufixo nominal do plural {-s}, como em *você* vs. *vocês*, ou por meio de uma forma supletiva, como em *eu* (1.SG) vs. *nós* (1.PL). Como no caso de pessoa, deve-se distinguir número enquanto traço semântico dos pronomes e número enquanto traço sintático, isto é, a concordância sintática associada ao pronome. O pronome de primeira pessoa do plural *a gente*, por exemplo, desencadeia concordância verbal de terceira pessoa do singular, conforme ilustrado em (15) (ver seção 3.4.1).

(15) A gente_{[1.PL]} vai_{[3.SG]} viajar amanhã.

2.3.3 Gênero

Quanto ao traço de gênero, os valores são masculino (MASC) e feminino (FEM). Apenas um subconjunto dos pronomes pessoais pode se flexionar em gênero. Estes são os pronomes *ele, ela, o, a* (e suas contrapartes no plural) e a série de pronomes possessivos, como exemplificado por *nosso* e *nossa* (que concordam com o elemento possuído). Se um pronome sujeito não for especificado para gênero, seu predicado adjetival ou nominal terá sua especificação de gênero (parcialmente) determinada pelo gênero do falante e, no caso de um pronome de primeira pessoa, ou do destinatário, no caso de um pronome de segunda pessoa, conforme ilustrado em (16) (ver seção 3.4.1).

(16) a. Eu estou cansad**o**.
   [sentença falada por uma pessoa do gênero masculino]
   b. Você é professor**a**?
   [pergunta dirigida a uma pessoa do gênero feminino]

2.3.4 Caso

Caso é um traço prototipicamente sintático, pois codifica a função sintática de uma expressão nominal em uma determinada sentença. O pronome da primeira pessoa do singular, por exemplo, é realizado com a forma nominativa *eu* se for sujeito de uma oração finita ou com a forma oblíqua *mim* se for o complemento de uma preposição. Em português, apenas os pronomes são especificados morfologicamente para caso e há cinco distinções de caso: nominativo (NOM), acusativo (AC), dativo (DAT), oblíquo (OBL) e genitivo (GEN). A seguir, descrevemos os ambientes sintáticos gerais onde cada caso é licenciado.

2.3.4.1 NOMINATIVO

Tanto em PE quanto em PB, o caso nominativo é canonicamente licenciado na posição de sujeito de orações finitas (isto é, orações indicativas, subjuntivas e imperativas), como mostrado em (17), orações gerundivas,[12] como mostrado em (18), e orações com infinitivo flexionado,[13] como mostrado em (19).

(17) a. **Eu** acordei tarde.
   b. Talvez **eu** viaje amanhã.
   c. Dá **tu** a notícia!   (PE)

(18) Estando **tu** feliz, as crianças também estão. (PE)
(19) **Tu** chegares cedo foi uma surpresa agradável. (PE)

Nominativo também é o caso *default* em PE e PB.[14] Assim, os pronomes nominativos também podem aparecer em posições predicativas, como em (20a), na periferia esquerda da sentença, como em (20b), ou isoladamente, como em (20c).

(20) a. O problema é **ele**.
b. **Eu**, ninguém me viu.
c. A: — Quem é que a Maria convidou?
B: — **Eu**.

Existe bastante sincretismo de caso em português. Os únicos pronomes que são inequivocamente nominativos são *eu* e *tu*. Todos os demais pronomes também podem ser associados a outro caso. *Nós*, por exemplo, é tanto a forma nominativa como também a forma oblíqua do pronome da primeira pessoa do plural (exceto quando complemento da preposição *com*), como veremos adiante.

2.3.4.2 ACUSATIVO

Os pronomes são realizados com caso acusativo em português em três circunstâncias gerais, todas envolvendo verbos transitivos. O padrão canônico é quando o pronome é o objeto direto de um verbo transitivo, conforme ilustrado em (21).

(21) A Maria comprou-**o**. (PE)

O segundo padrão surge quando o pronome é o sujeito lógico de um gerúndio ou um infinitivo não flexionado selecionado por um verbo de percepção (*ver, ouvir, escutar etc.*) ou um verbo causativo (*fazer, deixar etc.*), conforme exemplificado em (22).[15]

(22) a. O João **te** viu saindo. (PB)
b. Eu ouvi-**os** cantar. (PE)
c. O Pedro deixou-**as** entrar. (PE)

Finalmente, se o pronome é o sujeito lógico de uma *small clause* (uma estrutura sujeito-predicado sem especificação de tempo) selecionada por um verbo transitivo, também é realizado como acusativo. Em (23), por exemplo, existe uma relação sujeito-predicado entre o pronome *a* e o adjetivo *doente* e a small clause *[a doente]* é o complemento do verbo transitivo *encontrar*.[16]

(23) Eu encontrei-**a** doente. (PE)

O verbo existencial *haver* e os verbos copulativos *ser* e *estar* em PE constituem uma exceção ao padrão geral, podendo também licenciar caso acusativo, conforme ilustrado em (24) e (25).[17]

(24) Problemas, havia-**os** de todos os tipos; mas soluções não. (PE)
(25) a. Indecisa, ela não **o** é, ainda que aparente ser. (PE)
    b. Vários projetos estão atrasados e não **o** deveriam estar. (PE)

O clítico acusativo *os* em (24) concorda em gênero e número com a expressão nominal com a qual está associado (*problemas*). Por outro lado, o clítico acusativo *o* em (25) é realizado na forma *default* (masculino, singular), não estabelecendo concordância de gênero ou número com o adjetivo predicativo ao qual está associado (*indecisa* em (25a) e *atrasados* em (25b)).

O, *os*, *a* e *as* (e seus alomorfes; ver seção 2.4.3) são os únicos pronomes acusativos inequívocos em português. O clítico da segunda pessoa do singular *te*, por exemplo, é ambíguo entre acusativo (ver (22a)) e dativo.

2.3.4.3 DATIVO

Tanto no PE quanto no PB, o objeto "indireto" dos verbos bitransitivos é a realização canônica do caso dativo, conforme ilustrado em (26).[18] Também em ambas as variedades, apenas os clíticos podem apresentar caso dativo morfológico. Se não for um clítico, o objeto indireto é marcado com caso por meio de uma preposição – *a* em PE e *para/pra* em PB, como mostrado em (27).[19]

(26) a. Eu dei-**lhe** um livro. (PE)
    b. O Pedro ainda não **me** enviou o documento.
(27) a. Eu dei um livro **ao** João. (PE)
    b. Eu dei um livro **pro** João. (PB)

Nos demais ambientes, as duas variedades diferem substancialmente, visto que o licenciamento de dativo em PB está se tornando substancialmente enfraquecido. Por exemplo, um possuidor pode geralmente ser licenciado com caso dativo em PE, conforme mostrado em (28), enquanto em PB esse tipo de construção só é permitido com clíticos de primeira e segunda pessoa.[20]

(28) a. O Pedro consertou o carro **ao** João. (PE: √; PB: *)
    b. Puxei o rabo **ao** gato. (PE: √; PB: *)
    c. Só a Maria **lhe** viu o rosto. (PE: √; PB: *)
    d. Ninguém {**me**/**te**} apertou a mão. (PE: √; PB: √)

O clítico dativo também foi substituído em PB por um sintagma preposicional em construções envolvendo complementos de adjetivos, como ilustrado em (29),[21] e por um pronome acusativo homófono ao nominativo (ver seção 2.4.3) em construções envolvendo o complemento de um verbo psicológico como *interessar* e *agradar*,[22] conforme ilustrado em (30). Finalmente, construções como as de (31), por exemplo, em que o verbo impessoal atribui caso dativo ao clítico, simplesmente desapareceram no PB.[23]

(29) a. Aquelas pessoas não **te** eram leais. (PE)
     b. Aquelas pessoas não eram leais **a você**. (PB)
(30) a. Aquilo não **lhe** interessava. (PE)
     b. Aquilo não interessava **ele**. (PB)
     c. Nada **lhes** agradava. (PE)
     d. Nada agradava **elas**. (PB)
(31) a. Não **me** custou nada a escrever o relatório. (PE: √; PB: *)
     b. Não **me** calhou ir para a tropa. (PE: √; PB: *)

O pronome de terceira pessoa do singular *lhe* e sua contraparte plural *lhes* são as únicas formas pronominais inequivocamente dativas (mas ver nota 41 adiante). Todos os demais pronomes são ambíguos em relação a outros casos. *Me*, por exemplo, é ambíguo entre dativo (ver (26b)) e acusativo.

2.3.4.4 OBLÍQUO

Os pronomes são realizados com caso oblíquo em PE e PB quando são complemento de uma preposição, conforme ilustrado em (32).

(32) a. O João não faz nada sem **mim**.
     b. A Maria trouxe esses livros para **ti**. (PE)
     c. Eu estava a pensar em **si**$_{[2.SG]}$. (PE)

Em PB, um pronome também pode ser realizado como oblíquo se for sujeito de um infinitivo não flexionado que é complemento da preposição *para/pra*, como ilustrado em (33), uma possibilidade que é dialetalmente restrita em PE.[24]

(33) a. O João trouxe esse artigo pra **mim** ler. (PB)
     b. Pra **mim** ir lá agora vai ser muito difícil. (PB)

Além das formas oblíquas inequívocas *mim* (ver (32a)), *ti* (ver (32b)) e *si* (ver (32c)), o português também tem pronomes oblíquos complexos, como *comigo* e *contigo* em (34), que resultam de uma fusão morfológica envolvendo a preposição *com*, conforme esboçado em (35) (ver seção 2.4 para detalhes sobre o uso específico dos pronomes em (35) em PE e PB).[25]

(34) a. As crianças vão **comigo**.
　　b. Eu preciso conversar **contigo**.　　(PE)
(35) a. *com* + *mim* → *comigo*
　　b. *com* + *ti* → *contigo*
　　c. *com* + *si* → *consigo*
　　d. *com* + *nós* → *connosco*　　[grafia em PE]
　　e. *com* + *vós* → *convosco*

2.3.4.5 GENITIVO

Dentre os casos disponíveis em português, o genitivo é o único licenciado no interior de sintagmas nominais, indicando o possuidor (em sentido amplo) associado ao substantivo.[26] Os pronomes genitivos concordam em gênero e número com o possuído, como ilustrado em (36).

(36) a. O **meu** carro é vermelho.
　　b. A **minha** casa é pequena.
　　c. Os **nossos** amigos vêm para o jogo.

Para sintagmas não pronominais, a relação de possuidor é realizada por meio da preposição semanticamente vácua *de*, como mostrado em (37), e nessa situação o possuidor não concorda com o substantivo com que se relaciona. Essa possibilidade também está disponível para alguns pronomes, conforme ilustrado em (38) (ver seção 2.4 para uma discussão sobre a competição entre as duas possibilidades de expressão genitiva em PE e PB).

(37) As páginas **d**o livro estão sujas.
(38) a. As páginas **d**ele estão sujas.　　(PB)
　　b. A filha **de** vocês é muito inteligente.　　(PB)

2.3.5 Reflexividade

Os pronomes pessoais também podem se distinguir em termos de reflexividade.[27] Os pronomes acusativos de terceira pessoa do singular *se* e *o*, por exemplo, contrastam na medida em que a denotação do pronome reflexivo *se* deve ser igual à denotação do sujeito (mais próximo), enquanto a denotação do pronome não reflexivo *o* deve ser distinta do sujeito (mais próximo), como ilustrado em (39).[28] Embora *se* seja inerentemente especificado como [+REFL] e *o* como [-REFL], a maioria dos pronomes em português não são especificados para esse traço e, portanto, são compatíveis com contextos reflexivos e não reflexivos, como respectivamente ilustrado em (40a) e (40b) com o pronome *me*.

(39) a. Ele$_i$ elogiou-se$_{i/*k}$ na reunião. (PE)
　　 b. Ele$_i$ elogiou-o$_{k/*i}$ na reunião. (PE)
(40) a. Eu não **me** vi no espelho.
　　 b. Ele não **me** viu no cinema.

Existem interessantes correlações em português entre reflexividade, por um lado, e caso, pessoa, e a distinção tripartida forte/fraco/clítico, por outro. Primeiro, não há reflexivos nominativos; portanto, se um pronome é especificado como nominativo, ele é necessariamente especificado como [-REFL]. Além disso, os pronomes genitivos não são especificados para reflexividade; o pronome genitivo *nosso*, por exemplo, pode ocorrer em contextos anafóricos e não anafóricos, como respectivamente ilustrado em (41a) e (41b).

(41) a. Nós vamos consultar o **nosso** advogado.
　　 b. Eles contrataram o **nosso** advogado.

Ainda outra correlação é que os pronomes marcados com caso acusativo, dativo e oblíquo podem ter formas distintas associadas às especificações [+REFL] e [-REFL] somente se o seu paradigma morfológico estiver associado à concordância (sintática) de terceira pessoa. Considere os pronomes da segunda pessoa do singular *tu* e *você* em PE, por exemplo. Conforme mencionado na seção 2.3.1 e ilustrado em (42), *você* desencadeia concordância de terceira pessoa do singular, enquanto *tu* desencadeia concordância de segunda pessoa do singular. Assim, encontra-se a oposição entre [+REFL] e [-REFL] nas formas correspondentes a *você*, por exemplo, mas não nas formas correspondentes a *tu*, conforme ilustrado respectivamente em (43) e (44).

(42) a. Você sabe$_{[3.SG]}$ o que eu quero. (PE)
　　 b. Tu sabes$_{[2.SG]}$ o que eu quero. (PE)
(43) a. Você feriu-se$_{[+REFL]}$? (PE)
　　 b. *Você$_i$ feriu-o$_{i[-REFL]}$? (PE)
(44) a. Tu magoas-**te** com qualquer coisa. (PE)
　　 b. A Joana não **te** deu o recado? (PE)

Finalmente, há uma curiosa correlação entre reflexividade e a distinção tripartida forte/fraco/clítico (ver seção 2.2) em PB. Se um determinado verbo não for intrinsecamente reflexivo, a correferência entre o objeto e o sujeito mais próximo deve ser estabelecida por um clítico no caso canônico, conforme mostrado em (45a), ou por um pronome forte se o contexto envolver contraste, como se vê em (45b). Já os pronomes fracos não são compatíveis com uma leitura reflexiva, conforme ilustrado em (45c) com um pronome sem acento contrastivo.

(45) a. A Maria se$_{[Cl]}$ indicou pro cargo. (PB)
b. [A Maria]$_i$ indicou ELA$_{i\,[Ft]}$ pro cargo (e não ELE). (PB)
c. *[A Maria]$_i$ indicou ela$_{i\,[Fc]}$ pro cargo. (PB)

Por outro lado, se o verbo envolve um predicado inerentemente reflexivo como *chamar-se* ou *queixar-se* ou um predicado recíproco como *encontrar-se* ou *abraçar-se*, apenas clíticos são permitidos, conforme se vê em (46)-(49). Observe-se que (49b) só é inaceitável em PB na interpretação de reciprocidade; numa interpretação reflexiva (e contrastiva), em que cada criança se abraçou a si mesma (ao invés de outra pessoa), a sentença é aceitável, comportando-se como (45b).[29]

(46) a. Ela se$_{[Cl]}$ chama Maria. (PB)
b. *Ela$_i$ chama ELA$_{i[Ft]}$ Maria. (PB)
c. *Ela$_i$ chama ela$_{i[Fc]}$ Maria. (PB)
(47) a. O Pedro se$_{[Cl]}$ queixou à polícia. (PB)
b. *[O Pedro]$_i$ queixou ELE$_{i[Ft]}$ à polícia. (PB)
c. *[O Pedro]$_i$ queixou ele$_{i[Fc]}$ à polícia. (PB)
(48) a. Acabou que eles não se$_{[Cl]}$ encontraram. (PB)
b. *Acabou que eles$_i$ não encontraram ELES$_{i[Ft]}$. (PB)
c. *Acabou que eles$_i$ não encontraram eles$_{i[Fc]}$. (PB)
(49) a. As crianças se$_{[Cl]}$ abraçaram. (PB)
b. *[As crianças]$_i$ abraçaram ELAS$_{i[Ft]}$. (PB)
[ELAS = 'umas às outras']
c. *[As crianças]$_i$ abraçaram elas$_{i[Fc]}$. (PB)

2.4 SEMELHANÇAS E DIFERENÇAS ENTRE PORTUGUÊS EUROPEU E PORTUGUÊS BRASILEIRO

Examinemos agora o sistema completo de pronomes pessoais em PE e em PB.

2.4.1 Pronomes de primeira pessoa

As Tabelas 2.1 e 2.2 retratam a realização dos pronomes de primeira pessoa em PE e PB, de acordo com sua especificação de caso.[30]

Tabela 2.1 – Pronomes de primeira pessoa em português europeu[a]

	NOM	AC		DAT		OBL		GEN
	[-REFL]	[-REFL]	[+REFL]	[-REFL]	[+REFL]	[-REFL]	[+REFL]	
1.SG	eu	$me_{[Cl]}$	$me_{[Cl]}$	$me_{[Cl]}$	$me_{[Cl]}$	mim	mim	$meu_{[MASC.SG]}$ $meus_{[MASC-PL]}$ $minha_{[FEM.SG]}$ $minhas_{[FEM-PL]}$
						comigo	comigo	
1.PL	nós	$nos_{[Cl]}$	$nos_{[Cl]}$	$nos_{[Cl]}$	$nos_{[Cl]}$	nós	nós	$nosso_{[MASC.SG]}$ $nossos_{[MASC-PL]}$ $nossa_{[FEM.SG]}$ $nossas_{[FEM-PL]}$
						connosco	connosco	
	a gente	a gente	$se_{[Cl]}$	à gente	$se_{[Cl]}$	a gente	a gente	da gente
						com a gente	com a gente	

[a] A primeira coluna exibe a descrição tradicional dos pronomes nominativos na segunda coluna, que será revista na seção 3.4.2. Nas células OBL, a primeira entrada é a forma pronominal usada com qualquer preposição diferente de *com* e a segunda entrada indica se a forma associada à preposição *com* é um vocábulo independente ou não (ver seção 2.3.4.4).

Tabela 2.2 – Pronomes de primeira pessoa em português brasileiro[a]

	NOM	AC		DAT		OBL		GEN
	[-REFL]	[-REFL]	[+REFL]	[-REFL]	[+REFL]	[-REFL]	[+REFL]	
1.SG	eu	$me_{[Cl]}$	$me_{[Cl]}$	$me_{[Cl]}$	$me_{[Cl]}$	mim	mim	$meu_{[MASC.SG]}$ $meus_{[MASC-PL]}$ $minha_{[FEM.SG]}$ $minhas_{[FEM-PL]}$
						comigo	comigo	
1.PL	nós					nós	nós	$nosso_{[MASC.SG]}$ $nossos_{[MASC-PL]}$ $nossa_{[FEM.SG]}$ $nossas_{[FEM-PL]}$
	a gente	a gente	$a\ gente_{[S]}$ $se_{[Cl]}$	pra gente	pra gente $se_{[Cl]}$	a gente	a gente	da gente
						com a gente	com a gente	

[a] A primeira coluna exibe a descrição tradicional dos pronomes nominativos na segunda coluna, que será revista na seção 3.4.2. Nas células OBL, a primeira entrada é a forma pronominal usada com qualquer preposição diferente de *com* e a segunda entrada (se houver) indica se a forma associada à preposição *com* é um vocábulo independente ou não (ver seção 2.3.4.4).

Como se vê nas Tabelas 2.1 e 2.2, PE e PB exibem um padrão similar, na medida em que possuem uma série para pronomes de primeira pessoa do singular e duas séries para pronomes de primeira pessoa do plural – uma representada por *nós* e a outra por *a gente*, que é formada pelo artigo definido feminino singular *a* e o substantivo comum *gente*. Significando originalmente 'o povo' (com a exclusão do falante), *a gente* veio a se gramaticalizar como um pronome pessoal que se refere a um grupo de pessoas incluindo o falante.[31] Enquanto pronome, *a gente* perdeu sua especificação de gênero e, como acontece com os outros pronomes que não são especificados para gênero (ver seção 2.3.3), pode desencadear concordância de masculino ou feminino, dependendo do gênero dos membros do grupo ao qual se refere. Normalmente, se pelo menos um membro do grupo for uma pessoa do gênero masculino ou se *a gente* for entendido como um grupo genérico que inclui o falante, a concordância no masculino é ativada, como em (50a); se o grupo relevante envolver apenas pessoas do gênero feminino, a concordância no feminino é acionada, como em (50a'). (50) também revela que PE e PB diferem em relação à marcação de número no predicado adjetival: em PE há variação entre singular e plural, mas PB admite apenas o singular (ver seção 3.4.1).

(50) a. A gente ficou muito cansad**o**. (PE/PB)
    a.' A gente ficou muito cansad**a**. (PE/PB)
    b. A gente ficou muito cansado**s**. (PE: √; PB: *)
    b.' A gente ficou muito cansada**s**. (PE: √; PB: *)

Quanto à concordância verbal, *a gente* manteve suas propriedades sintáticas anteriores, desencadeando a concordância de terceira pessoa do singular, como mostra o contraste com *nós* em (51) (ver seção 3.4.2).[32]

(51) a. A gente$_{[1.PL]}$ vai$_{[3.SG]}$ chegar tarde.
    b. Nós$_{[1.PL]}$ vamos$_{[1.PL]}$ chegar tarde.

À primeira vista, as duas séries de pronomes da primeira pessoa do plural são intercambiáveis nas duas variedades do português, conforme ilustrado em (52).[33] No entanto, nem sempre é esse o caso. Tanto em PE quanto em PB, *a gente* contrasta com *nós* em não poder ser modificado por numerais ou nominais, conforme se vê em (53).[34]

(52) a. **A gente** queria convidar os **nossos** amigos.
    b. **Nós** sabíamos que ele tinha visto **a gente** na praia.
(53) a. **Nós três** vamos chegar tarde.
    b. *****A gente três** {vai/vamos} chegar tarde.
    c. **Nós brasileiros** adoramos tango.
    d. *****A gente brasileiros** {adora/adoramos} tango.

Mais relevante para nossa discussão é o fato de que *nós* e *a gente* não têm o mesmo estatuto em cada variedade. Em PE, a série de *nós* é a não marcada: é compatível com registros formais e informais, é totalmente produtiva no que diz respeito às distinções de caso, conforme ilustrado em (54), e suas formas podem ser usadas em contextos não reflexivos (ver (54a-f)) e contextos reflexivos (ver (54g)). Por outro lado, a série de *a gente* é mais restrita. Por exemplo, *a gente* não pode ser um pronome reflexivo em PE (ver a sentença do PB em (55g)) e há falantes do PE (incluindo a segunda autora deste livro) para quem as formas dativa e genitiva (*à gente* e *da gente*) são marginais.[35] Além disso, alguns falantes do PE consideram *a gente* mais marcado na medida em que transmite alguma forma de empatia/solidariedade/camaradagem para com os outros participantes referidos pelo pronome.

(54) a. **Nós** não sabíamos o que fazer. (PE)
      b. O governo enganou-**nos**. (PE)
      c. A loja fez-**nos** um bom desconto. (PE)
      d. Eles não pensaram em **nós**. (PE)
      e. A Maria vai **connosco**. (PE)
      f. A **nossa** hipótese estava errada. (PE)
      g. Nós vimo-**nos** na televisão. (PE)

Situação inversa ocorre em PB, pois a série não marcada é a representada por *a gente*.[36] Suas formas são as mais frequentemente usadas, cobrem uniformemente todos os casos, conforme ilustrado em (55), e podem ser usadas em contextos reflexivos (ver (55g)) e não reflexivos (ver (55a-f)).

(55) a. **A gente** não sabia o que fazer. (PB)
      b. O governo enganou **a gente** . (PB)
      c. A loja deu um bom desconto pr**a gente**. (PB)
      d. Eles não pensaram n**a gente**. (PB)
      e. A Maria vai com **a gente**. (PB)
      f. A hipótese d**a gente** estava errada. (PB)
      g. Se a gente tiver de indicar **a gente** por falta de outros candidatos, a gente indica. (PB)

Já a série de *nós* desfruta de uma situação muito mais instável na gramática do PB. Seus membros foram consistentemente substituídos por membros da série de *a gente*[37] e pode-se encontrar uma variação considerável nos julgamentos dos falantes para diferentes marcações de caso. A forma oblíqua complexa *conosco*, por exemplo, foi claramente substituída por *com a gente*, ao passo que o clítico acusativo e dativo *nos*, embora ainda usado, é associado pela maioria dos falantes (incluindo os dois autores brasileiros deste livro) a estilo formal, língua escrita e escolaridade alta (daí sua ausência na Tabela 2.2; ver capítulo "Delimitando o objeto de análise"). Na seção 3.4.2, veremos que a fragilidade da série de *nós* em PB também se repercute em seu sistema de concordância verbal.

2.4.2 Pronomes de segunda pessoa

As Tabelas 2.3 e 2.4 apresentam os paradigmas dos pronomes de segunda pessoa em PE e em PB.

Tabela 2.3 – Pronomes de segunda pessoa em português europeu[a]

		NOM	AC		DAT		OBL		GEN
		[-REFL]	[-REFL]	[+REFL]	[-REFL]	[+REFL]	[-REFL]	[+REFL]	
2.SG	[+prox]	tu	$te_{[Cl]}$	$te_{[Cl]}$	$te_{[Cl]}$	$te_{[Cl]}$	ti	ti	$teu_{[MASC.SG]}$ $teus_{[MASC-PL]}$ $tua_{[FEM.SG]}$ $tuas_{[FEM-PL]}$
							contigo	contigo	
	[-prox]	você	$o_{[MASC.Cl]}$ $a_{[FEM.Cl]}$	$se_{[Cl]}$	$lhe_{[Cl]}$	$se_{[Cl]}$	você si	si	$seu_{[MASC.SG]}$ $seus_{[MASC-PL]}$ $sua_{[FEM.SG]}$ $suas_{[FEM-PL]}$
							consigo	consigo	
2-PL		vocês	$vos_{[Cl]}$ $os_{[MASC.Cl]}$ $as_{[FEM.Cl]}$	$se_{[Cl]}$	$vos_{[Cl]}$ $lhes_{[Cl]}$	$se_{[Cl]}$	vocês	vocês	$vosso_{[MASC.SG]}$ $vossos_{[MASC-PL]}$ $vossa_{[FEM.SG]}$ $vossas_{[FEM-PL]}$
							com vocês convosco	com vocês convosco	

[a] A primeira coluna exibe a descrição tradicional dos pronomes nominativos na segunda coluna, que será revista na seção 3.4.2. Nas células OBL, a primeira entrada é a forma pronominal usada com qualquer preposição diferente de *com* e a segunda entrada indica se a forma associada à preposição *com* é um vocábulo independente ou não (ver seção 2.3.4.4).

Tabela 2.4 – Pronomes de segunda pessoa em português brasileiro[a]

	NOM	AC		DAT		OBL		GEN
	[-REFL]	[-REFL]	[+REFL]	[-REFL]	[+REFL]	[-REFL]	[+REFL]	
2.SG	você	você $te_{[Cl]}$	$você_{[S]}$ $se_{[Cl]}$	pra você $te_{[Cl]}$	pra você $se_{[Cl]}$	você	você	$seu_{[MASC.SG]}$ $seus_{[MASC-PL]}$ $sua_{[FEM.SG]}$ $suas_{[FEM-PL]}$
						com você	com você	
	$cê_{[Fc]}$	$cê_{[Fc]}$						
2-PL	vocês	vocês	$vocês_{[S]}$ $se_{[Cl]}$	pra vocês	pra vocês $se_{[Cl]}$	vocês	vocês	de vocês
						com vocês	com vocês	
	$cês_{[Fc]}$	$cês_{[Fc]}$						

[a] A primeira coluna exibe a descrição tradicional dos pronomes nominativos na segunda coluna, que será revista na seção 3.4.2. Nas células OBL, a primeira entrada é a forma pronominal usada com qualquer preposição diferente de *com* e a segunda entrada indica se a forma associada à preposição *com* é um vocábulo independente ou não (ver seção 2.3.4.4).

O PE possui duas séries de pronomes de segunda pessoa do singular: um representado por *tu* e outro representado por *você*, que resultou da gramaticalização da forma de tratamento arcaica *Vossa Mercê*. *Você* se comporta como o pronome da primeira pessoa do plural *a gente* discutido na seção 2.4.1 por não ser especificado para gênero, como mostrado em (56), por desencadear a concordância de terceira pessoa do singular, como mostrado pelo contraste com *tu* em (57), e por usar uma forma específica para o reflexivo, como evidenciado pelo contraste com *te* em (58).

(56) a. Você parece cansad**o**.
 [endereçado a uma pessoa do gênero masculino]
 b. Você parece cansad**a**.
 [endereçado a uma pessoa do gênero feminino]
(57) a. Você$_{[2.SG]}$ ontem saiu$_{[3.SG]}$ cedo. (PE)
 b. Tu$_{[2.SG]}$ ontem saíste$_{[2.SG]}$ cedo. (PE)
(58) a. Você feriu-**se**? (PE)
 b. Você feriu-**o**? (PE)
 c. Tu feriste-**te**? (PE)
 d. Ele feriu-**te**? (PE)

No entanto, ao contrário da série de *a gente*, a série de *você* em PE incorporou todas as formas correspondentes à sua antiga especificação de terceira pessoa, conforme ilustrado em (59).[38]

(59) a. Você$_i$ quer que eu **a**$_i$ ajude? (PE)
 b. Você preparou-**se** bem para o exame? (PE)
 c. Você$_i$ quer que eu **lhe**$_i$ conte o que realmente aconteceu? (PE)
 d. Você$_i$ sabe se o **seu**$_i$ filho já saiu? (PE)
 e. Você$_i$ precisa ter mais confiança em **si**$_i$. (PE)
 f. Você$_i$ trouxe os documentos **consigo**$_i$? (PE)

Curiosamente, as formas oblíquas **si** e **consigo** se tornaram neutralizadas em relação à especificação [±REFL]. Assim, além dos contextos reflexivos, como em (59e,f), essas formas também são permitidas em contextos não reflexivos, como exemplificado em (60), o que soa totalmente estranho em PB.

(60) a. Eu preciso falar **consigo**$_{[2.SG]}$. (PE)
 b. Eu só pensava em **si**$_{[2.SG]}$. (PE)

Você e *tu* contrastam com relação ao traço extralinguístico [±prox] em PE (ver seção 2.3.1) e, portanto, as duas séries não são intercambiáveis nessa variedade. Em PB, por outro lado, a distinção [±prox] entre esses pronomes desapareceu[39] e a série de *você* substituiu a série de *tu* na maioria dos dialetos.[40] Isso significa que embora a sentença (59d), por exemplo, seja aceitável tanto em PE como em PB, existem situações em que será adequada em PB mas não em PE, a saber, quando existe familiaridade/intimidade entre falante e destinatário. A única forma remanescente da série de *tu* na gramática do PB é o clítico acusativo/dativo *te*, que ocorre no lugar das formas acusativas *o* e *a* e da forma dativa *lhe* da série de *você* em PE.[41] Uma vez que a distinção [±prox] não está mais em jogo em PB, *te* se combina com outros elementos da série de *você* sem problemas, como ilustrado em (61) (ver também nota 7).

(61) a. A **sua**$_{[2.SG]}$ irmã estava **te** procurando. (PB)
 b. **Você** me disse pra **te** telefonar hoje. (PB)

Quanto aos pronomes da segunda pessoa do plural, estágios anteriores do português tinham uma série específica envolvendo a forma nominativa *vós* (que desencadeava concordância de segunda pessoa do plural, como em *cantais*), o clítico acusativo/dativo *vos* (tanto em contextos reflexivos, quanto não reflexivos), as formas oblíquas simples e complexas *vós* e *convosco*, e a forma genitiva *vosso* (e suas contrapartes no feminino e no plural). Conforme mostra a Tabela 2.4, em PB essa série foi totalmente substituída pela série representada por *vocês*, a forma plural da segunda pessoa do singular *você*. Em PE, por outro lado, a série de *vós* e a a série de *vocês* se fundiram, gerando o paradigma irregular mostrado na Tabela 2.3 e ilustrado em (62a).[42] Paralelamente ao que vimos em (59), o novo paradigma também permite que a série de *vocês* incorpore as formas correspondentes à sua antiga especificação de terceira pessoa, o que dá origem a que *vos* alterne com os clíticos de terceira pessoa *os/as* (em contextos acusativos) e *lhes* (em contextos dativos), como respectivamente exemplificado em (62b) e (62c).[43]

(62) a. Eu asseguro-**vos** que **vocês** não imaginam
 o que o **vosso** professor disse de **vocês**. (PE)
 b. **Vocês**$_i$ querem que eu {**vos/os**$_i$} ajude? (PE)
 c. **Vocês**$_i$ querem que eu {**vos/lhes**$_i$}
 conte o que realmente aconteceu? (PE)

Tanto no PE quanto no PB, a forma nominativa *vocês* desencadeia concordância de terceira pessoa do plural, como mostrado em (63a) e, consequentemente (ver seção 2.3.5), está associada à forma reflexiva *se*, conforme ilustrado em (63b).

(63) a. Vocês$_{[2\text{-}PL]}$ podem$_{[3.PL]}$ ajudar o Pedro?
b. Vocês$_{[2\text{-}PL]}$ nunca **se** entendem.

Um desenvolvimento final ocorreu em PB, com o surgimento de dois pronomes fracos – *cê* e *cês* – a partir de *você* e *vocês*.[44] Como pronomes fracos, *cê* e *cês* têm requisitos de colocação especiais, diferentes dos clíticos, conforme discutido na seção 2.2. Mais especificamente, quando nominativos, *cê* e *cês* só podem aparecer na posição de sujeito ou precedendo *que* na periferia esquerda da oração, conforme ilustrado em (64). Por sua vez, as formas acusativas de *cê* e *cês* só podem ocupar essa posição precedendo *que* na periferia esquerda, conforme exemplificado em (65) (cf. (7b)/(8b)). Para todos os casos e posições sintáticas restantes, a série de *você* e a série de *vocês* preenchem as lacunas das séries de *cê* e *cês*, conforme ilustrado em (66) com o clítico acusativo de segunda pessoa do singular *te* e a forma genitiva de segunda pessoa do plural *de vocês*.[45]

(64) a. **Cê** quer casar comigo? (PB)
b. **Cês** que sabem! (PB)
(65) a. **Cê** que o João contratou recentemente? (PB)
b. **Cês** que a Maria convidou pro espetáculo? (PB)
(66) a. **Cê** não mencionou que o Pedro tinha **te** visto. (PB)
b. **Cês** precisam conversar com o professor de **vocês**. (PB)

2.4.3 Pronomes de terceira pessoa

Analisemos agora os paradigmas dos pronomes de terceira pessoa em PE e PB, apresentados nas Tabelas 2.5 e 2.6.

Tabela 2.5 – Pronomes de terceira pessoa em português europeu[a]

	NOM	AC		DAT		OBL		GEN
	[-REFL]	[-REFL]	[+REFL]	[-REFL]	[+REFL]	[-REFL]	[+REFL]	
3.MASC.SG	$ele_{[Ft]}$	$o_{[Cl]}$	$se_{[Cl]}$	$lhe_{[Cl]}$	$se_{[Cl]}$	ele / com ele	ele si / com ele consigo	dele $seu_{[MASC.SG]}$ $sua_{[FEM.SG]}$ $seus_{[MASC-PL]}$ $suas_{[FEM-PL]}$
3.FEM.SG	$ela_{[Ft]}$	$a_{[Cl]}$	$se_{[Cl]}$	$lhe_{[Cl]}$	$se_{[Cl]}$	ela / com ela	ela si / com ela consigo	dela $seu_{[MASC.SG]}$ $sua_{[FEM.SG]}$ $seus_{[MASC-PL]}$ $suas_{[FEM-PL]}$
3.MASC-PL	$eles_{[Ft]}$	$os_{[Cl]}$	$se_{[Cl]}$	$lhes_{[Cl]}$	$se_{[Cl]}$	eles / com eles	eles si / com eles consigo	deles $seu_{[MASC.SG]}$ $sua_{[FEM.SG]}$ $seus_{[MASC-PL]}$ $suas_{[FEM-PL]}$
3.FEM-PL	$elas_{[Ft]}$	$as_{[Cl]}$	$se_{[Cl]}$	$lhes_{[Cl]}$	$se_{[Cl]}$	elas / com elas	elas si / com elas consigo	delas $seu_{[MASC.SG]}$ $sua_{[FEM.SG]}$ $seus_{[MASC-PL]}$ $suas_{[FEM-PL]}$
indefinido	$se_{[Cl]}$						si / consigo	

[a] A primeira coluna exibe a descrição tradicional dos pronomes nominativos na segunda coluna, que será revista na seção 3.4.2. Nas células OBL, a primeira entrada exibe as forma pronominais usadas com qualquer preposição diferente de *com* e a segunda entrada indica se as formas associadas à preposição *com* constituem um vocábulo independente ou não (ver seção 2.3.4.4).

Tabela 2.6 – Pronomes de terceira pessoa em português brasileiro[a]

	NOM [-REFL]	AC [-REFL]	AC [+REFL]	DAT [-REFL]	DAT [+REFL]	OBL [-REFL]	OBL [+REFL]	GEN
3.MASC.SG	ele	ele	ele$_{[Ft]}$ se$_{[Cl]}$	pra ele	pra ele se$_{[Cl]}$	ele / com ele	ele / com ele	dele
3.FEM.SG	ela	ela	ela$_{[Ft]}$ se$_{[Cl]}$	pra ela	pra ela se$_{[Cl]}$	ela / com ela	ela / com ela	dela
3.MASC-PL	eles	eles	eles$_{[Ft]}$ se$_{[Cl]}$	pra eles	pra eles se$_{[Cl]}$	eles / com eles	eles / com eles	deles
3.FEM-PL	elas	elas	ela$_{[Ft]}$ se$_{[Cl]}$	pra elas	pra elas se$_{[Cl]}$	elas / com elas	elas / com elas	delas
indefinido	se$_{[Cl]}$						si	

[a] A primeira coluna exibe a descrição tradicional dos pronomes nominativos na segunda coluna, que será revista na seção 3.4.2. Nas células OBL, a primeira entrada é a forma pronominal usada com qualquer preposição diferente de *com* e a segunda entrada (se houver) indica se a forma associada à preposição *com* é um vocábulo independente ou não (ver seção 2.3.4.4).

Cada um dos subsistemas de caso nas Tabelas 2.5 e 2.6 exibe diferenças consideráveis entre PE e PB. Consideremos os pronomes nominativos ilustrados em (67), por exemplo. Todas as sentenças são aceitáveis tanto em PE quanto em PB, mas com significados diferentes. Em PB, os pronomes de (67) são ambíguos entre uma interpretação [+hum] e [-hum]. Em contraste, no PE, a interpretação [-hum] é um tanto marginal e sujeita a variação entre os falantes. Essa diferença pode ser explicada se as formas nominativas *ele*, *eles*, *ela* e *elas* forem tipicamente fortes em PE, enquanto que em PB podem ser fortes ou fracas (ver seção 2.2).[46] Como veremos na seção 4.6.3, essa diferença tem implicações para a interpretação de sujeitos nulos em PE e PB.[47]

(67) a. **Ele** é bonito.
    [*ele* = *o João* → PE/PB: √]
    [***ele*** = ***o prédio*** → **PE: %; PB: √**]

b. **Eles** são bonitos.
   [*eles = os meninos* → PE/PB: √]
   [*eles = os prédios* → **PE: %; PB: √**]
c. **Ela** é bonita.
   [*ela = a Maria* → PE/PB: √]
   [*ela = a casa* → **PE: %; PB: √**]
d. **Elas** são bonitas.
   [*elas = as meninas* → PE/PB: √]
   [*elas = as casas* → **PE: %; PB: √**]

Examinemos agora os paradigmas acusativos. Os clíticos *o*, *a*, *os* e *as*, ilustrados em (68), são as únicas formas pronominais inequivocamente acusativas em português. Cada um deles possui dois alomorfes, dependendo das propriedades fonológicas do verbo imediatamente anterior. Se o verbo terminar em /r/ ou /s/, esse fonema é apagado e o clítico é realizado precedido por /l/, como ilustrado em (69); por outro lado, se o verbo termina em um ditongo nasal, /n/ é adicionado ao clítico, como se vê em (70).

(68) a. As crianças não **o** viram. (PE)
   b. Quem **os** contratou? (PE)
   c. O João leu-**a** cuidadosamente. (PE)
   d. Eu não **as** quero. (PE)
(69) a. O João vai comprá-**las**. [*comprar + as*] (PE)
   b. Tu sabe-**lo** bem. [*sabes + o*] (PE)
   c. Nós convidámo-**la** ontem. [*convidamos + a*] (PE)
(70) Eles sabem-**no** bem. [*sabem* (['sabẽj]) + *o*] (PE)

Como podemos ver na Tabela 2.6, os clíticos acusativos de terceira pessoa não fazem parte da gramática do PB, no sentido definido no capítulo "Delimitando o objeto de análise". Sua preservação residual no PB se deve, de fato, à escolarização. Assim, não ocorrem na fala de crianças em idade pré-escolar ou adultos analfabetos e geralmente estão associadas a registros formais, linguagem escrita e alto nível de educação formal.[48] A Tabela 2.6 mostra ainda que esses clíticos foram substituídos por pronomes homófonos à forma nominativa (*ele*, *ela*, *eles* e *elas*), como ilustrado em (71).

(71) a. Quando você comprou **ele**? (PB)
   b. Eu procurei a Maria, mas não encontrei **ela**
      em lugar nenhum. (PB)
   c. Você convidou **eles** pra festa? (PB)
   d. Você precisa carregar **elas** com bastante cuidado. (PB)

A perda de clíticos com morfologia específica de acusativo em PB promoveu uma reorganização generalizada em sua gramática. Em primeiro lugar, essa perda afetou os clíticos *o* e *a* quando especificados como segunda pessoa do singular (ver Tabela 2.3 e nota 43); como pode ser visto na Tabela 2.4, nessa interpretação esses clíticos foram substituídos em PB por *você* e *te*. Em segundo lugar, a nova série de pronomes acusativos (*ele, ela, eles* e *elas*) não pode retomar constituintes que não sejam sintagmas nominais; portanto, construções em que um clítico acusativo retoma um predicado, conforme ilustrado em (72) (ver seção 2.3.4.2), simplesmente desapareceram do PB.[49]

(72) Tímida, ela não **o** é.   (PE)

O terceiro reflexo da reorganização do sistema tem a ver com clíticos fundidos. Em PE, um clítico acusativo tem de se fundir com um clítico dativo adjacente, como representado na Tabela 2.7 e ilustrado em (73). O clítico dativo *se* é excepcional nesse aspecto, pois não possui forma para a versão fundida e também não permite a versão não fundida, como mostra (74).[50] Uma vez que o PB perdeu os clíticos acusativos *o(s)* e *a(s)* (bem como os clíticos dativos *vos*, *lhe* e *lhes*; ver Tabelas 2.4 e 2.6), as formas fundidas da Tabela 2.7 também desapareceram.

Tabela 2.7 – Fusão de clíticos dativos e acusativos no português europeu

Clíticos dativos	Clíticos acusativos			
	o (3.MASC.SG)	*os* (3.MASC-PL)	*a* (3.FEM.SG)	*as* (3.FEM-PL)
me (1.SG)	*mo*	*mos*	*ma*	*mas*
te (2.SG)	*to*	*tos*	*ta*	*tas*
lhe (3.SG)	*lho*	*lhos*	*lha*	*lhas*
se (3.SG.REFL)				
nos (1.PL)	*no-lo*	*no-los*	*no-la*	*no-las*
vos (2.PL)	*vo-lo*	*vo-los*	*vo-la*	*vo-las*
lhes (3-PL)	*lho*	*lhos*	*lha*	*lhas*
se (3.PL.REFL)				

(73) a. O João deu-**mo**.   (PE)
    b. Eu dei-**to**.   (PE)
    c. O João enviou-**lha**.   (PE)
    d. A Maria recomendou-**no-las**.   (PE)
    e. Eu não **vo-lo** direi.   (PE)
(74) a. *O João permitiu-**so**.   (PE)
    b. *O João permitiu-**se-o**.   (PE)

Por fim, a mudança diacrônica que afeta os clíticos acusativos de terceira pessoa no PB não se restringiu à mera substituição de algumas formas por outras nos mesmos ambientes, mas também abriu espaço para novas possibilidades interpretativas. Considere os pares em (75) em PE e (76) em PB, por exemplo.[51]

(75) a. **[A Maria]**$_i$ incluiu todos na lista,
  mas esqueceu-se de incluir-**se**$_i$.   (PE)
 b. *** [A Maria]**$_i$ incluiu todos na lista,
  mas esqueceu-se de incluí-**la**$_i$.   (PE)
(76) a. **[A Maria]**$_i$ incluiu todos na lista,
  mas esqueceu de **se**$_i$ incluir. (PB)
 b. **[A Maria]**$_i$ incluiu todos na lista,
  mas esqueceu de incluir **ELA**$_i$.   (PB)

(75) ilustra o fato de que o clítico acusativo *se* é [+ REFL], enquanto o clítico acusativo *a* é [-REFL]; portanto, a correferência é possível entre *se* e *a Maria* em (75a), mas não entre *la* e *a Maria* em (75b). Recorde-se, no entanto, que *ele(s)* e *ela(s)* em PB são ambíguos, podendo ser pronomes fortes ou fracos, e que, além disso, um pronome forte pode ser usado como reflexivo em contextos contrastivos (ver seção 2.3.5). Assim, esperamos encontrar sentenças envolvendo reflexividade onde *ele(s)/ela(s)* são legítimos, mas *o(s)/a(s)* não são. O contraste entre (75b) em PE e (76b) em PB, que permite a leitura reflexiva, mostra que essa previsão é de fato confirmada.

Vale ressaltar também que a reorganização ocasionada pela perda dos clíticos *o(s)* e *a(s)* foi além da gramática nuclear do PB, afetando também seu uso periférico associado à escolarização, à língua escrita e aos registros formais.[52] Por exemplo, a colocação dos clíticos *o(s)* e *a(s)* e não é a mesma dos demais clíticos nesses registros, conforme ilustrado em (77) e (78).[53] Voltaremos a uma discussão mais detalhada deste ponto na seção 5.6.2.

(77) a. O João **o** tinha visto. (PB escrito)
 b. *O João **me** tinha visto. (PB)
(78) a. *O João tinha **o** visto. (PB escrito)
 b. O João tinha **me** visto. (PB)

Em relação aos pronomes dativos, oblíquos e genitivos, encontramos mais simplificações na gramática do PB. Como visto na Tabela 2.6, o PB perdeu as formas dativas inequívocas *lhe* e *lhes*, usando em seu lugar formas perifrásticas como as de (79).

(79) a. Eu dei um livro **pra ele**.   (PB)
 b. O João enviou os documentos **pra elas**. (PB)

Além disso, as formas reflexivas oblíquas **si** e **consigo** tornaram-se obsoletas. Assim, embora ambas as opções em (80) e (81) sejam permitidas em PE (com preferência por (81), possivelmente devido à ambiguidade de *si* e *consigo* entre a terceira e segunda pessoa), só a versão em (81) é admitida na gramática do PB.[54]

(80)   a. [A Maria]$_i$ só pensa em **si**$_i$.   (PE: √; PB: *)
        b. [O João]$_i$ trouxe os documentos **consigo**$_i$.   (PE: √; PB: *)
(81)   a. [A Maria]$_i$ só pensa **nela**$_i$.   (PE/PB)
        b. [O João]$_i$ trouxe os documentos com **ele**$_i$.   (PE/PB)

Por fim, consideremos as formas genitivas *seu(s)* e *sua(s)*. Em PE, esses pronomes podem estar associados tanto à terceira pessoa quanto à segunda pessoa do singular [-prox]. Em PB, por outro lado, a interpretação de terceira pessoa ficou restrita à escrita formal (como o leitor poderá verificar no texto deste capítulo, por exemplo). Assim, a sentença em (82) tem apenas a leitura em que se está falando do carro do destinatário em PB, enquanto em PE esta é a leitura preferida, mas não exclusiva. Para a interpretação de um possuidor de terceira pessoa, o PB recorre à forma perifrástica com a preposição *de*, conforme ilustrado em (83), que também é uma possibilidade disponível no PE.[55]

(82)   O João viu o **seu** carro no estacionamento.
        [*seu* = 'de você' → PE/PB: √]
        [***seu*** = **'dele'** → **PE**: √; **PB**: *]
(83)   O João viu o carro **dele** no estacionamento.   (PE/PB)

A última linha nas Tabelas 2.5 e 2.6 contém o chamado *se* indefinido (ou impessoal), ilustrado em (84). Tanto em PE quanto em PB, *se* nominativo é interpretado como um sujeito indefinido e pode licenciar um reflexivo oblíquo (apenas *si* em PB e *si* e *consigo* em PE), conforme mostrado em (85).

(84)   Não **se** deve fumar aqui dentro.
(85)   a. Quando só **se** pensa em **si**, tudo pode dar errado.   (PE/PB)
        b. Não **se** deve ter **consigo** muito dinheiro.   (PE: √; PB: *)

A lacuna referente a reflexivos acusativos e dativos para a série de *se* indefinido é geralmente atribuída a uma restrição de coocorrência de duas instâncias de *se*, conforme ilustrado em (86).[56]

(86)   *Levanta-**se-se** cedo neste país.   (PE)

Curiosamente, o PE e o PB também diferem no que diz respeito à natureza dessa restrição de coocorrência.[57] O PE é sensível a informações sintáticas e não a proximidade linear. Considere o contraste em (87), por exemplo. À primeira vista, o contraste é o oposto do que se poderia esperar, visto que a sentença aceitável em (87a) tem apenas um único verbo separando os dois clíticos e a sentença inaceitável em (87b) tem dois. Observando-se mais de perto, pode-se ver que o sujeito da oração subordinada em (87a) é *ele*, enquanto o sujeito nulo das orações subordinadas de (87b) é interpretado como sendo o clítico indefinido *se*. Em outras palavras, em PE o cálculo da restrição de coocorrência vista em (86) leva em consideração as propriedades do sujeito local.

(87) a. Soube-**se** ter-**se** ele suicidado. (PE)
b. *Conseguiu-**se** evitar sentar-**se** na última fila. (PE)

Em PB, por outro lado, a restrição de coocorrência leva em consideração apenas adjacência linear. Conforme ilustrado em (88), se houver material fonológico intervindo entre os dois clíticos, a restrição não se aplica:

(88) a. Não **se** deve **se** levantar tarde. (PB)
b. Pode-**se**, salvo engano, **se** sentar em qualquer lugar. (PB)

Retornaremos ao *se* indefinido nas seções 3.5.3 e 5.6.2, quando compararemos os padrões de concordância em construções com esse clítico em PE e PB e seu comportamento em relação à colocação de clíticos.

2.5 RESUMO

Deixando o clítico *se* indefinido de lado por ora (ver seção 3.5.3 para discussão), as Tabelas 2.8 e 2.9 a seguir reorganizam o sistema de pronomes pessoais em PE e PB, com base na discussão das seções anteriores. Antes de examinarmos as tabelas propriamente, alguns comentários sobre sua apresentação se fazem necessários. Primeiro, consideramos a forma nominativa como representativa de cada série de pronomes, visto que nominativo é o caso *default* em português (ver seção 2.3.4.1); portanto, é o único caso em ambas as tabelas que tem todas as suas células preenchidas. Em segundo lugar, a apresentação ressalta os diferentes tipos de sincretismo que ocorrem em PE e PB. Consequentemente, a coluna relativa ao nominativo está no meio das tabelas, os pronomes que são ambíguos entre as formas forte e fraca foram agrupados e os genitivos preposicionais foram diferenciados dos sintéticos. Assim, a falta de divisões com as células à esquerda e à direita das formas nominativas *ele* e *ela* na Tabela 2.8, por exemplo, indica que as correspondentes formas oblíquas e formas genitivas preposicionadas são as mesmas. Finalmente, deixando de lado as formas oblíquas complexas, as preposições específicas associadas a um determinado caso foram ignoradas. Por exemplo, a falta de divisões entre a forma nominativa *a gente* na Tabela 2.8 e as colunas [-REFL], OBL e GEN preposicional indica que *a gente* pode se combinar com as preposições *com* (*com a gente*) e *de* (*da gente*).

Tabela 2.8 – Sincretismo de pronomes pessoais no português europeu[a]

	[+REFL]		[-REFL]		[+REFL]	[-REFL]	[-REFL]	GEN preposicional	GEN sintético
	AC	DAT	AC	DAT	OBL	OBL	NOM		
1.SG	me[Cl]				mim / comigo		eu		meu[MASC.SG] meus[MASC-PL] minha[FEM.SG] minhas[FEM-PL]
2.SG[+prox]	te[Cl]				ti / contigo		tu		teu[MASC.SG] teus[MASC-PL] tua[FEM.SG] tuas[FEM-PL]
2.SG[-prox]			o[MASC.CL] / a[FEM.CL]	lhe[Cl]	si / consigo		você		
3.SG	se[Cl]		o[MASC.CL] / a[FEM.CL]	lhe[Cl]		ele[MASC] / ela[FEM]			seu[MASC.SG] seus[MASC-PL] sua[FEM.SG] suas[FEM-PL]
3-PL	se[Cl]		os[MASC.Cl] / as[FEM.Cl]	lhes[Cl]		eles[MASC] / elas[FEM]			
2-PL				vos[Cl]		convosco	vocês		vosso[MASC.SG] vossos[MASC-PL] vossa[FEM.SG] vossas[FEM-PL]
					a gente				
1.PL	nos[Cl]					connosco	nós		nosso[MASC.SG] nossos[MASC-PL] nossa[FEM.SG] nossas[FEM-PL]

[a] A primeira coluna exibe a descrição tradicional dos pronomes nominativos em negrito, que será revista na seção 3.4.2.

SISTEMA PRONOMINAL

Tabela 2.9 – Sincretismo de pronomes pessoais no português brasileiro[a]

	[+REFL]		[-REFL]		[+REFL]	[-REFL]	[-REFL]	GEN preposicional	GEN sintético
	AC	DAT	AC	DAT	OBL		NOM		
1.SG	me[Cl]				mim comigo		eu		meu[MASC.SG] meus[MASC-PL] minha[FEM.SG] minhas[FEM-PL]
2.SG	se[Cl]		te[Cl]				você		seu[MASC.SG] seus[MASC-PL] sua[FEM.SG] suas[FEM-PL]
		cê[Fc]					cê[Fc]		
2-PL	se[Cl]						vocês		
		cês[Fc]					cês[Fc]		
3.SG/3-PL	se[Cl]						ele[MASC.SG] ela[FEM.SG] eles[MASC-PL] elas[FEM-PL]		
1.PL	se[Cl]						a gente		
							nós		nosso[MASC.SG] nossos[MASC-PL] nossa[FEM.SG] nossas[FEM-PL]

[a] A primeira coluna exibe a descrição tradicional dos pronomes nominativos em negrito, que será revista na seção 3.4.2.

As áreas sombreadas nas Tabelas 2.8 e 2.9 delineiam algumas das principais diferenças entre os sistemas pronominais do PE e do PB, após a incorporação das séries representadas por *você*, *vocês* e *a gente* em cada gramática. As figuras geométricas formadas pela área com sombreamento escuro se estendem no plano vertical em PE, mas no plano horizontal em PB. Isso significa que a incorporação desses pronomes na gramática do PE resultou em algum sincretismo em relação à pessoa (por exemplo, *o(s)/a(s)/lhe(s)* e *consigo* podem ser segunda ou terceira pessoa), mas o sistema de caso basicamente se manteve intacto. Em contraste, a incorporação dessas formas na gramática do PB foi acompanhada por uma drástica simplificação em suas distinções de caso. Essa diferença fica muito clara quando comparamos a série de *vocês* em ambas as variedades. Como ilustrado em (89)-(93), PE pode usar até seis formas diferentes dependendo do caso do pronome, enquanto PB usa uma única forma para todos os casos.

(89) **Vocês** querem pedir mais alguma coisa? (PE/PB)
(90) a. A vovó adora-{**vos/os**}. (PE)
 b. A vovó adora **vocês**. (PB)
(91) a. O João não {**vos/lhes**} trouxe nada. (PE)
 b. O João não trouxe nada para **vocês**. (PB)
(92) a. Eu vou **convosco**. (PE)
 b. Eu vou com **vocês**. (PE/PB)
(93) a. Os **vossos** documentos ainda não estão prontos. (PE)
 b. Os documentos de **vocês** ainda não estão prontos. (PB)

Retomando a analogia que permeia este livro, embora jabutis e tartarugas sejam quelônios (ou seja, répteis com casco) e tenham cascos semelhantes à primeira vista, um exame mais detalhado revela que o casco dos jabutis é grosso e pesado, enquanto o da tartaruga é leve e com formato hidrodinâmico. Essa diferença anatômica, por sua vez, tem repercussões em relação a como cada espécie interage com seu meio: jabutis são proverbialmente lentos, enquanto tartarugas se deslocam com agilidade. No caso linguístico, diferentes anatomias em relação a caso também estão associadas a diferentes propriedades. É um fato bem documentado, por exemplo, que línguas que perdem distinções de caso geralmente passam a ter uma ordem de palavras mais rígida. Essa é uma das implicações das diferenças codificadas nas Tabelas 2.8 e 2.9 que exploraremos nos capítulos a seguir. Veremos que a diferença entre PE e PB no que diz respeito à anatomia de seus sistemas de caso está correlacionada com a maior ou menor flexibilidade nas ordens de palavras que as duas variedades admitem (ver capítulo "Ordem de Palavras"). Constataremos também que as diferenças entre os sistemas pronominais das duas variedades retratadas nas Tabelas 2.8 e 2.9 têm reflexo em seus diferentes sistemas de concordância (ver seção 3.4.2) e suas diferenças no licenciamento de argumentos nulos (ver capítulos "Sujeitos nulos" e "Objetos nulos e possessivos nulos").

Avancemos então nessa tarefa de identificar e descrever as propriedades estruturais que distinguem os quelônios PE e PB, começando pela concordância, a ser tratada no próximo capítulo.

Notas

[1] Para alguns falantes do PB, *cê* pode integrar uma estrutura coordenada se for o primeiro membro da coordenação, como ilustrado em (i). Essa assimetria presumivelmente se segue do fato de o último membro da coordenação receber o acento associado com toda a estrutura coordenada e os pronomes fracos serem incompatíveis com proeminência prosódica (ver (10)). O que é relevante para a nossa discussão é que, para todos os falantes do PB, *cê* contrasta sistematicamente com *você* quando é o último termo de uma coordenação, como visto em (4).
  (i) Cê e o João foram promovidos.   (%PB)
[2] Para discussão relevante sobre o estatuto de *cê* em PB, ver *e.g.* Ramos 1996, Vitral 1996, Paredes Silva 1998, Ferreira 2000, 2009, Martins e Nunes 2005, 2009, 2010, Othero 2013 e especialmente Petersen 2008.
[3] Seguindo a prática da área, letras maiúsculas como em ELE e ELA em (10b) registram ênfase de foco (contrastivo).
[4] Para discussão relevante, ver *e.g.* Britto 1998, 2000, Galves 1997, 2001, Kato 1999, 2002a, Cyrino, Duarte e Kato 2000 e Barbosa, Duarte e Kato 2001, 2005.
[5] Ver *e.g.* Kato 1999, 2002a para discussão relevante.
[6] Para discussão relevante, ver *e.g.* Britto 1998, 2000, Galves 1997, 2001, Kato 1999, 2002a, Cyrino, Duarte e Kato 2000, Barbosa, Duarte e Kato 2001, 2005 e Martins e Nunes 2009.
[7] Alguns dialetos do PB permitem redobro de clítico em construções como em (i), embora haja variação individual em relação a quais clíticos podem ser redobrados por um pronome forte. Para discussão relevante, ver *e.g.* Machado-Rocha 2016 e Machado-Rocha e Ramos 2016.
  (i) a. Ele **me** chamou **eu**.   (%PB)
       b. Eu vou **te** falar uma coisa **pra você**.   (%PB)
[8] Esse tipo de informação extralinguística é normalmente veiculado por formas de tratamento. Por exemplo, as formas *o senhor* e *a senhora*, ilustradas em (i), transmitem respeito para com o destinatário tanto em PE como em PB e, portanto, são geralmente utilizadas para se dirigir a idosos, superiores, clientes *etc*. Em PE, essas formas de tratamento também podem ser combinadas com títulos, como exemplificado em (ii).
  (i) a. **O senhor** está cansado?
       b. O Pedro viu **a senhora** na livraria.
  (ii) O **Senhor Doutor** dá-me licença?   (PE)
[9] Para discussão relevante, ver *e.g.* Cintra 1972, Faraco 1996, Lopes e Duarte 2007, Lopes 2008 e Bacelar do Nascimento 2020. Para falantes de PE, as versões realizada e nula de *você* contrastam no sentido de que a versão realizada é entendida como uma forma de tratamento rude ou desrespeitosa (ver *e.g.* Guilherme e Lara Bermejo 2015, Lara Bermejo e Guilherme 2018, Lara Bermejo 2017 e Bacelar do Nascimento 2020).
[10] Essa oposição em PE não se verifica em alguns grupos sociais (de classe alta), para os quais *você* também pode transmitir familiaridade/intimidade/proximidade.
[11] Em PE, nomes próprios também são comumente usados como formas de tratamento (ver *e.g.* Lopes e Duarte 2007 e Bacelar do Nascimento 2020), ocupando – com *você* e sua contraparte nula – o lado [-prox] da escala de familiaridade/intimidade/proximidade. Assim, uma sentença como (i) em PE pode ser usada como uma pergunta direta à Maria e indica que o falante de alguma forma não se encontra numa relação de intimidade em relação a ela.
  (i) **A Maria** quer um café?   (PE)
[12] Os dialetos centro-meridionais e os dialetos insulares do PE (ver *e.g.* Cintra 1971 e Segura 2013) permitem gerúndios flexionados, conforme ilustrado em (i) (ver *e.g.* Mota 1997, Lobo 2001, 2003, 2016a e Ribeiro 2002 para discussão relevante). O sujeito desses gerúndios flexionados também é marcado com caso nominativo.
  (i) Em eles chegand**em**, vamos jantar.   (%PE)
[13] Ver *e.g.* Raposo 1987a, 1987b, 1989, Ambar 1992b, 1998, 2000, Martins 2001, Duarte, Gonçalves e Miguel 2005, Pires 2006, Modesto 2011, Duarte, Santos e Gonçalves 2016 e Ambar e Jiménez-Fernández 2017 para discussão relevante.
[14] Sobre caso *default* em português, ver *e.g.* Kato 1999 e Viotti 2005.
[15] Ver *e.g.* Raposo 1989, Gonçalves 1999, Martins 2000a, Gonçalves e Duarte 2001, Barbosa e Cochofel 2005, Hornstein, Martins e Nunes 2006, 2008 e Gonçalves, Carrilho e Pereira 2016 para discussão relevante.

16 Construções como (22) e (23) são subtipos do que é conhecido na literatura gerativa como construções de "marcação excepcional de caso" (*Exceptional Case Marking – ECM*), ou seja, construções em que um dado elemento atribui caso ao sujeito de seu complemento.
17 Para discussão relevante, ver *e.g.* Eliseu 1984, Matos 1985 e Cyrino 1993, 1997.
18 Ver *e.g.* Berlinck 1996b, Salles 1997, Torres Morais 2007, Torres Morais e Berlinck 2007, Torres Morais e Salles 2010 e Calindro 2015, 2020 para discussão relevante.
19 Alguns dialetos do PB também permitem a preposição *a* nesses contextos. Ver *e.g.* Scher 1996 e Cavalcante 2009 para discussão relevante.
20 Para discussão relevante, ver *e.g.* Miguel 1992, 1996, 2004, Miguel, Gonçalves e Duarte 2010, Barros 2006, Torres Morais e Salles 2016, Gonçalves e Miguel 2019 e Nunes e Kato a sair.
21 Curiosamente, a preposição usada em complementos de adjetivos no PB é *a* ao invés de *para*/*pra* (cf. (29b) *vs.* (27b)). Isso também ocorre em construções com verbos psicológicos em registros formais do PB, em que o complemento verbal pode se realizar com a preposição *a*, como ilustrado em (i). Ver *e.g.* Costa 2000 e Figueiredo Silva 2007 para discussão relevante.
(i) a. Esses resultados não interessavam **a**o João. (%PB)
 b. A proposta agradou **a**o João. (%PB)
22 Para discussão relevante sobre verbos psicológicos em PB, ver *e.g.* Cançado 1995, 1997.
23 Ver *e.g.* Martins e Nunes 2005, 2017a para discussão relevante.
24 Para discussão relevante sobre este subtipo de construção de ECM (ver nota 16) em PB, ver *e.g.* Perini 1974, Lightfoot 1991, Salles 1997 e Hornstein, Martins e Nunes 2008. No *corpus* CORDIAL-SIN, essas construções são atestadas em alguns dialetos do sul e no arquipélago dos Açores, conforme ilustrado respectivamente em (ia) e (ib).
(i) a. Com isto não é dizer que queria ver os outros mal para **mim** estar bem. (%PE)
 (CORDIAL-SIN, MLD50)
 b. Eu estou inquieta para parar, para apanhar aí umas primaveras para **mim** levar. (%PE)
 (CORDIAL-SIN, MIG47)
25 Essas formas excepcionais surgiram em duas etapas diacrônicas. Consideremos *comigo*, por exemplo. Em latim, o pronome (ablativo) de primeira pessoa do singular *me* e a preposição *cum* se fundiram, gerando *mecum*, que por sua vez evoluiu para as formas do português arcaico *mego*/*migo*. Mais tarde, depois que a encliticização latina de *cum* a pronomes pessoais parou de ocorrer, a preposição *com* foi adicionada na posição inicial da forma fundida, produzindo a forma moderna combinada *comigo*, que no português arcaico coexistia com a variante *migo*. Para discussão relevante, ver *e.g.* Nunes 1919, Williams 1938, Mattos e Silva 1993, 2008 e Houaiss e Villar 2001.
26 Para discussão relevante, ver *e.g.* Oliveira e Silva 1984, Perini 1985, Miguel 1992, 1996, 2004, Cerqueira 1993, 1996, Menuzzi 1996, 1999, Müller 1996, Negrão e Müller 1996, Floripi 2003, Rodrigues 2004, 2010, 2020, Avelar 2004, 2006, 2009b, A. Castro 2006, Estrela 2006, Brito 2007, Floripi e Nunes 2009, Lobo 2013a e Nunes 2018.
27 Dentro do quadro da Teoria de Princípios e Parâmetros (ver *e.g.* Chomsky 1981 e Chomsky e Lasnik 1993), a distinção relevante é formulada em termos de anáforas (correspondendo a expressões reflexivas e recíprocas), sujeitas ao Princípio A da Teoria da Ligação, e pronomes, sujeitos ao Princípio B. Para fins de apresentação, utilizaremos a distinção familiar entre pronomes reflexivos e não reflexivos. Assim, todos os itens a seguir que são referidos como pronomes ou são especificados como [-REFL] correspondem a elementos com os traços [+pronominal, -anafórico] no sistema de Chomsky (1981), enquanto os elementos referidos como reflexivos ou especificados como [+REFL] correspondem a elementos com os traços [-pronominal, + anafórico].
28 Seguindo a prática da literatura, correferência será registrada por meio de índices idênticos e referência distinta por índices diferentes.
29 Os clíticos reflexivos associados a verbos inerentemente reflexivos podem ser apagados em vários dialetos do PB, conforme ilustrado em (i) (ver *e.g.* d'Albulquerque 1984, Nunes 1995, Negrão e Viotti 2015 e Carvalho 2016).
(i) a. Ela **(se)** chama Maria. (%PB)
 b. Eu **(me)** lembrei de você ontem. (%PB)
Por sua vez, alguns falantes de PE permitem (ou às vezes requerem) o apagamento de um clítico reflexivo em uma oração não finita se ele for idêntico ao sujeito de sua oração ou ao objeto da oração subordinante, conforme ilustrado em (ii) (ver *e.g.* Martins e Nunes 2017a,b para discussão relevante).
(ii) a. O João fez-nos encontrar-(***nos**) com o Pedro. (%PE)
 b. O João convenceu-me a deitar-(***me**) mais cedo. (%PE)

[30] Alguns dialetos do PB admitem *eu* e *nós* em posições acusativas, como ilustrado em (i), em competição com *me* e *a gente*, respectivamente (ver *e.g.* Kato 1994 para discussão). Alguns dos dialetos que permitem *eu* na posição de objeto também podem permitir que esse pronome redobre um clítico (ver nota 7).
(i) a. Você pôs **eu** na lista? (%PB)
b. O João não convidou **nós**. (%PB)

[31] Para discussão sobre a gramaticalização de *a gente*, ver *e.g.* Menon 1996, Omena e Braga 1996, Lopes 1998, 2003, Zilles 2005 e Brocardo e Lopes 2016.

[32] Também podemos encontrar padrões "mistos", com *a gente* desencadeando concordância de primeira pessoa no plural em alguns dialetos do PE e do PB e *nós* desencadeando concordância de terceira pessoa do singular em alguns dialetos de PB, conforme ilustrado em (i) (ver *e.g.* Omena e Braga 1996, Bacelar do Nascimento 1989, Costa, Moura e Pereira 2001, Lopes 1998, 2003, Pereira 2003, Costa e Pereira 2005, 2012, Vianna 2006 e Sória 2013 para discussão relevante).
(i) a. **A gente vimos** o acidente. (%PE; %PB)
b. **Nós viu** o acidente. (%PB)

Recorde-se que os pronomes podem ter formas distintas associadas às especificações [+REFL] e [-REFL] apenas se estiverem associados à concordância verbal de terceira pessoa (ver seção 2.3.5). Assim, em PE, o clítico reflexivo correspondente em sentenças com o padrão de concordância de (ia) é geralmente *nos* em vez de *se*, como se vê em (iia); já nos dialetos do PB que permitem (ib), o reflexivo escolhido é *se*, como ilustrado em (iib).
(ii) a. A gente ferimo-**nos** no acidente. (%PE)
b. Nós **se** encontrou na festa. (%PB)

No entanto, existem alguns dialetos do PE (dialetos insulares e meridionais) que usam o clítico *se* como o correlato reflexivo de *a gente* mesmo na presença de concordância na primeira pessoa do plural e alguns dialetos do PB que permitem *se* com *nós* e concordância de primeira pessoa do plural, como exemplificado em (iii). Curiosamente, contruções semelhantes, como as de (iv), em que o reflexivo *nos* coocorre com concordância *default* de terceira pessoa do singular, não parecem ser possíveis em nenhum dialeto do PE ou do PB.
(iii) a. A gente **casámos-se** novos. (%PE)
(CORDIAL-SIN, GRC31)
b. Nós **se conhecemo** em 1970. (%PB)
(iv) a. *A gente **casou-nos** novos. (*PE)
b. *Nós **nos conheceu** em 1970. (*PB)

Fatores independentes podem estar por trás do padrão excepcional em (iii). Os dialetos do PE que permitem (iiia) parecem estar em processo de substituição de toda a série de *nós* pela série de *a gente* (ver *e.g.* Martins 2009 para discussão relevante). Por sua vez, *se* em PB parece estar em processo de se tornar o reflexivo único para todas as pessoas em alguns dialetos/idioletos. Sentenças com *se* associado ao pronome de primeira pessoa do singular, como (va), por exemplo, são possíveis para muitos falantes e são a forma preferida (ou única) na fala de crianças de até 8 anos. Além disso, a grande estigmatização sociolinguística atribuída a (iiib) é consideravelmente neutralizada em sentenças como (vb), em que a concordância de primeira pessoa do plural ocorre no auxiliar e o reflexivo é fonologicamente associado ao verbo principal.
(v) a. Eu **se** esqueci. (%PB)
b. Onde nós **vamo se** encontrar? (%PB)

[33] Por exemplo, falantes de PE que permitem a forma dativa de *a gente* (ver discussão adiante no texto) podem permitir redobro do clítico *nos* por *a gente* (ver seção 2.2), conforme ilustrado em (i). Para discussão relevante sobre a coocorrência de *nós* e *a gente* no PB, ver *e.g.* Menuzzi 2000.
(i) Eles chamam-**nos à gente** sarracenos. (%PE)
(CRPC; em Bacelar do Nascimento 1989)

[34] Ver *e.g.* Taylor 2009 para discussão relevante. Curiosamente, *a gente* permite modificação semelhante no PE se o modificador for encabeçado pelo artigo definido, conforme mostrado em (i) (ver *e.g.* Costa e Pereira 2012).
(i) a. **A gente os dois** {fica/ficamos} em casa. (PE: √; PB: *)
b. **A gente, os portugueses,** {bebe/bebemos} bom café. (PE: √; PB: *)

[35] No *corpus* de dialetos do PE CORDIAL-SIN (ver www.clul.ulisboa.pt), o pronome *a gente* só apresenta uma elevada frequência de ocorrência em posições nominativas. No entanto, construções com *a gente* em posições associadas aos demais casos são atestadas em todo o território português – continental e insular (ver *e.g.* Sória 2013).

³⁶ Ver *e.g.* Omena e Braga 1996, Lopes 1998, 2003, Zilles 2005 e referências aí contidas para discussão relevante.
³⁷ Conforme mencionado na nota 32, alguns dialetos do PE parecem estar passando por uma mudança semelhante (ver *e.g.* Martins 2009 e Sória 2013). Esses dialetos inovadores do PE ainda divergem do PB na medida em que *a gente* pode desencadear concordância de primeira pessoa do plural no verbo (um padrão de concordância marginal no PB).
³⁸ Todas as sentenças em (59) podem ter uma alternativa com uma contraparte nula para *você* nominativo, que é a opção preferida para falantes de PE que interpretam a forma realizada de *você* como tratamento descortês (ver nota 9).
³⁹ Vale ressaltar que *você* em PB ainda contrasta com formas de tratamento como *o senhor*, na medida em que este último codifica respeito em relação ao destinatário (ver nota 8).
⁴⁰ Um bom número de dialetos do PB ainda mantém algumas formas da série de *tu* em adição ou em alternância com a série de *você*, conforme ilustrado em (i). Nesses dialetos, a forma nominativa pode desencadear concordância de terceira pessoa do singular (ver *e.g.* Menon e Lorengian-Penkal 2002, Paredes Silva 2003 e Lopes 2008 para discussão relevante), conforme ilustrado em (ii), e a forma oblíqua também pode ocorrer na posição de sujeito de um infinitivo não flexionado selecionado pela preposição *para/pra* (ver seção 2.3.4.4), como exemplificado em (iii) (ver *e.g.* Hornstein, Martins e Nunes 2008 para discussão relevante). Outros dialetos permitem *tu* como complemento de verbos e preposições, como ilustrado em (iv).
   (i)   Eu encontrei o **teu** pai ontem.   (%PB)
   (ii)   **Tu viaja** hoje?   (%PB)
   (iii) O João trouxe esse livro pra **ti** ler.   (%PB)
   (iv) a. Eu vi **tu** no cinema ontem.   (%PB)
          b. Ela gosta tanto de **tu**!   (%PB)
⁴¹ Diferentemente, alguns dialetos nordestinos do PB generalizaram o uso de *lhe*, empregando-o como um pronome acusativo para a série de *você*, como ilustrado em (i) (ver *e.g.* Neves 2000 para discussão relevante).
   (i)   Eu **lhe** vejo amanhã.   (%PB)
⁴² Em PE, alguns dialetos continentais do norte ainda preservam a série de *vós* primitiva. Os exemplos a seguir ilustram as formas nominativa (ver (ia)), acusativa (em contexto reflexivo e não reflexivo; ver (ib) e (ic), respectivamente), e oblíqua (ver (id)) dessa série em PE dialetal.
   (i)   a. **Vós** não vistes.   (%PE)
         (CORDIAL-SIN, PFT22)
        b. Ponde-**vos** a matar um porquinho!   (%PE)
         (CORDIAL-SIN, GRJ64)
        c. Que eu vi-**vos** vir.   (%PE)
         (CORDIAL-SIN, PFT 22)
        d. O carvão que der é metade para **vós** e metade para nós.   (%PE)
         (CORDIAL-SIN, GRJ67)
A inovação que substituiu as formas da série de *vós* pelas formas da série de *vocês* teve origem nos dialetos meridionais e é uma mudança gradual que atingiu primeiro as formas de nominativo, depois as de acusativo e de dativo e, por fim, as de genitivo, dando origem a séries mistas, como exemplificado em (ii).
   (ii) a. Não, a gente não **vos** dá que a gente levamos
          muita pressa e **vocês** não têm pratos para **vos** deitar a comida.   (%PE)
         (CORDIAL-SIN, CRV30)
        b. Mas se **vocês** logo **se** virem naufragados, agarrai-**vos** à terra.   (%PE)
         (CORDIAL-SIN, COV16)
        c. **Vocês**, lembrai-**vos**.   (%PE)
         (CORDIAL-SIN, COV19)
Assim, observando-se a expansão da inovação no território português, a substituição de *vós* (nominativo) por *vocês* cobre uma área geográfica maior do que a substituição de *vos* (acusativo/dativo) por *os/as* (acusativo) ou *lhes* (dativo); a substituição de *vosso(s)/vossa(s)* por *seu(s)/sua(s)*, como em (iii), parece ser infrequente. Para discussão relevante, ver *e.g.* Segura 2013, Lara Bermejo 2015, 2017 e Selph 2021).
   (iii) a. Então, esta empreitada minha é maior que a **sua de vocês**.   (%PE)
         (CORDIAL-SIN, CBV17)
        b. Vomecês estejam à **sua** vontade aqui na minha casa.   (%PE)
         (CORDIAL-SIN, CPT23)

⁴³ Ambas as variantes (a forma conservadora *vos* e as formas baseadas em clíticos de terceira pessoa do plural) são admitidas como parte da norma padrão do PE (ver *e.g.* Raposo 2013 e Lara Bermejo 2017). Em registros formais de PB (escrito), os clíticos *o(s)*, *a(s)*, e *lhe(s)* também podem ser usados como segunda pessoa, conforme ilustrado em (i), mas não o clítico *vos* (cf. (ib) e (id) *vs.* (62) em PE).
(i) a. Esta carta é para avisá-**la** de que seu seguro expirou. (%PB)
   b. Eu gostaria de convidá-**los** para a cerimônia. (%PB)
   c. Esta mensagem é para **lhe** dar os parabéns pelo seu novo livro. (%PB)
   d. Eu gostaria de **lhes** dar as boas vindas e desejar
      que vocês tenham um excelente congresso. (%PB)

⁴⁴ Alguns dialetos do PB possuem as formas *ocê* e *ocês* ao invés de *você* e *vocês* em todas as formas de caso possíveis, conforme ilustrado em (i). Para discussão relevante, ver *e.g.* Ramos 1996, Vitral 1996, Paredes Silva 1998 e Petersen 2008.
(i) a. **Ocê** nem vai acreditar! (%PB)
   b. O professor vai reprovar **ocês**. (%PB)
   c. Eu trouxe um presente pr'**ocês**. (%PB)
   d. O João vai viajar sem **ocê**. (%PB)
   e. Eu preciso falar com o pai d'**ocês**. (%PB)

⁴⁵ Alguns dialetos do PB também admitem formas dativas e oblíquas de *cê(s)* fundidas, conforme ilustrado em (i) (ver *e.g.* Petersen 2008 para discussão).
(i) a. Eu trouxe isso p'**cê** ontem. (%PB)
   b. Eu queria falar c'**cês**. (%PB)

⁴⁶ Ver *e.g.* Britto 1998, 2000, Kato 1999, 2002a, Cyrino, Duarte e Kato 2000, Barbosa, Duarte e Kato 2001, 2005, Raposo 2013 e Weingart 2020 para discussão relevante.

⁴⁷ O pronome nominativo *ele* também pode ser usado como um expletivo em alguns dialetos do PE, conforme ilustrado em (i). Esse expletivo difere dos expletivos tradicionais como *it* ou *there* em inglês, pois transmite algum tipo de ênfase expressiva. Para discussão relevante, ver *e.g.* Uriagereka 1995a, 2004, Raposo e Uriagereka 1996, Silva-Villar 1998, Carrilho 2003, 2005, 2008, 2009, Betoni 2013 e seção 4.6.1.
(i) (adaptado de Mateus et al. 2003)
   a. **Ele** choveu toda a noite. (%PE)
   b. **Ele** há cada uma! (%PE)
   c. Tudo está mais caro: **ele** é o leite,
      ele é fruta, **ele** é o peixe. (%PE)

⁴⁸ Para discussão relevante, ver *e.g.* Omena 1978, Tarallo 1983, Duarte 1986, 1989, Corrêa, 1991, Kato 1993b, 2017, Nunes 1993, 2011, 2015a, 2019a, Galves 2001, Kato, Cyrino e Corrêa 2009 e seção 5.6.2 adiante.

⁴⁹ Para discussão relevante, ver *e.g.* Cyrino 1993, 1997, Kato, Cyrino e Corrêa 2009, Raposo 1998b e Kato 2017.

⁵⁰ Do mesmo modo que ocorre com *se* dativo – *se* nominativo não pode ser seguido em PE por nenhum pronome acusativo, conforme ilustrado em (i), a não ser que um clítico dativo intervenha entre *se* e o clítico acusativo, conforme ilustrado em (ii) (ver *e.g.* Naro 1976, Nunes 1990, 1991, Martins 2003, 2013b e Martins e Nunes 2016 para discussão relevante).
(i) a. *Alugou-**se-as**. (PE)
   b. *Penteia-**se-te**. (PE)
(ii) Comprou-**se-lhos**. (PE)
No entanto, alguns dialetos do PE (dialetos meridionais e insulares) permitem a coocorrência de *se* nominativo com um clítico acusativo de terceira pessoa do singular, como se mostra em (iii).
(iii) a. Deixa-**se-a** crescer. (%PE)
      (CORDIAL-SIN, PST01)
   b. Pode-**se-a** guardar na *freeze*. (%PE)
      (CORDIAL-SIN, STE36)
   c. Abre-**se-o** de um metro de fundura. (%PE)
      (CORDIAL-SIN, ALC15)

⁵¹ Ver *e.g.* Moreira da Silva 1983 e Galves 1986a, 2001 para dados e discussão relevante.
⁵² Ver *e.g.* Kato 2005, Kato, Cyrino e Corrêa 2009 e Nunes 2011, 2015a, 2018a para discussão relevante.
⁵³ Ver *e.g.* Figueiredo Silva 1990, Cyrino 1993, Nunes 1993, 2011, 2015a, 2019a, Pagotto 1993 e Galves, Ribeiro e Torres Morais 2005.

54 Sobre a incompatibilidade entre *a gente* e *si*, ver *e.g.* Menuzzi 2000. Sobre a competição entre as formas *ele(s)/ela(s)* e *si/consigo* em PE, ver *e.g.* Estrela 2006, Lobo 2013a e Weingart 2020. Embora os pronomes *ele(s)/ela(s)* e o reflexivo *si* possam alternar em casos como (80a) e (81a) ou (i) em PE, a distribuição de *si* é mais restrita porque requer que o seu antecedente seja um sujeito, como se mostra em (ii) (ver *e.g.* Lobo 2013a).

(i)   a.   [O Pedro]$_i$ viu uma cobra atrás de **si**$_i$.   (PE)
      b.   [O Pedro]$_i$ viu uma cobra atrás **dele**$_i$.   (PE)
(ii) a.   [O Pedro]$_i$ soube diretamente d[o João]$_k$
         que alguém tinha falado mal de **si**$_{i/*k}$.   (PE)
      b.   [O Pedro]$_i$ soube diretamente d[o João]$_k$
         que alguém tinha falado mal **dele**$_{i/k}$.   (PE)

55 Sobre a substituição de *seu(s)* e *sua(s)* por *dele(s)* e *dela(s)* em PB, ver *e.g.* Oliveira e Silva 1984 e Cerqueira 1993, 1996. Há um uso residual de *seu(s)* e *sua(s)* como terceira pessoa no PB quando são ligados por expressões quantificadas (especialmente, aquelas introduzidas pelo quantificador *cada*), como ilustrado em (ia) (ver *e.g.* Menuzzi 1996, Negrão e Müller 1996, Negrão 1997 e Menuzzi e Lobo 2016 para discussão relevante). No entanto, a aceitabilidade de (ib) (para alguns falantes) sugere que a versão preposicional também está substituindo a série de *seu* nesses contextos.

(i)   a.   [Cada paciente]$_i$ ligou pro **seu**$_i$ médico.   (PB)
      b.   [Cada paciente]$_i$ ligou pro médico **dele**$_i$.   (%PB)

Alguns dialetos do PB (em particular, alguns dialetos mineiros) fazem distinção entre os pronomes genitivos *seu* e *seus* (e suas formas femininas correspondentes) quando aparecem em posição pós-verbal: *seu* é interpretado como segunda pessoa do singular e *seus*, como segunda pessoa do plural (ver *e.g.* Pereira 2016). Assim, nesses dialetos, as sentenças em (ii), por exemplo, não envolvem falta de concordância de número entre o substantivo e o pronome genitivo, como pode parecer à primeira vista; na verdade, a especificação de número desses pronomes genitivos é independente da especificação de número do substantivo.

(ii) a.   Ana, preciso de **fotos sua**.   (%PB)
       (Lavras, 2016; Pereira 2016)
      b.   O **projeto seus** prevê aplicação no ensino?   (%PB)
       (Diamantina, 2013; Pereira 2016)

56 Ver *e.g.* Naro 1976, Nunes 1990 e Martins e Nunes 2016, 2017b para discussão relevante.
57 Ver *e.g.* Martins e Nunes 2016, 2017b para discussão relevante.

CONCORDÂNCIA

3.1 INTRODUÇÃO

As línguas naturais podem codificar redundantemente alguns traços gramaticais. Na sentença em (1), por exemplo, cada item lexical está especificado como plural e, com exceção do verbo, também especificado como feminino. A covariação sistemática entre traços morfológicos de itens lexicais ou sintagmas é referida como *concordância sintática* - o tópico deste capítulo.

(1) **As** alu**nas** nova**tas** chegara**m** adiantada**s**.

A concordância sintática pode envolver elementos em uma relação de especificação/modificação dentro de um sintagma ou elementos em uma relação de sujeito-predicado em uma sentença. Em (1), por exemplo, temos concordância de gênero e número internamente ao sintagma nominal *as alunas novatas*,[1] concordância de número entre esse sintagma nominal e o predicado verbal *chegaram* e concordância de gênero e número entre o sintagma nominal e o predicado adjetival *adiantadas*. Neste capítulo, discutiremos como cada um desses tipos de concordância é realizado nas gramáticas do português europeu (*PE*) e do português brasileiro (*PB*).

O capítulo está organizado da seguinte forma. A seção 3.2 discute concordância dentro de domínios nominais. A seção 3.3 é reservada para concordância sujeito-predicado. Na seção 3.4, propomos uma reinterpretação da análise tradicional de concordância com pronomes pessoais em português. Na seção 3.5, discutimos casos especiais de concordância e, finalmente, a seção 3.6 resume as principais diferenças estruturais entre PE e PB que estão associadas aos seus diferentes sistemas de concordância.

3.2 CONCORDÂNCIA DENTRO DE DOMÍNIOS NOMINAIS

A concordância dentro de domínios nominais, também chamada de *concordância nominal*, está restrita aos traços de gênero e número em português. As classes gramaticais que podem ser especificadas para esses traços e que aparecem dentro de sintagmas nominais são as seguintes: substantivos (por exemplo, *primo* e *tias*), adjetivos (por exemplo, *bonitos* e *cara*), artigos (por exemplo, *os* e *uma*), demonstrativos (por exemplo, *aqueles* e *essa*), pronomes possessivos (por exemplo, *nossos* e *minha*), quantificadores (por exemplo, *todos* e *alguma*), pronomes pessoais de terceira pessoa (por exemplo, *ele* e *elas*), pronomes interrogativos (por exemplo, *qual* e *quais*) e pronomes relativos (por exemplo, *o qual*, *cujas*).

A seguir, descrevemos como a concordância de gênero e número dentro dos sintagmas nominais é realizada em português.

3.2.1 Concordância de gênero

Em português, o traço de gênero morfológico admite dois valores: masculino ([MASC]) e feminino ([FEM]).[2] Com substantivos se referindo a humanos e outros animais, esses valores correspondem geralmente ao gênero biológico (macho e fêmea), tal como exemplificado pelos pares *esposo*/*esposa* e *gato*/*gata*. No entanto, um valor específico pode estar definido lexicalmente, sem correspondência com gênero biológico. Esse é o caso de *criança* e *tartaruga*, por exemplo, que são morfologicamente especificados como [FEM], e *tatu* e *jabuti*, que são morfologicamente especificados como [MASC], independentemente de se referirem a machos ou fêmeas. Além disso, alguns substantivos não são morfologicamente especificados para gênero, sendo compatíveis com especificadores/modificadores masculinos e femininos (dependendo do gênero do referente), como ilustrado por *o estudante/especialista alto* e *a estudante/especialista alta*.

Do ponto de vista morfológico, o gênero pode ser codificado por meio de uma forma supletiva, como no caso dos pares *pai*/*mãe* e *boi*/*vaca*, ou por meio das vogais temáticas {-o} e {-a}, com {-o} codificando masculino e {-a} codificando feminino, como em *amigo*/*amiga*.[3] A marcação de feminino também pode ser efetuada por meio do abaixamento da vogal /o/, como no par *avô*/*avó* (*av*[o]/*av*[ɔ]) ou (redundantemente) *novo*/*nova* (*n*[o]*vo*/*n*[ɔ]*va*). Quando o gênero biológico não está em jogo, há uma forte tendência de substantivos terminados com a vogal temática {-a} serem femininos (por exemplo, *casa*) e substantivos terminados com a vogal temática {-o} serem masculinos (por exemplo, *prédio*). No entanto, existem casos em que essa correlação não se mantém, como exemplificado por *problema*, que termina em {-a} mas é [MASC], e *tribo*, que termina em {-o} mas é [FEM].

Tanto em PE quanto em PB, a concordância de gênero deve ser mantida entre o núcleo do sintagma nominal (ver nota 1) e todos os seus especificadores e modificadores, a menos que o modificador seja um sintagma preposicional, como ilustrado em (2).

(2) a. **o** meu querid**o** amig**o** engraçad**o** da Argentina
b. **a** minh**a** querid**a** amig**a** engraçad**a** do Rio

Como acontece em outras línguas, uma exceção à falta de concordância quando sintagmas preposicionais estão envolvidos diz respeito aos pronomes relativos dentro de sintagmas preposicionais. Como se vê em (3), o artigo definido que faz parte do pronome relativo complexo *o qual/a qual* se flexiona em gênero e concorda com seu antecedente:[4]

(3) a. **o** homem com **o** qual eu falei
b. **a** mulher com **a** qual eu falei

Ao contrário do pronome relativo *o qual*, cuja especificação de gênero e número é determinada pelo seu antecedente, como pode ser visto em (3), o pronome relativo *cujo* concorda com o substantivo que ele modifica, como exemplificado em (4).

(4) a. a mulher cuj**o** filh**o** viajou (PE)
b. o homem cuj**a** filh**a** viajou (PE)

O emprego de *cujo* é a única grande diferença entre as gramáticas do PE e do PB no que diz respeito à concordância de gênero dentro de domínios nominais, tendo em vista que esse pronome relativo desapareceu da gramática do PB, ficando restrito à escrita em registro formal (encontrável, por exemplo, nas páginas deste livro). Em todas as demais construções, as duas variedades se comportam essencialmente da mesma maneira.[5]

3.2.2 Concordância de número

O traço de número em português admite dois valores: singular ([SG]) e plural ([PL]). Singular é a forma não marcada, enquanto o plural é canonicamente marcado com o sufixo {-s}, como no par *casa/casas*, e seus alomorfes, como ilustrado pelos pares *mês/meses*, *papel/papéis* e *portão/portões*.[6] Semelhante ao que vimos em relação à realização do feminino (ver seção 3.2.1), o plural também pode ser (redundantemente) marcado pelo abaixamento da vogal /o/, como em *porco/porcos* (*p[o]rco/p[ɔ]rcos*) ou *corajoso/corajosos* (*coraj[o]so/coraj[ɔ]sos*).

Alguns especificadores/modificadores são intrinsecamente singulares, intrinsecamente plurais ou simplesmente não especificados em relação a número. Por exemplo, o quantificador *cada* é invariavelmente singular e o quantificador *vários* é sempre plural.[7] Portanto, o primeiro só pode ser combinado com substantivos no singular e o segundo, só com substantivos no plural, conforme ilustrado em (5a-b). Por sua vez, o pronome interrogativo *que* não é especificado para número e, portanto, é compatível com substantivos tanto no singular como no plural (ver (5c)).[8]

(5) a. cada livro/*cada livros
     b. vários livros /*vário livro
     c. que livro/que livros

Tal como acontece com gênero, a concordância de número pode afetar todos os modificadores do substantivo, com exceção dos sintagmas preposicionais, como ilustrado em (6). Também como vimos com gênero, o pronome relativo *o qual* e sua contraparte feminina concordam em número com seu antecedente, mesmo quando estão dentro de um sintagma preposicional (ver (7)) e o pronome relativo *cujo* em PE e sua contraparte feminina concordam em número com o núcleo nominal modificado por eles (ver (8)).

(6) a. aquele outro professor exigente das crianças
     b. as novas pontes largas daquele rio
(7) a. o homem com o qual eu falei
     b. os homens com os quais eu falei
(8) a. o autor cujos livros vendem bem   (PE)
     b. os alunos cujo projeto me impressionou (PE)

Embora tenham padrões essencialmente semelhantes no que diz respeito à concordância de gênero dentro dos sintagmas nominais, o PE e o PB diferem consideravelmente em relação à concordância de número. A concordância plena dentro do sintagma nominal, como em (9), é obrigatória em todos os dialetos do PE. O PB, por outro lado, exibe uma gama muito mais ampla e intrincada de possibilidades entre diferentes dialetos/idioletos,[9] que podem ser agrupadas em três padrões básicos: concordância total, como em (9), sem concordância, como em (10), e concordância parcial, como em (11).[10]

(9)   aqueles carros brasileiros econômicos   (PE/PB)
(10) a. aqueles carro brasileiro econômico   (%PB)
      b. umas amiga minha argentina   (%PB)
      c. os mesmo político corrupto   (%PB)
      d. essas minha camisa velha   (%PB)

(11) a. ?aqueles carros brasileiros econômico (%PB)
b. ?aqueles carros brasileiro econômico (%PB)

Ao contrário do que pode parecer à primeira vista, os padrões em (9)-(11) não significam que a realização da morfologia de concordância plural dentro dos sintagmas nominais seja simplesmente opcional em PB. Existem, na verdade, várias restrições que determinam essa realização ou sua ausência. Consideremos algumas delas em mais detalhe.

3.2.2.1 SEM CONCORDÂNCIA

Os três paradigmas gerais em (9)-(11) não gozam do mesmo *status* sociolinguístico em PB: (9) é a opção prescritiva e (10) e (11) representam possibilidades não padrão. Apesar de não ter prestígio sociolinguístico, o padrão em (10) é muito frequente na fala informal de todos os dialetos. Por sua vez, (11) parece envolver um padrão misto e sua aceitabilidade é menos uniforme entre os falantes. No entanto, parece haver uma implicação direcional: falantes que aceitam (11) também aceitam (10), mas falantes que admitem (10) não necessariamente permitem (11). Num certo sentido, o padrão em (10) é a opção "canônica" entre as possibilidades não padrão e isso tem consequências muito interessantes para a gramática do PB, como veremos mais adiante (ver seção 3.2.2.3).

Embora o padrão sem concordância em (10) mostre que o PB permite que a morfologia plural seja realizada apenas uma vez dentro do sintagma nominal, simplesmente não é o caso que qualquer elemento dentro do sintagma nominal possa realizar o morfema de plural. Os sintagmas em (10) contrastam fortemente com (12a), por exemplo, onde o morfema plural é realizado apenas no substantivo. Curiosamente, (12b) parece ser paralelo a (12a) e é, no entanto, aceitável.

(12) a. *aquele carros (PB)
b. que livros (PB)

A generalização que emerge da comparação de (10) com (12) é que, no paradigma do padrão sem concordância, o morfema plural é realizado no determinante se o determinante for compatível com especificação de plural; caso contrário, será realizado no substantivo relevante. Assim, dado que *aquele* pode se associar ao morfema de plural, vai ser a opção canônica para a realização do morfema de plural; segue-se daí o contraste entre (10a) e (12a).[11] Por outro lado, dado que o determinante interrogativo *que* não é especificado para número (ver (5c)), a realização da morfologia plural no substantivo em (12b) torna-se obrigatória (a ausência de {-s} em *livros* em (12b) conduz necessariamente a uma interpretação de singular).[12]

Outro fator que tem grande influência na aceitabilidade da ausência de realização da morfologia de plural diz respeito ao grau de marcação associado a realizações morfofonológicas específicas.[13] Considere os sintagmas em (13), por exemplo. Seus diferentes graus de aceitabilidade estão presumivelmente relacionados aos diferentes ajustes morfofonológicos desencadeados pela afixação do morfema de plural {-s}. O substantivo *livro* em (13a), por exemplo, não requer ajustes adicionais quando afixado com o morfema de plural (*livro/livros*). Em contraste, a forma plural dos substantivos em (13b-d) requer ajustes morfofonológicos diferentes: abaixamento de vogal na sílaba precedente não adjacente no caso de *jogos/jogos* (*j[o]go/j[ɔ]gos*), mudanças no ditongo adjacente no caso de *limão/limões* (*lim[ẽw̃]/lim[õj̃]s*) e introdução de uma vogal epentética, seguida de ressilabificação no caso de *flor/flores* (*flor/flo-res*). Como se vê em (13), quanto mais marcada a realização superficial da morfologia de plural, maior o grau de inaceitabilidade de sua ausência.

(13) a. os livro   (%PB)
       b. ?os j[o]go   (%PB)
       c. ??os limão   (%PB)
       d. ??as flor   (%PB)

Um contraste interessante quanto à realização de gênero e número pode ser observado no que diz respeito ao abaixamento vocálico. Vimos que o abaixamento da vogal /o/ pode codificar redundantemente [FEM], como em *gostoso/gostosa* (*gost[o]so/gost[ɔ]sa*), ou [PL], como em *gostoso/gostosos* (*gost[o]so/gost[ɔ]sos*). Também vimos que em PB a concordância de gênero é obrigatória dentro dos sintagmas nominais, mas não a concordância de número. Como deveríamos esperar, a marcação redundante de feminino via abaixamento vocálico é sempre obrigatória, mas a marcação redundante de plural é bloqueada se o morfema de plural estiver ausente, conforme ilustrado em (14).[14]

(14) a. aquelas comida gostosa (gost[ɔ]sa/*gost[o]sa) (%PB)
       b. aqueles prato gostoso (gost[o]so/*gost[ɔ]so) (%PB)

3.2.2.2 CONCORDÂNCIA PARCIAL

Consideremos agora os contrastes em (15) e (16), que envolvem casos de concordância parcial dentro do sintagma nominal.

(15) a. ?essas minhas camisas velha (%PB)
       b. *essas minha camisas velhas (%PB)
(16) a. ?aqueles carros pequeno   (%PB)
       b. *aqueles carro pequenos   (%PB)

Semelhantemente ao que vimos com o padrão sem concordância (ver (10) *vs.* (12a)), não é o caso que a opcionalidade da realização do plural no padrão de concordância parcial afete cada item lexical independentemente dos outros. Como regra geral, o substantivo delimita uma fronteira para concordância de número, sendo os modificadores prenominais mais propensos a exibir concordância de plural do que pós-nominais (cf. (15a) *vs.* (15b)).[15] Além disso, se o substantivo não tem marca de plural, a realização de plural em um modificador à sua direita ocasiona graus adicionais de inaceitabilidade (cf. (16a) *vs.* (16b)).

3.2.2.3 SINGULARES NUS COM SUBSTANTIVOS CONTÁVEIS

A diferença entre PE e PB em relação à realização de número dentro dos sintagmas nominais tem várias consequências. Para ver isso, consideremos primeiro a sentença do francês em (17), que contém um plural indefinido na posição de objeto, comparando-a com as sentenças do PE em (18).

(17) *Francês*:
 Jean a acheté **des** livres.
 Jean tem comprado IND-PL livro-PL
 'O Jean comprou livros.'
(18) a. O João nunca compra livro**s** usado**s**. (PE)
 b. A Maria gosta de goiaba**s** vermelha**s**. (PE)

Na sentença do francês em (17), o determinante plural *des* codifica indefinitude. Dada a semelhança de interpretação entre os sintagmas nominais com marcação de plural em (17) e em (18), é razoável analisar (18) nos moldes de (19), em que um determinante nulo (𝔻𝕖𝕥) paralelo ao francês *des* codifica indefinitude.[16] Por outro lado, dado que o PE só permite o padrão de concordância pleno (ver (9)), o traço de número desse determinante nulo deve ser especificado como plural, em consonância com a especificação dos outros elementos.

(19) a. O João nunca compra [𝔻𝕖𝕥$_{[N:PL]}$ livro**s** usado**s**]. (PE)
 b. A Maria gosta de [𝔻𝕖𝕥$_{[N:PL]}$ goiaba**s** vermelha**s**]. (PE)

O PB, por sua vez, também admite indefinidos plurais como os de (18). No entanto, eles são julgados como um pouco marcados e estão associados a registros formais. A versão mais natural de (18) em PB é como em (20), com um aparente singular nu envolvendo um substantivo contável na posição de objeto – possibilidade que está completamente indisponível em PE.[17]

(20) a. O João nunca compra **livro usado**. (PB)
 b. A Maria gosta de **goiaba vermelha**. (PB)

Os objetos diretos de (20) são interpretados de maneira paralela ao indefinido plural em (17) e (18), apesar da ausência de realização explícita de plural em (20). À primeira vista, esse aparente descompasso entre sintaxe e semântica resulta da possibilidade do padrão sem concordância na gramática do PB. Dado que dialetos/idioletos do PB podem permitir que o plural dentro do sintagma nominal seja realizado apenas no determinante (ver (10)) e que os indefinidos podem estar associados a um determinante nulo (ver (18)), sentenças como (20) poderiam envolver um determinante nulo especificado para plural, como em (19). Em outras palavras, sentenças como (20) não envolveriam um singular nu, mas um plural indefinido associado ao paradigma do padrão sem concordância para codificação de plural em PB. Embora razoável, essa abordagem não explica o fato de que singulares nus em PB nem sempre são interpretados como plurais. Em sentenças não genéricas, como as de (21), por exemplo, o singular nu permite tanto a interpretação de plural quanto a de singular, conforme indicado pelos pronomes que retomam o singular nu (ver nota 17). Isso indica que o traço de número do determinante nulo pode não ter valor ($Det_{[N]}$), sendo assim compatível com contextos singulares ou plurais. Nessa perspectiva, os singulares nus de (20) e (21) devem ser representados como em (22).

(21) *PB*:
    a. Ontem eu recebi **nota falsa** de troco. E, olha, **ela** realmente passa por verdadeira.
    a.' Ontem eu recebi **nota falsa** de troco. E, olha, **elas** realmente passam por verdadeiras.
    [*Contexto*: A: – Só tinha aluno na festa?]
    b. B: – Não. Tinha **professor** também, mas **ele** parecia bem entediado.
    b.' B: – Não. Tinha **professor** também, mas **eles** pareciam bem entediados.

(22) *PB*:
    a. O João nunca compra [$Det_{[N]}$ livro usado].
    b. A Maria gosta de [$Det_{[N]}$ goiaba vermelha].
    c. Ontem eu recebi [$Det_{[N]}$ nota falsa] ...
    d. Tinha [$Det_{[N]}$ professor] também ...

A existência de um determinante nulo sem valor para o traço de número em PB abre espaço para contrastes adicionais com o PE. Por exemplo, o PB permite substantivos contáveis com quantificadores sem marca de plural, que geralmente são associados a substantivos de massa, como ilustrado em (23). É importante observar que embora os sintagmas nominais relevantes em (23a) e (23b) tenham uma contraparte no plural (ver (24a) e (24b)), (23c) não tem, como se vê em (24c).

(23) *PB*:
   a. Eu tenho **muito amigo** pra visitar.
   b. **Quanta coisa** que aquele alpinista já deve ter visto!
   c. O João comprou **um tanto de livro**!
(24) *PB*:
   a. Eu tenho **muitos amigos** pra visitar.
   b. **Quantas coisas** que aquele alpinista já deve ter visto!
   c. *O João comprou {**um tanto/uns tantos**} **de livros**!

Evidência adicional de que os singulares nus em PB podem envolver um determinante nulo não especificado para número é fornecida por dados como (25). Conforme observado na seção 3.2.2.1, o padrão sem concordância, apesar de ser muito comum na fala informal, é estigmatizado sociolinguisticamente, ainda mais se o plural relevante, não realizado, envolver processos morfofonológicos marcados, como abaixamento de vogal, mudança no ditongo precedente ou ressilabificação (ver (13b-d)). Curiosamente, nenhuma estigmatização sociolinguística é conferida às construções análogas com singulares nus em (25), em que os substantivos em negrito poderiam sofrer os processos mencionados anteriormente se seu sintagma nominal fosse plural.

(25) *PB*:
   a. Eu perdi uma porção de **j[o]go** na última copa.
   b. O João esqueceu de comprar **limão**.
   c. A Maria vende **flor** na feira.

O contraste entre (18) em PE e (20) em PB também se reflete no formato de seus substantivos compostos. Como ilustrado em (26), a base para sintagmas verbais nominalizados envolve plurais nus em PE, mas singulares nus em PB.[18]

(26) a. PE: *quebra-cabeças, saca-rolhas, abre-latas*
   b. PB: *quebra-**cabeça**, saca-**rolha**, abridor de **lata***

Em suma, o contraste entre PE e PB em relação à concordância de número dentro de sintagmas nominais vai muito além dos sintagmas nominais *per se* e tem consequências semânticas e morfológicas interessantes. Em particular, o fato de a gramática do PB permitir que a realização do traço de número ocorra apenas no determinante abriu caminho para o surgimento de um determinante nulo subespecificado para número, que por sua vez tornou disponíveis outras duas propriedades distintivas da gramática do PB: singulares nus com substantivos contáveis e substantivos compostos com singulares nus.

3.3 CONCORDÂNCIA ENTRE SUJEITO E PREDICADO

3.3.1 Concordância com predicados nominais e adjetivais

Em português, um predicado nominal ou adjetival pode concordar com seu sujeito em gênero e número, conforme ilustrado em (27). A concordância se dá independentemente de o sujeito da predicação relevante ser ou não também o sujeito sintático da sentença. Em (27), por exemplo, o sujeito dos predicados nominais e adjetivais sublinhados, que se encontra entre colchetes, é o sujeito sintático da sentença em (27a-b), mas o objeto sintático da sentença em (27c-d).

(27) a. [Ess**as** médic**as**] também são professor**as**.
b. [**Os** caval**os**] ficaram calm**os**.
c. Só o João considera [ess**es** candidat**os**] polític**os** de confiança.
d. A Maria achou [**as** alun**as**] bem preparad**as**.

As semelhanças e contrastes entre PE e PB em relação à concordância dentro de sintagmas nominais (ver seções 3.2.1 e 3.2.2) são em geral replicados no domínio da concordância envolvendo predicados nominais e adjetivais. Ou seja, a concordância de gênero é obrigatória tanto em PE, quanto em PB (ver (27)), mas a concordância de número não é obrigatória em dialetos do PB, conforme ilustrado em (28).

(28) a. [Ess**as** médic**as**] também são **professora**.   (%PB)
b. [**Os** caval**os**] ficaram **calmo**.   (%PB)
c. Só o João considera [ess**es** candidat**os**] **político** de confiança.   (%PB)
d. A Maria achou [**as** alun**as**] bem **preparada**.   (%PB)

A ausência de realização de plural em predicados nominais e adjetivais é também estigmatizada sociolinguisticamente e sua aceitabilidade também está sujeita a fatores como o grau de marcação da realização morfofonológica do plural correspondente (ver nota 13). Há também uma tendência à simetria entre os dois tipos de concordância, pois o padrão específico de concordância interno ao sujeito em geral se correlaciona com o padrão paralelo de concordância exibido pelo predicado nominal ou adjetival. Assim, se todos os elementos flexionados dentro do sujeito realizam o plural, o predicado correspondente também tende a realizar o plural (ver (27)); inversamente, se apenas o determinante realiza plural dentro do sujeito, o predicado correspondente tende a não realizar a marca de plural, como em (29).[19]

(29) a. [Essas **médica**] também são **professora**. (%PB)
  b. [Os **cavalo**] ficaram **calmo**. (%PB)
  c. Só o João considera [esses **candidato**]
    político de confiança. (%PB)
  d. A Maria achou [as **aluna**] bem **preparada**. (%PB)

Essa tendência à simetria atinge seu limite quando singulares nus estão envolvidos. Conforme discutido na seção 3.2.2.3, singulares nus com substantivos contáveis no PB podem ser analisados como envolvendo um determinante nulo sem valor para seu traço de número. Não tendo valor para número, o determinante nulo também não desencadeia concordância de número. Assim, se um predicado nominal ou adjetival tomar um (aparente) singular nu como seu sujeito, espera-se que ele deva se flexionar em gênero, mas não em número. As sentenças em (30) mostram que esse é realmente o caso. Note que os predicados nominais e adjetivais em (30) parecem exibir concordância no singular, porque o morfema nominal associado ao singular não tem expressão fonética (ver seção 3.2.2).

(30) a. [**Médico**] sempre chega atrasado(*s). (PB)
  b. [**Tartaruga**] é mais rápida(*s) que jabuti. (PB)
  c. Esse produtor transforma [**dançarina**] em atriz(*es). (PB)
  d. Esse candidato só falta chamar [**eleitor**] de palhaço(*s). (PB)

Finalmente, se o (aparente) singular nu está encaixado em expressões partitivas indefinidas, como *um punhado de* ou *uma porção de*, a concordância de gênero é determinada pelo singular nu e não pelo núcleo do partitivo, como ilustrado em (31).[20]

(31) a. [Um punhado de alun**a**] saiu indignad**a**. (PB)
  b. [Um montão de professor**a**] foi peg**a** de surpresa. (PB)
  c. [Uma porção de alun**o**] ficou indignad**o**. (PB)
  d. [Uma cacetada de livr**o**] ficou danificad**o**. (PB)

3.3.2 Concordância com predicados verbais

Predicados verbais podem envolver concordância em gênero e número ou pessoa e número. A seguir, discutimos cada padrão separadamente.

3.3.2.1 CONCORDÂNCIA DE GÊNERO E NÚMERO EM ORAÇÕES PARTICIPIAIS

Particípios verbais podem apresentar concordância de gênero e número se forem passivos, como em (32), ou se forem núcleos de construções "absolutivas", como em (33). As construções participiais absolutivas são orações temporais reduzidas, sem conjunção (complementizador) ou verbo finito. Podem envolver verbos transitivos, como em (33a-b), bem como verbos inacusativos – subclasse de verbos tradicionalmente analisados como intransitivos cujo sujeito exibe comportamento de objeto (ver seção 3.5.1.1) –, como em (33c-d).[21]

(32) a. [**Os** projetos] foram arquiva<u>dos</u>.
 b. [**As** propostas] foram aprova<u>das</u>.
(33) a. Compra<u>dos</u> [**os** equipamentos], o trabalho recomeçou.
 b. Feit<u>as</u> [**as** contas], nós tivemos de cancelar o pedido.
 c. Saí<u>dos</u> [**os** resultados da eleição], todos foram comemorar.
 d. Chega<u>das</u> [**as** ferramentas], o Pedro conseguiu resolver o problema.

As semelhanças e dissimilaridades entre o PE e o PB no que diz respeito à concordância participial não diferem do que foi descrito em relação à concordância envolvendo predicados nominais e adjetivais (ver seção 3.3.1). A única diferença relevante é que as construções participais absolutivas geralmente têm sujeitos pospostos – possibilidade também disponível para passivas – e esse é um fator que independentemente inibe a concordância em PB, como será discutido na seção 3.5.1. Assim, o PB difere do PE por permitir ausência de concordância de número em construções passivas com sujeitos preverbais, como exemplificado em (34), e ausência de concordância de gênero e número em passivas com sujeitos pós-verbais e orações participais absolutivas, conforme mostrado em (35).[22]

(34) a. [**Os** projeto] foram arquiva<u>do</u>. (%PB)
 b. [**As** proposta] foram aprova<u>da</u>. (%PB)
(35) a. Ainda não foi envia<u>do</u> **as** encomenda. (%PB)
 b. Foi co<u>brado</u> tod**as as** tarifa. (%PB)
 c. Feit<u>o</u> [**as** conta], nós tivemos de cancelar o pedido. (%PB)
 d. Chega<u>do</u> [**as** ferramenta],
 o Pedro conseguiu resolver o problema. (%PB)

3.3.2.2 CONCORDÂNCIA DE PESSOA E NÚMERO

Verbos finitos e infinitivos flexionados em PE e PB, bem como gerúndios flexionados em alguns dialetos do PE (dialetos meridionais e insulares) exibem concordância de pessoa e número com o sujeito sintático de sua oração, independentemente de o sujeito ser foneticamente realizado ou nulo. Dado que sujeitos sintáticos em português são canonicamente marcados com caso nominativo e apenas pronomes podem ser morfologicamente diferenciados em termos de caso (ver seção 2.3.4), as diferenças entre PE e PB no que diz respeito à concordância de pessoa e número estão em certa medida relacionadas ao seu conjunto específico de pronomes nominativos (ver seção 2.5), como discutiremos nas seções que se seguem.

3.3.2.2.1 Concordância de pessoa e número em orações finitas

As orações finitas constituem a configuração típica em que se dá a concordância entre sujeito e verbo. Em português, as orações finitas podem estar no modo indicativo, subjuntivo ou imperativo e nos três modos o verbo concorda com seu sujeito em pessoa e número, conforme ilustrado respectivamente em (36).

(36) a. Eu não jogo$_{[1.SG]}$ futebol.
b. Talvez nós possamos$_{[1.PL]}$ viajar amanhã.
c. Sê$_{[2.SG]}$ breve! (PE)

Deixando de lado por ora uma discussão mais detalhada de cada tempo, tomemos o presente do indicativo como representativo do padrão de concordância que pode ser encontrado nas orações finitas em PE e PB. As Tabelas 3.1 e 3.2 apresentam as diferentes flexões de concordância disponíveis em cada variedade, ilustradas com o verbo *dançar*.

Tabela 3.1 – Concordância de pessoa e número em português europeu - Orações finitas[a]

Pronomes nominativos	Concordância de pessoa e número desencadeada	Exemplo: *dança* (presente do indicativo)
eu	1.SG	*danço*
tu$_{[+prox]}$	2.SG	*danças*
você$_{[-prox]}$	3.SG	*dança*
ele/ela		
a gente		
nós	1.PL	*dançamos*
vocês	3.PL	*dançam*
eles/elas		

[a] A segunda coluna exibe a descrição tradicional da morfologia de concordância verbal em português, que será revista na seção 3.4.2.

Tabela 3.2 – Concordância de pessoa e número em português brasileiro - Orações finitas[a]

Pronomes nominativos	Concordância de pessoa e número desencadeada	Exemplo: *dançar* presente indicativo
eu	1.SG	*danço*
você/cê[Fc]		
ele/ela	3.SG	*dança*
a gente		
nós	1.PL	*dançamos*
vocês/cês[Fc]	3.PL	*dançam*
eles/elas		

[a] A segunda coluna exibe a descrição tradicional da morfologia de concordância verbal em português, que será revista na seção 3.4.2.

As Tabelas 3.1 e 3.2 mostram que o PE e o PB perderam o pronome nominativo de segunda pessoa do plural *vós* (ver seção 2.4.2), bem como a correspondente concordância de segunda pessoa do plural (por exemplo, *dançais*).[23] Desconsiderando essa lacuna, o PE exibe cinco possibilidades de flexão para pessoa e número no presente do indicativo, enquanto o PB tem quatro.[24] Essa diferença se deve à perda do pronome nominativo *tu* na gramática do PB (ver seção 2.4.2), assim como da correspondente flexão de concordância de segunda pessoa do singular (cf. *danças* na Tabela 3.1).[25]

À primeira vista, as Tabelas 3.1 e 3.2 sugerem que o PE e o PB são consideravelmente semelhantes no que diz respeito à concordância de pessoa e número. No entanto, um olhar mais atento sobre as possibilidades de concordância que são frequentemente encontradas em PB não padrão, mas são raras ou simplesmente inexistentes em dialetos do PE indica que a erosão do morfema de primeira pessoa do plural em PB (ver nota 24) é apenas a ponta do *iceberg*. Recorde-se que, embora o PE e o PB tenham duas séries de pronomes de primeira pessoa do plural – representadas por *nós* e *a gente* –, as duas variedades diferem no que diz respeito ao estatuto de cada série: a série de *nós* é não marcada em PE, mas marcada em PB (ver seção 2.4.1). Algumas formas da série de *nós* (o clítico acusativo/dativo *nos* e a forma oblíqua complexa *conosco*) já foram substituídas por membros da série de *a gente* na gramática do PB (ver Tabela 2.2) e sua forma nominativa parece enfrentar destino semelhante. E uma vez que o pronome *a gente* em PB está sendo usado em posições nominativas com mais frequência do que *nós*, a correspondente "concordância de terceira pessoa do singular" também passa a ser mais frequente (ver seção 3.4.2 para uma discussão mais detalhada). De fato, não é incomum em PB não padrão que *nós* também seja associado a "concordância de terceira pessoa do singular", conforme ilustrado em (37), em claro contraste com o que se encontra em dialetos do PE.[26]

(37) No final **nós** sempre **acaba** concordando.   (%PB)

Também vale a pena mencionar o fato de que a pressão em prol da morfologia de "concordância da terceira pessoa do singular" em PB não afeta exclusivamente *nós*. Em PB não padrão, os pronomes da segunda pessoa do plural e da terceira pessoa do plural também podem estar associados à morfologia de "terceira pessoa do singular", como ilustrado em (38), novamente em claro contraste com o PE.[27]

(38) a. Você**s** não **sabe** o que aconteceu!   (%PB)
      b. Ele**s** nunca **pensa** em ninguém.   (%PB)

A perda da flexão de concordância verbal especificamente associada a *tu* (ver nota 25) e *vós* em PB teve consequências para além de seu sistema de concordância, afetando também seu modo imperativo. Para observarmos esse impacto, consideremos primeiro o modo imperativo em PE. Como ilustrado com o verbo *dançar* na Tabela 3.3, a forma verbal do imperativo afirmativo associada a *tu* é obtida excluindo-se o /s/ da forma correspondente do presente do indicativo; todas as outras formas seguem a forma presente do subjuntivo.

Tabela 3.3 – Imperativo afirmativo e imperativo negativo em português europeu

Pronome	Presente do indicativo	Imperativo afirmativo	Presente do subjuntivo	Imperativo negativo
$tu_{[+prox]}$	danças →	dança	dances →	não dances
$você_{[-prox]}$	dança	dance	← dance →	não dance
nós	dançamos	dancemos	← dancemos →	não dancemos
vocês	dançam	dancem	← dancem →	não dancem

A principal motivação para analisar a forma do imperativo afirmativo *dança* em PE como sendo derivada da forma indicativa de segunda pessoa do singular *danças* e não da forma indicativa de terceira pessoa *dança* é que nos estágios mais antigos do português que tinham o pronome de segunda pessoa do plural *vós* e nos dialetos do PE que ainda mantêm esse pronome ou a flexão verbal de segunda pessoa do plural (ver nota 23), a regra para a derivação da forma imperativa afirmativa é a mesma: apagamento do /s/ final da forma indicativa de segunda pessoa do plural (por exemplo, *dançais* → *dançai*; cf. nota 23: (iii)).

Em PB, por outro lado, não há nenhuma forma subjacente de segunda pessoa com /s/ final, pois as formas de concordância associadas a *tu* e *vós* se perderam. Informalmente, o que o PB fez nessa situação foi mover a seta na coluna do presente do indicativo da Tabela 3.3 uma célula para baixo, como representado na Tabela 3.4. Ou seja, a forma afirmativa imperativa para *você* no PB passou a ter a possibilidade de ser derivada tanto do indicativo quanto do subjuntivo, com uma variação idioletal e geográfica muito interessante.[28]

Tabela 3.4 – Imperativo afirmativo e imperativo negativo em português brasileiro

Pronome	Presente do indicativo	Imperativo afirmativo	Presente do subjuntivo	Imperativo negativo
você	dança →	dança/dance	← dance →	não dance
nós	dançamos	dancemos	← dancemos →	não dancemos
vocês	dançam	dancem	← dancem →	não dancem

Em suma, uma simples contagem do número de distinções de pessoa e número que o PE e o PB permitem pode ser muito enganosa. Em PE, as cinco distinções apresentadas na Tabela 3.1 são estáveis, enquanto em PB parece estar havendo um enfraquecimento geral de sua morfologia de concordância verbal. Assim, além do sistema com quatro distinções para o presente do indicativo listado na Tabela 3.2, há dialetos/idioletos com três distinções (1.SG, 3.SG e 3.PL, com a exclusão do morfema de 1.PL) ou apenas duas (1.SG e 3.SG). Esse contraste entre o PE e o PB está no cerne de suas diferenças em relação ao movimento do sujeito encaixado para a posição de sujeito da oração matriz e ao licenciamento de sujeitos nulos, como veremos na seção 3.4.3 e no capítulo "Sujeitos nulos".

3.3.2.2.2 Concordância de pessoa e número em infinitivos flexionados

Além de infinitivos não flexionados, comumente encontrados nas línguas naturais, o português também possui infinitivos flexionados, que manifestam concordância em pessoa e número com o sujeito sintático da oração.[29] Infinitivos flexionados podem ocorrer como argumentos ou adjuntos. Quando são argumentos, são sensíveis às propriedades de seleção do predicado da matriz. Assim, existem verbos como *querer*, que seleciona apenas infinitivos não flexionados (ver (39)), e verbos como *convencer*, que é compatível com ambos os tipos de infinitivo (ver (40)).[30]

(39) Os professores querem {**viajar**/*viajare**m**}.
(40) O João convenceu os alunos a {**viajar**/viajare**m**}.

Quando são adjuntos, os infinitivos são obrigatoriamente flexionados se seu sujeito for foneticamente realizado, como em (41), e opcionalmente flexionados se seu sujeito for nulo e interpretado como sendo o mesmo que o sujeito da oração matriz (ou seja, se for o sujeito de uma construção de controle; ver nota 30), como em (42):[31]

(41) O professor telefonou antes de [vocês {saírem/*sair}].
(42) [Os alunos]$_i$ saíram sem [$\emptyset_i$ {cumprimentarem/**cumprimentar**} o João].

Deixando de lado diferenças de seleção lexical, examinemos as diferenças entre o PE e o PB no que diz respeito aos seus paradigmas de concordância em infinitivos flexionados:

Tabela 3.5 – Concordância de pessoa e número em português europeu - Infinitivos flexionados[a]

Pronomes nominativos	Concordância de pessoa e número desencadeada	Exemplo: *dançar*
tu$_{[+prox]}$	2.SG	*dança***res**
nós	1.PL	*dança***rmos**
eu	1.SG	
você$_{[-prox]}$		
ele/ela	3.SG	*dançar*
a gente		
vocês	3.PL	*dança***rem**
eles/elas		

[a] A segunda coluna exibe a descrição tradicional da morfologia de concordância verbal em português, que será revista na seção 3.4.2.

Tabela 3.6: Concordância de pessoa e número em português brasileiro – Infinitivos flexionados[a]

Pronomes nominativos	Concordância de pessoa e número desencadeada	Exemplo: *dançar*
nós	1.PL	*dança***rmos**
eu	1.SG	
você/cê$_{[Fc]}$		
ele/ela	3.SG	*dançar*
a gente		
vocês/cês$_{[Fc]}$	3.PL	*dança***rem**
eles/elas		

[a] A segunda coluna exibe a descrição tradicional da morfologia de concordância verbal em português, que será revista na seção 3.4.2.

Conforme ilustrado nas Tabelas 3.5 e 3.6, o PE exibe quatro distinções morfológicas em infinitivos flexionados e o PB, três. Novamente, essa diferença reflete a perda do pronome da segunda pessoa do singular *tu* e sua correspondente morfologia de concordância na gramática do PB (ver seção 2.4.2). Além disso, o PE e o PB têm cada um uma distinção morfológica a menos no infinitivo flexionado do que no paradigma do presente do indicativo (ver seção 3.3.2.2.1), pois a forma de concordância desencadeada pelo pronome de primeira pessoa do singular *eu* não é morfologicamente distinta da forma de terceira pessoa do singular (cf. *dançar* nas Tabelas 3.5 e 3.6); na verdade, essa forma é homófona à forma do infinitivo não flexionado (ver seção 4.3.1.2 para uma discussão mais aprofundada).

Tal como vimos com as orações finitas (ver seção 3.3.2.2.1), uma comparação simples entre o número de distinções morfológicas existentes em PE e PB pode não ser iluminadora. Uma vez que *a gente* tende a substituir *nós* em PB, a concordância de primeira pessoa do plural também tende a perder terreno para a "concordância de terceira pessoa do singular", abrindo espaço para uma simples distinção binária (por exemplo, 3.SG *dançar* vs. 3.PL *dançarem*).[32] Além disso, como mencionado na seção 3.3.2.2.1, existem dialetos do PB em que a única distinção encontrada em orações finitas é entre 1.SG e 3.SG, ou seja, com exceção de *eu*, todos os demais pronomes sujeitos desencadeiam "concordância de terceira pessoa do singular" (ver (37) e (38)). Dado que 1.SG e 3.SG não são morfologicamente distintos nos infinitivos flexionados (nem mesmo em PE), esses dialetos acabam permitindo que uma única forma seja associada a qualquer combinação de pessoa e número, como ilustrado em (43).[33]

(43) Não vai ser fácil
 [{eu/você/ela/a gente/nós/vocês/eles} **fazer** isso]. (%PB)

Curiosamente, sentenças como (44) não são permitidas mesmo em dialetos que permitem (43). Observe que não se pode atribuir a má formação de (44) nesses dialetos ao fato de o sujeito encaixado não estar associado à morfologia de plural no infinitivo; caso contrário, a sentença em (43) também deveria ser excluída quando o sujeito fosse o pronome *nós*, *vocês* ou *eles*.

(44) *O João quer [os alunos **viajar**]

Recorde-se que o verbo *querer* em português só seleciona infinitivos não flexionados (ver (39)). Assumindo que esse também seja o caso em dialetos que permitem (43), somos levados à conclusão de que a diferença crucial entre infinitivos "flexionados" e "não flexionados" nesses dialetos não é a realização da morfologia de concordância verbal, mas a possibilidade de licenciar um sujeito foneticamente realizado. Assim, nesses dialetos (43) conta como flexionado e (44), como não flexionado. Em outras palavras, todos os dialetos do PB se comportam da mesma forma ao fazer uma distinção entre infinitivos flexionados e não flexionados, mas os dialetos podem diferir individualmente em relação a quantas distinções morfológicas existem no caso de o infinitivo ser flexionado, variando de três (ver Tabela 3.6) a zero (ver (43)). É importante ressaltar que não existe nenhum dialeto de PE que permita apenas "infinitivos flexionados sem flexão", como em (43).

A possibilidade de (43) em dialetos do PB está certamente relacionada a outra diferença saliente entre os infinitivos do PE e do PB, a saber, o fato de o PB geralmente permitir construções com marcação excepcional de caso (ver seção 2.3.4.4), em que o sujeito do infinitivo recebe caso oblíquo da preposição *para/pra*, como ilustrado em (45), enquanto em PE essa possibilidade é dialetalmente restrita (ver capítulo "Sistema pronominal": nota 24).[34] Em outras palavras, na ausência de realização fonética para a morfologia de concordância, um infinitivo em PB pode ser interpretado como não flexionado e seu sujeito pode receber caso da preposição que seleciona o infinitivo.

(45)   a. O João trouxe o documento pra **mim** assinar.   (PB)
      b. Pra **mim** acordar cedo, eu preciso dormir bem cedo.   (PB)

Em suma, quando todas as subvariedades do PE e do PB são levadas em consideração, percebe-se que suas diferenças vão muito além do que é retratado nas Tabelas 3.5 e 3.6. Em PE, a concordância em orações com infinitivo flexionado é tão estável quanto em orações finitas, enquanto em PB está sujeita à variação entre dialetos e há dialetos que simplesmente não têm realizações distintas para infinitivos flexionados e não flexionados. Esse enfraquecimento geral de concordância dentro dos infinitivos em PB abriu caminho para o surgimento de construções de marcação excepcional de caso (ver (45)), bem como construções envolvendo movimento do sujeito encaixado para posição de sujeito da oração matriz a partir de um infinitivo flexionado, como será discutido na seção 3.4.3.

3.3.2.2.3 Concordância de pessoa e número em gerúndios flexionados de dialetos do português europeu

Os dialetos meridionais e insulares do PE podem exibir concordância de pessoa e número em orações de gerúndio, conforme ilustrado em (46), embora dialetos individuais possam diferir em relação a quais combinações de pessoa e número são permitidas.[35] A Tabela 3.7 ilustra o paradigma quando todas as formas podem ser realizadas.

(46) a. Em tu **querendos**! (%PE)
(CORDIAL-SIN, CBV41)
b. Mas em se **separandomos**,
o senhor pensa numa coisa e eu penso noutra. (%PE)
(CORDIAL-SIN, CPT27)
c. Em o **querendem** levar, podem-no levar. (%PE)
(CORDIAL-SIN, CBV39)

Tabela 3.7 – Concordância de pessoa e número
em gerúndios flexionados de dialetos do português europeu[a]

Pronomes nominativos	Concordância de pessoa e número desencadeada	Exemplo: *dançar*
$tu_{[+prox]}$	2.SG	dança**ndos**
eu	1.SG	dança**ndo**
$você_{[-prox]}$	3.SG	dança**ndo**
ele/ela		
a gente		
nós	1.PL	dança**ndomos**
vocês	3.PL	dança**ndem**
eles/elas		

[a] A segunda coluna exibe a descrição tradicional da morfologia de concordância verbal em português, que será revista na seção 3.4.2.

Deixaremos uma discussão sobre as diferenças entre gerúndios flexionados e não flexionados nesses dialetos para a seção 4.3.4.1. O que é relevante para o presente propósito é observar que não há dialeto do PB que exiba flexão no gerúndio. Assim, embora não possamos fazer uma comparação direta entre PE e PB em relação aos gerúndios flexionados, sua própria existência em dialetos do PE, mas não no PB, já é muito reveladora. Os gerúndios flexionados em dialetos do PE podem ser vistos como a imagem inversa dos dialetos do PB que permitem "infinitivos flexionados sem flexão" como em (43). Em termos mais gerais, infinitivos flexionados sem flexão em dialetos do PB e gerúndios flexionados em dialetos do PE constituem a ilustração mais transparente de suas tendências opostas: a variação dialetal em PB tende a menos distinções de concordância, enquanto a variação dialetal em PE em geral tende a explorar mais possibilidades combinatórias para as distinções de concordância disponíveis. A questão é, obviamente, o que está por trás dessas tendências opostas. Esse é o tópico da próxima seção.

3.4 REANALISANDO OS SISTEMAS DE CONCORDÂNCIA EM PORTUGUÊS EUROPEU E PORTUGUÊS BRASILEIRO

As gramáticas do PE e do PB superficialmente parecem ser semelhantes no que diz respeito à concordância de pessoa e número. À primeira vista, a única diferença é que o PB tem uma distinção morfológica a menos que o PE: quatro contra cinco distinções no presente do indicativo (ver Tabelas 3.1 e 3.2) e três contra quatro distinções em orações com infinitivo flexionado (ver Tabelas 3.5 e 3.6). No entanto, também vimos que uma simples contagem do número de distinções morfológicas em cada variedade não é suficiente para dar conta do fato de que há uma grande variação dialetal no PB sempre tendendo a uma maior simplificação do paradigma de concordância. Assim, a questão é quais são as propriedades formais que impõem essa tendência a simplificação em PB, mas não operam em PE.

Existem duas diferenças notórias entre as gramáticas do PE e do PB que são sugestivas a esse respeito. Primeiro, o pronome *tu* e a correspondente concordância da segunda pessoa do singular desapareceram na gramática do PB (ver seção 2.4.2). Em segundo lugar, a série de *a gente* se tornou não marcada em PB e sua forma nominativa desencadeia "concordância de terceira pessoa do singular" (ver seção 2.4.1). A questão é como exatamente esses fatos interagiram para que o sistema de concordância do PB se tornasse substancialmente instável, abrindo espaço para a variação dialetal atestada.

A seguir, propomos uma análise das diferenças de concordância entre o PE e o PB que se baseia em dois fatores: (i) a especificação dos traços morfológicos dos pronomes nominativos de cada variedade; e (ii) como a flexão do verbo pode ser compatibilizada com os traços dos pronomes nominativos de cada variedade de modo otimizado, tendo em vista que uma mesma realização da concordância sujeito-verbo pode corresponder a diferentes especificações de traços morfológicos.

3.4.1 A composição de traços dos pronomes pessoais e aparentes casos de incompatibilidade de concordância

No capítulo "Sistema pronominal", quando introduzimos os sistemas pronominais do PE e do PB, representamos traços semânticos junto aos pronomes e suas especificações morfológicas (o tipo de concordância desencadeada por eles) junto ao predicado relevante. Ao fazer isso, estávamos seguindo a visão tradicional sobre a concordância sujeito-predicado em português, que engloba dois pressupostos: (i) são (principalmente) as especificações morfológicas dos pronomes que determinam a flexão de concordância de um determinado predicado; e (ii) as especificações morfológicas dos pronomes podem não corresponder às suas especificações semânticas. Sob esta visão tradicional, a composição de traços dos pronomes pessoais do português pode ser representada como na Tabela 3.8 (a forma nominativa será considerada representativa de todas as realizações de caso).[36]

Tabela 3.8 – Composição dos traços dos pronomes pessoais do português –
Análise tradicional

Pronomes nominativos	Pessoa, número e gênero	
	Traços semânticos	Traços morfológicos
eu	[P:1; N:SG]	[P.N:1.SG]
tu (PE)	[P:2; N:SG]	[P.N:2.SG]
você	[P:2; N:SG]	[P.N:3.SG]
ele	[P:3; N:SG; (G:MASC)]	[P.N:3.SG; G:MASC]
ela	[P:3; N:SG; (G:FEM)]	[P.N:3.SG; G:FEM]
nós	[P:1; N:PL]	[P.N:1.PL]
a gente	[P:1; N:PL]	[P.N:3.SG]
vocês	[P:2; N:PL]	[P.N:3.PL]
eles	[P:3; N:PL; (G:MASC)]	[P.N:3.PL; G:MASC]
elas	[P:3; N:PL; (G:FEM)]	[P.N:3.PL; G:FEM]

O primeiro ponto que vale a pena mencionar em relação à Tabela 3.8 é que ela está em consonância com a visão canônica de que uma análise de uma determinada propriedade em termos de traços envolve uma relação entre um atributo (por exemplo, pessoa) e um valor (por exemplo, 1). Não nos deteremos aqui na organização dos traços de pessoa, número e gênero no lado semântico; para efeitos de apresentação, vamos simplesmente assumir que temos uma lista de traços semânticos associados a cada pronome, como representado na segunda coluna da Tabela 3.8. Nossa atenção se concentrará, de fato, na organização dos traços morfológicos, pois eles são cruciais para a concordância sintática. Observe-se que a terceira coluna da Tabela 3.8 apresenta a visão tradicional sobre concordância verbal, de acordo com a qual os pronomes da primeira coluna têm seus atributos de pessoa e número morfologicamente fundidos, pois a flexão de concordância verbal com a qual estão associados normalmente tem um único morfema codificando simultaneamente valores de pessoa e número.[37] Isso dito, passemos a examinar em mais detalhe o pressuposto de que os traços morfológicos dos pronomes podem não corresponder aos seus traços semânticos.

Um tipo de falta de correspondência entre traços semânticos e sintáticos representada na Tabela 3.8 é algo trivial: os traços morfológicas de gênero em *ele(s)* e *ela(s)* não têm necessariamente correspondentes semânticos. Recorde-se que, em português, gênero morfológico se correlaciona com gênero biológico (macho *vs.* fêmea) apenas quando se refere a animais (ver seção 3.2.1). O fato de *país* ser masculino e *raiz* ser feminino, por exemplo, é uma propriedade lexical arbitrária, que é morfologicamente relevante, mas é desprovida de importe semântico. Assumindo que pronomes de terceira pessoa "herdam" as propriedades relevantes dos sintagmas nominais aos quais estão associados, um pronome de terceira pessoa será especificado como masculino para cálculos semânticos e morfológicos se relacionado a um sintagma nominal nucleado por um substantivo como *homem*, por exemplo, mas apenas para cálculos morfológicos se relacionado a um sintagma nominal nucleado por um substantivo como *país*. Crucialmente, a última possibilidade não constitui um verdadeiro caso de incompatibilidade de traços. Não é o caso que o valor da especificação morfológica (masculino no caso de *país*) seja diferente do valor da especificação semântica correspondente, pois *país* simplesmente não tem especificação para gênero semântico. Ou seja, no que diz respeito a gênero, *país* simplesmente tem mais especificações morfológicas que semânticas.

Uma vez feita a distinção entre presença *vs.* ausência de uma dada especificação, por um lado, e valores diferentes para os mesmos traços, por outro, os pronomes *você*, *a gente* e *vocês* se destacam na Tabela 3.8 por serem os únicos em que não há compatibilidade entre suas especificações semânticas e morfológicas: *você* e *vocês* envolvem incompatibilidade em relação ao valor do traço de pessoa e *a gente*, incompatibilidade em relação aos traços de pessoa e número. Não é por acaso que esses são os pronomes que parecem exibir um comportamento excepcional. Recorde-se que os três se originam de sintagmas nominais complexos e entraram na língua muito mais tarde que os demais pronomes (ver seções 2.4.1 e 2.4 .2). Portanto, é razoável presumir que o comportamento excepcional retratado na Tabela 3.8 está de alguma forma relacionado ao processo de gramaticalização que reanalisou *você*, *vocês* e *a gente* como pronomes. Dado que os sintagmas nominais não pronominais do português têm especificação de valor para número, mas não para pessoa, podemos provisoriamente conjeturar que a gramaticalização desses pronomes envolveu a atribuição do valor relevante para o atributo de pessoa da expressão original. A questão que então se coloca é por que esses pronomes, uma vez gramaticalizados na língua, acabaram por desencadear "concordância de terceira pessoa".

As aparências podem, entretanto, ser enganosas, pois as flexões de concordância verbal que são tradicionalmente analisadas como codificando terceira pessoa do singular e terceira pessoa do plural não são transparentes. Tomemos as formas verbais em (47a) e (47b), por exemplo. A forma *dança* em (47a) envolve claramente um radical (*danç-*) e uma vogal temática ({-a}) especificando que o verbo pertence à primeira conjugação, mas não há nenhum morfema realizado foneticamente que codifique pessoa ou número. Assim, a forma verbal em (47a) é compatível com duas análises morfológicas diferentes: envolvendo um único morfema fundido nulo (representado por Ø) codificando tanto pessoa (3) quanto número (SG), como em (47a'), ou envolvendo dois morfemas nulos independentes, um correspondendo ao traço de pessoa e o outro ao número, como em (47a"). Consequentemente, o morfema {-m} de *dançam* em (47b) também pode ser analisado como codificando simultaneamente pessoa (3) e número (PL), como em (47b'), ou codificando apenas número (PL), em associação com um morfema nulo codificando pessoa, como em (47b").

(47)   a.   {Ele/ela} **dança** bem.
       a.' danç-a-Ø$_{[P.N:3.SG]}$
       a".'danç-a-Ø$_{[P:3]}$-Ø$_{[N:SG]}$
      b.   {Eles/elas} **dançam** bem.
       b.' danç-a-m$_{[P.N:3.PL]}$
       b". danç-a-Ø$_{[P:3]}$-m$_{[N:PL]}$

Qual é a análise correta: (47a')/(47b') ou (47a")/(47b")? Essa questão é mais sutil que a distinção entre jabuti e tartaruga, sendo mais semelhante ao problema dos biólogos em relação às zebras: as zebras são brancas com listras pretas ou pretas com listras brancas? Ambas as opções são capazes de descrever corretamente o fenômeno (o padrão de cores do pelo das zebras) em um nível observacional. No entanto, tanto biólogos quanto linguistas procuram, na verdade, identificar as forças internas que interagem para produzir o que obtemos no nível observacional e isso não é uma tarefa trivial.

No caso linguístico em questão, a análise tradicional é a representada em (47a') e (47b'), presumivelmente por analogia com os outros morfemas de concordância verbal, que codificam simultaneamente pessoa e número. Os sufixos verbais {-o}, {-s} e {-mos} na Tabela 3.1, por exemplo, codificam simultaneamente 1.SG, 2.SG e 1.PL, respectivamente. Essa tentativa de uniformização parece, no entanto, forçada, pois os morfemas de concordância verbal {-o}, {-s} e {-mos} estão associados a pronomes que são inequivocamente monomorfêmicos. Em outras palavras, os traços de pessoa e número de *eu*, *tu* e *nós* são analisados como fundidos, já que não podem ser identificados isoladamente; nesse sentido, os afixos de concordância correspondentes espelham naturalmente essa fusão entre pessoa e número. Já no caso dos pronomes de terceira pessoa *eles* e *elas*, o plural é codificado por um morfema independente {-s}, dissociado de pessoa; esse morfema também é independente de gênero, como se vê em *elas*, que claramente exibe três morfemas independentes: a raiz *el-* codificando terceira pessoa, a vogal temática nominal {-a} codificando gênero feminino e o sufixo {-s} codificando plural. A partir dessa constatação, pode-se generalizar esse molde morfológico, analisando-se os demais pronomes de terceira pessoa da seguinte forma: *ele*$_{\text{[P:3-G:MASC-N:SG]}}$, *eles*$_{\text{[P:3-G:MASC-N:PL]}}$ e *ela*$_{\text{[P:3-G:FEM-N:SG]}}$. Se a organização morfológica da flexão de concordância verbal deve em princípio espelhar a organização morfológica dos elementos que desencadeiam a concordância, como visto anteriormente em relação à primeira e à segunda pessoa, o morfema de concordância de terceira pessoa deve ser então independente do morfema de número, como em (47a") e (47b"), e não estar fundido com ele, como em (47a') e (47b').

Uma evidência interessante para se tomar o sufixo {-m} em (47b) como codificando apenas plural, e não terceira pessoa do plural, como normalmente assumido, é fornecida pelos dados do PE em (48)-(50).[38]

(48) a. O João ouviu **tu chegares**. (PE)
b. O João ouviu-**te chegar**. (PE)
c. *O João ouviu-**te chegares**. (PE)
(49) a. O João ouviu **nós chegarmos**. (PE)
b. O João ouviu-**nos chegar**. (PE)
c. *O João ouviu-**nos chegarmos**. (PE)
(50) a. O João ouviu **eles chegarem**. (PE)
b. O João ouviu-**os chegar**. (PE)
c. O João ouviu-**os chegarem**. (%PE)

Em português, verbos causativos e de percepção podem selecionar infinitivos flexionados ou não flexionados. Quando um infinitivo flexionado é selecionado, seu sujeito é devidamente marcado com caso nominativo, conforme ilustrado em (48a), (49a) e (50a). Por sua vez, quando um infinitivo não flexionado é selecionado, o sujeito da oração subordinada recebe caso acusativo do verbo da oração matriz, como exemplificado em (48b), (49b) e (50b) (ver seção 2.3.4.2), porque um infinitivo não flexionado é incapaz de atribuir caso ao seu sujeito. Dado esse pano de fundo, o contraste em PE entre (48c) e (49c), por um lado, e (50c), por outro, é bastante inesperado. Uma vez que o infinitivo é flexionado, seu sujeito deveria receber nominativo e a atribuição de caso acusativo pelo verbo da matriz deveria ser bloqueada. Isso explica a agramaticalidade de (48c) e (49c) para todos os falantes do PE e (50c) para alguns falantes. A questão é por que alguns falantes do PE permitem (50c) ou, para colocar o problema em termos mais concretos, por que o infinitivo flexionado em (50c) não licencia necessariamente o caso nominativo na gramática desses falantes.

Vale a pena mencionar dois pontos em relação a essa questão. Em primeiro lugar, pessoa é indiscutivelmente o traço dos infinitivos flexionados que é responsável pela atribuição de caso nominativo.[39] Como vimos nas seções 2.3.4.1 e 3.3.2.2.3, verbos finitos em PE e PB e gerúndios flexionados em alguns dialetos do PE flexionam em pessoa e o caso nominativo é licenciado em suas orações; inversamente, verbos participiais em passivas flexionam em gênero e número, mas não em pessoa (ver seção 3.3.2.1) e sua flexão não licencia nominativo independentemente. Em segundo lugar, o infinitivo tem sido tradicionalmente analisado como uma "forma nominal" do verbo, pois orações infinitivas geralmente têm a distribuição de sintagmas nominais. Portanto, não seria surpreendente se alguns infinitivos não tivessem o traço de pessoa, pois sintagmas nominais não pronominais não têm valor para o traço de pessoa (ver seção 4.3.2 para discussão relacionada). Com essas duas observações em mente, podemos agora entender o que está acontecendo com sentenças como (50c). Seu infinitivo pode ser analisado como um infinitivo flexionado canônico contendo traços de pessoa e número, conforme representado em (51a), ou como um infinitivo flexionado defectivo, contendo traço de número, mas não de pessoa, conforme representado em (51b).

(51) a. *O João ouviu-os chegare-$\emptyset_{[P:3]}$-$m_{[N:PL]}$ (PE)
 b. O João ouviu-os chegare-$m_{[N:PL]}$ (%PE)

Para falantes que analisam *chegarem* como envolvendo um infinitivo flexionado canônico (ver (51a)), o sujeito encaixado deve ser licenciado com caso nominativo; portanto, um clítico acusativo como sujeito de um infinitivo flexionado será uniformemente excluído na gramática desses falantes, independentemente de qual clítico estiver envolvido. Por outro lado, para falantes que permitem que *chegarem* seja analisado como envolvendo apenas especificação de plural, como em (51b), o infinitivo será incapaz de atribuir caso ao sujeito encaixado se assim for especificado (ver nota 39). O sujeito encaixado deve então ser licenciado com caso acusativo pelo verbo da oração matriz; daí a gramaticalidade de (50c) para esses falantes. Crucialmente, essa ambiguidade potencial surge para *chegarem* em (50c), mas não para *chegares* (ver (48c)) ou *chegarmos* (ver (49c)), cujos traços de pessoa e número estão fundidos e associados a um único morfema.

Note que essa explicação para o contraste entre (48c) e (49c), por um lado, e (50c), por outro, só se mantém se os traços de pessoa e de número da concordância estiverem associados cada um a um morfema independente quando a terceira pessoa está em jogo, espelhando o que vimos com os pronomes de terceira pessoa *ele/eles/ela/elas*. Isso implica que a análise mais adequada de (47a) e (47b) é de fato aquela em termos de (47a") e (47b"), conforme representado em (52).

(52) a. {Ele/ela} danç-a-$\emptyset_{[P:3]}$-$\emptyset_{[N:SG]}$ bem
 b. {Eles/elas} danç-a-$\emptyset_{[P:3]}$-$m_{[N:PL]}$ bem

Voltemos agora à questão inicial que deu origem a toda esta discussão sobre a organização morfológica de pessoa e número na flexão de concordância verbal quando se trata de terceira pessoa: por que os pronomes *você*, *vocês* e *a gente* desencadeiam concordância de terceira pessoa nos verbos? Consideremos primeiro *você* e *vocês*. Aqui temos um caso morfologicamente transparente de alternância singular/plural por meio da adição do morfema de plural {-s}. Se {-s} marca claramente número, a raiz *você* deve codificar pessoa. A análise tradicional é que o valor do atributo morfológico de pessoa de *você* deve ser 3, ao invés de 2. Há duas razões tácitas para explicar por que essa tem sido a forma canônica de descrever a concordância verbal com *você/vocês* em português. A primeira, já mencionada, é que as formas superficiais dos verbos concordando com *vocês/vocês* são as mesmas associadas aos indiscutíveis pronomes de terceira pessoa *ele/eles*, tanto em PE, quanto em PB. A segunda razão é que em PE, a combinação de [P:2] e [N:SG] no caso de *você* poderia ativar o morfema de concordância de segunda pessoa do singular {-s} (ver Tabela 3.1) e isso não acontece. Não há nenhum dialeto do PE que admita (53), por exemplo.

(53) *****Você** canta**s** muito bem.

Embora razoáveis, nenhuma dessas motivações é convincente. Em primeiro lugar, o paradigma da série de *vocês* em PE manteve elementos da antiga série da segunda pessoa do plural (ver seção 2.4.2), conforme ilustrado em (54). Isso indica que pelo menos a combinação de [P:2] e [N:PL] é encontrada independentemente em PE. Na verdade, em alguns dialetos do PE que preservaram o antigo morfema de segunda pessoa do plural {-is} (ver seção 2.4.2), esse morfema pode estar associado a *vocês*, como ilustrado em (55) (ver nota 23).

(54) a. Eu asseguro-**vos** que eles não convenceram o **vosso** chefe. (PE)
b. A Maria vai **convosco**. (PE)
(55) **Vocês** anda**is** a gastar dinheiro. (%PE)
(CORDIAL-SIN, COV01)

Quanto à agramaticalidade de (53) em PE, observe-se que o morfema de concordância verbal {-s} realiza os traços de pessoa e número fundidos ([P.N:2.SG]), refletindo a fusão desses traços no pronome *tu*. Por outro lado, a alternância regular *você/vocês* mostra claramente que nesse caso o traço de número é morfologicamente independente do traço de pessoa. Portanto, não se é forçado a assumir que as especificações independentes [P:2] e [N:SG] em *você* ([P:2-N:SG]) devam estar associadas a um morfema de concordância com os traços de pessoa e número fundidos. Note que a especificação [N:SG], que não é realizada foneticamente, é motivada independentemente pela alternância *ela/elas*, por exemplo (ver (52)). Assim, tudo pode funcionar perfeitamente bem se as especificações independentes [P:2] e [P:3] também não forem associadas a nenhum morfema foneticamente realizado. Em outras palavras, parece ser o caso que a realização *default* de traços morfológicos de concordância verbal no português (a *elsewhere condition*[40]) se faz por meio de um morfema-Ø, i.e., um morfema desprovido de matriz fonológica. No caso do presente do indicativo, por exemplo, pode-se ter as regras de correspondência em (56) para o PE, com o PB diferindo do PE apenas por não ter a regra específica *{-s}* ↔ *[P.N:2.SG]*.[41]

(56) *Regras de correspondência para a realização morfológica da flexão de concordância verbal no presente do indicativo em PE:*
   a. {-o}   ↔   [P.N:1.SG];
      {-s}   ↔   [P.N:2.SG];
      {-mos}   ↔   [P.N:1.PL];
      {-m}   ↔   [N:PL]; e
   b. Ø nos demais contextos.

Assumindo-se (56), as sentenças em (57) se tornam completamente paralelas às de (52), com 2 no lugar de 3. A especificação [N:PL] da flexão verbal em (57b) está associada ao morfema {-m} (ver (57a)) e as demais especificações de pessoa e número na flexão de concordância de (57a) e (57b) não são associadas a nenhum conteúdo fonológico, em consonância com a regra de realização *default* em (56b). Assim sendo, não há incompatibilidade entre as especificações morfológicas e semânticas de *você* e *vocês* em relação ao traço de pessoa. Tanto semanticamente, quanto morfologicamente, o traço de pessoa tem 2 como valor. O fato de a flexão de concordância verbal associada a *você* e *vocês* ser a mesma associada aos pronomes de terceira pessoa *ele/ela* e *eles/elas* é, na verdade, um resultado superficial da regra de realização *default* em (56b).

(57) a. Você danç-a-$Ø_{[P:2]}$-$Ø_{[N:SG]}$ bem
     b. Vocês danç-a-$Ø_{[P:2]}$-$m_{[N:PL]}$ bem

Examinemos agora o caso de *a gente*, começando por sua especificação de número. Seguindo a análise tradicional, o pronome *a gente* na Tabela 3.8 foi analisado como sendo semanticamente plural, mas morfologicamente singular. Novamente, as aparências podem ser enganosas. É verdade que *a gente* não tem uma contraparte morfológica no plural (*as gentes). Também é verdade que a concordância verbal associada a *a gente* é superficialmente igual à associada aos pronomes *ele/ela* e *você*, que são analisados como tendo a especificação [N:SG]. Há, entretanto, uma análise alternativa para a especificação de número do pronome *a gente* que captura as formas de concordância verbal com as quais está associado, mas sem produzir incompatibilidade entre suas especificações semânticas e morfológicas. Dado que *a gente* não tem uma contraparte morfológica para participar da alternância singular/plural como em *eu/nós*, *você/vocês* ou *ele/eles*, suponha que *a gente* seja morfologicamente neutro em relação a essa distinção. Mais especificamente, suponha que, do ponto de vista morfológico, *a gente* tenha um atributo de número sem valor ([N]). Deixando de lado a representação morfológica de pessoa por enquanto, considere as especificações morfológicas de número em (58), em que σ representa os traços semânticos de *a gente* e μ, os traços morfológicos.

(58) A gente$_{\{\sigma:\, [P:1;\, N:PL];\, \mu:\, [N]\}}$ danç-a-$\emptyset_{[N:n]}$ bem
 [*representação incompleta*]

Em (58), o traço de número da flexão de concordância deveria ter seu valor determinado pelo valor do traço de número do sujeito. Porém, dado que o atributo morfológico de número de *a gente* não tem valor, a especificação de número da flexão da concordância permanece não valorada (o que é representado por *n*). Observe agora que a especificação [N:n] em (58) se enquadra na regra de realização *default* em (56b) e não recebe nenhum conteúdo fonético. No que diz respeito a número, o verbo então tem a mesma realização que as formas verbais que tomam *ele/ela* e *você* como sujeito (ver (52a) e (57a)). Se esta proposta estiver no caminho certo, não é o caso que a especificação morfológica de número para *a gente* ([N]) seja divergente de sua especificação semântica ([N:PL]). Simplesmente o que ocorre é que, no que diz respeito ao traço de número, o pronome *a gente* é mais especificado semanticamente que morfologicamente. Em outras palavras, essa é uma situação inversa à da questão do traço de gênero do substantivo *país*, que tem mais especificações morfológicas que semânticas, como discutido anteriormente.

Existe evidência independente em PE que mostra que a especificação morfológica de número em *a gente* não tem, de fato, um valor específico. Como vimos na seção 2.4.1 e está ilustrado em (59), *a gente* não é especificado para gênero, sendo, portanto, compatível com concordância de masculino ou de feminino no predicado, a depender do gênero dos membros do grupo a que o pronome se refere.

(59) a. A gente chegou esfomead**o**. (PE/PB)
 b. A gente chegou esfomead**a**. (PE/PB)

Curiosamente, *a gente* em PE é também compatível com marcação de plural no predicado adjetival, conforme se vê em (60).

(60) a. A gente chegou esfomeado**s**. (PE:√; PB:*)
 b. A gente chegou esfomeada**s**. (PE:√; PB:*)

Se a especificação morfológica do número para *a gente* não tem valor específico, como defendido anteriormente, não é surpreendente que esse pronome possa ser compatível com o plural. Observe que em (59) e (60), o PE e o PB apresentam comportamento semelhante em relação a gênero, mas não em relação a número. No entanto, isso não é algo novo. Recorde-se que o PE e o PB divergem nos mesmos moldes em relação à concordância dentro de sintagmas nominais: a concordância de gênero é obrigatória tanto em PE quanto em PB, mas a realização do plural nem sempre é obrigatória em PB (ver seção 3.2). No caso em exame, não há gatilho morfológico para desencadear a especificação de plural no predicado adjetival, pois a especificação morfológica de número em *a gente* não exibe valor; portanto, o plural é simplesmente bloqueado em PB. Quanto ao PE, o traço de número no predicado adjetival pode ser valorado pela especificação semântica de número de *a gente*, a saber, [N:PL].

Analisemos agora a especificação morfológica de pessoa em *a gente*. A visão tradicional resumida na Tabela 3.8 é que o traço de pessoa de *a gente* é semanticamente especificado como 1, mas morfologicamente especificado como 3. Novamente, a razão para essa posição é que a forma superficial dos verbos concordando com *a gente* não difere da forma superficial dos verbos concordando com *ele/ela*. No entanto, vimos anteriormente que essa é uma motivação insuficiente para se assumir uma tal incompatibilidade entre traços semânticos e morfológicos. Note que, no caso de *você/vocês*, há evidências de que esses pronomes sejam morfologicamente especificados como 2. Em PE, as formas *você*, *vos*, *vosso* e *convosco* (ver (54)) estão todas morfologicamente relacionadas e todas se referem ao destinatário. Isso sugere fortemente que essas formas mantiveram a especificação de segunda pessoa da antiga forma *vós*. Em PB, *vos*, *vosso* e *convosco* desapareceram (ver seção 2.4.2), mas o fato de *você* ter substituído *tu* sugere que *você* também poderia ser especificado como 2 (ver, no entanto, a seção 3.4.2). No caso do pronome *a gente*, por outro lado, não há nenhuma pista morfológica comparável que possa identificá-lo como portador da especificação morfológica [P:1] para corresponder ao seu significado ou [P:3] para corresponder à concordância de superfície com a qual está associado. Além disso, a morfologia de concordância de superfície associada a *a gente* não é um diagnóstico confiável para se identificar sua especificação morfológica de pessoa, pois pode resultar da regra de realização *default*, que se aplica a diversas especificações (ver (56b)). Suponhamos então que, semelhantemente ao que vimos no caso de número, a especificação morfológica de pessoa de *a gente* contenha somente um atributo, sem definição de valor ([P]). O fato de *a gente* não poder ser associado ao morfema de plural {-s} (*as gentes*), por sua vez, indica ainda que seus traços de pessoa e número estão fundidos. Juntando esses pontos, a especificação morfológica de *a gente* deveria ser simplesmente [P.N]

Evidências independentes apoiando essa conclusão podem ser encontradas em diferentes dialetos do PE em que *a gente* pode redobrar o pronome de primeira pessoa do plural *nos* (ver capítulo "Sistema pronominal": nota 33) ou formar uma construção de sujeito duplo com o clítico *se* indefinido, como ilustrado em (61).[42] Partindo do pressuposto de que em ambas as construções deve haver alguma forma de concordância entre os elementos em negrito, é sem dúvida a ausência de valor para pessoa e número na especificação morfológica de *a gente* que o torna morfologicamente compatível com diferentes pronomes.

(61) a. Eles chamam-**nos à gente** sarracenos. (%PE)
 (CRPC; *in* Nascimento 1989)
 b. Chama-**se**-lhe **a gente** espigas. (%PE)
 (CORDIAL-SIN, AAL03)

Se *a gente* é especificado como [P.N], devemos agora determinar se a correspondente morfologia de concordância verbal também tem seus traços de pessoa e número fundidos ([P.N:n]), se esses traços são independentes ([P:n-N:n]), ou se essas duas possibilidades podem ser utilizadas, mas motivadas por razões diferentes. Essa questão pontual está relacionada à questão mais geral de quando os traços da flexão de concordância devem sofrer fusão. Já vimos que a organização morfológica dos traços de concordância geralmente espelha a organização morfológica das expressões com as quais eles interagem. Por exemplo, traços de concordância de pessoa e número se apresentam fundidos em português quando concordam com o pronome *nós*, que tem os traços correspondentes fundidos (ver (49a)), mas não quando concordam com *elas* (ver (52b)), cujos traços de pessoa e número são morfologicamente independentes um do outro. Isso deveria, em princípio, nos levar a esperar que a flexão de concordância associada a *a gente* tivesse seus traços de pessoa e de número fundidos, mimetizando a organização morfológica desses traços no pronome. Há, no entanto, uma diferença entre *nós* e *a gente*. Descritivamente falando, os traços de pessoa e número da flexão de concordância associada a *nós* são pressionados a sofrer fusão para satisfazer a regra de correspondência *{-mos}* ↔ *[P.N:1.PL]* em (56a); em outras palavras, uma única realização fonética abarca mais de uma informação morfológica. Já a flexão de concordância associada a *a gente* não sobre tal pressão, pois cada um de seus traços se enquadra independentemente na regra de realização *default* em (56c), não recebendo nenhum expoente fonológico; em outras palavras, ocorrendo ou não a fusão ([P.N:n] ou [P:n-N:n]), a flexão de concordância associada a *a gente* não se realiza foneticamente.

De fato, há evidência sugerindo que a fusão dos traços de número e pessoa na flexão de concordância pode ser vista como uma operação de último recurso que se aplica apenas quando é necessária independentemente. A evidência envolve dois padrões de concordância semântica encontrados em diferentes dialetos. O primeiro padrão é encontrado principalmente nos dialetos açorianos do PE e envolve *a gente* associado à concordância de "terceira pessoa do plural", conforme ilustrado em (62).[43] Dentro da perspectiva explorada aqui, a sentença em (62) deve ser vista como um caso de concordância entre o traço de número da flexão verbal e a especificação semântica de número de *a gente* ([N:PL]). Crucialmente, esse padrão de concordância só pode ser obtido se os traços de pessoa e número da flexão verbal associada a *a gente* forem morfologicamente autônomos, de modo que a concordância pode incidir apenas sobre o traço de número, não afetando o traço de pessoa. No caso de (62), apenas o traço de número da flexão é valorado, acionando a regra de correspondência *{-m}* ↔ *[N:PL]* em (56a), e o traço de pessoa permanece não valorado ([P:n]), caindo na regra de realização *default* em (56b) e não recebendo expoente fonológico.

(62) Que **a gente** tosquia**vam** as ovelhas duas vezes no ano. (%PE)
      (CORDIAL-SIN, MIG58)

Se os traços de pessoa e número são em princípio morfologicamente independentes, surge então a possibilidade lógica de somente o traço de pessoa concordar com a especificação semântica de *a gente* e ser valorado como 1. No entanto, as regras específicas de realização de concordância para o traço de pessoa valorado como 1 em (56a) requerem que o valor do traço de número seja concomitantemente especificado. Assim, a valoração do traço de pessoa da flexão verbal associada a *a gente* via concordância semântica aciona a fusão entre os traços de número e pessoa da flexão e o verbo se superficializa com concordância de primeira pessoa do plural, gerando construções como (63), encontradas em dialetos tanto do PE quanto do PB (ver capítulo "Sistema pronominal": nota 32).[44]

(63) A gente danç**amos** bem. (%PE; % PB)

Assumiremos, então, que os traços de pessoa e número da flexão de concordância só sofrerão fusão se isso for independentemente motivado pelas regras de correspondência para realização fonética. A representação de (58) deve, portanto, ser atualizada como em (64).

(64) A gente$_{\{\sigma:\ [P:1;\ N:PL];\ \mu:\ [P.N]\}}$ danç-a-$\emptyset_{[P:n]}$-$\emptyset_{[N:n]}$ bem
      [*representação final*]

CONCORDÂNCIA

Em (64), o traço de pessoa da flexão de concordância não pode receber um valor específico do pronome sujeito, pois a especificação morfológica de pessoa para *a gente* não tem valor. A especificação de pessoa da flexão de concordância permanece então não valorada ([P:n]), enquadrando-se na regra de realização *default* em (56b) e não recebendo nenhum expoente fonológico. Isso dá a falsa impressão de que *a gente* está ativando concordância de terceira pessoa.[45] Novamente, esse também não é um caso de incompatibilidade entre morfologia e semântica; o atributo pessoa de *a gente* é simplesmente mais especificado semanticamente que morfologicamente.

A Tabela 3.9 resume essa reanálise das especificações morfológicas para os pronomes do português:

Tabela 3.9 – Composição de traços dos pronomes pessoais do português –
Eliminando incompatibilidade de traços (a ser revisada)

Pronomes nominativos	Pessoa, número e gênero	
	Especificação semântica	Especificação morfológica
eu	[P:1; N:SG]	[P.N:1.SG]
tu (PE)	[P:2; N:SG]	[P.N:2.SG]
você	[P:2; N:SG]	**[P:2-N:SG]**
ele	[P:3; (G:MASC); N:SG]	[P:3-G:MASC-N:SG]
ela	[P:3; (G:FEM); N:SG]	[P:3-G:FEM-N:SG]
nós	[P:1; N:PL]	[P.N:1.PL]
a gente	[P:1; N:PL]	**[P.N]**
vocês	[P:2; N:PL]	**[P:2-N:PL]**
eles	[P:3; (G:MASC); N:PL]	[P:3-G:MASC-N:PL]
elas	[P:3; (G:FEM); N:PL]	[P:3-G:FEM-N:PL]

De acordo com a Tabela 3.9, *a gente* constitui um caso em que o pronome é mais especificado semanticamente do que morfologicamente (em relação a pessoa e a número), enquanto *ele(s)* e *ela(s)* ilustram o caso em que os pronomes podem ser mais especificados morfologicamente do que semanticamente (em relação a gênero). Mas não há casos na Tabela 3.9, em que as informações morfológicas diferem das correspondentes informações semânticas quanto ao seu valor. Em particular, se a especificação morfológica dos pronomes *você*, *vocês* e *a gente* for como proposto na Tabela 3.9, e não como na Tabela 3.8, a descrição tradicional segundo a qual *você* e *a gente* desencadeiam concordância de terceira pessoa do singular e *vocês* desencadeia concordância de terceira pessoa do plural está simplesmente incorreta. O que ocorre é que as especificações de concordância verbal [P:3], [P:2], [P:n],

[N:SG] e [N:n] associadas a esses pronomes caem todas na regra de realização *default* em (56b) e não recebem nenhum conteúdo fonético. Assim, a incompatibilidade de concordância atribuída a esses pronomes é apenas uma ilusão induzida pela opacidade das formas verbais superficiais tradicionalmente descritas como envolvendo concordância de terceira pessoa.

Sendo assim, podemos simplificar consideravelmente a explicação tradicional da concordância sujeito-predicado em português, mantendo apenas o pressuposto de que a concordância sujeito-predicado envolvendo pronomes pessoais em português é (principalmente) determinada por suas propriedades morfológicas e abandonando o pressuposto adicional de que as especificações morfológicas dos pronomes podem ter valor diferente do valor das suas correspondentes especificações semânticas.

Uma vez resolvidos os aparentes problemas de incompatibilidade entre traços semânticos e morfológicos, na próxima seção discutiremos diferenças específicas entre o PE e o PB em relação à especificação dos traços de seus pronomes, que, sem dúvida, estão relacionados a algumas das suas principais diferenças sintáticas.

3.4.2 Especificação de traços dos pronomes pessoais e concordância sintática

Façamos um balanço do que discutimos até aqui, tendo em mente a composição de traços dos pronomes pessoais do português proposta na seção 3.4.1 (ver Tabela 3.9).

A perda do pronome da segunda pessoa do plural *vós* e a gramaticalização de *você(s)* e *a gente* como pronomes pessoais não teve grande impacto em PE (ver seção 2.5). No que diz respeito às especificações morfológicas para pessoa e número, o traço de pessoa continuou a ter três valores possíveis (1, 2 ou 3), que podem então se combinar com os dois valores para o traço de número (SG ou PL) e produzir um paradigma com até cinco distinções verbais em domínios finitos e quatro em infinitivos flexionados, conforme ilustrado na Tabela 3.10, com as regras de realização morfológica relevantes apresentadas em (65).

**Tabela 3.10 – Especificações morfológicas
para os pronomes pessoais e concordância verbal em português europeu**

Pronomes pessoais		Concordância verbal				
		Flexão de pessoa e número para o verbo *dançar*				
Forma nominativa	Especificação morfológica	Presente do indicativo	Pretérito perfeito do indicativo	Futuro do presente	Pretérito imperfeito do indicativo	Infinitivo flexionado
eu	[P.N:1.SG]	danç*o*	danç*ei*	dança*rei*		
você	[P:2-N:SG]	dança	dançou	dançará	dançava	dançar
ele	[P:3-G:MASC-N:SG]					
ela	[P:3-G:FEM-N:SG]					
a gente	[P.N]					
tu	[P.N:2.SG]	danç*as*	danç*aste*	dançar*ás*	dançav*as*	dançar*es*
nós	[P.N:1.PL]	dança*mos*	dança*mos*	dançare*mos*	dançáva*mos*	dançar*mos*
vocês	[P:2-N:PL]	dança*m*	dançara*m*	dançarão	dançava*m*	dançare*m*
eles	[P:3-G:MASC-N:PL]					
elas	[P:3-G:FEM-N:PL]					

(65) *Regras de correspondência para a realização morfológica
da flexão de concordância verbal em PE:*
  a. [P.N:1.PL]   ↔   {-mos};
     [N:PL]   ↔   {-m}
  b. [P.N:1.SG]   →   {-o}/PRES.INDIC __
                 →   {-i} nos demais contextos.
  c. [P.N:2.SG]   →   {-ste}/PRET.PERF.INDIC __
                 →   {-s} nos demais contextos.
  d. Ø nos demais contextos.

Os três primeiros tempos finitos na Tabela 3.10 são os únicos que têm uma flexão de concordância verbal específica para a primeira pessoa do singular em PE. Os demais tempos finitos, representados na Tabela 3.10 pelo pretérito imperfeito do indicativo, se comportam como os infinitivos flexionados, com o pronome *eu* estando aparentemente associado à concordância da terceira pessoa do singular, como exemplificado em (66), com o pretérito imperfeito do indicativo e o presente do subjuntivo, respectivamente.

(66) a. {**Eu**/você/ele/a gente} **dançava** bastante naquela época.
      b. A Maria quer que {**eu**/você/ele/a gente} **dance** bastante.

Como será discutido em detalhe na seção 4.3.1.1, esses tempos defectivos envolvem empobrecimento morfológico, ou seja, um caso de apagamento de traços desencadeado por um determinado contexto morfológico.[46] No caso em questão, os tempos representados pelo pretérito imperfeito do indicativo na Tabela 3.10 desencadeiam o apagamento ou do traço de pessoa ou do traço de número da flexão de concordância associada a *eu* (antes que esses traços sofram fusão). Deixando para a seção 4.3.1.1 a discussão sobre qual traço exatamente é apagado, o resultado vai ser ou [P:1] ou [N:SG] a depender de o apagamento incidir sobre o traço de número ou sobre o traço de pessoa do conglomerado [P:1-N:SG], associado à flexão de concordância desencadeada por *eu*. Observe que qualquer que seja a especificação que sobreviva ao processo de empobrecimento, tanto [P:1] quanto [N:SG] se enquadram na regra de realização *default* em (65d) e, portanto, não deveriam receber conteúdo fonético. É isso que dá a falsa impressão de que, nesses tempos, *eu* aciona a concordância de terceira pessoa do singular. Uma vez que os tempos que sofrem empobrecimento não são relevantes para a regra de correspondência em (65b), que só se aplica à especificação [P.N:1.SG], a formulação de (65b) equivale a dizer que o morfema que corresponde à especificação de concordância [P.N:1.SG] é {-o} no presente do indicativo e {-i} nos demais tempos que possuem essa especificação de concordância, a saber, no pretérito perfeito do indicativo e no futuro do presente.

Já em PB, os tempos finitos que possuem um morfema específico para a primeira pessoa do singular ficaram restritos ao presente do indicativo e ao pretérito perfeito do indicativo. O futuro do presente visto na Tabela 3.10 em PE é utilizado apenas em escrita formal em PB, tendo sido substituído pelo futuro perifrástico (forma também disponível em PE), que é formado pelo presente do indicativo do auxiliar *ir* e um infinitivo não flexionado (por exemplo, *vou dançar*). Além das mudanças no sistema pronominal que também afetaram o PE (a perda de *vós* e a gramaticalização de *você(s)* e *a gente*) e da perda do futuro do presente, o PB passou ainda por duas outras mudanças que contribuíram para reduzir ainda mais o número de distinções de concordância verbal: o pronome *tu* e a correspondente concordância de segunda pessoa do singular se perderam (ver seção 2.4.2) e *a gente*, que desencadeia concordância *default* (ver seção 3.4.1), se tornou a forma canônica para codificar um pronome com especificação semântica de primeira pessoa do plural (ver seção 2.4.1). Por fim, a variação dialetal em PB geralmente tende a uma maior simplificação do paradigma flexional do verbo, conforme ilustrado nas sentenças em (37), (38) e (43), repetidas a seguir em (67) (ver também nota 25).

(67) a. No final **nós** sempre **acaba** concordando. (%PB)
b. Você**s** não **sabe** o que aconteceu! (%PB)
c. Ele**s** nunca **pensa** em ninguém. (%PB)
d. Não vai ser fácil
[{eu/você/ela/a gente/**nós**/vocês/ele**s**} **fazer** isso] (%PB)

A combinação de todos esses fatores certamente teve um efeito drástico no sistema de concordância do PB. No entanto, quando comparamos o PE e o PB em relação ao número de distinções morfológicas para a flexão de concordância verbal, verificamos que o PB tem apenas uma distinção de concordância a menos que o PE (a concordância associada a *tu*) e isso não parece constituir base suficiente para derivar as diferenças gerais entre seus sistemas de concordância ou seu comportamento distinto em relação ao licenciamento de sujeitos nulos (ver capítulo "Sujeitos nulos"). Acreditamos que a ausência de uma análise verdadeiramente explicativa dessas diferenças substanciais entre as duas variedades decorre da suposição tácita de que as especificações morfológicas dos pronomes do PB correspondem essencialmente às das suas contrapartes em PE (ver Tabela 3.10). Entretanto, se tivessem de fato os mesmos atributos e valores que as suas contrapartes em PE, os pronomes do PB deveriam se comportar da mesma forma na determinação dos valores dos traços de flexão de concordância verbal e os sistemas de concordância do PB e do PE deveriam ser completamente paralelos. Dado que esse não é o caso, consideremos, então, uma abordagem diferente.

Suponhamos que as propriedades do sistema de concordância verbal do PB são, na verdade, reflexo de uma subespecificação generalizada nos traços de seu sistema pronominal.[47] Consideremos, por exemplo, os pronomes do PE com traços de pessoa e número fundidos (*eu*, *tu* e *nós*), conforme descrito na Tabela 3.10. Os valores para pessoa e número são necessários para identificar individualmente a morfologia de concordância associada a cada um desses pronomes: o valor de pessoa distingue *eu* ([P.N:1.SG]) de *tu* ([P.N:2.SG]) e o valor de número distingue *eu* de *nós* ([P.N:1.PL]). Por outro lado, o valor de pessoa para *eu* se tornou redundante em PB com a perda de *tu*, pois a especificação [P.N:SG] já seria suficiente para se identificar *eu* de forma inequívoca na medida em que seria o único pronome com traços de pessoa e número fundidos exibindo o valor SG para o conglomerado de traços. Suponhamos então que essa redundância tenha sido eliminada do sistema pronominal do PB, resultando na especificação [P.N:SG] para o pronome *eu*.

Se *eu* em PB for especificado simplesmente como [P.N:SG], o pronome *nós* também não precisa ser duplamente especificado ([P.N:1.PL]) para que sua morfologia de concordância seja identificada de modo inequívoco.

Crucialmente, uma vez que *eu* é especificado como [P.N:SG], não resta em PB nenhum outro pronome com traços morfológicos de pessoa e número fundidos que tenha os valores 1 ou PL (Recorde-se que a especificação morfológica de *a gente* envolve os traços de pessoa e número fundidos, mas sem valor – [P.N]; ver seção 4.4.1 e Tabela 3.10). Curiosamente, algumas das variações de concordância envolvendo *nós* em PB parecem estar relacionadas precisamente à possibilidade de esse pronome ser redundantemente especificado para pessoa e número ([P.N:1.PL]) ou especificado apenas para pessoa ([P.N:1]). Como mencionado anteriormente (ver notas 24 e 32), a concordância verbal associada a *nós* em PB está sujeita a variação idioletal/dialetal, alternando entre {-mos} e {-mo}. Tendo isso em mente, consideremos o paradigma em (68) em PB.

(68) a. Nós fica**mos** tranquilo**s** durante a entrevista. (√PB)
 b. Nós fica**mo** tranquilo durante a entrevista. (%PB)
 c. Nós fica**mos** tranquilo durante uma entrevista. (%PB)
 d. *Nós fica**mo** tranquilo**s** durante uma entrevista. (*PB)

Em (68a), a morfologia plural no adjetivo mostra que o sujeito deve ser especificado para o plural e a morfologia de concordância no verbo mostra que esse sujeito também deve ser especificado para pessoa; portanto, *nós* em (68a) deve ser especificado como [P.N:1.PL]. Por sua vez, a falta de morfologia plural no adjetivo em (68b) e (68c) pode indicar que, para alguns falantes, *nós* não tem valor especificado para o traço morfológico de número; a concordância expressa pela forma reduzida {-mo} é então permitida, em adição a, ou em alternância com, a forma {-mo} (ver notas 24 e 32). Em outras palavras, para falantes que permitem (68b) e (68c), *nós* pode ser especificado simplesmente como [P.N:1]. Crucialmente, (68d) não parece ser permitido nem mesmo por falantes que admitem (68b). A razão para isso é que o morfema de plural no adjetivo em (68d) mostra que *nós* deve ser especificado como plural e, portanto, deve disparar concordância plena de pessoa e número, como em (68a), bloqueando o morfema reduzido {-mo}, que seria especificado de modo não ambíguo como [P.N:1]. Os falantes de PB podem, de fato, permitir ambos (68a), com *nós* especificado como [P.N:1.PL], e (68b), com *nós* especificado como [P.N:1], distinguindo-os em termos de registro, o primeiro sinalizando registro formal e o último, registro coloquial. Assumamos, então, que nos registros coloquiais do PB, que são aqui tomados como a base da gramática, como definido no capítulo "Delimitando o objeto de análise", *nós* seja especificado como [P.N:1] e que a concordância verbal correspondente esteja sujeita à variação idioletal/dialetal, podendo ser realizada como {-mos} ou {-mo}.

Se, na gramática do PB, *eu* for morfologicamente especificado como [P.N:SG] e *nós* como [P.N:1], não há necessidade de se atribuir valor ao traço de pessoa dos pronomes *você(s)/cê(s) e ele(s)/ela(s)* para fazer distinções morfológicas no que diz respeito à concordância verbal. Nenhum desses pronomes está associado a um morfema de concordância distinto para o traço de pessoa (na verdade, a concordância de pessoa desencadeada por esses pronomes não tem realização fonética) e os morfemas distintos associados a *eu* e *nós* já são adequadamente identificados em função de serem os únicos pronomes que têm as especificações [P.N:SG] e [P.N:1], respectivamente. Em outras palavras, a especificação de valor para o traço de pessoa dos pronomes *você(s)/cê(s)* e *ele(s)/ela(s)* em nada contribui para o estabelecimento de distinções morfológicas no sistema de concordância verbal do PB. Suponhamos, então, que esses pronomes também são subespecificados em PB, na medida em que não dispõem de valor para seu traço morfológico de pessoa.

Assim sendo, o que dizer sobre a especificação de número dos pronomes *você(s)/cê(s) e ele(s)/elas* em PB? Evidentemente, o morfema independente {-s} de *vocês/cês* e *eles/elas*, que codifica pluralidade, indica que esses pronomes devem ter seu traço de número valorado como PL. Portanto, a questão a ser respondida na verdade se restringe aos pronomes *você/cê* e *ele/ela*. Existem duas possibilidades lógicas: (i) o traço morfológico de número desses pronomes pode ter o valor SG, desencadeando a especificação [N:SG] na flexão de concordância do verbo, ou (ii) simplesmente não ter valor, deixando a concordância verbal sem valor ([N:n]). Note que em qualquer dessas possibilidades, a especificação de número da concordância com esses pronomes não recebe nenhum conteúdo fonético, pois cai na regra de realização *default* (ver seção 3.4.1). Em outras palavras, estamos novamente diante de um problema mais complexo que a distinção entre jabuti e tartaruga, que têm fenótipos semelhantes, mas diferentes; trata-se aqui de um problema semelhante ao da coloração da zebra, pois o fenótipo da concordância verbal associada aos pronomes *você/cê* e *ele/ela* é o mesmo (nenhuma realização fonética) e é consistente com dois genótipos: [N:SG] e [N:n].

Podemos, porém, encontrar uma pista para resolver esse enigma, se reexaminarmos a maneira como a informação morfológica de número é computada dentro de sintagmas nominais em PB. Conforme ilustrado pelo padrão sem concordância em (69), por exemplo, o PB exibe grande apreço por formas morfológicas simplificadas, desprovidas de morfologia de concordância de número (ver seção 3.2.2). Crucialmente, não se deve tomar a ausência do morfema plural {-s} em *carro, amarelo* e *amassado* em (69) como indicando que esses itens lexicais são especificados como SG, pois isso criaria uma inconsistência com a transparente especificação de plural no demonstrativo.

(69)   aqueles carro amarelo amassado   (%PB)

Uma abordagem mais plausível é assumir, portanto, que substantivos e modificadores nominais em PB requerem valor para o traço morfológico de número apenas quando codificam pluralidade. Sendo assim, não haveria incompatibilidade entre os valores de número dos itens lexicais de (69), pois seria simplesmente o caso de o demonstrativo ser morfologicamente mais especificado que os demais itens. Como descrito na seção 3.2.2.1, (69) não envolve um padrão de discordância (incompatibilidade de valores), mas um padrão em que a concordância entre valores não se aplica devido à subespeficação. Obteremos ainda uma análise unificada se essa conclusão não ficar restrita aos sintagmas nominais não pronominais do PB, mas também se estender a *você/cê* e *ele/ela*.

Mais interessante ainda é que, ao explorar essa análise unificada, encontramos um critério para decidir sobre a questão de o traço morfológico de número desses pronomes ser especificado como [N:SG] ou ser desprovido de valor ([N]). Dentro dessa perspectiva, os pronomes *você/cê* e *ele/ela* em PB não têm valor especificado para seu atributo morfológico de número, como esquematizado na Tabela 3.11, por não codificarem pluralidade. E uma vez desprovidos de valor, esses pronomes não ativam nenhum morfema específico de concordância verbal, em consonância com as regras de realização explicitadas em (70).[48]

Tabela 3.11 – Especificações morfológicas para pronomes pessoais e concordância verbal em português brasileiro

Pronomes pessoais		Flexão verbal			
Forma nominativa	Especificação Morfológica	Presente do indicativo	Pretérito perfeito do indicativo	Pretérito imperfeito do indicativo	Infinitivo flexionado
eu	[P.N:SG]	*-o*	*-i*		
você/cê[Fc]	[P-N]				
ele	[P-G:MASC-N]				
ela	[P-G:FEM-N]				
a gente	[P.N]				
nós	[P.N:1]	*-mos*			
vocês/cês[Fc]	[P-N:PL]	*-m*			
eles	[P-G:MASC-N:PL]				
elas	[P-G:FEM-N:PL]				

(70) *Regras de correspondência para a realização morfológica da flexão de concordância verbal em PB:*
   a. [P.N:1]   ↔   {-mo(s)};
      [N:PL]   ↔   {-m}
   b. [P.N:SG] →   {-o}/PRES. INDIC __
                →   {-i}/PRET.PERF.INDIC __
   c. Ø nos demais contextos.

Observe que, além de terem diferentes traços semânticos, cada um dos pronomes da Tabela 3.11 pode ser identificado individualmente com base em distinções morfológicas. Podemos, primeiramente, caracterizar dois grupos de pronomes em função da relação entre seus traços de pessoa e número. Os pronomes *eu*, *a gente* e *nós* têm seus traços de pessoa e número fundidos, no sentido de que um traço não pode ser morfologicamente isolado do outro. Os pronomes *você(s)*, *cê(s)*, *ele(s)* e *ela(s)*, por outro lado, têm seus traços de pessoa e número morfologicamente independentes um do outro, como claramente evidenciado pelo fato de as formas do plural serem regularmente derivadas a partir das correspondentes formas de singular, por meio da afixação do morfema {-s}. Enfocando os pronomes do primeiro grupo, *a gente* se diferencia de *eu* e *nós* porque seu conglomerado de pessoa e número não tem valor ([P.N]); por sua vez, *eu* e *nós* diferem entre si no que diz respeito ao valor associado aos traços fundidos (SG para *eu* e 1 para *nós*). Com relação aos pronomes que possuem traços de pessoa e número independentes, o valor para número ou sua ausência distingue dois subgrupos: os pronomes *vocês/cês*, *eles* e *elas*, especificados como PL, e *você/cê*, *ele*, e *ela*, sem nenhum valor para número. O gênero, por outro lado, faz uma distinção tripartida adicional, com *ele(s)* tendo o valor MASC, *ela(s)* tendo o valor FEM e *você(s)/cê(s)* não sendo especificado para gênero (ver seções 2.4.2 e 2.4. 3). Por fim, o traço [Fc] (ver seção 2.2) separa as formas inequivocamente fracas *cê* e *cês* de *você* e *vocês*.

A Tabela 3.11, portanto, se equipara à Tabela 3.9 no que diz respeito à individuação morfológica e à interpretação de cada pronome. O que torna a Tabela 3.11 distinta, no entanto, é que ela captura formalmente a intuição de que o sistema de concordância verbal do PB é mais "fraco" que o do PE. Observe que não há redundância na Tabela 3.11 no que diz respeito à especificação dos traços de pessoa e número dos pronomes em PB; na verdade, a Tabela 3.11 retrata o conjunto mínimo de especificações para os pronomes nominativos do PB que, ao mesmo tempo, identifica morfologicamente cada pronome individualmente e é compatível com os padrões de concordância verbal encontrados em dialetos/idioletos do PB. Essa organização não redundante nos traços dos pronomes é replicada nos vários padrões de concordância verbal, resultando no que parece ser um sistema mais "fraco" de concordância.

Como veremos adiante na seção 3.4.3 e no capítulo "Sujeitos nulos", essa mudança de perspectiva, dando relevância não às formas superficiais de concordância verbal, mas à (sub)especificação dos traços dos pronomes que determinam tais formas, permite também explicar peculiaridades das construções de "hiperalçamento" e construções com sujeitos nulos em PB.

Examinemos agora mais detidamente os padrões de concordância em PB associados à especificação morfológica de seus pronomes proposta na Tabela 3.11 e às regras de realização em (70). Se a especificação do traço de pessoa dos pronomes *vocês/cês* e *eles/elas* não exibe valor em PB, conforme postulado na Tabela 3.11, as formas de concordância a eles associadas devem ter sua especificação de número valorada como plural, mas sua especificação de pessoa deve permanecer não valorada ([P:n]) e não receber conteúdo fonético, em consonância com a regra de realização *default* em (70c). Em outras palavras, é o morfema de plural {-s} desses pronomes que valora o traço de número da flexão de concordância, que é então realizada pelo morfema representado ortograficamente como -*m* (ver (70a)).

No que diz respeito ao pronome *eu* na Tabela 3.11, a organização de suas especificações morfológicas se assemelha às de *eu* em PE na medida em que ambos têm seus atributos de pessoa e número fundidos (ver Tabela 3.10), capturando o fato de que não são morfologicamente relacionados a nenhuma de suas contrapartes (semanticamente) plurais (*nós* ou *a gente*). *Eu* em PB, no entanto, se insere no quadro geral de maciça subespecificação do traço de pessoa retratado na Tabela 3.11 e seu atributo morfológico de pessoa é destituído de valor. Recorde-se que a Tabela 3.11 lista o conjunto *mínimo* de especificações para individualizar morfologicamente os pronomes do PB e dar conta da concordância verbal correspondente. Assim, nessa perspectiva, não é necessário que a entrada lexical de *eu* em PB tenha sua especificação morfológica de pessoa valorada, para que os morfemas de concordância {-o} e {-i} sejam inequivocamente associados a *eu*. De acordo com a Tabela 3.11, *eu* é o único pronome em PB especificado como SG e a regra de correspondência em (70b) faz referência específica a esse valor. Assim, os morfemas de concordância {-o} e {-i} não podem ser acionados por *você/cê*, *a gente*, ou *ele/ela*, por exemplo, porque esses pronomes não são *morfologicamente* valorados para número em PB e, consequentemente, a flexão de concordância de número associada a eles não é especificada como [N:SG], mas permanece não valorada ([N:n]) e não é associada a nenhuma matriz fonética, em consonância com (70c).

O único contexto em PB que parece exigir que a especificação morfológica de pessoa de *eu* esteja valorada como 1 envolve sujeitos coordenados. Em PB, como em PE, um sujeito coordenado tendo *eu* com um dos termos da coordenação desencadeia concordância de primeira pessoa do plural, conforme ilustrado em (71) (ver seção 3.5.1.2). Isso parece sugerir que, pelo menos para fins de resolução de concordância envolvendo sujeitos coordenados, a especificação morfológica do traço de pessoa do pronome *eu* deva ser computada como tendo valor 1.

(71) A Maria e eu va**mos** viajar amanhã. (PB)

As aparências aqui são, entretanto, enganosas. (71) não mostra necessariamente que a especificação *morfológica* de *eu* deva estar valorada como [P:1]. Um sujeito coordenado envolvendo *a gente* em PB também desencadeia concordância de primeira pessoa no plural, conforme ilustrado em (72), e *a gente* (tanto em PE quanto em PB) não dispõe de valor para sua especificação morfológica de pessoa (ver seção 3.4.1). Dado que *a gente* não é morfologicamente especificado como [P:1], a conclusão a que se chega é que a resolução de concordância em (72) recorre à concordância semântica. Em outras palavras, é a especificação *semântica* de *a gente* como [P:1] que é computada na resolução da concordância para o sujeito coordenado em (72). No entanto, uma vez que se torna necessário recorrer independentemente a concordância semântica em casos de coordenação envolvendo *a gente*, pode-se também recorrer a concordância semântica para lidar com estruturas coordenadas envolvendo *eu*. Dito de outra forma, a realização da concordância verbal como {-mos} em (71) não nos obriga a assumir o valor 1 para as especificações {-mos} *fológicas* de *eu*, pois a ativação desse morfema pode ser desencadeada pelas especificações semânticas de *eu*, à semelhança do que ocorre com *a gente* em (72). Sendo assim, continuaremos assumindo o quadro geral da Tabela 3.11, que toma a especificação morfológica para *eu* em PB como sendo [P.N:SG].[49]

(72) a. **A gente** e três outros membros da comissão
    esta**mos** encarregados de fazer o relatório. (PB)
b. O professor e **a gente** resolve**mos** falar com o diretor. (PB)

A Tabela 3.11 também sugere motivos por que o pronome *nós* está perdendo terreno para *a gente* em PB. A especificação morfológica de *a gente* ([P.N]) não tem valor nem para pessoa, nem para número. Assim, a flexão da concordância verbal associada a *a gente* permanece não valorada ([P:n-N:n]), resultando em formas superficiais morfologicamente despojadas de concordância (em consonância com a regra de realização *default* em (70c)), muito ao gosto do PB. *Nós*, por outro lado, é um estranho num ninho (um ovo de tartaruga num ninho de jabutis), pois é o único pronome cuja entrada lexical tem seu traço de pessoa valorado ([P.N:1]). Como veremos mais adiante no capítulo "Sujeitos nulos", essas diferenças de especificação morfológica entre *a gente* e *nós* também têm consequências diretas para o licenciamento dos sujeitos nulos correspondentes.

A Tabela 3.11 ainda abre caminho para um melhor entendimento sobre as diferenças dialetais em PB no que diz respeito à concordância verbal.[50] Vimos em (67) (ver também nota 25) que, em alguns idioletos/dialetos do PB, todos os pronomes, com exceção de *eu,* aparentemente desencadeiam concordância de terceira pessoa do singular. Esses dialetos podem ser analisados como tendo eliminado as regras de correspondência em (70a). Excluídas essas regras, as especificações de pessoa e número das formas verbais associadas aos pronomes *nós*, *vocês/cês* e *eles/elas* não recebem conteúdo fonético no componente morfológico (ver (70c)), dando a falsa impressão de que esses pronomes acionam concordância na terceira pessoa do singular. Novamente, não há incompatibilidade de traços entre as especificações semânticas e morfológicas desses pronomes nos dialetos que permitem (67); simplesmente a regra de realização *default* em (70c) se aplica a um maior número de especificações.

Pondo de lado as especificações de gênero, que não são diferentes em PE e PB, a Tabela 3.12 revisa a Tabela 3.9, incorporando as distintas especificações morfológicas de pessoa e número em PE e PB retratadas nas Tabelas 3.10 e 3.11.

Tabela 3.12 – Especificações morfológicas para pessoa
e número e concordância verbal em português

Pronomes nominativos	Especificação morfológica para pessoa e número				Forma de superfície para *dançar*
	Português europeu		Português brasileiro		
	Especificação do pronome	Flexão de concordância	Especificação do pronome	Flexão de concordância	
eu	[P.N:1.SG]	[P.N:1.SG]	[P.N:SG]	[P.N:SG]	*danço*
tu	[P.N:2.SG]	[P.N:2.SG]			*danças*
nós	[P.N:1.PL]	[P.N:1.PL]	[P.N:1]	[P.N:1]	*dançamos*
você	[P:2-N:SG]	[P:2-N:SG]	[P-N]	[P:n-N:n]	*dança*
ele/ela	[P:3-N:SG]	[P:3-N:SG]			
a gente	[P.N]	[P:n-N:n]	[P.N]		
vocês	[P:2-N:PL]	[P:2-N:PL]	[P-N:PL]	[P:n-N:PL]	*dançam*
eles/elas	[P:3-N:PL]	[P:3-N:PL]			

A Tabela 3.12 mostra que, embora cada pronome nominativo possa ter especificações morfológicas diferentes para pessoa e número em PE e PB, a morfologia de concordância verbal correspondente continua sendo a mesma nas duas variedades, em função das regras de realização morfológica em (65) para o PE e (70) para o PB. Em particular, as regras de realização *default* em (65d) em PE e (70c) em PB atribuem Ø a um conjunto heterogêneo de especificações ([P:2], [P:3], [P:n], [N:SG], [N:n] em PE e [P:n] e [N:n] em PB), dando a falsa impressão de que os pronomes *você* e *a gente* são morfologicamente especificados como terceira pessoa do singular e *vocês*, como terceira pessoa do plural (ver seção 3.4.1).

Para encerrar esta discussão, examinemos a concordância verbal com sintagmas nominais não pronominais, como ilustrado em (73).

(73) a. O menino dança bem.
 b. Os meninos dançam bem.

Se o traço de pessoa é relevante para o licenciamento de caso nominativo (ver nota 45), sintagmas nominais não pronominais (ou, mais precisamente, o determinante desses sintagmas; ver nota 1) devem ter um traço de pessoa. Por outro lado, ter um valor intrínseco para seu traço de pessoa parece ser uma propriedade privativa de pronomes. Assim, podemos concluir que o traço de pessoa de sintagmas nominais não pronominais é desprovido de valor. O traço de pessoa da concordância verbal associado a esses sintagmas, por sua vez, vai permanecer não valorado ([P:n]) e, enquanto tal, não vai receber conteúdo fonético, em consonância com as regras de realização *default* em (65d) em PE e (70c) em PB.

Consideremos agora o traço de número de sintagmas nominais não pronominais. Em (73b), o valor para o traço de número do sujeito é, claramente, PL; portanto, a flexão verbal será especificada como [P:n-N:PL] e apenas o traço de número recebe realização fonética, em consonância com as regras de correspondência em (65a) em PE e (70a) em PB. Quanto a (73a), o número do sujeito é valorado como SG em PE e a flexão verbal correspondente ([P:n-N:SG]) não é associada a nenhum conteúdo fonético, em consonância com a regra de realização *default* em (65d). Em PB, por outro lado, (73a) pode receber duas análises distintas, dado seu padrão geral de concordância: (i) o traço de número do sujeito é valorado como SG, como em PE; ou (ii) o traço de número do sujeito não dispõe de valor. Em qualquer dessas possibilidades, a regra de realização *default* em (70c) não atribui nenhuma matriz fonética à flexão verbal correspondente ([P:n-N:SG] ou [P:n-N:n], respectivamente). Crucialmente, [N:SG] não é realizado como {-o}, por exemplo, pois esse morfema está associado aos traços de pessoa e número fundidos e não apenas ao traço de número (ver (70b)). Não tentaremos aqui decidir entre essas duas análises possíveis.

Dado que PB permite mais de um padrão de concordância de número dentro do sintagma nominal (ver seção 3.2.2), não é improvável que ambas as possibilidades estejam de fato disponíveis em PB. Para nossos propósitos, o que é relevante é que a forma de superfície do verbo em (73a) vai ser idêntica em PE e PB, mesmo que a especificação de seus traços subjacentes acabe sendo diferente, graças às regras de realização *default* (65d) para o PE e (70c) para o PB, que não atribuem matriz fonética nem para [N:SG] nem para [N:n].

Podemos agora entender por que a variação dialetal em PE e PB vai em direções opostas, apesar de superficialmente divergirem apenas no que diz respeito à flexão de segunda pessoa do singular. Dada a robusta especificação dos traços de seu sistema pronominal, a variação dialetal em PE tende a formas adicionais de concordância, como visto, por exemplo, em (46a), (62), (i) na nota 44 e (55), repetidos a seguir em (74). Assim, existem dialetos que permitem gerúndios flexionados (ver (74a)), dialetos que recorrem à concordância semântica quando o pronome não tem um valor para seus atributos morfológicos, como é o caso de *a gente* (ver (74b,c)) e dialetos que acrescentam uma regra específica para a realização da concordância desencadeada por *vocês* (ver (74d)).

(74) a. Em tu querendo**s** ! (%PE)
(CORDIAL-SIN, CBV41)
b. Que a gente tosquiava**m** as ovelhas duas vezes no ano. (%PE)
(CORDIAL-SIN, MIG58)
c. Agora estes rapazes novos não sabem
aquilo que a gente passá**mos**. (%PE)
(CORDIAL-SIN, CLC15)
d. Vocês anda**is** a gastar dinheiro. (%PE)
(CORDIAL-SIN, COV01)

Em contraste, o sistema pronominal do PB se tornou maciçamente subespecificado e parece estar ainda sob pressão para subespecificações adicionais. Os dialetos mais radicais eliminaram as regras de correspondência em (70a), gerando sentenças com sujeitos no plural e verbos em sua forma *default*, conforme ilustrado em (75a). Além disso, os dialetos que preservaram *tu* (ver seção 2.4.2 e nota 25 deste capítulo) também reanalisaram sua matriz morfológica (presumivelmente eliminando o valor do traço de número), permitindo sentenças como (75b), em que *tu* também está associado a uma forma de concordância *default*.

(75) a. No final, {**nós/vocês/eles**} sempre **acaba** concordando. (%PB)
b. **Tu** não **sabe** o que aconteceu! (%PB)

Observe que, de acordo com a Tabela 3.12, PE e PB atribuem a mesma especificação de traços apenas para *a gente* ([P.N]). Curiosamente, *a gente* é o único pronome que exibe um comportamento semelhante em PE e PB em relação à operação de elipse associada a sujeitos nulos, como veremos no capítulo "Sujeitos nulos". Outra propriedade que se destaca na Tabela 3.12 é que, exceto na flexão verbal associada a *nós*, o traço de pessoa é basicamente inerte em relação à morfologia de concordância, não acarretando nenhuma mudança na forma do verbo. Sua função parece estar restrita ao licenciamento do caso nominativo (ver notas 39 e 45). Surge então a questão do que aconteceria se o traço de pessoa desaparecesse da flexão de concordância de PB. Esse é o tópico da próxima seção.

3.4.3 Concordância defectiva e hiperalçamento em português brasileiro

Consideremos a flexão de concordância dos verbos das orações subordinadas de (76) e (77).[51]

(76) a. Parece que esses professores **elogiam** bastante os alunos.
 b. É difícil esses professores **reclamarem** dos alunos.
(77) a. *Parece esses professores **elogiar** bastante os alunos.
 b. Esses professores **parecem** elogiar bastante os alunos.

Em (76), o sujeito da oração subordinada é indiscutivelmente licenciado com caso nominativo pela flexão do verbo encaixado – um verbo finito em (76a) e um infinitivo flexionado em (76b) (ver seção 2.3.4.1). Em contraste, o sujeito encaixado de (77a) não pode ter seu caso licenciado, pois o verbo *parecer* selecionou um infinitivo não flexionado. A agramaticalidade de (77a) pode, no entanto, ser reparada se o sujeito encaixado se mover para a posição de sujeito da oração matriz, como se vê na construção de "alçamento" em (77b), pois a flexão finita no verbo da matriz pode licenciar o caso nominativo.

Dado o paradigma em (76)-(77), as sentenças do PB em (78) são bastante surpreendentes.[52] Uma vez que o verbo encaixado apresenta flexão de concordância, o sujeito deveria ser licenciado na oração subordinada e o movimento posterior para a posição de sujeito da matriz, desencadeando a concordância com o verbo da matriz, deveria ser bloqueado. De fato, essas construções de "hiperalçamento" não são possíveis em PE,[53] o que levanta a questão de por que a flexão de concordância verbal em PB não necessariamente licencia o caso nominativo.

(78) a. Esses professores **parecem** que **elogiam** bastante os alunos. (PB)
 b. Esses professores **são** difíceis de **reclamarem** dos alunos. (PB)

Um exame mais detalhado mostra que as construções de hiperalçamento em PB são sensíveis a combinações específicas dos traços de pessoa e número na flexão de concordância verbal.[54] Assumindo as regras de realização da flexão de concordância para o PB em (70), observemos as construções impessoais em (79) e suas contrapartes com hiperalçamento em (80), por exemplo.

(79) a. Parece que eu **elogio** bastante os alunos.
b. Parece que {você/ele/ela/a gente} **elogia** bastante os alunos.
c. Parece que nós **elogiamos** bastante os alunos.
d. Parece que {vocês/eles/elas} **elogiam** bastante os alunos.

(80) a. %Eu **pareço** que **elogio** bastante os alunos. (PB)
b. {Você/ele/ela/a gente} **parece** que **elogia** bastante os alunos. (PB)
c. *Nós **parecemos** que **elogiamos** bastante os alunos. (PB)
d. {Vocês/eles/elas} **parecem** que **elogiam** bastante os alunos. (PB)

Em (79), o sujeito encaixado é licenciado na oração subordinada e todos os pronomes são permitidos. Em (80), por outro lado, o sujeito da oração encaixada se move para a posição de sujeito da oração subordinante e apenas as construções que empregam a concordância tradicionalmente analisada como de terceira pessoa (singular ou plural) são plenamente aceitáveis na gramática do PB (ver (80b) e (80d)). Construções envolvendo concordância com *nós* são excluídas (ver (80c)) e construções envolvendo concordância com *eu* estão sujeitas à variação idioletal (ver (80a)). Um padrão semelhante a (79)/(80) é também encontrado com infinitivos flexionados (ver (81)-(82)), com a diferença de que, nesse caso, hiperalçamento de *eu* é uniformemente aceito pelos falantes (ver (82a)):[55]

(81) a. É difícil {eu/você/ele/ela/a gente} **reclamar** de alguém.
b. É difícil nós **reclamarmos** de alguém.
c. É difícil {vocês/eles/elas} **reclamarem** de alguém.

(82) a. Eu **sou** difícil de **reclamar** de alguém. (PB)
b. {Você/ele/ela/a gente} **é** muito difícil de **reclamar** de alguém. (PB)
c. *Nós **somos** difíceis de **reclamarmos** de alguém. (PB)
d. {Vocês/eles/elas} **são** difíceis de **reclamarem** de alguém. (PB)

O leitor deve ter notado que o padrão específico de combinações dos traços de pessoa e número na oração subordinada que permite ou proíbe hiperalçamento do sujeito encaixado de alguma forma retoma o paradigma de concordância em PB representado na Tabela 3.11. Em outras palavras, hiperalçamento é possível se a forma verbal na oração subordinada não envolve realização fonética para os traços de pessoa ou número (ver *elogia* em (80b) e *reclamar* em (82a,b)) e bloqueada se envolve realização fonética para pessoa (ver *elogiamos* em (80c) e *reclamarmos* em (82c)); já quando o verbo subordinado envolve apenas especificação de número, hiperalçamento é possível se o morfema de número for valorado como plural (ver *elogiam* em (78a)/(80d)) e *reclamarem* em (78b)/(82d)), mas exibe variação idioletal quando o morfema de número é valorado como singular (ver *elogio* em (80a)). Assim, o nosso desafio está em identificar como usar essas distinções refinadas para explicar a correlação entre disponibilidade de hiperalçamento e realização dos traços de pessoa e número em PB, bem como a diferença entre o PB e o PE quanto à própria possibilidade de hiperalçamento (ver nota 53).

Tendo em vista que o traço de pessoa é responsável pelo licenciamento do caso nominativo em português (ver seção 3.4.1) e que o sujeito encaixado de (76), (79) e (81) está licenciado na oração subordinada, somos levados à conclusão de que a oração subordinada dessas sentenças dispõe de caso nominativo e que, portanto, sua flexão verbal envolve pessoa (além do traço de número). Nesse aspecto, PB não é diferente de PE. Por outro lado, as construções de hiperalçamento aceitáveis de (78), (80) e (82) indicam que a flexão de concordância verbal em PB nem sempre precisa estar associada ao traço de pessoa; do contrário, o movimento do sujeito encaixado dessas sentenças para a posição de sujeito da oração matriz deveria ser sempre bloqueado, como em PE. Em outras palavras, para que os dados em (76)-(82) sejam todos devidamente capturados, a flexão de concordância verbal de orações finitas e infinitivos flexionados deve estar obrigatoriamente associada aos traços de pessoa e número na gramática do PE, o que bloqueia hiperalçamento; já na gramática do PB, a flexão de concordância verbal pode opcionalmente ter pessoa e número (permitindo, assim, construções impessoais como (76), (79) e (81)) ou apenas número (permitindo também construções de hiperalçamento).[56] A questão óbvia que então se apresenta é se faz sentido postular tal opcionalidade para a flexão de concordância verbal em PB.[57]

Vale a pena ressaltar nesse contexto que a Tabela 3.11 mostra que a subespecificação morfológica dos pronomes pessoais do PB levou a uma subespecificação tão drástica em seu sistema de concordância que é justo dizer que, na maior parte dos casos, o traço de pessoa na flexão de concordância de PB não traz nenhuma contribuição morfológica. Apenas uma flexão de concordância ({-mo(s)}) requer que se faça referência a um valor para o traço de pessoa (1). Todas as demais flexões de concordância podem ser adequadamente diferenciadas com base apenas na especificação do valor do traço de número (SG, PL ou u), como mostrado pelas regras de correspondência para a realização de flexão de concordância em PB apresentadas em (70) e repetidas a seguir em (83). Assumamos, então, que a flexão de concordância em PB é de fato ambígua, podendo conter pessoa e número ou apenas número, como esquematizado na Tabela 3.13, em que *Infl* (abreviatura internacional de *inflection* 'flexão') representa o conglomerado de traços associado à flexão do verbo (A primeira linha abaixo de Infl descreve seus traços antes de a concordância com o sujeito se efetivar e as linhas seguintes registram o resultado específico da concordância com cada pronome).[58]

(83) *Regras de correspondência para a realização morfológica da flexão de concordância verbal em PB:*
 a. [P.N:1] ↔ {-mo(s)};
    [N:PL] ↔ {-m}
 b. [P.N:SG] → {-o}/PRES.INDIC __
    → {-i}/PRET.PERF.INDIC __
 c. Ø nos demais contextos.

Tabela 3.13 – Ambiguidade do Infl finito no português brasileiro

Pronomes nominativos	Pessoa e número			
	Especificação morfológica	Exemplo: *dançar* no presente do indicativo	Infl [P:n-N:n]	Infl [N:n]
eu	[P.N:SG]	*danço*	[P.N:SG]	%[N:SG]
você/cê	[P-N]	*dança*	[P:n-N:n]	[N:n]
ele/ela				
a gente	[P.N]			
nós	[P.N:1]	*dançamos*	[P.N:1]	*
vocês/cês	[P-N:PL]	*dançam*	[P:n-N:PL]	[N:PL]
eles/elas				

Dadas as regras de correspondência em (83), a Tabela 3.13 mostra que, em PB, uma forma verbal sem morfemas de concordância (*e.g. dança*) ou uma forma marcada apenas com plural (*e.g. dançam*) podem ser obtidas ou com um Infl com traços de pessoa e número ou com um Infl com apenas o traço de número. No caso dos pronomes *você/cê, ele/ela, vocês/cês* e *eles/elas*, seus traços de pessoa e número são morfologicamente autônomos e, portanto, o traço de número de um Infl pleno ou de um Infl subespecificado entra em relação direta de concordância com o traço morfológico de número do pronome, sendo valorado como PL e realizado como {-m} (ver (83a)) ao concordar com *vocês/cês* e *eles/elas* e permanecendo sem valor e não recebendo realização fonética (ver (83c)) ao concordar com o traço de número sem valor de *você/cê* e *ele/ela*. No caso de *a gente*, seus traços de pessoa e número estão fundidos, mas o conglomerado de traços não tem valor ([P.N]); *a gente* então não desencadeia fusão nos traços correspondentes de um Infl totalmente especificado, pois cada um dos traços do Infl ([P:n] e [N:n]) se enquadra na regra de realização *default* em (83c) e não recebe expoente fonético (ver seção 3.4.1). Isso implica que, independentemente de a flexão de concordância associada a *a gente* ter pessoa e número ([P:n-N:n]) ou apenas número ([N:n]), a morfologia de concordância da forma verbal correspondente não tem realização fonética. É isso que dá a ilusão de que *a gente* aciona concordância de terceira pessoa do singular, conforme discutido na seção 3.4.1. Já a forma de concordância associada a *nós* (*e.g. dançamos*) só pode ser obtida se Infl tiver tanto pessoa quanto número, pois o complexo de traços fundidos de *nós* é valorado como 1, e esse não é um valor possível para número. Finalmente, dado que *eu* tem seus traços de pessoa e número fundidos e valorados como SG, esse pronome desencadeia a fusão e valoração correspondente em relação ao traço de um Infl totalmente especificado e é realizado como {-o} (como em *danço* na Tabela 3.13), em conformidade com (83b). O sinal de porcentagem na última coluna, por sua vez, serve para indicar que a possibilidade de um Infl subespecificado concordar ou não com *eu* está sujeita a variação individual. Descritivamente falando, alguns falantes não permitem que um único traço concorde com um conglomerado de traços valorado; para esses falantes, a forma *danço* na Tabela 3.13 não pode ser obtida nesse cenário. Outros falantes parecem ser sensíveis não à indissociabilidade de número e pessoa no complexo de traços de *eu*, mas ao valor do conglomerado de traços (SG). Como SG é um valor possível para número, esses falantes permitem que a forma *danço* na Tabela 3.13 possa ser derivada via concordância entre *eu* e um Infl exibindo apenas número. Em outras palavras, para esses falantes a regra de correspondência em (83c) é na verdade como em (84), mostrando mais uma vez que o traço de pessoa não é morfologicamente saliente em PB.

(84) [(P.)N:SG] → {-o}/PRES.INDIC __   (%PB)
               → {-i}/PRET.PERF.INDIC __

Nessa perspectiva, construções de hiperalçamento como (85a) e (85b), por exemplo, podem ser obtidas como esquematizado em (85a') e (85b'), em que as formas verbais flexionadas não são transparentes em relação à sua composição de traços. O Infl da oração subordinada de (85a') e (85b') tem apenas traço de número e é, portanto, incapaz de atribuir nominativo ao seu sujeito, ao contrário do Infl da oração matriz, que dispõe de traços de número e pessoa.

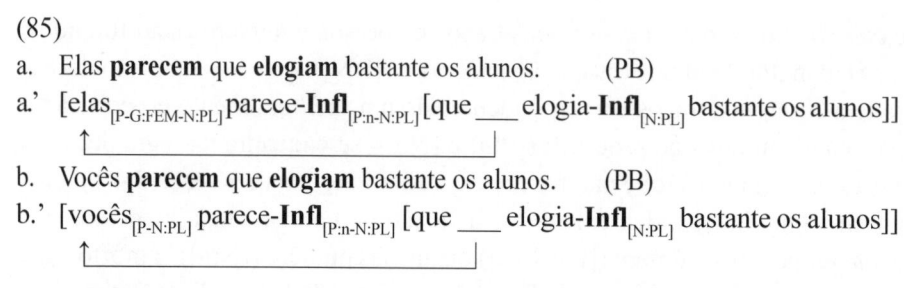

(85)
a. Elas **parecem** que **elogiam** bastante os alunos. (PB)
a.' [elas$_{[P\text{-}G:FEM\text{-}N:PL]}$ parece-**Infl**$_{[P:n\text{-}N:PL]}$ [que ___ elogia-**Infl**$_{[N:PL]}$ bastante os alunos]]
    ↑_____|

b. Vocês **parecem** que **elogiam** bastante os alunos. (PB)
b.' [vocês$_{[P\text{-}N:PL]}$ parece-**Infl**$_{[P:n\text{-}N:PL]}$ [que ___ elogia-**Infl**$_{[N:PL]}$ bastante os alunos]]
    ↑_____|

Observe também que não é necessário estipular que, em construções de hiperalçamento, Infl na oração subordinada é defectivo, enquanto Infl na oração matriz é completo.[59] Se o Infl da oração matriz em (85a') e (85b') fosse defectivo, o sujeito movido não teria seu caso licenciado. Alternativamente, se Infl encaixado em (85a) estivesse completo, o sujeito encaixado seria licenciado na oração subordinada, o que bloquearia seu movimento para a posição de sujeito da matriz, resultando na construção impessoal em (86a).

(86) a. Parece que elas elogia**m** bastante os alunos.
    b. [Parece [que elas$_{[P\text{-}G:FEM\text{-}N:PL]}$ elogia-**Infl**$_{[P:n\text{-}N:PL]}$ bastante os alunos]]

Considerações semelhantes se aplicam a hiperalçamento envolvendo os pronomes *ela*, *você* e *a gente*, por exemplo, como se pode ver em (87). A única diferença é que o traço de número tanto do Infl da matriz quanto do Infl da oração subordinada permanece sem valor porque esses pronomes não têm valor para número em sua especificação morfológica:

(87) a. Ela parece que elogia bastante os alunos. (PB)
a.' [ela$_{[P\text{-}G:FEM\text{-}N]}$ parece-**Infl**$_{[P:n\text{-}N:n]}$ [que ___ elogia-**Infl**$_{[N:n]}$ bastante os alunos]]
    ↑_____|

b. Você parece que elogia bastante os alunos. (PB)
b.' [você$_{[P\text{-}N]}$ parece-**Infl**$_{[P:n\text{-}N:n]}$ [que ___ elogia-**Infl**$_{[N:n]}$ bastante os alunos]]
    ↑_____|

c. A gente parece que elogia bastante os alunos. (PB)
c.' [a gente$_{[P:N]}$ parece-**Infl**$_{[P:n\text{-}N:n]}$ [que ___ elogia-**Infl**$_{[N:n]}$ bastante os alunos]]

Examinemos agora a impossibilidade de hiperalçamento envolvendo *nós* (ver (80c) e (82c)). Considere, por exemplo, a representação abstrata da oração subordinada de (80c), repetida a seguir em (88). Se o Infl encaixado de (88) exibe tanto pessoa quanto número, como esquematizado em (89), a concordância com *nós* valora o traço de pessoa, que, após a fusão com o traço de número, é realizado como {-mos}, em consonância com a regra de realização em (83a). No entanto, nesse cenário *nós* recebe caso nominativo na oração subordinada e não pode se mover para a posição de sujeito da matriz. Portanto, a sentença em (88) não pode ser obtida se o Infl encaixado tiver traços de pessoa e número, como em (89).

(88) *Nós parece**mos** que elogia**mos** bastante os alunos. (PB)
(89) [parece-Infl$_{[P.N:SG]}$ [que nós$_{[P.N:1]}$ elogia-**Infl**$_{[P.N:1]}$ bastante os alunos]]

                    -*mos*

Analisemos, então, como seria a derivação de (88) se o Infl encaixado tivesse apenas o traço de número, como esquematizado em (90). Vimos anteriormente que numa construção de hiperalçamento, o Infl encaixado deve ter apenas o traço de número. É o que encontramos nas representações em (85), (87) e (90). Dito de outra forma, não há nenhum problema com o movimento de *nós* em (90). No entanto, há uma diferença crucial entre as representações em (85) e (87), de um lado, e (90), de outro. Em (85) e (87), o traço de número do pronome que desencadeia a concordância com Infl (*eles*) é realizado por um morfema autônomo ({-s}). Em contraste, em (90) o traço de número do pronome sujeito se encontra fundido com o traço de pessoa; pior ainda, o valor do conglomerado [P.N] é um valor para pessoa (1) em vez de um valor para número.

(90) [... [que nós$_{[P.N:1]}$ elogia-**Infl**$_{[N:1]}$ bastante os alunos]]

           -*mos*

Podemos, assim, considerar a falha de concordância na oração subordinada de (90) como sendo responsável pela agramaticalidade de (88). Concretamente, dadas as regras para a realização fonética da flexão de concordância verbal em (83), não há como obter a forma *elogiamos* em (88) se o Infl encaixado tiver apenas número.[60] Em suma, se o Infl encaixado tiver traços de pessoa e número, a forma *elogiamos* pode ser obtida, mas o pronome *nós* não pode se mover para a posição de sujeito da oração matriz (ver (89)); se o Infl encaixado tiver apenas um traço de número, *nós* pode se mover, mas não é possível se obter a forma *elogiamos* (ver (90)). Em qualquer desses cenários, a sentença em (88) é corretamente excluída.

Analisemos agora a oração subordinada da construção de hiperalçamento envolvendo *eu* em (80a), repetida a seguir em (91), num cenário com Infl com traços de pessoa e número, como representado em (92).

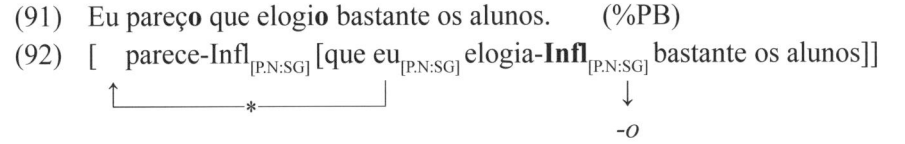

(91) Eu pareç**o** que elogi**o** bastante os alunos. (%PB)
(92) [parece-Infl$_{[P.N:SG]}$ [que eu$_{[P.N:SG]}$ elogia-**Infl**$_{[P.N:SG]}$ bastante os alunos]]

                   -*o*

Conforme discutido na seção 3.4.2, *eu* em PB é morfologicamente especificado como [P.N:SG], ou seja, tem um atributo de pessoa não valorado fundido com um atributo de número valorado como singular. A concordância de *eu* com um Infl com traços de pessoa e número desencadeia a fusão dos traços do Infl (ver seção 3.4.2) e o conglomerado resultante é valorado como [P.N:SG]. De acordo com a regra de realização de concordância em (83b), essa especificação vai ser realizada como {-o} se o verbo estiver no presente do indicativo, como é o caso tanto do verbo da oração matriz, quanto do verbo encaixado em (91). Isso implica que, se tanto o Infl da oração matriz, quanto o Infl da encaixada tiverem traços de pessoa e número, como em (92), não haverá nenhum problema para a ativação do morfema {-o} para o verbo da oração matriz ou para o verbo da subordinada. Entretanto, se o Infl encaixado tiver um traço de pessoa, vai atribuir caso nominativo ao seu sujeito, impedindo-o de se mover para a posição de sujeito da oração matriz, como esquematizado em (92). Portanto, uma sentença como (91) não pode ser obtida a partir de (92).

Por outro lado, se o Infl da oração encaixada exibir somente número, como esquematizado em (93), seu sujeito pode se mover, mas os falantes divergem em relação à concordância entre $eu_{[P.N:SG]}$ e $Infl_{[N:n]}$. Para alguns falantes, essa concordância falha, porque o traço de número de *eu* é indissociável do traço de pessoa. Para esses falantes, (91) é uma sentença inaceitável devido à falha de concordância na oração subordinada (ver (93a)). Já outros falantes desconsideram a fusão dos traços de número e pessoa de *eu* e simplesmente computam o valor do conglomerado (SG), que é um valor para número. Para esses falantes, a sentença (91) é aceitável, pois o sujeito pode se mover a partir da oração encaixada e o Infl encaixado pode ser valorado como SG (ver (93b)) e realizado como {-o}, em consonância com a regra de realização em (84).

(93) a. [... [que $eu_{[P.N:SG]}$ elogia-$Infl_{[N:n]}$ bastante os alunos]]   (%PB)

$*\downarrow$

$-o$

b. [parece-$Infl_{[P.N:SG]}$ [que $eu_{[P.N:SG]}$ elogia-$Infl_{[N:SG]}$ bastante os alunos]] (%PB)

$\downarrow$

$-o$

Posto em termos gerais, construções de hiperalçamento envolvendo *nós* estão fadadas a não serem gramaticais no PB, independentemente de o Infl encaixado ser pleno ou defectivo (ver nota 60). Por outro lado, a divergência nos julgamentos entre falantes com respeito a *eu* está associada à possibilidade de distintas gramáticas individuais diferirem em relação a poderem ou não desconsiderar o traço de pessoa fundido ao traço de número para fins de concordância, quando Infl tem apenas traço de número. Nas gramáticas individuais que admitem que o traço de pessoa (não valorado) seja ignorado, Infl é valorado como SG e as construções de hiperalçamento com *eu* são permitidas; nas gramáticas individuais que não admitem isso, essas construções de hiperalçamento não são aceitáveis, da mesma forma como acontece com *nós*.[61]

Em resumo, a subespecificação dos traços dos pronomes do PB produziu um sistema que favorece fortemente formas verbais despojadas de marcas de concordância. Essas formas podem estar associadas a *você/cê, ele/ela* e *a gente* em todos os tempos e a *eu* em todos os tempos que não o presente do indicativo e o pretérito perfeito do indicativo (ver Tabela 3.11). Além disso, há apenas um morfema de concordância verbal associado a pessoa ({-mo(s)}). Essa opacidade em PB no que diz respeito à morfologia de concordância verbal, por sua vez, deu origem a construções de hiperalçamento, em que o Infl de uma oração subordinada finita ou de um infinitivo flexionado tem apenas um traço de número, forçando seu sujeito a se mover para a posição de sujeito da oração subordinante para ter seu caso licenciado. De certa forma, o enfraquecimento do paradigma de concordância do PB acabou ampliando as possibilidades de movimento disponíveis para sujeitos. Finalmente, é importante ressaltar que o fato de hiperalçamento ser sensível a certas combinações de traços de pessoa e número fornece evidência adicional para uma caracterização dos pronomes e da concordância verbal em PB em termos de um conjunto mínimo de especificações morfológicas, como proposto na seção 3.4.2.

3.5 CASOS ESPECIAIS DE CONCORDÂNCIA

Nesta seção, discutimos alguns casos gerais em que a concordância sujeito-predicado não parece se manter, mostrando que as aparências podem ser enganosas.

3.5.1 Assimetrias de concordância e ordem das palavras

Como acontece em muitas línguas, a concordância sujeito-predicado em português pode ser afetada pela posição do sujeito em relação ao verbo. Mais especificamente, os sujeitos pós-verbais parecem diferir dos sujeitos pré-verbais em serem capazes de escapar da concordância sujeito-verbo. Aqui, discutimos dois desses casos: concordância com verbos inacusativos e concordância com sujeitos coordenados.

3.5.1.1 CONCORDÂNCIA COM VERBOS INACUSATIVOS

Considere o contraste entre (94) e (95). Dada a inaceitabilidade de (94b), a aceitabilidade de (95b), em que o verbo parece não concordar com seu sujeito, chama a atenção. Sentenças com o padrão de (95b) são largamente encontradas em PB e comumente atestadas em dialetos do PE (especialmente em dialetos insulares e meridionais). Veremos, no entanto, que a falta de concordância verbal em sentenças como (95b) é apenas aparente.[62]

(94) a. **Três barcos** chegara**m** ontem.
  b. ***Três barcos chegou** ontem.
(95) a. Chegara**m três barcos** ontem.
  b. **Chegou três barcos** ontem.   (PB/%PE)

Antes, porém, de começarmos a discutir a assimetria de concordância ilustrada pelo contraste entre (94) e (95), o primeiro ponto a observar é que não é o caso que qualquer sujeito possa aparecer em posição pós-verbal em PE ou em PB, nem que qualquer sujeito em posição pós-verbal possa não desencadear concordância com o verbo. Considere os verbos monoargumentais, por exemplo. Embora sejam tradicionalmente analisados como intransitivos, esses verbos na verdade envolvem duas classes distintas: os verbos "inacusativos" e os verbos "inergativos". A classe inacusativa engloba verbos cujo único argumento exibe propriedades semânticas e sintáticas de objetos canônicos (ou seja, é um argumento interno), enquanto a classe inergativa envolve verbos cujo único argumento tem propriedades semânticas e sintáticas de sujeitos canônicos (ou seja, é um argumento externo). O argumento do verbo inacusativo *chegar*, por exemplo, se comporta como o objeto direto de um verbo transitivo como *demolir* por ser capaz de participar de construções participiais absolutivas (ver seção 3.3.2.1), em oposição ao argumento do verbo inergativo *dançar*, conforme mostrado em (96).[63]

(96) a. Demolid**as as casas**, a nova construção começou.
  b. Chegad**os todos os convidados**, a reunião podia começar.
  c. *Dançad**os todos os convidados**, a festa acabou.

Essa distinção entre argumentos internos e externos é muito relevante para as assimetrias de concordância vistas em (94) e (95). Em primeiro lugar, o PB difere do PE por geralmente não permitir sujeitos pós-verbais que sejam argumentos externos, conforme ilustrado em (97) (ver capítulo "Ordem de Palavras"). Assim, a assimetria de concordância vista em (95) só pode ser detectada em PB com verbos inacusativos, pois os sujeitos pós-verbais com verbos inergativos geralmente não são permitidos, independentemente.

(97) a. Chegara**m uns amigos meus** ontem.   (PE/PB)
  b. Dança**m uns amigos meus** nessa companhia. (PE/***PB**)

O PE, por outro lado, permite sujeitos pós-verbais com os dois tipos de verbos, como visto em (97). Curiosamente, apenas verbos inacusativos permitem ausência de concordância com um sujeito pós-verbal em PE dialetal, como ilustrado a seguir pelo contraste entre o verbo inacusativo *nascer* e o verbo inergativo *cantar*:

(98) a. Já nasce**m os filhotes**. (PB/PE)
b. Já **nasceu os filhotes**. (PB/%PE)
(99) a. Canta**m uns amigos meus** nesse coro. (PE)
b. ***Canta uns amigos meus** nesse coro. (PE)

Essa distinção entre verbos inacusativos e inergativos decorre da natureza distinta de seus argumentos. O argumento de um verbo inacusativo possui propriedades semânticas e sintáticas de um objeto e, portanto, pode aparecer em posição pós-verbal, que é a posição canônica para objetos em português, e pode não desencadear concordância verbal, pois objetos canônicos nunca acionam concordância de pessoa e número em português. Consequentemente, o argumento interno em (95b) e (98b) está apenas exibindo sua natureza de objeto no que diz respeito às propriedades de posicionamento e concordância. A assimetria de concordância entre (94b) e (95b) é, portanto, paralela ao que se encontra em construções do francês como (100), em que o argumento interno desencadeia concordância quando ocupa a posição de sujeito, mas não quando ocupa a posição de objeto.

(100) *Francês*:
a. **Trois enfants sont arrivés**.
três crianças são chegadas
'Três crianças chegaram.'
b. Il **est arrivé trois enfants**.
ele$_{EXPL}$ é chegado três crianças
'Chegaram três crianças.'

A ausência de concordância com o argumento interno em (95b) e (98b) pode, portanto, ser explicada se a posição de sujeito dessas sentenças for ocupada por um expletivo nulo semelhante a *il* do francês em (100b). Em outras palavras, a ausência de concordância sujeito-verbo em sentenças como (95b) e (98b) é apenas aparente, porque o sujeito nas configurações relevantes é na verdade um pronome expletivo nulo pré-verbal, que desencadeia a concordância *default* de "terceira pessoa do singular" (ver seção 4.5). Além disso, o contraste entre PE e PB no que diz respeito à aceitabilidade de sentenças como (95b) e (98b) (totalmente produtivas em PB, mas dialetalmente restritas em PE) reflete a preferência geral do PB por formas despojadas de morfologia de concordância, como discutido nas seções anteriores.

Existem ainda outras diferenças entre PE e PB no que diz respeito à concordância verbal em construções inacusativas. Considere os dados em (101), por exemplo.[64] Em (101a), a concordância com o argumento interno o qualifica como um sujeito de fato e, enquanto tal, deve estar habilitado a controlar a referência do sujeito nulo da oração infinitiva. Na construção "sem concordância" em (101b), por outro lado, a posição do sujeito é ocupada por um expletivo nulo e, portanto, o argumento interno não deveria poder controlar a referência do sujeito encaixado. O contraste previsto é, na verdade, válido para o PE, mas não para o PB, que permite controle pelo argumento interno em ambos os casos. O fato de a concordância do sujeito não ser um requisito em PB para que um determinado elemento se qualifique como um controlador adequado parece ser outro reflexo da preferência do PB por formas despojadas de flexão de concordância, sempre que possível. Recorde-se que existem dialetos do PB em que o pronome *eu é* o único sujeito que desencadeia uma flexão distinta de concordância e apenas em dois tempos verbais (ver seção 3.4.2).

(101) a. Chegara**m muitas gaivotas** sem fazer qualquer ruído. (PB/PE)
b. **Chegou muitas gaivotas** sem fazer qualquer ruído. (**PB/*PE**)

Consideremos agora a questão do caso do argumento em posição pósverbal. Se o expletivo nulo na posição do sujeito das construções "sem concordância" recebe caso nominativo, deveríamos esperar que o argumento interno não fosse especificado como nominativo. Em PE, isso é de fato o que se observa, conforme ilustrado em (102) e (103).[65]

(102) a. Já chegara**m eles todos** à praia. (PE)
b. *Já **chegou eles todos** à praia. (PE)
(103) a. Cheguei **eu** e vocês partiram. (PE)
b. ***Chegou eu** e vocês partiram. (PE)

Em PB, por outro lado, sentenças como (104), que são análogas a (102b) e (103b), são aceitáveis para a maioria dos falantes.

(104) E aí **chega** {**eu/vocês/nós/eles**} lá e não tem ninguém na casa! (PB)

Além de novamente exemplificar a preferência do PB por formas desprovidas de flexão de concordância, a aceitabilidade de sentenças como (104) parece estar relacionada ao fato de que há um sincretismo generalizado de caso no PB (ver Tabela 2.9), com o nominativo podendo ser visto como a realização *default* para especificação de caso. Assim sendo, argumentos internos de construções inacusativas "sem concordância" como (95b), (98b) e (101b) em PB são realizados com caso nominativo *default*, o que fica nítido quando o argumento interno é um pronome, como em (104).[66]

3.5.1.2 CONCORDÂNCIA COM SUJEITOS COORDENADOS

Na seção 3.5.1.1, vimos que, embora construções inacusativas "sem concordância" sejam permitidas por alguns falantes do PE (ver (95b)/(98b)), isso não acontece com verbos inergativos (ver (99b)). Diante desse contraste, é bastante surpreendente que, com sujeitos coordenados pós-verbais, os falantes do PE uniformemente admitam os dois padrões de concordância ilustrados em (105d) com o verbo inergativo *mentir* (cf. (105a-b) *vs.* (105c-d)).

(105) a. A Maria e o João mentira**m**.
b. *A Maria e o João **mentiu**.
c. Mentira**m** a Maria e o João. (PE)
d. **Mentiu** a Maria e o João. (PE)

Os exemplos em (106) mostram também que, quando não há concordância de plural com o argumento pós-verbal, o verbo concorda obrigatoriamente com o primeiro membro da coordenação. Isso, por sua vez, sugere que em sentenças como (105d), também temos concordância com o primeiro termo de uma coordenação, e não simplesmente falta de concordância.

(106) a. Tu e a Maria {canta**m**/*canta**s**/***canta**} nesse coro. (PE)
b. Nesse coro, canta**m** tu e a Maria. (PE)
c. Nesse coro, canta**s tu** e a Maria. (PE)
d. *Nesse coro, **canta** tu e **a Maria**. (PE)
e. Nesse coro, **canta a Maria** e tu. (PE)
f. *Nesse coro, canta**s** a Maria e **tu**. (PE)

Esses dados podem ser, portanto, explicados se as construções em (105d), (106c) e (106e) realmente envolverem não uma única oração com um sujeito coordenado, mas uma estrutura bioracional com elipse do verbo da segunda oração134.[67] Ou seja, essas sentenças devem ser associadas às estruturas em (107).

(107) a. [**Mentiu a Maria**] e [m̶e̶n̶t̶i̶u̶ o João] (PE)
b. Nesse coro, [canta**s tu**] e [c̶a̶n̶t̶a̶ a Maria] (PE)
c. Nesse Coro, [**canta a Maria**] e [c̶a̶n̶t̶a̶s̶ tu] (PE)

Crucialmente, a operação de apagamento representada em (107), também referida como zeugma (*gapping*), não pode se aplicar ao primeiro membro de uma estrutura coordenada. Assim, sentenças como (105b) e (106a) com *canta* não podem ser geradas por esse tipo de elipse e sua inaceitabilidade resulta da ausência de concordância com o sujeito coordenado, que deve desencadear concordância de plural (ver (105a)/(106a)).

Quanto ao PB, recorde-se que essa variedade permite produtivamente sujeitos pós-verbais apenas com verbos inacusativos. Assim, dados relevantes para efeito de comparação com PE devem envolver verbos inacusativos, como é o caso das sentenças em (108), com o verbo inacusativo *sair*.

(108) a. Eu e a Maria {sa**ímos**/*saí/***saiu**}   (PB/PE)
     b. Sa**ímos** eu e a Maria.   (PB/PE)
     c. Saí eu e a Maria.   (PB/PE)

PB exibe o mesmo comportamento que PE em relação a (108) e, portanto, as sentenças em (108a-c) podem receber a mesma análise aplicada a PE em (105) e (106). Em outras palavras, a sentença em (108a), com um sujeito preverbal, não pode ser derivada via *gapping* e, portanto, o sujeito coordenado estabelece concordância com o verbo, que é então realizado com morfologia de "primeira pessoa do plural" (ver seção 3.4.2). Já quando o verbo precede todos os argumentos, surge uma potencial ambiguidade estrutural. (108b) é paralelo a (106b), com uma única oração e o sujeito coordenado pós-verbal desencadeando concordância (de "primeira pessoa do plural"). (108c), por sua vez, ilustra a possibilidade de uma estrutura bioracional e elipse, como esquematizado em (109) (ver (107)).

(109) [Saí eu] e [~~saiu~~ a Maria]

Finalmente, dado que PB também conta com a opção independente (indisponível em PE) de realizar com nominativo *default* o argumento interno de um verbo inacusativo em posição pós-verbal (ver (104)), o padrão em (110) também é permitido.

(110) **Saiu** eu e a Maria.   (PB/*PE)

3.5.2 Concordância com predicados impessoais

Construções impessoais com argumento no plural frequentemente apresentam padrões de concordância alternantes em português, como ilustrado em (111)-(113).

(111) a. Falta**m** vinte minutos para o avião sair.
     b. **Falta** vinte minutos para o avião sair.
(112) a. Chovera**m** toneladas de água esta noite.
     b. **Choveu** toneladas de água esta noite.
(113) a. Agora **são** três horas em Paris.   (PB/PE)
     b. Agora **é** três horas em Paris.   (PB/%PE)

Deixando de lado diferenças lexicais idiossincráticas (ver (113) em PE), os dois padrões de concordância são permitidos tanto em PE, quanto em PB. Como já era de se esperar, o PE e o PB diferem no que diz respeito ao padrão preferido. O padrão canônico em PE é aquele com morfologia de plural no verbo, enquanto o PB favorece o padrão com formas desprovidas de morfologia de concordância. Em outras palavras, temos o mesmo cenário descrito para construções inacusativas com o argumento interno em posição pós-verbal (ver seção 3.5.1.1).

Levando-se em conta a discussão das construções inacusativas na seção 3.5.1.1, as construções impessoais "sem concordância" em (111)-(113) também podem ser analisadas em termos de um expletivo nulo ocupando a posição de sujeito e acionando a concordância *default* de terceira pessoa do singular, enquanto suas contrapartes concordantes podem ser analisadas em termos de concordância com o argumento interno. Curiosamente, no entanto, as construções impessoais concordantes diferem das construções concordantes inacusativas análogas por não permitirem que o argumento interno possa aparecer na posição preverbal, como ilustrado em (114) (com entoação plana).[68]

(114) a. *Vinte minutos fal**tam** para o avião sair.
b. *Toneladas de água chove**ram** esta noite.
c. *Agora três horas **são** em Paris.

Alguns falantes do PE e do PB estendem o padrão alternado de concordância visto anteriormente para construções existenciais que canonicamente desencadeiam concordância *default*, conforme ilustrado em (115) e (116).[69,70]

(115) a. **Havia** muitos gatos nesse jardim.   (PE)
b. Havia**m** muitos gatos nesse jardim.   (%PE)
(116) a. **Tinha** muitos gatos nesse jardim.   (PB)
b. Tinha**m** muitos gatos nesse jardim.   (%PB)

Em consonância com o que vimos a respeito das preferências de concordância em PE e PB, construções concordantes como (115b) são bastante comuns em PE falado e parecem ser uma característica de dialetos urbanos, enquanto suas contrapartes como (116b) em PB estão associadas a falantes com maior grau de educação formal. Novamente, os falantes que aceitam as versões com concordância não permitem o movimento do argumento interno, conforme ilustrado em (117).

(117) a. *Muitos gatos havia**m** nesse jardim.   (PE)
b. *Muitos gatos tinha**m** nesse jardim.   (PB)

3.5.3 Concordância em construções com o clítico *se*

Como outras línguas românicas, o português também permite construções com o chamado clítico *se* indefinido (ou impessoal).[71] Basicamente, qualquer tipo de verbo pode participar de construções com *se* indefinido em PE, como ilustrado em (118), enquanto o PB não admite *se* indefinido com verbos de alçamento (ver (118f)).[72]

(118) a. *Verbos transitivos com complementos preposicionais:*
    Precisa-se de cozinheiros.
  b. *Verbos inergativos:*
    Vive-se bem nesta cidade.
  c. *Verbos inacusativos:*
    Chegava-se cedo ao trabalho.
  d. *Verbos passivos:*
    Quando se **é promovido**, as coisas ficam mais fáceis.
  e. *Verbos copulativos:*
    Não se **ficou** contente com a nova situação.
  f. *Verbos de alçamento:*
    Parecia-se estar apreensivo. (PE/*PB)

Em todos esses casos, o clítico *se* está associado à concordância *default* tanto em PE, quanto em PB (ver seção 3.4.2) e tem caso nominativo. Quanto à concordância de gênero, *se* se comporta como se não fosse especificado para gênero, sendo, portanto, sensível ao gênero do falante (ver seção 2.3.3). Uma sentença genérica como (119a), por exemplo, com concordância *default* de masculino, pode ser proferida por uma pessoa do gênero masculino ou feminino, enquanto (119b), com um particípio feminino, indica que o falante é do gênero feminino.[73]

(119) a. É revoltante quando se é demitido sem um motivo justo.
  b. Quando se é recomendada para um cargo, a responsabilidade aumenta.

Quando uma construção com *se* envolve um verbo transitivo direto e um argumento interno plural de "terceira pessoa", o verbo pode concordar com o argumento interno, como ilustrado em (120):[74]

(120) a. **Ouviu-se** as três explosões na cidade toda. (PE/PB)
  b. Ouvira**m**-se **as três explosões** na cidade toda. (PE/*PB)

Em (120a), como em (118) e (119), o clítico indefinido *se* é o controlador da concordância sujeito-verbo e tem caso nominativo. Em (120b), por outro lado, é o argumento interno que controla a concordância e tem caso nominativo. Por essa razão, construções como (120b) são geralmente chamadas de *passivas impessoais* e, consequentemente, o clítico *se* nessas construções é analisado como um marcador passivo.

Evidência para a natureza diferente das construções em (120) em PE é fornecida por contrastes como os exemplificados entre (121) e (122).[75]

(121) a. **Cria-se** facilmente avestruzes. (PE)
     b. **Cria-se** avestruzes despreocupado. (PE)
     c. Cria-se-**as** facilmente. (%PE)
     d. Pode-se criá-**las** facilmente. (PE)
(122) a. **Criam-se** facilmente avestruzes. (PE)
     b. *****Criam**-se avestruzes despreocupado. (PE)
     c. *****Criam**-se-**as** facilmente. (PE)
     d. *****Pode**m-se criá-**las** facilmente. (PE)

Em (121), *se* é um sujeito indefinido e, consequentemente, pode controlar um predicado secundário orientado para o sujeito, como *despreocupado* em (121b). Como *se* recebe caso nominativo, o argumento interno está livre para receber caso acusativo, como se vê em (121c-d). Sentenças como (121c) ocorrem em dialetos do sul de Portugal e são julgadas como gramaticais pela segunda autora deste livro. Em outros dialetos do PE, a sequência *se* + clítico acusativo como em (121c) é sempre excluída.[76] No entanto, se a adjacência entre os clíticos for quebrada, como em (121d), a sentença se torna aceitável em todos os dialetos, o que mostra que o argumento interno de construções com *se* indefinido recebe acusativo mesmo nos dialetos que não permitem (121c).

Em (122), por sua vez, *se* é um marcador passivo e o argumento interno recebe caso nominativo. Consequentemente, *se* não pode licenciar predicados secundários orientados para o sujeito (ver (122b)) e o argumento interno não pode se realizar como um clítico acusativo em nenhum dialeto, mesmo quando não esteja adjacente a *se* (ver (122c-d)).

O PE e o PB se comportam de maneira diferente em relação a construções com *se* envolvendo verbos transitivos diretos. O PE admite tanto construções com *se* indefinido, quanto com *se* apassivador; já o PB só admite *se* indefinido (ver (120)).[77] O PB também se afasta do PE, aparentemente permitindo que *se* indefinido seja apagado em tempos genéricos, produzindo uma leitura indefinida para um sujeito nulo de terceira pessoa do singular, como ilustrado em (123) (ver seção 4.4.2).[78] Essas diferenças estão ambas em conformidade com a generalização de que o PB favorece a ausência de realização fonética da morfologia de concordância verbal, sempre que possível.

(123) a. Não **usa** mais esse estilo de redação. (PB)
     b. **Casava** muito cedo no século passado. (PB)
     c. No futuro **vai** descobrir remédio para tudo quanto é doença. (PB)

3.6 RESUMO

No capítulo "Sistema pronominal", vimos que a morfologia de caso em PB é menos robusta que em PE, na medida em que menos distinções de caso são morfologicamente identificadas (ver Tabela 2.9). No presente capítulo, observamos um cenário semelhante com relação à morfologia de concordância. De um modo geral, PB favorece formas desprovidas de morfologia de concordância sempre que possível. A realização morfológica da concordância de plural, por exemplo, nem sempre se manifesta foneticamente dentro de sintagmas nominais ou em predicados nominais, adjetivais ou participiais (ver seções 3.2.2, 3.3.1 e 3.3.2.1). Especificamente no caso de sintagmas nominais, a possibilidade de registrar a informação de plural apenas no determinante possibilitou que singulares nus com substantivos contáveis se tornassem aceitáveis no PB (ver seção 3.2.2.3), em nítido contraste com o PE.

Quanto à morfologia de concordância verbal, as diferenças são à primeira vista tênues: o PE tem até cinco distinções de concordância em orações finitas e quatro em infinitivos flexionados (ver Tabelas 3.1 e 3.5), enquanto o PB exibe uma distinção a menos em cada caso (ver Tabelas 3.2 e 3.6). No entanto, uma mera contagem do número de distinções de flexão não captura diferenças sintáticas entre o PE e o PB como a variação dialetal que em PB sempre se inclina para formas desprovidas de concordância (ver seções 3.3.2.2.1 e 3.3.2.2 .2), ou as diferenças entre as duas variedades quanto ao licenciamento de sujeitos nulos (ver capítulo "Sujeitos nulos"). Novamente, como no caso de jabutis e tartarugas, uma análise das duas variedades deve ir além das óbvias e pequenas diferenças superficiais, buscando as diferentes informações subjacentes (genotípicas no caso dos quelônios) que desencadeiam essas diferenças detectáveis a olho nu.

A hipótese apresentada na Tabela 3.11 é que o enfraquecimento da morfologia de pessoa e número na gramática do PB não se restringiu aos morfemas flexionais, mas também afetou todo o sistema pronominal. Mais especificamente, todas as distinções de concordância verbal podem ser adequadamente capturadas, sem incompatibilidades entre as especificações morfológicas e semânticas, se os pronomes pessoais do PB forem analisados como sendo drasticamente subespecificados do ponto de vista morfológico, com *eu* sendo especificado como [P.N:SG], o morfema {-s} dos pronomes *vocês/cês* e *eles/elas* como PL, e *nós* como [P.N:1], sem nenhum valor adicional para os demais atributos de pessoa ou número. Sob esse ponto de vista, os sistemas de concordância do PE e do PB são semelhantes apenas superficialmente, pois formas com idêntica realização fonética em ambas as variedades podem ter origem em diferentes especificações subjacentes. Em particular, as formas verbais que foram tradicionalmente analisadas como portadoras de flexão de terceira pessoa do singular são analisadas em PB como envolvendo formas com traços de pessoa e número não valorados, que são desprovidas de conteúdo fonético por caírem na regra de realização *default* para a concordância verbal (ver seção 3.4.2). A semelhança superficial entre o PE e o PB se deve ao fato de que as regras de realização para a flexão de concordância verbal não atribuem conteúdo fonético ao valor 3 para pessoa, nem ao valor SG para número; portanto, as formas verbais com esses valores em PE são indistintas das formas verbais correspondentes sem esses valores em PB.

Nessa perspectiva, todos os morfemas de concordância verbal no PB, com exceção da (tradicional) forma de primeira pessoa do plural {-mos}, podem ser analisados como sendo derivados de uma forma subjacente envolvendo subespecificação dos traços de pessoa e número ou um valor especificado apenas para número (ver Tabela 3.13). Essa opacidade morfológica geral no PB abriu caminho para o surgimento de construções de hiperalçamento, em que uma oração subordinada flexionada (finita ou infinitiva) é especificada apenas para número, permitindo que seu sujeito se mova para a posição de sujeito da oração subordinante (ver seção 3.4.3). Nesse sentido, a subespecificação maciça dos paradigmas de concordância em PB acabou ampliando os tipos de construções de alçamento permitidos na língua.

No próximo capítulo, veremos que as diferenças morfológicas subjacentes entre os sistemas de concordâncias do PE e do PB (ou seja, as diferentes (sub)especificações dos traços de pessoa e número) também se correlacionam com suas diferenças no licenciamento de sujeitos nulos.

Notas

[1] Na esteira do trabalho de Abney (1987), sintagmas nominais (NPs) foram reanalisados como sintagmas determinantes (DPs). Uma vez que essa distinção não será especificamente relevante na discussão, continuaremos mantendo a terminologia tradicional e, consequentemente, analisaremos os determinantes como especificadores de sintagmas nominais.

[2] Um pequeno grupo de pronomes (o demonstrativo *isto* e o indefinido *algo*, por exemplo) é, às vezes, analisado como tendo seu traço de gênero especificado como neutro. Não faremos essa distinção refinada aqui, já que a concordância de gênero desencadeada por esses pronomes sempre pode ser analisada como masculino *default*.

[3] Para discussão relevante, ver e.g. Câmara Jr. 1970, Villalva 2000, 2003, Lucchesi 2009, Armelin 2015, Mota 2016, 2020a,b, Carvalho 2018 e Rio-Torto 2020.

[4] Este comportamento excepcional está indiscutivelmente relacionado ao fato de que há uma relação de predicação entre o antecedente do pronome relativo e a oração relativa.

[5] Para alguns falantes do PB, o quantificador *menos* e o advérbio *meio* permitem concordância de gênero, como ilustrado em (i).
  (i) a. Tinha menas pessoas do que eu esperava. (%PB)
      b. Ela estava meia confusa. (%PB)
  Alguns falantes do PB também permitem que o quantificador neutro *tudo* (ver nota 2) alterne com versões flexionadas de *todo* quando em posições pós-nominais ou "flutuantes" (ver *e.g.* Cançado 2006, Vicente 2006 e Lacerda 2011, 2016):

(ii) a. {Todos/*__tudo__} os alunos vão viajar.
    b. Os meninos todos vão viajar.
    b'. Os meninos __tudo__ vão viajar. (%PB)
    c. Os meninos vão todos viajar.
    c'. Os meninos vão __tudo__ viajar. (%PB)

[6] Para discussão relevante, ver *e.g.* Mota 2016.

[7] O quantificador *bastante* se tornou morfologicamente especificado como singular em PB, apesar de seu significado de plural. Assim, ele se comporta como *cada* (ver (5a)) por ser incompatível com um substantivo no plural, conforme ilustrado em (i).
(i) a. O João precisava de __bastantes__ livros. (PE/*PB)
    b. O João precisava de __bastante__ livros. (*PE/*PB)
    c. O João precisava de __bastante__ livro. (*PE/PB)

[8] Em alguns dialetos do PB (no dialeto mineiro, por exemplo), o pronome interrogativo *que* pode se flexionar para o plural, conforme ilustrado em (i) (ver *e.g.* Nunes 2007):
(i)   **Ques** livro você comprou? (%PB)

[9] Para discussão relevante, ver *e.g.* Scherre 1988, 1994, Menuzzi 1994, Scherre e Naro 1998b, Naro e Scherre 2007 e Baxter 2009.

[10] O comportamento distinto de número nas duas variedades, quando comparado com gênero, sugere que em PB número não é uma propriedade intrínseca de substantivos, mas de determinantes ou, alternativamente, que número é núcleo de um sintagma de número independente (NumP). Para discussão relevante, ver *e.g.* Magalhães 2004, Munn e Schmitt 2005, Augusto, Ferrari Neto e Corrêa 2006 e Costa e Figueiredo Silva 2006a.

[11] Uma exceção a esse padrão geral aparece em alguns dialetos do PB quando o artigo definido é seguido por um pronome possessivo. Nesse caso, ao invés do determinante, é o possessivo que exibe o morfema de plural, conforme ilustrado em (i) (ver Costa e Figueiredo Silva 2006a).
(i)   o **meus** livro   (%PB)

[12] Como era de se esperar, em dialetos do PB que permitem flexão plural em *que* (ver nota 8), o padrão de concordância total é como em (ia) e o padrão sem concordância, como em (ib). A versão sem concordância em (12b) é claramente agramatical nesses dialetos.
(i) a. **ques** livros (%PB)
    b. **ques** livro (%PB)

[13] Para discussão relevante, ver *e.g.* Scherre 1988, 1994 e Scherre e Naro 1998a.

[14] Ver Nunes 2007 para discussão relevante.

[15] Para discussão relevante, ver *e.g.* Scherre 1988, 1994 e Menuzzi 1994.

[16] Ver *e.g.* Raposo 1998a para discussão relevante.

[17] Para discussão relevante sobre singulares nus em PB, ver *e.g.* Saraiva, 1996, 1997, Schmitt e Munn 1999, 2002, Müller 2002, Müller e Oliveira 2004, Lopes 2005, Munn e Schmitt 2005, Dobrovie-Sorin e Pires de Oliveira 2008, Dobrovie-Sorin 2010, Ferreira 2010, Pires de Oliveira e Rothstein 2011, Cyrino e Espinal 2015, Menuzzi, Figueiredo Silva e Doetjes 2015 e Wall 2017.

[18] Ver *e.g.* Nunes 2007, Cyrino e Espinal 2015 e Villalva 2020 para discussão relevante.

[19] Ver *e.g.* Scherre 1988, 1994, Scherre e Naro 1998b e Costa e Figueiredo Silva 2006a.

[20] Para discussão relevante, ver Rodrigues 2006 e Scherre e Naro 1998a.

[21] Para discussão relevante sobre verbos inacusativos em português, ver *e.g.* Eliseu 1984, Whitaker-Franchi 1989, Ciríaco e Cançado 2006 e Cançado, Godoy e Amaral 2013.

[22] Ver Simioni 2010, 2011 para discussão e análise mais detalhada desses padrões de concordância.

[23] Conforme mencionado na seção 2.4.2 (ver capítulo "Sistema pronominal": nota 42), alguns dialetos do PE (dialetos do norte) preservaram *vós* e a correspondente concordância de segunda pessoa do plural, como ilustrado em (i).
(i) a. Alugast**es vós** os quartos. (%PE)
      (CORDIAL-SIN, VPA20)
    b. **Vós** tínhe**is** um, não tínhe**is**? (%PE)
      (CORDIAL-SIN, LAR20)
    c. **Vós** faze**is** aquela estrada, nós vamos. (%PE)
      (CORDIAL-SIN, STA09)
    d. Foi o tio Bertoldo, **vós** conhece**-**lo também. (%PE)
      (CORDIAL-SIN, PVC27)

O *corpus* CORDIAL-SIN mostra que os dialetos centro-meridionais e insulares do PE (ver *e.g.* Cintra 1971 e Segura 2013) perderam *vós* e a flexão verbal de segunda pessoa do plural. Dialetos setentrionais (ver *e.g.* Cintra 1971 e Segura 2013), por outro lado, exibem a série de *vós* em paralelo com a série de

vocês. Dentro do mesmo grupo de dialetos, também podemos encontrar a substituição de *vós* por *vocês* sem perda da flexão verbal de segunda pessoa do plural, como ilustrado em (ii), bem como variação no padrão de concordância, como exemplificado em (iii) (ver capítulo "Sistema pronominal": nota 42). (iii) também mostra que o imperativo favorece a manutenção da flexão de segunda pessoa do plural. Para discussão relevante, ver *e.g.* Lara Bermejo 2015, 2017 e Selph 2021.
 (ii) **Vocês** anda**is** a gastar dinheiro. (%PE)
  (CORDIAL-SIN, COV01)
 (iii) a. **Vocês** escolhe**i**, le**i** as folhas como **vocês** quisere**m**,
  diante do advogado, e **vocês** escolhe**i**, e eu fico com
  aquilo que **vocês** não quisere**m**. (%PE)
  (CORDIAL-SIN, COV10)
  b. E então assim, deixa**i**-me morrer e deixa**i** morrer a
  velha e depois **vocês** da**i**-o, vende**i**-o, da**i**-o a quem
  vocês quisere**m** porque nada disso me incomoda. (%PE)
  (CORDIAL-SIN, COV02)
[24] Em PE, o sufixo de concordância de primeira pessoa do plural {-mos} deve ser reduzido a {-mo} quando precede o clítico de primeira pessoa do plural *nos* ou os clíticos acusativos de terceira pessoa *o(s)/a(s)*, como se vê em (i).
 (i) a. Encontrá**mo**-nos no cinema. (PE)
  b. Encontrá**mo**-los no cinema. (PE)
Dado que PB exige próclise no caso de verbos finitos (ver seção 5.6.2), a regra ilustrada em (i) é inaplicável nessa variedade. No entanto, a desinência para a primeira pessoa do plural pode alternar independentemente em PB entre {-mos} e {-mo}, como ilustrado em (ii), com {-mo} sendo associado a registros informais.
 (ii) a. Nós saí**mos** correndo do prédio. (PB)
  b. Nós saí**mo** correndo do prédio. (%PB)
Embora essa alternância pareça estar ligada à subespecificação geral do sistema pronominal do PB, como será discutido na seção 3.4.2, a variante {-mo} tem uma distribuição mais limitada que {-mos}. {-mo} é incompatível com alguns tempos específicos, como ilustrado em (iii) com o contraste entre o pretérito perfeito do indicativo e o futuro do subjuntivo (ver Nunes 2015b), e mais geralmente, não pode estar associado a tempos cuja forma de primeira pessoa do plural é proparoxítona, como ilustrado em (iv) com o pretérito imperfeito do subjuntivo e o pretérito imperfeito do indicativo.
 (iii) a. Quando nós {cheg**amos**/cheg**amo**}, a reunião começou. (%PB)
  b. Quando nós {chegar**mos**/*chegar**mo**}, a festa vai começar. (%PB)
 (iv) a. Se nós {resolvêsse**mos**/*resolvêsse**mo**} o problema, o professor ia ficar surpreso. (%PB)
  b. Nós sempre {jantáv**amos**/*jantáv**amo**} naquele restaurante. (%PB)
[25] Como já mencionado na seção 2.4.2 (ver capítulo "Sistema pronominal": nota 40), alguns dialetos do PB (dialetos da Bahia, Maranhão, Pará, Rio Grande do Sul e Santa Catarina, por exemplo) mantiveram a forma nominativa *tu*. No entanto, nesses dialetos *tu* desencadeia concordância de "terceira pessoa do singular", conforme ilustrado em (i), seja categoricamente ou em variação com a concordância de segunda pessoa do singular.
 (i) O que que tu **quer**? (%PB)
[26] No *corpus* CORDIAL-SIN, apenas alguns casos semelhantes a (37) foram atestados (ver Sória 2013). É importante notar que, em PB, o padrão ilustrado em (37), embora muito comum, é consideravelmente mais estigmatizado do que a alternativa com a concordância de primeira pessoa do plural reduzida, como em (i) (ver nota 24).
 (i) No final, nós sempre acaba**mo** concordando. (%PB)
[27] Para discussão relevante, ver *e.g.* Lemle e Naro 1977, Guy 1981, Galves 1993 e Scherre e Duarte 2016.
[28] Para discussão relevante, ver *e.g.* Faraco 1982, 1986, Menon 1984, Scherre 2004, 2007, Cardoso 2006 e Scherre, Cardoso, Lunguinho e Salles 2007.
[29] Sobre infinitivos flexionados em português, ver *e.g.* Maurer Jr. 1968, Raposo 1987a, 1987b, 1989, Ambar 1998, 2000, Mensching 2000, Martins 2001, 2006a, Pires 2006, Modesto 2011, 2016, Barbosa e Raposo 2013, Gonçalves, Santos e Duarte 2014, Duarte, Santos e Gonçalves 2016, Ambar e Fernández-Jiménez 2017 e Barbosa, Flores e Pereira 2018.
[30] O sujeito dos infinitivos em (39) e (40) é nulo e deve ser interpretado como sendo correferencial com o sujeito da oração subordinada no caso de (39) e com o objeto no caso de (40). Essas construções são conhecidas na literatura gerativa como construções de controle de sujeito e objeto, respectivamente (ver *e.g.* Chomsky 1981, Chomsky e Lasnik 1993, Hornstein 1999 e Boeckx, Hornstein e Nunes 2010). Parece não haver nenhum caso de construções de controle de sujeito ou objeto em que o verbo subordinado seleciona apenas infinitivos flexionados.

³¹ Ver Nunes e Raposo 1997, 1998 e Martins e Nunes 2017c para uma discussão de diferentes fatores que podem favorecer ou exigir infinitivos flexionados em ambientes de opcionalidade.

³² Curiosamente, o infinitivo é uma das formas verbais que impede a exclusão de -s na desinência correspondente à primeira pessoa do plural (ver nota 24), conforme ilustrado em (i) (ver Nunes 2015b).
   (i) Eles teve de insistir para nós {dançar**mos**/*dançar**mo**} na festa. (%PB)

³³ Para discussão e consequências relevantes, ver e.g. Pires 2006 e Nunes 2015b.

³⁴ Para discussão relevante, ver e.g. Perini 1974, Lightfoot 1991 e Salles 1997. Conforme mencionado na seção 2.4.2 (ver capítulo "Sistema pronominal": nota 40), os dialetos do PB que preservaram *tu* também podem permitir sentenças como (i), com a forma oblíqua *ti* como sujeito do infinitivo (ver e.g. Hornstein, Martins e Nunes 2008).
   (i) Eu fiquei quieto pra **ti** dormir. (%PB)

³⁵ Ver e.g. Dias Martins 1954, Mota 1997, Lobo 2001, 2003, 2015a e Ribeiro 2002 para discussão relevante. Seguiremos a convenção ortográfica adotada no CORDIAL-SIN para transcrever gerúndios flexionados na primeira pessoa do plural; daí a falta de acento na antepenúltima sílaba de *separandomos* em (46b) e exemplos análogos.

³⁶ Para discussão relevante, ver Galves 1993 e Lopes e Rumeu 2007.

³⁷ A história é um pouco mais complexa para pronomes de terceira pessoa, que desencadeiam concordância de pessoa e número com verbos finitos, infinitivos flexionados e gerúndios flexionados (ver seção 3.3.2.2), mas concordância de gênero e número com particípios (ver seção 3.3. 2.1). Para fins expositivos, deixaremos essa complicação de lado, pois ela se dissipará na discussão.

³⁸ Ver Hornstein, Martins e Nunes 2006, 2008 para discussão.

³⁹ No sistema de Chomsky (2000, 2001) baseado na operação *Agree*, por exemplo, isso equivale a dizer que pessoa é o traço que permite que um conjunto de traços-φ do núcleo T conte como completo e valore o traço de caso do sujeito como nominativo.

⁴⁰ Ver e.g. Kiparsky 1973.

⁴¹ Estamos usando o termo *regra de correspondência* no sentido da Morfologia Distribuída (ver e.g. Halle e Marantz 1993), de acordo com a qual as informações morfológicas fornecidas pelo componente sintático recebem conteúdo fonético (os "expoentes" fonéticos) no componente morfológico.

⁴² Ver nota 74 adiante e Martins 2009 para discussão relevante.

⁴³ Ver e.g. Pereira 2003, Carrilho e Pereira 2009 e Costa e Pereira 2012, 2013 para discussão relevante.

⁴⁴ Essa argumentação permanece inalterada se o morfema {-mo(s)} em PB for especificado como [P:N:1], como discutido na seção 4.3.2 adiante. Se ambas as realizações ou apenas a variante reduzida {-mo} for especificada como [P:1] em alguns dialetos/idioletos do PB, esses dialetos/idioletos não precisam acionar fusão de número e pessoa na flexão verbal de sentenças como (63).
Em PE, a concordância de primeira pessoa do plural com *a gente* pode ser encontrada com as formas finitas do verbo, com o infinitivo flexionado e com o gerúndio flexionado dos dialetos centro-meridionais (ver seção 3.3.2.2.3), como respectivamente ilustrado em (i)-(iii).
   (i) Agora estes rapazes novos não sabem
      aquilo que **a gente** passá**mos**. (%PE)
      (CORDIAL-SIN, CLC15)
   (ii) E então, é muito natural **a gente** a conviver**mos** com os outros
      aqui no campo, pois a gente não sabe muitas das vezes quase nada. (%EP)
      (CORDIAL-SIN, PAL20)
   (iii) Estando**mos a gente** a falar. (%PE)
      (CORDIAL-SIN, CBV41)
Independentemente de ser obrigatório ou opcional para falantes específicos, quando esse padrão de concordância é empregado, o predicado adjetival associado também deve estar no plural, como se vê em (iv) (ver e.g. Costa e Pereira 2012, 2013 para discussão relevante). Já os falantes de PB que permitem *a gente* com flexão verbal de primeira pessoa do plural (ver capítulo "Sistema pronominal": nota 32) aceitam ambas as possibilidades em (iv). A possibilidade adicional em (ivb) nesses dialetos do PB está indiscutivelmente relacionada ao fato de que predicados adjetivais em PB podem não realizar morfologia de plural (ver seção 3.3.1).
   (iv) a. A gente esta**mos** cansado**s** (%PE:√; %PB:√)
        b. A gente esta**mos** cansado. (PE:*; %PB:√)

⁴⁵ Se a atribuição de caso nominativo resulta de uma relação de concordância entre o sujeito e a flexão verbal, como proposto por Chomsky (2000, 2001), surge a questão de como *a gente* em (64), por exemplo, é licenciado com caso nominativo, mesmo não possuindo valor para seus traços de pessoa e número (Agradecemos a Andrés Saab (p.c.) por nos chamar a atenção para esse ponto.). Assumimos aqui que a concordância via compatibilidade entre os atributos de pessoa e número de *a gente* e os atributos correspondentes da flexão é suficiente para licenciar a valoração de caso.

⁴⁶ Sobre a noção de empobrecimento morfológico, ver *e.g.* Bonet 1991.
⁴⁷ Ver *e.g.* Nunes 2019b, 2020a e Martins e Nunes 2021 para discussão relevante.
⁴⁸ Para discussão relevante, ver *e.g.* Nunes 2008a, 2015b, 2019b, 2020a e Martins e Nunes 2021. Os dialetos do PB que preservaram *tu* com flexão de concordância distinta (ver nota 25) podem ser acomodados no quadro geral representado na Tabela 3.11 se *tu* nesses dialetos for morfologicamente especificado como [P.N:2] e a realização fonética para sua flexão de concordância for determinada pela regra de correspondência em (i). A previsão é que, nesses dialetos, *tu* deve se comportar como *nós* devido à sua especificação de pessoa; portanto, deve ser banido de construções de hiperalçamento (ver seção 3.4.3) e sua contraparte nula deve ser morfologicamente licenciada (ver seção 4.3.1). Deixamos para outra ocasião uma discussão mais detalhada sobre o impacto da flexão de concordância distinta associada a *tu* nesses dialetos.
   (i) *Regra de correspondência para a flexão de concordância com* tu *em dialetos do PB que preservaram uma forma distinta para esta flexão:*
      [P.N:2] → {-ste}/PRET.PERF.INDIC __
           → {-s} nos demais contextos.
⁴⁹ Ver seção 4.3.3.2 para uma discussão sobre o papel marginal da concordância semântica no licenciamento de sujeitos nulos no PB.
⁵⁰ Para discussão relevante, ver Nunes 2015b, 2019b.
⁵¹ Com exceção da construções de hiperalçamento, as demais sentenças desta seção recebem o mesmo julgamento em PE e PB, embora suas flexões de concordância estejam associadas com diferentes especificações de traços, como visto na Tabela 3.12. Dado que o foco desta seção são as construções de hiperalçamento em PB, apresentaremos apenas as especificações de traços referentes ao PB.
⁵² Para discussão relevante, ver *e.g.* Ferreira 2000, 2009, Duarte 2004, 2007, Martins e Nunes 2005, 2009, 2010, e Nunes 2008a, 2010a,b, 2011, 2015b, 2016, 2017, 2019b, 2020b.
⁵³ Uma construção superficialmente semelhante pode ser derivada tanto em PE, quanto em PB se o sujeito encaixado for topicalizado para a oração matriz, como ilustrado em (i), mas nesse caso não há movimento para a posição de sujeito da oração matriz e o sujeito movido não desencadeia concordância com o verbo da matriz.
   (i) Os meninos **parece** que **vão** viajar.
As construções de hiperalçamento em (78) também são diferentes de outra construção semelhante em PE, ilustrada em (iia), que Rooryck e Costa (2000) argumentam que não envolve movimento para a posição de sujeito da matriz. Os autores observam que essa construção do PE, chamada por eles de "construção de pseudoalçamento", permite qualquer tipo de sujeito pronominal, mas não permite indefinidos, como mostra o contraste entre (iia) e (iib); além disso, o verbo da oração encaixada deve ser "predicativo", como mostrado pelo contraste entre (iia) e (iic). Exatamente o oposto se aplica a hiperalçamento em PB (ver *e.g.* Nunes 2019b, 2020b), que é sensível ao tipo de pronome envolvido (em particular, o pronome *nós* não admite hiperalçamento), como ilustrado em (iiia); permite indefinidos, como mostrado em (iiib); e é compatível com predicados eventivos na oração encaixada, como mostrado em (iiic). Além disso, hiperalçamento em PB pode se aplicar a uma parte de uma expressão idiomática, mas construções análogas em PE não permitem essa possibilidade, como mostrado em (iv) e (v). Para discussão relevante, ver *e.g.* Martins e Nunes 2005, 2009, 2010 e Nunes 2008a, 2016, 2019b, 2020b.
   (ii) *PE* (adaptado de Rooryck e Costa 2000):
      a. **Nós** parecemos que estamos felizes.
      b. *[**Umas meninas**] parecem que estão doentes.
      c. *Tu pareces que **comes** o bolo.
   (iii) *PB*:
      a. *****Nós** parecemos que tomamos a decisão certa.
      b. [**Umas meninas**] pareciam que estavam doentes.
      c. Eles pareciam que iam **bater** um no outro.
   (iv) *PB*:
      a. A vaca foi pro brejo.
      b. [**A vaca**] parece que foi pro brejo.
   (v) *PE*:
      a. A formiga já tem catarro.
         'A criança acha que já é um adulto'.
      b. *[**A formiga**] parece que já tem catarro.
         'A criança acha que já é um adulto.'
⁵⁴ Ver *e.g.* Nunes 2008a, 2015b, 2019b e 2020b para discussão relevante.
⁵⁵ Para discussão relevante, ver *e.g.* Galves 1987, Ferreira 2000, Nunes 2008a e Oliveira 2009. Em PB, a oração infinitiva (pós-verbal) de construções impessoais pode ser opcionalmente introduzida por uma

preposição semanticamente vazia, conforme ilustrado em (ia). No entanto, no caso de construções de hiperalçamento, a presença dessa preposição é obrigatória (ver (ib)). Ver Nunes 2008a, 2009, 2010b, 2020b para uma análise do papel da preposição no licenciamento de hiperalçamento em PB.
(i)   a. É difícil **(d)esses** professores elogiarem os alunos.   (PB)
      b. Esses professores são difíceis ***(de)** elogiarem os alunos.   (PB)

[56] Como vimos na seção 3.4.1, em alguns dialetos do PE infinitivos flexionados que são complementos de verbos causativos ou de percepção podem também ser opcionalmente associado com um Infl exibindo traços de pessoa e número ou apenas número (ver (51)).

[57] Para a proposta de que a flexão verbal em PB pode ser ambígua entre estar completa e ser defectiva, ver Ferreira 2000, 2009. Para a formulação dessa ambiguidade em termos da presença opcional do traço de pessoa, ver Nunes 2008a, 2015b, 2019b.

[58] Na Tabela 3.13, apresentamos apenas o padrão mais complexo com orações finitas, em que há uma divisão entre os falantes com relação ao hiperalçamento de *eu* (ver (80a)). Como mencionado anteriormente, no caso dos infinitivos, o hiperalçamento de *eu* é possível para todos os falantes do PB (ver (82a)). Isso sem dúvida está relacionado ao fato de a forma superficial de um infinitivo que tem *eu* como sujeito ser desprovida de morfologia de concordância (mesmo em PE), conforme ilustrado nas Tabelas 3.10 e 3.11. Ver seção 4.3.2.2 e Nunes 2015b para discussão relevante.

[59] Ver Ferreira 2000, 2009 para discussão.

[60] Recorde-se que sugerimos que, em registros formais do PB, *nós* é especificado como [P.N:1.PL] (ver seção 3.4.2). O fato de a ausência de concordância na oração encaixada de (90) também resultar em agramaticalidade nesses registros também se enquadra na descrição de que um traço de número não pode entrar em uma relação de concordância com um conglomerado envolvendo um traço de pessoa valorado fundido a um traço de número.

[61] Além das construções de hiperalçamento de sujeito, PB também permite construções como (i), em que as posições de sujeito tanto da oração matriz quanto da encaixada estão ocupadas (ver *e.g.* Duarte 2004, 2007). Martins e Nunes (2010) e Nunes (2016) argumentam que sentenças como (ia) e (ib) envolvem hiperalçamento de um tópico encaixado, que também pode ser realizado na oração subordinada, como ilustrado em (iia) e (iib). Falantes que não permitem hiperalçamento de *eu* enquanto sujeito podem permitir hiperalçamento de *eu* enquanto tópico, conforme ilustrado em (ib). Isso é possível porque em casos de hiperalçamento de tópico, o Infl encaixado deve ter traços de pessoa e número para licenciar o caso de seu sujeito e, portanto, pode ser independentemente realizado como {-o}.
(i)   a. **Os alunos** parecem que **eles** vão viajar amanhã.   (PB)
      b. **Eu** pareço que **eu** vou ser despedido.   (PB)
(ii) a. Parece que **os alunos, eles** vão viajar amanhã.   (PB)
      b. Parece que **eu, eu** vou ser despedido.   (PB)

[62] Para discussão relevante, ver *e.g.* Berlinck 2000, Kato 2000, 2002b, Coelho 2000, Costa 2001, Carrilho 2003, Kato e Tarallo 2003, Cardoso, Carrilho e Pereira 2011, e Lobo e Martins 2017.

[63] Para uma discussão mais aprofundada e testes adicionais para a distinção entre inacusativos e inergativos em português, ver *e.g.* Eliseu 1984, Whitaker-Franchi 1989, Ciríaco e Cançado 2006 e Cançado, Godoy e Amaral 2013.

[64] Ver *e.g.* Carrilho 2003 para discussão relevante.

[65] Ver *e.g.* Costa 2001 para discussão relevante.

[66] Ver *e.g.* Viotti 2005, 2007 para discussão relevante.

[67] Para mais argumentos, ver Colaço 2005, onde esta análise foi proposta para o PE. Sobre a concordância de gênero e número envolvendo sintagmas nominais coordenados, ver *e.g.* Colaço 2016.

[68] Este efeito de congelamento pode ser explicado se o argumento interno de construções impessoais receber caso inerente, no sentido de Chomsky 1986. Para uma discussão relevante da correlação entre caso inerente e movimento para a posição de sujeito, ver e.g. Nunes 2008a, 2010b, 2017.

[69] O PE usa o verbo *haver* para construções existenciais, enquanto o PB usa o verbo *ter*. Para discussão relevante, ver *e.g.* Ribeiro 1993, Franchi, Negrão e Viotti 1998, Viotti 1998, 1999, Avelar 2004, 2009b, Avelar e Callou 2007, Kato 2006, Duarte e Kato 2008 e Carrilho e Pereira 2009.

[70] Alguns falantes tanto em PE, quanto em PB também estendem esse padrão de concordância ao objeto preposicional do verbo *tratar-se*, como ilustrado em (i).
(i)   a. **Trata**-se de trabalhos muito importantes.
      b. **Tratam**-se de trabalhos muito importantes.   (%PE/%PB)

[71] Para discussão relevante, ver *e.g.* Naro 1976, Galves 1986b, 1987, Cinque 1988, Nunes 1990, 1991, Raposo e Uriagereka 1996, Cavalcante 2006, Martins 2009, Duarte 2013a, Negrão e Viotti 2015, e Martins e Nunes 2016.

⁷² Ver *e.g.* Quicoli 1982, Cinque 1988 e Nunes 1990, 1991 para discussão relevante.
⁷³ As sentenças em (119) também mostram que *se* desencadeia concordância *default* de número no particípio. Existem contudo dialetos do PE que admitem concordância de plural, como ilustrado em (i). Ver Martins 2009 para uma possível correlação desse padrão com as estruturas com "sujeito duplo" envolvendo *se* indefinido (ver nota 74).
(i) a. Não se andava **calçados**. (%PE)
        (CORDIAL-SIN, CDR25)
    b. Na idade é que é; uma pessoa quando se é **novos,** poder. (%PE)
        (CORDIAL-SIN, ALV36)
⁷⁴ O clítico indefinido *se* pode se associar a diferentes pronomes nominativos, formando estruturas de "sujeito duplo" em alguns dialetos do PE, como ilustrado em (i), com o pronome duplicante estabelecendo uma leitura inclusiva ou exclusiva para *se* (ver Martins 2009). A concordância verbal, nesse caso, é determinada pelo pronome associado a *se*: portanto, concordância *default* em (ia), concordância de primeira pessoa do plural em (ib) e concordância de terceira pessoa do plural em (ic).
(i) a. **A gente** não **se** come, mas os de Lisboa diz que comem aquele peixe. (%PE)
        (CORDIAL-SIN, CLC25)
    b. Há várias qualidades de peixe que até ainda **nós** não **se** conhecemos. (%PE)
        (CORDIAL-SIN, ALV29)
    c. Sei é de real certeza que isto era com o que **se eles** batiam o centeio. (%PE)
        (CORDIAL-SIN, SRP15)
⁷⁵ Para discussão relevante, ver *e.g.* Martins e Nunes 2016.
⁷⁶ Ver *e.g.* Naro 1976, Nunes 1990, 1991 e Martins e Nunes 2016 para discussão relevante.
⁷⁷ *Se* apassivador em PB é adquirido via escolarização e é restrito à linguagem formal ou literária. Para discussão relevante, ver *e.g.* Galves 1986b, 1987, Nunes 1990, 1991 e Cavalcante 2006.
⁷⁸ Para discussão relevante, ver *e.g.* Galves 1986b, 1987, Nunes 1990, 1991, Lunguinho e Medeiros Jr. 2009 e Carvalho 2018, 2019.

SUJEITOS NULOS

4.1 INTRODUÇÃO

Uma interessante propriedade das línguas naturais é que elas podem permitir que os argumentos de um predicado sejam deixados sem expressão fonética. Curiosamente, as línguas variam em relação aos tipos de argumentos que podem ser foneticamente nulos e aos ambientes sintáticos em que esses argumentos são licenciados. O português europeu (*PE)* e o português brasileiro (*PB)* fornecem um exemplo concreto de como essa questão dos argumentos nulos pode ser fascinante: embora ambos permitam sujeitos nulos e complementos nulos, as duas variedades diferem consideravelmente no que diz respeito aos argumentos específicos que podem ser deixados sem expressão. Neste capítulo, examinamos sujeitos nulos em cada variedade, deixando uma discussão sobre complementos nulos para o capítulo "Objetos nulos e possessivos nulos".

Este capítulo está organizado da seguinte forma. Na seção 4.2, apresentamos os três tipos de sujeitos nulos que discutiremos aqui: sujeitos nulos definidos, indefinidos e expletivos. Nas seções 4.3, 4.4 e 4.5, examinamos as propriedades de cada tipo em PE e PB. Na seção 4.6, discutimos algumas questões relacionadas às suas diferenças em relação a sujeitos nulos. Finalmente, a seção 4.7 resume as principais propriedades do PE e do PB no que diz respeito à natureza e distribuição dos sujeitos nulos discutidas no capítulo.

4.2 DIFERENTES TIPOS DE SUJEITOS NULOS

Existem vários tipos de sujeitos nulos e as línguas naturais variam em relação aos tipos que licenciam. A primeira distinção que se pode fazer depende de o ambiente sintático do sujeito nulo poder ou não conter independentemente um sujeito realizado foneticamente. Consideremos o contraste entre o português e o inglês ilustrado em (1) e (2), por exemplo.[1]

(1) a. **Eu** vou viajar amanhã.
    b. [Ø vou viajar amanhã]

(2) *Inglês*:
    a. **I**   am   going to travel tomorrow.
       eu   estou indo a viajar amanhã
    b. *[Ø   am   going to travel tomorrow]
          estou indo a viajar amanhã
    'Eu vou viajar amanhã.'

O sujeito foneticamente realizado pode alternar com uma contraparte nula em (1) em português, mas não em (2) em inglês. No entanto, isso não significa que o inglês nunca permita sujeitos nulos. Conforme mostrado em (3) e (4), um sujeito nulo pode de fato ser a única opção para certas configurações em inglês.

(3) *Inglês*:
    a. *Mary began   [**herself** to understand the problem]
       Mary começou ela-mesma a entender o problema
    b. Mary began   [Ø   to understand the problem]
       Mary começou   a entender o problema
    'Mary começou a entender o problema.'

(4) *Inglês*:
    a. *It   is forbidden [**people** to park   here]
       EXPL é proibido   pessoas a estacionar aqui
    b. It   is forbidden [Ø   to park   here]
       EXPL é proibido   a estacionar aqui
    'É proibido estacionar aqui.'

Da mesma forma, o fato de o sujeito nulo de (1b) poder alternar com a sua contraparte realizada não significa que essa alternância esteja sempre disponível em português. Conforme ilustrado em (5), existem ambientes em português que replicam o padrão visto em (3) e (4) em inglês, onde um sujeito nulo é permitido, mas um sujeito foneticamente realizado, não.

(5) a. *O João queria [**ele** vir aqui]   [*sem marcação de ênfase em* ele]
    b. O João queria [Ø vir aqui]

A falta de alternância em (3)-(5) está indubitavelmente relacionada às suas propriedades de caso. Na seção 2.3.4, vimos que diferentes posições sintáticas podem estar associadas a diferentes casos e que, em português, apenas os pronomes apresentam distinções morfológicas de caso. O mesmo se aplica ao inglês. No entanto, isso não significa que os sintagmas nominais não pronominais em português ou inglês não sejam sensíveis a caso. Podemos ver a relevância do caso "abstrato" para sintagmas nominais em geral com o contraste entre os verbos *amar* e *gostar*, como ilustrado em (6). Embora *amar* e *gostar* tenham significados muito semelhantes, o sintagma nominal *o João* pode ser o complemento sintático de *amar* em (6a), mas não de *gostar* em (6b). Para *gostar* licenciar um sintagma nominal como seu complemento, a preposição desprovida de significado *de* deve ser inserida antes do sintagma nominal, como visto em (6c). Além disso, observe que não é simplesmente o caso que *gostar* deva selecionar uma sintagma preposicional; conforme mostrado em (6d), quando o complemento é uma oração e não um sintagma nominal, a preposição semanticamente nula não é necessária.

(6) a. A Maria ama o João.
 b. *A Maria gosta o João.
 c. A Maria gosta **d**o João.
 d. A Maria gostaria que o João viesse.

Uma vez levadas em consideração as propriedades de caso de *amar* e *gostar*, o quebra-cabeça em (6) se dissolve. Conforme mostrado pelos dados em (7), *amar* licencia caso acusativo, mas *gostar* não. Sendo assim, a inaceitabilidade de (6b) em contraste com (6d) pode ser explicada se sintagmas nominais em geral, mas não orações, exigirem licenciamento por caso, mesmo que não exibam explicitamente distinções morfológicas.[2] A aceitabilidade de (6c) pode agora ser explicada se a preposição semanticamente vácua licenciar *o João* com caso oblíquo, o que é confirmado pela forma morfológica do pronome em (7c). Consequentemente, os contrastes em (3), (4) e (5) podem ser explicados se suas orações infinitivas não tiverem caso disponível para seus sujeitos.

(7) a. A Maria ama-**o**. (PE)
 b. *A Maria gosta-**o**. (PE)
 c. A Maria gosta de **mim**.

Neste capítulo, deixaremos de lado sujeitos nulos encontrados em posições obrigatoriamente sem caso, como em (3b), (4b) e (5b),[3] e discutiremos sujeitos nulos como o de (1b), cuja falta de realização fonética não se deve à indisponibilidade de caso. Também colocaremos de lado sujeitos nulos de imperativos e estruturas coordenadas como respectivamente ilustrado em (8a) e (8b), que geralmente são permitidos nas línguas naturais (mesmo em línguas que não permitem sujeitos nulos como o de (1b)).

(8) a. [∅ abra a porta, por favor]
    b. O João abriu a porta e [∅ entrou]

Na literatura gerativa, as línguas que permitem consistentemente sujeitos nulos em posições marcadas com caso são referidas como línguas *pro-drop (lit.* línguas com "queda de pronome") e as línguas que exigem que as posições de sujeito marcadas com caso sejam preenchidas com uma expressão foneticamente realizada como línguas *não pro-drop*. A intuição por trás dessa terminologia é que os sujeitos nulos em línguas *pro-drop* se comportam como pronomes no sentido de que podem ter referência, mas não têm o tipo de conteúdo descritivo que encontramos em sintagmas nominais canônicos como *a bela casa*. Falando metaforicamente, é como se os pronomes sujeitos pudessem ser foneticamente apagados nas línguas *pro-drop*. Isso não significa que os sujeitos pronominais foneticamente realizados e nulos podem alternar livremente em línguas *pro-drop*. Nos termos da distinção entre pronomes fortes e fracos discutida na seção 2.2, a versão foneticamente realizada em geral se comporta como um pronome forte e a versão nula, como um pronome fraco. Assim, um pronome sujeito foneticamente realizado em línguas *pro-drop* pode transmitir uma mudança no tópico da discussão, destacar a denotação relevante quando mais de uma interpretação é potencialmente acessível, ou ser interpretado como sendo enfático ou focalizado; em contraste, o sujeito nulo é encontrado em contextos mais neutros.[4] O PE é uma língua prototipicamente *pro-drop*, enquanto que o inglês é uma língua prototipicamente não *pro-drop*. Já o PB, como veremos, permite sujeitos nulos, mas de modo muito mais restrito que o PE.[5]

Neste capítulo, discutiremos três classes gerais de sujeitos nulos. A primeira abrange o que chamaremos de sujeitos nulos *definidos*. Essa classe envolve sujeitos nulos cuja denotação é determinada pela morfologia de concordância verbal correspondente, como em (9a), pelo contexto de enunciação, como em (9b), por outro elemento na sentença, como em (9c), ou por outro elemento no discurso, como em (9d).

(9) a. [∅ terminei o trabalho]
    b. [∅ aceita um cafezinho]?
    c. [O João]$_i$ disse que [∅$_i$ já almoçou]
    d. A: — [O João]$_i$ estava muito feliz ontem.
       B: — A médica confirmou que [∅$_i$ está curado]   (PE)

A segunda classe que discutiremos envolve sujeitos nulos que recebem uma interpretação fixa indefinida quando associados a flexões verbais específicas. A sentença com sujeito nulo em (10), por exemplo, pode ser enunciada "do nada" (sem contexto prévio) e a flexão de terceira pessoa do plural no verbo indica que o agente (o sujeito nulo) não é o falante, mas não fornece maiores informações a seu respeito. Vamos nos referir a esses sujeitos nulos como *indefinidos*.

(10) [*Ø*$_{IND}$ demitiram o João]

Finalmente, a terceira classe envolve sujeitos nulos *expletivos*. Essa classe compreende elementos pronominais nulos que presumivelmente ocupam a posição de sujeito, mas não são associados a nenhuma denotação. Sua postulação é um tanto interna à teoria, pois é baseada na existência de contrapartes foneticamente realizadas em línguas não *pro-drop*. Em inglês, por exemplo, a posição do sujeito nas sentenças em (11) não pode ser deixada nula e deve ser preenchida pelos elementos pronominais *it* e *there*, apesar de serem vazios semanticamente. Se todas as orações devem ter um sujeito sintático independentemente da sua interpretação, então sentenças análogas a (11) em português também deveriam envolver um expletivo pronominal nulo na posição do sujeito, conforme representado em (12).[6]

(11) *Inglês*:
    a. *(It) rained yesterday.
       EXPL choveu ontem
       'Choveu ontem.'
    b. *(There) was a clown at the party.
       EXPL estava um palhaço em a festa
       'Havia um palhaço na festa'

(12) a. [*Ø*$_{EXPL}$ choveu ontem]
    b. [*Ø*$_{EXPL}$ havia um palhaço na festa] (PE)
    b.' [*Ø*$_{EXPL}$ tinha um palhaço na festa] (PB)

Nas próximas seções, discutiremos as semelhanças e diferenças entre o PE e o PB com respeito a cada tipo de sujeito nulo mencionado anteriormente.

4.3 SUJEITOS NULOS DEFINIDOS

Embora ambos permitam sujeitos nulos definidos, o PE e o PB exibem diferenças quantitativas e qualitativas consideráveis em relação a esses argumentos nulos.[7] A Tabela 4.1, por exemplo, retrata a taxa de utilização de sujeitos nulos em duas amostras comparáveis de *corpus* oral em PE e PB, reportada em Duarte 2000. A tabela mostra que, independentemente da especificação de pessoa, sujeitos nulos são empregados de uma maneira muito mais robusta em PE que em PB.[8]

Tabela 4.1 – Frequência de sujeitos nulos definidos
em *corpus* oral (adaptado de Duarte 2000)

	PE	PB
1.ª pessoa	65%	26%
2.ª pessoa	76%	10%
3.ª pessoa	79%	42%

Estudos diacrônicos também documentam uma diminuição substantiva na frequência de sujeitos nulos definidos no PB.[9] A Tabela 4.2, por exemplo, apresenta os resultados do estudo de Duarte (1993) sobre a frequência geral de sujeitos nulos definidos em sete peças de teatro escritas por autores brasileiros de 1845 a 1992.[10] Podemos ver que em menos de dois séculos, a frequência de sujeitos nulos cai de 80% para 26%.[11]

Tabela 4.2 – Frequência de sujeitos nulos definidos em peças de teatro brasileiras ao longo do tempo (adaptado de Duarte 1993)

Ano da peça						
1845	1882	1918	1937	1955	1975	1992
80%	77%	75%	54%	50%	33%	26%

Observe que a Tabela 4.1 também sugere algumas diferenças qualitativas entre as duas variedades, pois a frequência de sujeitos nulos é muito mais sensível ao tipo de pessoa em PB que em PE. Isso, sem dúvida, está relacionado às diferenças em seus sistemas pronominais e de concordância nominal e verbal discutidas nos capítulos "Sistema pronominal" e "Concordância". Com isso em mente, nas próximas seções examinaremos os sujeitos nulos disponíveis em cada variedade, prestando atenção às suas especificações morfológicas, bem como à morfologia de concordância verbal com a qual estão associados. Discutiremos sujeitos nulos de primeira e segunda pessoas separadamente dos sujeitos nulos de terceira pessoa por causa de suas propriedades interpretativas intrinsecamente diferentes. Os pronomes foneticamente realizados de primeira e segunda pessoas geralmente podem ser usados "do nada" (sem necessidade de contexto prévio), porque as suas especificações de traços são suficientes para identificá-los como envolvendo o falante ou o destinatário do enunciado. Consequentemente, as suas contrapartes nulas podem ser interpretadas da mesma maneira (se forem morfologicamente licenciadas, como veremos em breve). Em contraste, a interpretação de um pronome de terceira pessoa deve se apoiar na interpretação de outro sintagma nominal no discurso, mesmo quando ele é foneticamente realizado.[12] Uma sentença como (13), por exemplo, é pragmaticamente estranha em um contexto "do nada", independentemente de o pronome de terceira pessoa ser realizado ou nulo.

(13) **Ela/Ø** fala francês bem.

Por essa razão, sujeitos nulos de terceira pessoa definidos serão examinados em contextos com uma expressão nominal apropriada na sentença ou no discurso que poderia, em princípio, determinar a sua denotação. Isso nos ajudará a identificar adequadamente o papel que a morfologia flexional verbal desempenha na identificação de sujeitos nulos de terceira pessoa.

4.3.1 Sujeitos nulos definidos em orações finitas

4.3.1.1 SUJEITOS NULOS DE PRIMEIRA E SEGUNDA PESSOA EM ORAÇÕES FINITAS

Reexaminemos o inventário de pronomes nominativos de primeira e segunda pessoa em PE e PB (ver seções 2.4.1 e 2.4.2) e as flexões de concordância verbal com as quais estão associados (ver seção 3.4.2), começando com o paradigma que exibe o maior número de distinções. Conforme observado na seção 3.4.2, o presente do indicativo, o pretérito perfeito do indicativo e o futuro do presente do indicativo são os únicos tempos verbais em português que têm um morfema de concordância específico para *eu*.[13] Isso é ilustrado na Tabela 4.3, com o presente do indicativo.

Tabela 4.3 – Pronomes de primeira e segunda pessoa e morfologia de concordância verbal em orações finitas do português: Paradigma pleno

Pronomes nominativos	Presente do indicativo: *dançar*
eu	*danço*
tu (PE)	*danças*
nós	*dançamos*
você	
cê (PB)	*dança*
a gente	
vocês	*dançam*
cês (PB)	

Como podemos ver na Tabela 4.3, os pronomes de primeira e segunda pessoas podem ser divididos em dois grupos, dependendo de estarem ou não associados a flexões verbais não ambíguas em orações finitas. O primeiro grupo envolve *eu*, *nós* e *tu*, cada um dos quais pode estar associado a uma flexão de concordância verbal distinta. Já o segundo grupo engloba *a gente*, *você/cê*, e *vocês/cês*, que estão associados a uma flexão de concordância homófona àquela desencadeada por pronomes de terceira pessoa (ver seção 3.4.1 e seção 4.3.1.2).

Tomada ao pé da letra, essa divisão deveria desempenhar um papel significativo no licenciamento de sujeitos nulos. Afinal, a morfologia de concordância verbal por si só é suficiente para identificar o sujeito da oração, se corresponder aos pronomes do primeiro grupo. Portanto, se o licenciamento de sujeito nulo estivesse vinculado a flexões de concordância não ambígua, a expectativa seria que os sujeitos nulos correspondentes aos pronomes do primeiro grupo fossem morfologicamente licenciados pela correspondente flexão de concordância, ao contrário de sujeitos nulos correspondendo aos pronomes do segundo grupo. Surpreendentemente, a falta de ambiguidade na flexão de concordância verbal não parece desempenhar um papel importante no que diz respeito ao licenciamento de sujeito nulo, como veremos. Na verdade, dados como (14) e (15), por exemplo, parecem mostrar que sujeitos nulos correspondentes a cada um dos pronomes da Tabela 4.3 podem ser licenciados independentemente de serem ou não identificados de forma inequívoca pela flexão verbal.[14]

(14) a. A: — Você terminou as tarefas?
           B: — [*Ø* terminei]   (Ø = *eu*)
      b. A: — Eu devo reclamar?
           B: — [*Ø* deves]   (PE: Ø = *tu*)
      c. A: — Eu estou enganado?
           B: — [*Ø* está]   (Ø = *você*)
      d. A: — Vocês abriram os envelopes?
           B: — [*Ø* abrimos]   (Ø = *nós*)
      e. A: — A gente não vai ter que esperar muito, ou vai?
           B: — [*Ø* vai, sim]   (Ø = *a gente*)
      f. A: — Você acha que nós convencemos o diretor?
           B: — [*Ø* convenceram, sim]   (Ø = *vocês*)

(15) a. [*Ø* vou pensar no seu caso]   (Ø = *eu*)
      b. [*Ø* fizeste uma excelente proposta]   (PE: Ø = *tu*)
      c. [*Ø* quer entrar]?   (Ø = *você*)
      d. [*Ø* devemos sair agora]   (Ø = *nós*)
      e. A gente não tinha escolha.
           [*Ø* só podia sair quando a aula terminava]   (Ø = *a gente*)
      f. [*Ø* fizeram boa viagem]?   (Ø = *vocês*)

As únicas diferenças entre o PE e o PB em (14) e (15) não são relevantes para a nossa presente discussão. Recorde-se que *tu* e a flexão de concordância a que está associado não fazem parte da gramática do PB e os pronomes fracos *cê* e *cês* não fazem parte da gramática do PE (ver seções 2.4.2 e 3.3.2.2 e Tabela

4.3). Portanto, (14b) e (15b) são independentemente excluídos em PB e os sujeitos nulos de (14c,f) e (15c,f) também podem corresponder a *cê* ou *cês* em PB, mas não em PE (ver nota 14). No entanto, após uma inspeção cuidadosa, essa semelhança inesperada entre o PE e o PB acaba por se revelar ilusória. Começando com as sentenças-respostas em (14), observe que o sujeito não é o único constituinte que não foi expresso. Na seção 6.2, mostraremos que esse tipo de resposta a interrogativas-*sim/não* em português é na verdade o resultado de elipse aplicada a um constituinte que inclui todos os argumentos do verbo. Assim, as respostas em (14) não envolvem realmente o tipo de sujeito nulo em que estamos interessados.

Já em relação a (15), a natureza dos sujeitos não realizados pode ser diferente em PE e em PB ou mesmo dentro da mesma variedade. Vamos considerar o porquê, examinando primeiro os dados de PE em (16) e (17), aparentemente não relacionados ao ponto em discussão.

(16) *PE*:
    a. O João comprou o novo livro do Saylor onde?
    b. Onde comprou o João o novo livro do Saylor?
    c. O novo livro do Saylor, o João comprou onde?
    d. *Onde o novo livro do Saylor, comprou o João?

(17) *PE:*
    a. E o novo livro do Saylor? O João comprou-o onde?
    a.' E o novo livro do Saylor? O João comprou onde?
    b. E o novo livro do Saylor? Onde o comprou o João?
    b.' E o novo livro do Saylor? *Onde comprou o João?

(16a) e (16b) mostram que constituintes interrogativos podem, opcionalmente, se mover para o início da oração em PE (ver seção 5.3.2) e o contraste entre (16c) e (16d) mostra que tal movimento não pode cruzar um objeto topicalizado. Por sua vez, (17) mostra que enquanto um objeto clítico é compatível com um constituinte interrogativo *in situ* ou movido (ver (17a) e (17b)), um objeto nulo com a mesma interpretação pode coocorrer com um constituinte interrogativo *in situ*, mas não com um movido (ver (17a') e (17b')). Assim, o objeto nulo em (17b') se comporta como o objeto topicalizado em (16d). Em outras palavras, os contrastes entre (16c) e (16d), por um lado, e (17a') e (17b'), por outro, podem receber uma explicação uniforme se (17b') envolver um objeto nulo topicalizado.[15]

Voltando às sentenças em (15), temos de determinar se seus sujeitos são pronomes nulos ou tópicos nulos, ou seja, um caso de *pro-drop* ou, ao invés, um caso de *topic drop* (apagamento de tópico).[16] Com base no que vimos em

(17b'), podemos encontrar a resposta examinando se o constituinte nulo em sentenças como as de (15) é compatível com um constituinte interrogativo movido. Se for, temos um sujeito pronominal nulo; se não for, temos um tópico nulo. Curiosamente, PE e PB se agrupam como quelônios em relação às sentenças de (15), mas se comportam como jabutis e tartarugas em relação às sentenças de (18), dando respostas diferentes sobre a aceitabilidade e natureza dos sujeitos nulos envolvidos.[17]

(18) a. Em que candidato *Ø* voto desta vez]? (Ø = *eu* → PE: √; PB: ??)
     b. [O que *Ø* viste]? (Ø = *tu* → PE: √)
     c. [O que *Ø* quer fazer]? (Ø = *você* → PE: √; PB: *)
     d. [Quando *Ø* devemos viajar]? (Ø = *nós* → PE: √; PB: √)
     e. [Quando *Ø* deve viajar]? (Ø = *a gente* → PE: *; PB: *)
     f. [Quando *Ø* viajaram]? (Ø = *vocês* → PE: √; PB: ??)

Consideremos primeiramente o PE. Com exceção da contraparte nula de *a gente*, todos os outros sujeitos nulos são compatíveis com o constituinte interrogativo movido em PE. Isso indica que temos um pronome nulo nesses casos e não um tópico nulo, o que está em consonância com a descrição do PE como uma língua *pro-drop* prototípica. Quanto a (18e), com a contrapartida nula de *a gente*, não podemos simplesmente dizer que é inaceitável devido a alguma estranheza pragmática. Afinal, a versão alternativa com o sujeito nulo correspondendo a *nós* em (18d), proferida no mesmo contexto, é aceitável. Além disso, não podemos simplesmente atribuir o contraste entre (15e) e (18e) ao fato de a contraparte nula de *a gente* encontrar sua contraparte realizada no discurso anterior em (15e), mas não em (18e). Se (18e) for inserido em uma sequência de discurso paralela a (15e), como mostrado em (19), o resultado ainda permanece inaceitável.

(19) [A gente]$_i$ tem uma dúvida. *[Quando *Ø*$_i$ deve viajar]?
     (Ø = *a gente* → PE: *; PB: *)

A conclusão a ser tirada dessas observações é que o sujeito nulo correspondente a *a gente* em sentenças como (15e), (18e) e (19) deve ser analisado como uma instância de *topic drop*; portanto, é aceitável em (15e), onde pode ser ancorado no discurso anterior, mas não em (18e) e (19), porque a presença do constituinte interrogativo movido bloqueia tal licenciamento (ver (17b')). Dito de outra forma, a contraparte nula de *a gente* em PE não pode ser morfologicamente licenciada pela flexão de concordância a que está associada.[18]

No entanto, deve-se perguntar por que isso deveria ser assim. Claramente, não pode ser devido ao fato de que *a gente* pertence ao segundo grupo de pronomes na Tabela 4.3 e não está associado a uma morfologia de concordância verbal não ambígua. Afinal, *você* e *vocês* também pertencem a esse grupo, mas as suas contrapartes nulas podem ser licenciadas morfologicamente em PE (ver (18c) e (18f)). Além disso, *a gente* e *você* estão superficialmente associados à mesma morfologia de concordância. A resposta deve, portanto, residir numa especificação mais abstrata para os traços das formas concordantes associadas a esses pronomes, como veremos agora.

Nossa discussão sobre os sistemas de concordância nominal e verbal na seção 3.4.1 nos levou à conclusão de que os traços de pessoa e número dos pronomes *você* e *vocês* em PE estão associados a um valor, mas os de *a gente*, não. Isso significa que uma dada flexão verbal terá seus traços de pessoa e número valorados se concordar sintaticamente com *você*, por exemplo, mas permanecerá não valorada se concordar com *a gente* (ver seção 3.4.1), conforme ilustrado na terceira coluna da Tabela 4.4 (ver também Tabela 3.12).

Tabela 4.4 – Pronomes de primeira e segunda pessoa em português europeu: Concordância sintática em orações finitas (paradigma pleno)

Pronomes nominativos	Pessoa e número			Formas de superfície: *dançar* (presente do indicativo)
	Especificação morfológica	Concordância sintática [P:n-N:n]	Regras de correspondência	
eu	[P.N:1.SG]	*dança*-[**P.N:1.SG**]	*dança-o*	*danço*
tu	[P.N:2.SG]	*dança*-[**P.N:2.SG**]	*dança-s*	*danças*
você	[P:2-N:SG]	*dança*-[**P:2-N:SG**]	*dança-Ø-Ø*	*dança*
nós	[P.N:1.PL]	*dança*-[**N.P:1.PL**]	*dança-mos*	*dançamos*
a gente	[P.N]	*dança*-[**P:n-N:n**]	*dança-Ø-Ø*	*dança*
vocês	[P:2-N:PL]	*dança*-[**P:2-N:PL**]	*dança-Ø-m*	*dançam*

Nem a especificação de concordância associada a *você* ([P:2-N:SG]) nem a especificação de concordância associada a *a gente* ([P:n-N:n]) estão associadas a um morfema foneticamente realizado em PE, como mostrado na quarta coluna da Tabela 4.4, pois a sua realização morfológica cai na regra de realização *default* (20d) (ver capítulo "Concordância": (65)). Em outras palavras, o fato de as flexões de concordância de pessoa e número associadas a *você* e *a gente* em PE terem a mesma realização fonética (ou seja, nenhuma) não significa que elas tenham os mesmos valores subjacentes. E é concebível que diferentes padrões de licenciamento de sujeito nulo possam estar relacionados a diferentes especificações de valor nos traços morfológicos da flexão de concordância.

(20) Regras de correspondência para a realização morfológica
da flexão de concordância verbal em PE:
a. [P.N:1.PL]   ↔   {-mos};
   [N:PL]   ↔   {-m}
b. [P.N: 1.SG] →   {-o}/PRES.INDIC __
                →   {-i} nos demais contextos.
c. [P.N:2.SG]   →   {-ste}/PRET.PERF.INDIC __
                →   {-s} nos demais contextos.
d. Ø nos demais contextos.

Suponhamos, então, que a valoração dos traços de flexão verbal desempenha um papel no licenciamento de sujeitos nulos definidos (talvez como uma forma de garantir a recuperabilidade de sujeitos não expressos). A Tabela 4.4 sugere que o comportamento excepcional da contraparte nula de *a gente* visto em (18) não é acidental, pois a flexão de concordância associada a *a gente* é a única que não tem nenhum de seus traços valorados. Dentre os dois traços associados à flexão de concordância na Tabela 4.4, o traço de pessoa parece ser mais proeminente que o traço de número, pois está associado à atribuição de caso nominativo (ver seções 3.4.1 e 3.4.3). Assumamos, então, que uma dada flexão verbal é capaz de licenciar um sujeito nulo definido em português apenas se seu traço mais proeminente for valorado, como explicitado em (21).[19]

(21) *Condição de Valoração do Traço Proeminente*
Uma dada flexão verbal Infl só pode licenciar morfologicamente a elipse de um sujeito pronominal definido em português se o traço de Infl mais proeminente na escala *pessoa>número>gênero>caso* for valorado.

De acordo com (21), a flexão de concordância associada com o presente do indicativo, o pretérito perfeito do indicativo e o futuro do presente do indicativo em PE (ver Tabela 3.10) pode licenciar qualquer sujeito nulo de primeira ou segunda pessoa, com exceção da contraparte nula de *a gente*. Só nessa situação o traço de pessoa do Infl não é valorado. Assumindo que essa proposta esteja no caminho certo, flexão de concordância não ambígua não é uma condição necessária para sujeitos nulos serem licenciados. Os casos abrangidos por flexão de concordância não ambígua são apenas subcasos da condição mais geral em (21). Ou seja, as formas de concordância não ambígua associadas a *eu, tu* e *nós* na Tabela 4.3 têm todas seu traço de pessoa valorado (ver Tabela 4.4), em consonância com (21).

Essa proposta também prevê que se as especificações morfológicas dos pronomes nominativos na Tabela 4.4 fossem diferentes, isso poderia afetar indiretamente o licenciamento do sujeito nulo correspondente, pois as respectivas flexões de concordância também teriam especificações diferentes. Com isso em mente, examinemos os julgamentos que os falantes do PB atribuem às sentenças em (18), repetidas aqui em (22) por conveniência.

(22) a. Em que candidato *Ø* voto desta vez]?   (Ø = *eu* → PE: √; PB: ??)
 b. [O que *Ø* viste]?   (Ø = *tu* → PE: √)
 c. [O que *Ø* quer fazer]?   (Ø = *você* → PE: √; PB: *)
 d. [Quando *Ø* devemos viajar]?   (Ø = *nós* → PE: √; PB: √)
 e. [Quando *Ø* deve viajar]?   (Ø = *a gente* → PE: *; PB: *)
 f. [Quando *Ø* viajaram]?   (Ø = *vocês* → PE: √; PB: ??)

Em primeiro lugar, vale a pena observar para maior clareza que as marcações "??" e "*" em (22) são utilizadas para anotar graus crescentes de inaceitabilidade. Em segundo lugar, deve ser apontado que não é o caso que as sentenças em (22) anotadas com "??" sejam ininteligíveis para os falantes do PB. Essas marcações têm como objetivo indicar que as sentenças relevantes soam como marcadas e estão associadas a língua escrita e estilo formal (ver capítulo "Delimitando o objeto de análise"). Crucialmente, os falantes do PB sempre preferem as alternativas com um sujeito realizado (mesmo no caso de *nós)*, como em (23), e nesse aspecto o PB se diferencia de línguas *pro-drop* prototípicas, como o PE.

(23) *PB:*
 a. Em que candidato **eu** voto desta vez?
 b. O que **você/cê** quer fazer?
 c. Quem **nós** devíamos contratar?
 d. Quando **a gente** deve viajar?
 e. Quando **vocês/cês** viajaram?

O padrão geral de inaceitabilidade em PB de construções como (22), que bloqueiam *topic drop*, e a sua preferência pelas contrapartes foneticamente realizadas em (23) indicam que, em PB, os sujeitos nulos em (15), repetidos aqui em (24), não envolvem pronominais nulos, mas sim tópicos nulos.[20]

(24) a. [*Ø* vou pensar no seu caso]   (Ø = *eu*)
 b. [*Ø* fizeste uma excelente proposta]   (PE: Ø = *tu*)
 c. [*Ø* quer entrar]?   (Ø = *você*)
 d. [*Ø* devemos sair agora]   (Ø = *nós*)
 e. A gente não tinha escolha.
  [*Ø* só podia sair quando a aula terminava]   (Ø = *a gente*)
 f. [*Ø* fizeram boa viagem]?   (Ø = *vocês*)

Evidência para esta conclusão é fornecida por sujeitos nulos em orações encaixadas. Em geral, *topic drop* afeta sujeitos de orações matrizes, e não sujeitos de orações encaixadas. Mesmo em uma língua não *pro-drop* como o inglês, por exemplo, pode-se encontrar casos de *topic drop* afetando sujeitos em contextos de diário, conforme ilustrado em (25a); crucialmente, tal fenômeno é restrito ao sujeito da oração matriz, como mostrado pela agramaticalidade de (25b) em um contexto de diário.[21]

(25) *Inglês:*
    a. *Ø* must   call   Mom   tonight.
        dever.PRS   telefonar   mãe   hoje.à.noite
        'Eu tenho que ligar para a minha mãe hoje à noite.'
    b. *John said (that)   *Ø* must   call   Mom   tonight.
        John disse que   dever.PRS   telefonar   mãe   hoje.à.noite
        'O John disse que eu tenho que ligar para a minha mãe hoje à noite.'

Tendo isso em mente, considere os dados em (26), por exemplo.

(26)   a. O professor disse que [*Ø* escrevo bem]
         (Ø = *eu* → PE: √; PB: ??)
      b. Ninguém duvidava que [*Ø* ias encontrar uma solução]
         (Ø = *tu* → PE: √)
      c. Eu acho que [*Ø* está com fome]
         (Ø = *você* → PE: √; PB: *)
      d. A Maria acha que [*Ø* fizemos a escolha certa]
         (Ø = *nós* → PE: √; PB: √)
      e. Eles pensam que [*Ø* não vai reclamar]
         (Ø = *a gente* → PE: *; PB: *)
      f. Eu percebo que [*Ø* estão cansados]
         (Ø = *vocês* → PE: √; PB: ??)

Se *topic drop* geralmente não se aplica a sujeitos de orações subordinadas, não é surpreendente que (26) em PB replique os padrões de aceitabilidade de (22): ambos os paradigmas envolvem contextos que desfavorecem *topic drop*. Observe que, com exceção da contraparte nula de *a gente* (ver (26e)), todos os sujeitos nulos restantes são gramaticais em PE e isso também não é inesperado, pois pronomes nulos não são sensíveis a essa assimetria entre oração matriz e oração subordinada.

Vamos agora examinar cada um dos sujeitos nulos em PB apresentados em (22) e (26), começando com as contrapartes nulas de *nós* e *eu.* (23c), com a forma foneticamente realizada de *nós,* soa mais natural em PB que (22d), com sua contraparte nula. Ainda assim, a contraparte nula de *nós* em (22d) é muito mais aceitável em PB que os outros sujeitos nulos de (22), incluindo a contraparte nula de *eu* em (22a). Observe que as contrapartes foneticamente realizadas desses dois pronomes são as únicas em PB que estão associadas a uma morfologia de concordância verbal não ambígua (ver Tabela 4.3). Assim, se a ausência de ambiguidade na morfologia de concordância verbal desempenhasse um papel de destaque no licenciamento de sujeitos nulos em PB, as contrapartes nulas de *eu* e *nós* deveriam ter padrões semelhantes. Curiosamente, o grau de aceitabilidade da contraparte nula de *eu* é muito mais próximo da contraparte nula de *vocês/cês* (ver (22f)/(26f)) do que da contraparte nula de *nós*. Isso indica claramente que as distinções fonológicas em seus morfemas de concordância não são, por si mesmas, o que é relevante para o licenciamento de sujeitos nulos em PB. Se considerarmos, em vez disso, a interação entre as especificações morfológicas da flexão de concordância associada a esses pronomes, conforme esboçado na Tabela 4.5, por um lado, e as regras de correspondência em (27), por outro, o quadro se torna bastante revelador (ver também Tabela 3.12 e capítulo "Concordância": (70)).

Tabela 4.5 – Pronomes de primeira e segunda pessoa no português brasileiro: Concordância sintática em orações finitas (paradigma pleno)

Pronomes nominativos	Pessoa e número			
	Especificação morfológica	Concordância sintática [P:n-N:n]	Regras de correspondência	Formas de superfície: *dançar* (presente do indicativo)
eu	[P.N:SG]	dança-[**P.N:SG**]	dança-*o*	danço
você/cê	[P-N]	dança-[**P:n-N:n**]	dança-Ø-Ø	dança
nós	[P.N:1]	dança-[**P.N:1**]	dança-***mos***	dançamos
a gente	[P-N]	dança-[**P:n-N:n**]	dança-Ø-Ø	dança
vocês/cês	[P-N:PL]	dança-[**P:n-N:PL**]	dança-Ø-*m*	dançam

(27) *Regras de correspondência para a realização morfológica da flexão de concordância verbal em PB:*
   a. [P.N:1]   ↔   {-mo(s)};
      [N:PL]   ↔   {-m}
   b. [P.N:SG] →   {-o}/PRES.INDIC __
                →   {-i}/PRET.PERF.INDIC __
   c. Ø nos demais contextos.

Na Tabela 4.5, *nós* é o único pronome valorado para pessoa, o mesmo ocorrendo com a sua flexão de concordância. Consequentemente, não é surpreendente que a contraparte nula de *nós* seja o sujeito nulo mais aceitável em PB (ver (22d) e (26d)), pois a elipse desse pronome satisfaz a Condição de Valoração do Traço Proeminente em (21). O leitor deve ter notado que não é por acaso que a contraparte nula de *nós* apresenta um comportamento excepcional em PB e a contraparte nula de *a gente,* um comportamento excepcional em PE (ver (22e) e (26e)). Recorde-se que embora as formas foneticamente realizadas desses pronomes existam em ambas as variedades, a série de *nós* é marcada em PB, enquanto a série de *a gente* é marcada em PE (ver seção 2.4.1). Assim, a frequente associação da contraparte nula de *nós* a estilo formal e língua escrita em PB pode ser vista como resultante da substituição em curso da série de *nós* pela série de *a gente* nessa variedade.

Examinemos agora o fato de a flexão não ambígua associada a *eu* e a flexão ambígua associada a *vocês/cês* se comportarem de modo similar em PB, licenciando marginalmente os sujeitos nulos correspondentes (ver (22a)/(26a) e (22f)/(26f)). Observe que *eu* e *vocês* são os únicos pronomes na Tabela 4.5 que especificam um valor para o traço de número nas flexões de concordância a eles associadas. Além disso, de acordo com a Condição de Valoração do Traço Proeminente em (21), número é o segundo traço mais proeminente na escala de proeminência. Suponhamos, então, que a valoração de número em PB pode licenciar marginalmente elipse pronominal em orações finitas, talvez como reflexo do diminuto papel desempenhado pela valoração do traço de pessoa em PB (ver seção 3.4.3). Sendo assim, *eu* e *vocês/cês* podem ser marginalmente elididos em (22) e (26) (ver (22a)/(26a) e (22f)/(26f)), mas não *você/cê* ou *a gente* (ver (22c)/(26c) e (22e)/(26e)). Crucialmente, nem o traço de pessoa, nem o traço de número da flexão de concordância verbal associada a *você/cê* e *a gente* são valorados em PB (ver Tabela 4.5); portanto, as contrapartes nulas desses pronomes não podem ser elididas (nem mesmo marginalmente).

Essa proposta dá conta ainda de um interessante contraste entre *você* em PE e *você/cê* em PB. Em PE, o traço de pessoa de *você* é valorado (ver Tabela 4.4); assim, deveríamos esperar que *você* se comportasse como *vocês,* que também tem seu traço de pessoa valorado, e ao contrário de *a gente,* cujos traços de pessoa e número não têm valor. Isso realmente é o que ocorre. Como visto em (22c)/(26c) e (22f)/(26f), as contrapartes nulas de *você* e *vocês* podem ser licenciadas pela respectiva flexão de concordância em PE, em consonância com a Condição de Valoração do Traço Proeminente em (21), mas não a contraparte nula de *a gente* (ver (22e)/(26e)). Em contrapartida, em PB *você/cê* e *vocês/cês* não têm seu traço de pessoa valorado em sua especificação morfológica, mas a valoração de número na flexão de concordância relacionada a *vocês/cês* licencia marginalmente a elipse. Assim, os pronomes *você/cê* em PB deveriam se comportar não como *vocês/cês,* mas como *a gente,* na incapacidade de terem suas contrapartes nulas licenciadas por suas respectivas flexões de concordância. Essa previsão também se mostra correta (ver (22c, e)/(26c, e) *vs.* (22f)/(26f)).

Os dados em (28) apontam para a mesma conclusão.

(28) a. [*Ø* parece estar de mau humor] (Ø = *a gente* → PE: *; PB: *)
b. [*Ø* parece estar de mau humor] (Ø = *você* → PE: √; PB: *)
c. [*Ø* parecem estar de mau humor] (Ø = *vocês* → PE: √; PB: ??)

(28) envolve orações declarativas com verbo de alçamento (ver seção 3.4.3) e replica o padrão visto em (26), com o sujeito nulo na oração encaixada, e (22), com o sujeito nulo em uma oração matriz com um constituinte interrogativo movido. Nos três conjuntos de sentenças, a contraparte nula de *a gente* não é licenciada em nenhuma das variedades e as contrapartes nulas de *você* e *vocês* podem ser licenciadas em PE, pois a flexão de concordância a elas associada tem seu traço de pessoa valorado. Em PB, por outro lado, as contrapartes nulas de *você/cê* se comportam como a contraparte nula de *a gente* em não serem licenciadas, enquanto as contrapartes nulas de *vocês/cês* são marginalmente aceitáveis graças ao traço de número valorado na flexão de concordância verbal a elas associada.

O paradigma em (28) sugere que o licenciamento das contrapartes nulas de *você/cê* e *vocês/cês* em PB visto anteriormente em (15c,f), repetido a seguir em (29), não é de fato efetuado pela flexão de concordância. Recorde-se que imperativos podem licenciar um sujeito nulo de segunda pessoa (ver (8a)) mesmo em línguas que geralmente não permitem sujeitos nulos (ver seção 4.1). Em outras palavras, a força ilocucionária também pode desempenhar um papel relevante no licenciamento de (alguns) sujeitos nulos. Os sujeitos nulos correspondentes a *você/cê* e *vocês/cês* em (29) parecem ilustrar outra instância de licenciamento do sujeito nulo em função da força ilocucionária da sentença. Mais especificamente, uma interrogativa direta *sim/não* parece ser capaz de licenciar um sujeito nulo correspondente a esses pronomes, uma vez que envolve explicitamente o destinatário na interação discursiva.

(29) a. [*Ø* quer entrar]? (Ø = *você* → PE: √; PB: √)
b. [*Ø* fizeram boa viagem]? (Ø = *vocês* → PE: √; PB: √)

Evidência de que o licenciamento de sujeito nulo em (29) é baseado na força ilocucionária da sentença e não na morfologia de concordância verbal é fornecida por interrogativas gerundivas retóricas do PB, como (30), que não envolvem flexão de concordância, mas são capazes de licenciar as contrapartidas nulas de *você/cê* e *vocês/cês*. Na verdade, esses são os únicos elementos que podem ser licenciados nessa construção: não só o sujeito nulo de (30) deve ser interpretado como *você/cê* ou *vocês/cês*, mas qualquer sujeito realizado é excluído (mesmo as formas foneticamente realizadas desses pronomes). Isso indica fortemente que a força ilocucionária de uma interrogativa direta *sim/não* é independentemente capaz de licenciar sujeitos nulos correspondentes ao destinatário em PB.

(30) [*Ø* estacionando em lugar proibido, hem?!]
(Ø = *você/cê/vocês/cês* → PB: √)

Vejamos agora outro caso em PB em que *você/cê* se comporta como *a gente* e não como *vocês/cês*. Considere os dados em (31), por exemplo.

(31) a. [A gente]$_i$ acha que [*Ø*$_i$ deve participar mais]
(Ø = *a gente* → PE: √; PB: √)
b. [A gente]$_i$ vai rever os testes que [*Ø*$_i$ fez]
(Ø = *a gente* → PE: √; PB: *)

Vimos que a contrapartida nula de *a gente* não pode ser morfologicamente licenciada pela flexão de concordância correspondente (ver (19), (22e), (26e) e (28a)). No entanto, isso não deveria ser um problema em (31), pois a contraparte nula de *a gente* poderia ser anaforicamente licenciada por sua contraparte foneticamente realizada na oração matriz. À primeira vista, a gramaticalidade de (31a) em ambas as variedades sugere que esse licenciamento anafórico opera da mesma maneira. (31b), por outro lado, mostra que a resposta não pode ser tão trivial, pois o licenciamento anafórico é bem sucedido em PE, mas não em PB. Curiosamente, o padrão visto em (31) é replicado com a contraparte nula de um pronome de terceira pessoa, como *ele*, como ilustrado em (32).

(32) a. Ele$_i$ acha que [*Ø*$_i$ deve participar mais]   (Ø = *ele* → PE: √; PB: √)
b. Ele$_i$ vai rever os testes que [*Ø*$_i$ fez]   (Ø = *ele* → PE: √; PB: *)

O fato de a contraparte nula de *a gente* estar se comportando como a contraparte nula de um pronome de terceira pessoa não é surpreendente. Uma vez que não pode contar com o licenciamento morfológico, *a gente* poderia, em princípio, recorrer ao licenciamento anafórico, que geralmente atribui interpretação a pronomes de terceira pessoa ancorando sua denotação na denotação de um antecedente na sentença ou no discurso. O que é inesperado é a distinção que PB faz, permitindo o licenciamento anafórico em uma oração completiva (ver (31a) e (32a)), mas não em uma oração relativa (ver (31b) e (32b)). Discutiremos esse problema em detalhe na seção 4.3.1.2. De momento, basta observar que os dois tipos de oração encaixada diferem independentemente no que diz respeito a permitir o movimento sintático de dentro de seus domínios, com as orações completivas geralmente sendo transparentes e as orações adjuntas, opacas (ver seção 4.3.1.2). Assim, a generalização provisória que emerge desses dados é que a contraparte nula de *a gente* não é licenciada dentro de um domínio opaco em PB, mesmo que haja um antecedente apropriado disponível (ver (31b)).

Como já deveríamos esperar, a contraparte nula de *você* em PB novamente se comporta como a contraparte nula de *a gente* nesse aspecto, e não como a contraparte nula de *vocês* (o mesmo se aplica a *cê/cês*). Em outras palavras, a contraparte nula de *você* em PB pode ser licenciada anaforicamente se estiver dentro de um domínio transparente (ver (33a)), mas não dentro de um domínio opaco (ver (33b)), enquanto a contraparte nula de *vocês* no PB é totalmente aceitável em domínios transparentes (ver (34a)) e marginal em domínios opacos (ver (34b)).

(33) a. Você$_i$ prometeu que [$\emptyset_i$ vai participar mais]
 ($\emptyset$ = *você* → PE: √; PB: √)
 b. Você$_i$ precisa rever os testes que [$\emptyset_i$ fez]
 ($\emptyset$ = *você* → PE: √; PB: *)
(34) a. Vocês$_i$ prometeram que [$\emptyset_i$ vão participar mais]
 ($\emptyset$ = *você* → PE: √; PB: √)
 b. Vocês$_i$ precisam rever os testes que [$\emptyset_i$ fizeram]
 ($\emptyset$ = *vocês* → PE: √; PB: ??)

Para completar o quadro, vamos finalmente examinar o comportamento das contrapartes nulas de *nós* e *eu* em domínios encaixados transparentes e opacos quando elas são antecedidas por suas contrapartes foneticamente realizadas na mesma sentença. Com relação à contraparte nula de *nós*, o tipo de oração encaixada que a contém ou a presença de um antecedente explícito não tem qualquer efeito em seu padrão geral de aceitabilidade em PE ou PB, conforme ilustrado em (35). Ou seja, a contraparte nula de *nós* é morfologicamente licenciada tanto em PE quanto em PB, embora a contraparte foneticamente realizada continue a ser a opção preferida em PB, conforme ilustrado em (36).[22]

(35) a. Nós$_i$ descobrimos que [$\emptyset_i$ estávamos errados]
 ($\emptyset$ = *nós* → PE: √; PB: √)
 b. Nós$_i$ não recomendamos o curso que [$\emptyset_i$ fizemos]
 ($\emptyset$ = *nós* → PE: √; PB: √)
(36) a. Nós descobrimos que [**nós** estávamos errados] (PE: ??; PB: √)
 b. Nós não recomendamos o curso que [**nós** fizemos] (PE: ??; PB: √)

Quanto à contraparte nula de *eu*, o quadro é mais complexo. Em domínios encaixados opacos, o padrão é o mesmo que vimos anteriormente: aceitabilidade total em PE e marginalidade em PB, que exibe a preferência usual pela contraparte foneticamente realizada, conforme ilustrado em (37).

(37) a. Eu_i não gostei dos últimos artigos que [∅_i li]
(∅ = eu → PE: √; PB: ??)
b. Eu não gostei dos últimos artigos que [eu li]
(PE: ??; PB: √)

Por outro lado, se a oração encaixada é um domínio transparente, os falantes de PB se dividem em relação a seus julgamentos. Para alguns falantes, não há contraste entre os domínios transparentes e opacos. Isto é, para esses falantes, o sujeito nulo da oração encaixada transparente em (38a) é apenas marginalmente aceitável, comportando-se como o sujeito nulo de (37a). Para outros falantes de PB, o sujeito nulo de sentenças como (38a), com um antecedente, é aceitável, contrastando com sentenças como (39), sem antecedente. É importante ressaltar que a versão com a contraparte foneticamente realizada em (38b) é bem formada para ambos os grupos de falantes de PB. Voltaremos a essas distinções refinadas na seção 4.3.1.2, depois de discutirmos as propriedades gerais do licenciamento anafórico intrassentencial em ambas as variedades.

(38) a. Eu_i acho que [∅_i fiz um bom trabalho]
(∅ = eu → PE: √; %PB: ??; %PB: √)
b. Eu acho que [eu fiz um bom trabalho]
(PE: ??; PB: √)
(39) O Pedro acha que [∅ fiz um bom trabalho]
(∅ = eu → PE: √; PB: ??)

Pondo de lado casos de *topic drop* e casos de licenciamento por certos tipos de força ilocucionária, as Tabelas 4.6 e 4.7 resumem os fatores que podem licenciar sujeitos nulos de primeira e segunda pessoa em PE e PB discutidos até agora.

Tabela 4.6 – Licenciamento de sujeitos nulos de primeira e segunda pessoa em orações finitas do português europeu (paradigma pleno)

		Licenciamento morfológico	Licenciamento anafórico intrassentencial	
			Sujeito nulo em domínio opaco	Sujeito nulo em domínio transparente
Contraparte nula de	eu	√	√	√
	tu	√	√	√
	você	√	√	√
	nós	√	√	√
	vocês	√	√	√
	a gente	*	√	√

SUJEITOS NULOS

Tabela 4.7 – Licenciamento de sujeitos nulos de primeira e segunda pessoa em orações finitas do português brasileiro (paradigma pleno)

		Licenciamento morfológico	*Licenciamento anafórico intrassentencial*	
			Sujeito nulo em domínio opaco	**Sujeito nulo em domínio transparente**
Contraparte nula de	*nós*	√	√	√
	eu	??	??	%??
				%√
	vocês/cês	??	??	√
	a gente	*	*	√
	você/cê	*	*	√

As Tabelas 4.6 e 4.7 ilustram claramente as acentuadas diferenças entre o PE e o PB no que diz respeito a sujeitos nulos de primeira e segunda pessoa. O PE exibe um comportamento muito uniforme nos diferentes domínios. A única exceção é a contrapartida nula de *a gente*. Uma vez que *a gente* não valora o traço de pessoa de sua flexão de concordância, sua contraparte nula não pode ser morfologicamente licenciada e requer ser antecedida pela forma foneticamente realizada. No entanto, a contraparte nula pode estar localizada em um domínio transparente ou opaco em relação ao seu antecedente.

Em contraste, PB apresenta um quadro muito mais complexo, pois os julgamentos dos falantes não mostram uma oposição simples aceitável/inaceitável, mas uma escala mais ampla de inaceitabilidade. A contraparte nula de *nós* é o único pronome que exibe um comportamento constante em diferentes ambientes sintáticos, o que é explicado em função de *nós* ser o único pronome em PB que valora o traço de pessoa da flexão de concordância associada a ele (ver seção 3.4.2 e Tabela 4.5); portanto, a elipse de *nós* pode ser morfologicamente licenciada em consonância com a Condição do Valoração do Traço Proeminente em (21). Por sua vez, as contrapartes nulas de *você/cê* e *a gente* apresentam um comportamento completamente paralelo em PB, não podendo ser morfologicamente licenciadas pelas suas flexões de concordância verbal e precisando estar em um domínio transparente em relação aos seus antecedentes para serem licenciadas anaforicamente. Por fim, as contrapartes nulas de *eu* e *vocês/cês* apresentam um comportamento paralelo, exceto para contextos em que se situam em um domínio transparente em relação aos seus antecedentes. A sua aceitabilidade marginal em outros ambientes é atribuída à valoração do traço de número da flexão de concordância associada a eles (ver seção 3.4.2 e Tabela 4.5), pois no PB a valoração de número em orações finitas licencia marginalmente a elipse de suas contrapartes foneticamente realizadas.

Examinemos agora tempos finitos com uma distinção de concordância a menos, isto é, tempos em que a flexão de concordância para *eu* não é diferente do que se descreve tradicionalmente como terceira pessoa do singular (ver seção 3.4.2). Esses tempos envolvem o pretérito imperfeito do indicativo, o futuro do pretérito do indicativo e todos os tempos do subjuntivo, como ilustrado em (40).[23]

(40) a. {Eu/você/a gente} trabalha**va** bastante naquela época.
b. {Eu/você/a gente} não te**ria** outra oportunidade.
c. O diretor quer que {eu/você/a gente} avali**e** o projeto.
d. Eles esperavam que {eu/você/a gente} resolve**sse** o problema.
e. Os resultados vão ser divulgados quando {eu/você/a gente} conclui**r** a pesquisa.

A aparente incompatibilidade de concordância entre a especificação de traço do pronome *eu* e o padrão de concordância ao qual ele está associado nesses tempos pode ser explicada se envolver empobrecimento morfológico, ou seja, se envolver apagamento de informações morfológicas desencadeado por um determinado contexto morfológico.[24] No caso em questão, a flexão de concordância relacionada a *eu* deve ter alguma especificação morfológica excluída quando coocorre com os morfemas de tempo de (40), de modo que a forma superficial do verbo concordante não seja diferente da forma tradicionalmente referida como terceira pessoa do singular. A questão é, então, determinar que especificações são apagadas.

Para o PB, a resposta é clara. Recorde-se que *eu* em PB é especificado apenas como [P.N:SG] e, consequentemente, um verbo concordando com *eu* também é especificado apenas como [P.N:SG] (ver seção 3.4.2 e Tabela 4.5). Portanto, o empobrecimento morfológico no caso do PB simplesmente implica o apagamento de SG da flexão de concordância associada a *eu*. Em outras palavras, se uma determinada flexão de concordância no PB especificada como [P:n-N:SG] tiver o traço de número apagado, o traço de pessoa não valorado restante não será associado a nenhum conteúdo fonético, em conformidade com a condição de realização *default* em (27c), repetida a seguir em (41c).[25] A forma superficial final não exibirá nenhum morfema foneticamente realizado para número ou pessoa, o que dá a ilusão de que o verbo exibe concordância de "terceira pessoa do singular".

(41) *Regras de correspondência para a realização morfológica da flexão de concordância verbal em PB:*
a. [P.N:1] ↔ {-mo(s)};
   [N:PL]   ↔ {-m}

b. [P.N:SG] → {-o}/PRES.INDIC __
       → {-i}/PRET.PERF.INDIC __
c. Ø nos demais contextos.

Já no caso do PE, a situação é menos trivial. Como *eu* em PE é especificado como [P.N:1.SG], o mesmo deve acontecer com a flexão de qualquer verbo finito que concorde com esse pronome. A questão, então, é determinar se, para o PE, o empobrecimento nos tempos ilustrados em (40) significa o apagamento de [P:1] ou o apagamento de [N:SG] (ver nota 25). Novamente, não podemos tomar uma decisão com base na concordância de superfície, pois ambas as possibilidades resultam na mesma forma de superfície, de acordo com a regra de realização *default* em (20d), repetida a seguir em (42d). Ou seja, se a regra de empobrecimento apagar [P:1], o verbo não aparecerá com morfologia de concordância foneticamente realizada, pois a especificação [N:SG] por si só não é associada a nenhum expoente fonético; da mesma forma, se a regra de empobrecimento apagar [N:SG], o verbo também não aparecerá com morfologia de concordância foneticamente realizada, pois a especificação [P:1] por si só não é associada a nenhum expoente fonético.

(42) *Regras de correspondência para a realização morfológica da flexão de concordância verbal em PE:*
   a. [P.N:1.PL] ↔ {-mos};
      [N:PL] ↔ {-m}
   b. [P.N: 1.SG] → {-o}/PRES.INDIC __
                → {-i} nos demais contextos.
   c. [P.N:2.SG] → {-ste}/PRET.PERF.INDIC __
                → {-s} nos demais contextos.
   d. Ø nos demais contextos.

A decisão entre apagamento de [P:1] ou apagamento de [N:SG] pode, no entanto, ser determinada se levarmos em consideração o licenciamento de sujeitos nulos nos tempos sujeitos a empobrecimento morfológico. De acordo com a Condição de Valoração do Traço Proeminente em (21), o licenciamento da contraparte nula de *eu* deverá ser possível em PE se o apagamento associado a empobrecimento morfológico eliminar [N:SG], mas não se eliminar [P:1]. Crucialmente, o traço sobrevivente pode licenciar elipse de sujeito se for um traço valorado de pessoa. Com essas possibilidades em mente, consideremos as sentenças em (43), sob a interpretação em que o sujeito nulo corresponde a *eu*.

(43) a. Todos achavam [que *Ø* trabalhava na fábrica]
        (Ø = *eu* → PE: √; PB: *)

b. Eles não imaginam [o que **Ø** gostaria de fazer]
   (Ø = *eu* → PE: √; PB: *)
c. A diretora quer [que **Ø** contrate outra secretária]
   (Ø = *eu* → PE: √; PB: *)
d. O professor esperava [que **Ø** estudasse mais]
   (Ø = *eu* → PE: √; PB: *)
e. [Se **Ø** não ultrapassar os 120 km/h], a gasolina vai dar.
   (Ø = *eu* → PE: √; PB: *)

(43) mostra que o PE sistematicamente permite a interpretação dos sujeitos nulos de orações envolvendo os tempos em (40) como sendo *eu,* mas o PB não. Isso pode ser analisado como mostrando que, em ambas as variedades, a regra de empobrecimento apaga o traço de número (juntamente com seu valor). No caso de PE, a contraparte nula de *eu* pode ser morfologicamente licenciada, em consonância com a Condição de Valoração do Traço Proeminente (ver (21)), pelo traço de pessoa valorado que sobrevive na flexão de concordância. Em contraste, a regra de empobrecimento resultando no apagamento do traço de número na flexão de concordância associada com *eu* em PB bloqueia a elipse do pronome e a interpretação do sujeito nulo das sentenças em (40) como *eu* é excluída. Assim, a mesma regra de empobrecimento aplicável ao PE e ao PB tem consequências diferentes para o licenciamento de um sujeito nulo correspondente a *eu,* em virtude das diferentes especificações que cada variedade atribui a esse pronome (ver seção 3.4.2).

As computações envolvendo empobrecimento em cada variedade estão esquematizadas nas Tabelas 4.8 e 4.9, onde T_E representa um tempo sujeito à regra de empobrecimento, exemplificado aqui com o presente do subjuntivo (ver nota 25).

Tabela 4.8 – Pronomes de primeira e segunda pessoa no português europeu:
Concordância sintática em orações finitas sob empobrecimento

Pronomes nominativos	Pessoa e número				
	Especificação morfológica	Concordância sintática [P:n-N:n]	Empobrecimento: Se V-T_E-[P:1-N:SG] → V-T_E[P:1]	Regras de correspondência	Formas de superfície: *dançar* (presente do subjuntivo)
eu	[P.N:1.SG]	*dance*-[**P.N:1.SG**]	*dance*-[P:1]	*dance*-Ø	*dance*
tu	[P.N:2.SG]	*dance*-[**P.N:2.SG**]	não se aplica	*dance*-s	*dances*
você	[P:2-N:SG]	*dance*-[**P:2-N:SG**]	não se aplica	*dance*-Ø-Ø	*dance*
nós	[P.N:1.PL]	*dance*-[**P.N:1.PL**]	não se aplica	*dance*-**mos**	*dancemos*
a gente	[P.N]	*dance*-[**P:n-N:n**]	não se aplica	*dance*-Ø-Ø	*dance*
vocês	[P:2-N:PL]	*dance*-[**P:2-N:PL**]	não se aplica	*dance*-Ø-*m*	*dance*m

SUJEITOS NULOS

Tabela 4.9 – Pronomes de primeira e segunda pessoas no português brasileiro: Concordância sintática em orações finitas sob empobrecimento

Pronomes nominativos	Pessoa e número				
	Especificação morfológica	Concordância sintática [P:n-N:n]	Empobrecimento: Se V-T$_E$-[P:n-N:SG] → V-T$_E$-[P:n]	Regras de correspondência	Formas de superfície: *dançar* (presente do subjuntivo)
eu	[P.N:SG]	*dance*-[P.N:SG]	*dança*-[P:n]	*dance*-Ø	*dance*
você	[P-N]	*dance*-[P:n-N:n]	não se aplica	*dance*-Ø-Ø	*dance*
nós	[P.N:1]	*dance*-[P.N:1]	não se aplica	*dance*-mo(s)	*dancemo(s)*
a gente	[P.N]	*dance*-[P:n-N:n]	não se aplica	*dance*-Ø-Ø	*dance*
vocês	[P-N:PL]	*dance*-[P:n-N:PL]	não se aplica	*dance*-Ø-m	*dancem*

De acordo com as Tabelas 4.8 e 4.9, um verbo no presente do subjuntivo concordando com *eu* tem a mesma forma superficial em PE e PB, mas difere em sua capacidade de licenciar o sujeito nulo correspondente a *eu*, após a aplicação da regra de empobrecimento. Isso mostra mais uma vez que a morfologia de concordância de superfície é de fato irrelevante para o licenciamento de sujeitos nulos. O que realmente importa é a especificação de traços subjacente à concordância verbal em cada variedade. No caso do PE, a concordância envolve um traço de pessoa valorado ([P:1]), que sobrevive à aplicação da regra de empobrecimento e, portanto, pode licenciar a contraparte nula de *eu*, em consonância com a Condição de Valoração do Traço Proeminente. Em contraste, a especificação sobrevivente em PB ([P:n]) não pode licenciar a elipse do pronome foneticamente realizado *eu*.

A mesma conclusão é alcançada quando examinamos as sentenças em (43) com a interpretação do sujeito nulo como *você* e *a gente,* como mostrado em (44).

(44) a. Todos achavam [que Ø trabalhava na fábrica]
      (Ø = *você* → PE: √; PB: *)
      (Ø = *a gente* → PE: *; PB: *)
   b. Eles não imaginam [o que Ø gostaria de fazer]
      (Ø = *você* → PE: √; PB: *)
      (Ø = *a gente* → PE: *; PB: *)
   c. A diretora quer [que Ø contrate outra secretária]
      (Ø = *você* → PE: √; PB: *)
      (Ø = *a gente* → PE: *; PB: *)
   d. O professor esperava [que Ø estudasse mais]
      (Ø = *você* → PE: √; PB: *)
      (Ø = *a gente* → PE: *; PB: *)

e. [Se ∅ não ultrapassar os 120 km/h], a gasolina vai dar.
(∅ = você → PE: √; PB: *)
(∅ = a gente → PE: *; PB: *)

Novamente, a forma superficial do verbo concordante é a mesma, independentemente de o sujeito nulo ser *você* ou *a gente*. Porém, o licenciamento pela concordância é possível em PE somente quando o sujeito nulo é interpretado como *você*; isso não é possível para a contraparte nula de *você* em PB, nem para a contraparte nula de *a gente* em nenhuma das variedades. Como podemos ver nas Tabelas 4.8 e 4.9, apenas a forma de superfície associada a *você* em PE possui uma forma subjacente com um traço de pessoa valorado. Ao computar a especificação subjacente da flexão de concordância, a Condição de Valoração do Traço Proeminente em (21) se mostra mais uma vez empiricamente adequada, distinguindo, dentre as flexões de concordância com a mesma forma de superfície, quais são capazes de licenciar um sujeito nulo e quais não são.

A regra de empobrecimento descrita anteriormente também fornece evidências independentes para o papel da valoração de número no licenciamento marginal de sujeitos nulos em orações finitas em PB. Recorde-se que, na ausência de um antecedente intrassentencial, as contrapartes nulas de *eu* e *vocês* se comportam da mesma forma nos tempos finitos do PB com um paradigma de concordância pleno (ver Tabela 4.7), na medida em que podem ser licenciadas marginalmente. Dado que o empobrecimento exclui a especificação [N:SG] da flexão de concordância associada a *eu* (ver Tabela 4.9), a previsão é que em tempos empobrecidos em PB, as contrapartes nulas de *eu* e *vocês/cês* não deveriam ter padrões iguais, pois apenas os últimos poderiam ainda ser licenciados marginalmente. O contraste entre as sentenças em (43) e a sentença em (45) mostra que essa previsão está correta.

(45) Eu quero que ∅ entreguem o trabalho no prazo.
(∅ = vocês → PE: √; PB: ??)

Evidências adicionais para a regra de empobrecimento na Tabela 4.7 são fornecidas por construções de hiperalçamento em PB envolvendo *eu*. Considere o contraste entre (46) e (47), por exemplo.

(46) a. Eles parece**m** que nada**m** bem. (PB)
b. [eles$_{[P\text{-}G:MASC\text{-}N:PL]}$ parece-**Infl**$_{[P:n\text{-}N:PL]}$ [que __ nada-**Infl**$_{[N:PL]}$ bem]]

(47) a. %Eu pareç**o** que nad**o** bem. (PB)
b. [eu$_{[P.N:SG]}$ parece-**Infl**$_{[P.N:SG]}$ [que __ nada-**Infl**$_{[N:SG]}$ bem]]

Recorde-se que Infl em PB pode conter pessoa e número ou apenas número (ver Tabela 3.13). Quando Infl é especificado apenas para número, o sujeito de sua oração não recebe nominativo e deve ser "hiperalçado" para a oração superior em busca de licenciamento de caso (ver seção 3.4.3). Isso é o que vemos em (46b). Em contraste, quando o elemento relevante é o pronome *eu* como em (47b), os julgamentos dos falantes se dividem. Na seção 3.4.3, essa variação no julgamento foi atribuída à possibilidade de a gramática de falantes individuais permitir ou não que Infl com apenas número entre em uma relação de concordância com um pronome com um traço de número valorado fundido com um traço de pessoa. Essa proposta prevê que, na ausência desse tipo de problema potencial, o hiperalçamento de *eu* deve produzir resultados uniformes entre os falantes. Com isso em mente, consideremos agora a sentença em (48a).

(48) a. Eu parec**ia** que nada**va** bem. (PB)
 b. [eu$_{[P.N:SG]}$ parece-T_E-Infl$_{[P:n]}$ [que ___ nada-T_E-Infl bem]]
 ↑_____|

(48a) também envolve hiperalçamento de *eu*, como esboçado em (48b). Curiosamente, a sentença em (48a) é julgada aceitável mesmo por falantes que não admitem (47a). A diferença relevante aqui é que o tempo da oração encaixada de (48a) (o pretérito imperfeito do indicativo) é um dos tempos que desencadeia a aplicação de regra de empobrecimento em português. Como visto na Tabela 4.7, isso significa que a especificação [N:SG] é excluída de forma independente em ambas as ocorrências do Infl em (48b). Uma vez que esta especificação é eliminada, nenhuma falha potencial de concordância surge na oração encaixada e a fonte de discordância entre os falantes desaparece.[26]

4.3.1.2 SUJEITOS NULOS DE TERCEIRA PESSOA EM ORAÇÕES FINITAS

Consideremos agora sujeitos nulos de terceira pessoa em orações finitas em PE e PB. A primeira coisa a se verificar é se os sujeitos nulos envolvem *pro-drop* ou *topic drop*. Recorde-se que um teste para distinguir essas duas possibilidades envolve sujeitos nulos em orações com constituintes interrogativos movidos (ver seção 4.3.1.1). Tendo isso em mente, considere os dados em (49) e (50) (ver nota 17).

(49) a. A: – Onde está a Maria?
 B: – [∅ acabou de sair]   (∅ = *ela* → PE: √; PB: √)
 b. A: – Onde estão os meninos?
 B: – [∅ acabaram de sair]   (∅ = *eles* → PE: √; PB: √)

(50) a. A: – Onde está a Maria?
       B: – O que **Ø** fez desta vez?   (Ø = *ela* → PE: √; **PB: ***)
     b. A: – Os alunos pareciam preocupados.
       B: – Que prova **Ø** fizeram hoje?   (Ø = *eles* → PE: √; **PB: ??**)

Tanto em (49) quanto em (50), os sujeitos nulos poderiam ser potencialmente identificados pela expressão nominal presente na pergunta do discurso anterior. O PE e PB se comportam da mesma forma em relação a (49), mas não em relação a (50). Observe que *topic drop* pode ser licenciado em (49), mas não em (50) devido à presença do constituinte interrogativo fronteado (ver seção 4.3.1.1). Isso indica que os sujeitos nulos de terceira pessoa em (49) e (50) devem ser analisados como casos de *topic drop* em PB (daí seu contraste em PB), mas podem ser analisados como casos de *pro-drop* em PE (daí a falta de contraste entre (49) e (50) em PE).

Essa distinção, por sua vez, se segue da especificação de traços dos pronomes de terceira pessoa discutidos na seção 3.4.2. Apesar de estarem associados às mesmas formas de concordância verbal em PE e PB, esses pronomes têm especificações subjacentes de pessoa e número diferentes em cada variedade, como se pode ver na Tabela 4.10 (ver também Tabela 3.12).

Tabela 4.10 – Pronomes de terceira pessoa e concordância
verbal em orações finitas do português

Pronomes nominativos	Pessoa e número				Formas de superfície: *dançar* (presente do indicativo)
	PE		PB		
	Especificação morfológica	Flexão de concordância	Especificação morfológica	Flexão de concordância	
ele/ela	[P:3-N:SG]	[P:3-N:SG]	[P-N]	[P:n-N:n]	*dança*
eles/elas	[P:3-N:PL]	[P:3-N:PL]	[P-N:PL]	[P:n-N:PL]	*dançam*

De acordo com a Tabela 4.10, todos os pronomes de terceira pessoa em PE e suas correspondentes flexões de concordância verbal têm suas especificações de pessoa e número valoradas; em PB, por outro lado, apenas número é valorado e apenas quando o pronome está no plural. Essas distinções não são detectadas à primeira vista, pois as especificações de concordância verbal [P:3] e [N:SG] em PE e [P:n] e [N:n] em PB se enquadram na regra de realização *default* em (51d) e (52c) (= (20d) e (27c)) e não são associadas a nenhum conteúdo fonético.

(51) *Regras de correspondência para a realização morfológica da flexão de concordância verbal em PE:*
   a. [P.N:1.PL] ↔ {-mos};
   [N:PL] ↔ {-m}
   b. [P.N: 1.SG] → {-o}/PRES.INDIC __
   → {-i} nos demais contextos.
   c. [P.N:2.SG] → {-ste}/PRET.PERF.INDIC __
   → {-s} nos demais contextos.
   d. Ø nos demais contextos.

(52) *Regras de correspondência para a realização morfológica da flexão de concordância verbal em PB:*
   a. [P.N:1] ↔ {-mo(s)};
   [N:PL] ↔ {-m}
   b. [P.N:SG] → {-o}/PRES.INDIC __
   → {-i}/PRET.PERF.INDIC __
   c. Ø nos demais contextos.

No entanto, quando o licenciamento de sujeito nulo pronominal é levado em consideração, os efeitos das diferentes especificações na Tabela 4.10 se tornam claros. O traço de pessoa da flexão associada a pronomes de terceira pessoa é valorado em PE e, portanto, pode licenciar suas contrapartes nulas em conformidade com a Condição de Valoração do Traço Proeminente (ver (21)). Consequentemente, as contrapartes nulas dos pronomes de terceira pessoa podem ser licenciadas em PE mesmo em ambientes como (50). Já em PB, o traço de pessoa não é valorado; assim, os sujeitos nulos de terceira pessoa em orações principais são totalmente aceitáveis apenas quando resultam de *topic drop*, como em (49). O contraste entre a terceira pessoa do singular e a terceira pessoa do plural em (50) também é esperado. Recorde-se (ver seção 4.3.1.1) que em PB um traço de número valorado pode marginalmente permitir elipse de um pronome sujeito (ver (22a,f) e (26a,f), por exemplo). Sendo assim, a valoração do traço de número em (50b) permite marginalmente elipse, levando a uma maior aceitabilidade em comparação com (50a), que não pode recorrer a elipse porque seu traço de número também não é valorado.

Examinemos agora sujeitos nulos de terceira pessoa em orações subordinadas.

(53) a. [A Maria]$_i$ acha [que *Ø* vai viajar amanhã]
      (PE: Ø$_{i/k}$; **PB: Ø**$_{i/*k}$)
   b. [Os alunos]$_i$ disseram [que *Ø* conversaram com a diretora]
      (PE: Ø$_{i/k}$; **PB: Ø**$_{i/??k}$)

(53) mostra que sujeitos nulos de terceira pessoa são permitidos em orações encaixadas tanto em PE quanto em PB, mas com interpretações diferentes. No caso do PE, o sujeito nulo encaixado pode ser interpretado como se referindo ao sujeito da oração matriz ou alguma outra expressão nominal compatível que esteja saliente no discurso anterior (indicada pelo índice k); assim, os sujeitos nulos de (53), por exemplo, podem se referir respectivamente ao João ou aos professores se eles tiverem sido os tópicos de conversação no discurso anterior. Já no PB, a leitura de sujeito idêntico ao da oração matriz é permitida, mas a leitura extrassentencial só é admitida (e, mesmo assim, marginalmente) com a terceira pessoa do plural.

O fato de a interpretação extrassentencial dos sujeitos nulos de (53) não ser permitida em PB no caso da terceira pessoa do singular e ser marginalmente permitida no caso da terceira pessoa do plural não é surpreendente em face do contraste entre (49) e (50), que mostrou que sujeitos nulos de terceira pessoa em orações principais são casos de *topic drop* e não de *pro-drop*. Recorde-se que *topic drop* é tipicamente um fenômeno de oração matriz (ver (26)). O que é realmente inesperado é a falta de contraste entre os sujeitos nulos de terceira pessoa do singular e de terceira pessoa do plural em (53) sob a leitura intrassentencial, ao contrário do que vimos em (50).

Os dados em (54) e (55) mostram ainda que associar o sujeito nulo a uma expressão nominal dentro da sentença não é uma condição suficiente para licenciá-lo em PB.

(54) a. O pai d[a Maria]$_i$ falou [que $\emptyset_i$ está grávida]
(PE: √; **PB: ***)
b. A professora d[os meus filhos]$_i$ acha [que $\emptyset_i$ passam de ano]
(PE: √; **PB: ??**)

(55) a. [O João]$_i$ disse que a gerente confirmou [que $\emptyset_i$ vai ser promovido]
(PE: √; **PB: ***)
b. [Os estagiários]$_i$ ouviram que a diretora disse [que $\emptyset_i$ escrevem bem]
(PE: √; **PB: ??**)

Todos os sujeitos nulos de (54) e (55) são aceitáveis em PE sob a interpretação indicada, o que mais uma vez confirma que esses são casos comuns de *pro-drop* nessa variedade. Em PB, por outro lado, as sentenças com sujeito nulo na terceira pessoa do singular são excluídas (ver (54a) e (55a)) e as com sujeito nulo na terceira pessoa do plural são marginalmente aceitáveis (ver (54b) e (55b)), replicando o padrão que vimos anteriormente em (50). É importante notar que as sentenças em (54) e (55) são morfológica e pragmaticamente enviesadas no sentido de estabelecer a correferência pretendida, mas sem sucesso em PB. A versão mais natural do significado indicado pelos índices de (54) e (55) em PB tem um pronome foneticamente realizado na posição de sujeito encaixado.

Outro contraste interessante entre PE e PB diz respeito à interpretação dos sujeitos nulos de certas orações subjuntivas, conforme ilustrado em (56).[27]

(56) [O João]$_i$ quer [que **Ø** viaje na próxima semana]
(Ø$_i$ → PE/PB: *; **Ø**$_k$ → **PE:** √; **PB:** *)

À semelhança do que ocorre em outras línguas românicas, uma oração subjuntiva que é complemento de verbos como *querer* impõe uma interpretação de não correferência entre o seu sujeito e o sujeito da oração subordinante. Assim, nem em PE nem em PB o sujeito encaixado de (56) pode ser interpretado como sendo o João. Uma vez que esta possibilidade de interpretação é excluída por razões independentes, o sujeito nulo de (56) pode ser interpretado em PE como se referindo a alguma outra pessoa saliente mencionada no discurso anterior. PB, por outro lado, não dispõe dessa possibilidade: (56) é simplesmente inaceitável, independentemente da interpretação do sujeito nulo. Isso sugere que o efeito de não correferência se aplica a pronomes e (56) não é uma configuração em que um pronome nulo possa ser licenciado em PB.

Em suma, o contraste entre PE e PB em relação à interpretação dos sujeitos nulos de (50) e (53)-(56) leva à conclusão de que os sujeitos nulos em PB não envolvem *pro-drop* (caso contrário, deveriam se comportar como seus homólogos em PE). Isso, por sua vez, nos leva à expectativa de que a plena aceitabilidade em PB da interpretação dos sujeitos nulos encaixados de (53) como correferentes do sujeito da oração matriz não decorra do licenciamento de pronomes nulos. Há de fato evidências independentes interessantes de que os sujeitos nulos de (53) não são pronomes nulos. Considere os dados em (57) e (58), por exemplo.[28]

(57) [O João]$_i$ tinha dito [que **Ø**$_i$ ia reclamar da decisão]
e a Maria também tinha.
'[O João]$_i$ tinha dito que ele$_i$ ia reclamar da decisão
e [a Maria]$_k$ também tinha dito que **ela**$_k$ ia reclamar
da decisão.' (PE: √; PB: √)
'[O João]$_i$ tinha dito que ele$_i$ ia reclamar da decisão
e a Maria também tinha dito que **ele**$_i$ ia reclamar
da decisão.' (PE: √; **PB:** *)

(58) Só [a Maria]$_i$ acha [que **Ø**$_i$ vai ganhar a eleição]
'[A Maria]$_i$ acha que ela$_i$ vai ganhar a eleição
e ninguém mais acredita na **própria** vitória.' (PE: √; PB: √)
'[A Maria]$_i$ acha que ela$_i$ vai ganhar a eleição
e ninguém mais acredita na vitória **dela**$_i$.' (PE: √; **PB:** *)

As sentenças (57) e (58) têm duas interpretações em PE, mas apenas uma em PB. Crucialmente, as duas interpretações estão disponíveis em sentenças análogas em PB quando um pronome foneticamente realizado ocupa a posição de sujeito encaixado, como mostrado em (59) e (60). O fato de a ambiguidade associada a elementos claramente pronominais como em (59) e (60) ser encontrada em (57) e (58) apenas em PE indica claramente que os últimos pares de sentenças envolvem um pronome nulo em PE, mas não em PB.

(59) [O João]$_i$ tinha dito [que **ele**$_i$ ia reclamar da decisão]
e a Maria também tinha.
'[O João]$_i$ tinha dito que ele$_i$ ia reclamar da decisão
e [a Maria]$_k$ também tinha dito que **ela**$_k$ ia reclamar
da decisão.' (PE: √; PB: √)
'[O João]$_i$ tinha dito que ele$_i$ ia reclamar da decisão
e Maria também tinha dito que **ele**$_i$ ia reclamar
da decisão.' (PE: √; **PB**: √)

(60) Só [a Maria]$_i$ acha [que **ela**$_i$ vai ganhar a eleição]
'[A Maria]$_i$ acha que ela$_i$ vai ganhar a eleição
e ninguém mais acredita na **própria** vitória.' (PE: √; PB: √)
'[A Maria]$_i$ acha que ela$_i$ vai ganhar a eleição
e ninguém mais acredita na vitória d**ela**$_i$.' (PE: √; **PB**: √)

Assim, ficamos com a questão de qual é a natureza do sujeito nulo de (53) em PB se não é um caso de *topic drop* nem de elipse pronominal. Os contrastes entre PB e PE em (54) e (55) mostram que o licenciamento de sujeitos nulos subordinados de terceira pessoa em PB está sujeito a condições muito mais restritas do que as que se aplicam ao licenciamento anafórico de pronomes nulos de terceira pessoa em PE. Em particular, um sujeito nulo subordinado em PB requer um antecedente (ver (53)) que deve estar na correspondente oração subordinante (ver (55)) e não ser imediatamente dominado por outro sintagma nominal (ver (54)). Curiosamente, este conjunto de propriedades, na verdade, descreve a operação de movimento de uma posição de sujeito para outra posição de sujeito. Como vimos anteriormente, a flexão da concordância verbal em PB pode ser ambígua, envolvendo pessoa e número ou apenas número (ver seção 3.4.3). Na última situação, o sujeito encaixado não recebe caso dentro da sua oração e se move para a posição de sujeito da oração subordinante, conforme ilustrado em (61).

(61) a. Eles **parecem** que **gostam** de nadar. (PB)
b. [eles$_{[P-G:MASC-N:PL]}$ parece-**Infl**$_{[P:n-N:PL]}$ [que ___ gosta-**Infl**$_{[N:PL]}$ de nadar]]

Uma vez que o PB permite que o sujeito de uma oração finita possa se mover para outra posição de sujeito, sentenças como (53) podem ser obtidas da mesma maneira, como esboçado em (62).[29] Em outras palavras, se os sujeitos nulos de sentenças como (53) em PB são lacunas sintáticas que resultam do movimento do sujeito encaixado para a posição de sujeito da matriz,[30] podemos explicar as restrições mais rígidas que encontramos no licenciamento de sujeitos nulos encaixados em PB (ver (54)/(55)).

(62)   *PB* :
    a. [a Maria]$_i$ acha [que $\emptyset_i$ vai viajar amanhã]
    a.' [[a Maria] acha-**Infl**$_{[P:n-N:n]}$ [que ___ ir.PRES-**Infl**$_{[N:n]}$ viajar amanhã]]
    b. [os alunos]$_i$ disseram [que $\emptyset_i$ conversaram com a diretora]
    b.' [os alunos] dissera-**Infl**$_{[P:n-N:PL]}$ [que ___ conversara-**Infl**$_{[N:PL]}$ com a diretora]

Evidência para uma abordagem em termos de movimento nos moldes de (62) para sujeitos nulos de terceira pessoa em PB é fornecida por efeitos de ilha.[31] Os sujeitos em (62) se movem de uma oração completiva e orações completivas são geralmente transparentes para operações de movimento, como ilustrado em (63a) com o movimento de um constituinte interrogativo. Por outro lado, orações relativas são ilhas sintáticas, não permitindo movimento de dentro delas, conforme ilustrado em (63b).

(63)   a. Que livro a Maria disse que o João comprou?
    a.' [que livro] a Maria disse [que o João comprou ___]
    b. *Que livro a Maria conversou com o estudante que leu?
    b.' *[que livro] a Maria conversou com o estudante [$_{ilha}$ que leu ___]

Conforme mencionado na seção 4.3.1.1, um sujeito nulo de terceira pessoa do singular é permitido no PB como sujeito de uma oração completiva, mas não como sujeito de uma oração relativa, conforme mostrado em (64) (= (32)). Se em PB os sujeitos nulos em (53) são resultantes de movimento, o contraste de aceitabilidade entre as sentenças de (64) exibido pelo PB, mas não pelo PE, é exatamente o que deveríamos esperar, pois replica o padrão visto em (63).

(64)   a. Ele$_i$ acha que [$\emptyset_i$ deve participar mais]   (Ø = *ele* → PE: √; PB: √)
    b. Ele$_i$ vai rever os testes que [$_{ilha}$ $\emptyset_i$ fez]   (Ø = *ele* → PE: √; PB: *)

Sob esta perspectiva, também encontram explicação os contrastes em PB entre (65a) e (65b) e entre (64b) e (65b).

(65) a. Eles$_i$ acham [que $\emptyset_i$ devem participar mais] (PE: √; PB: √)
 b. Eles$_i$ vão rever os testes [$_{ilha}$ que $\emptyset_i$ fizeram] (PE: √; PB: ??)

Em (65a), o movimento de dentro da oração completiva é possível; portanto, o sujeito nulo da terceira pessoa do plural é totalmente aceitável em PB. Em (65b), por outro lado, a oração relativa não permite movimento a partir do seu interior. No entanto, a flexão de concordância do verbo encaixado tem seu traço de número valorado, podendo licenciar marginalmente elipse pronominal em PB; segue-se daí a aceitabilidade marginal do sujeito nulo de (65b) em PB. Essa possibilidade não está disponível para (64b) em PB, pois o traço de número da flexão de concordância não é valorado (ver Tabela 4.10). As versões totalmente aceitáveis de (64b) e (65b) no PB, na verdade, envolvem pronomes foneticamente realizados nas orações encaixadas, como mostrado em (66).

(66) a. Ele$_i$ vai rever os testes [que **ele**$_i$ fez] (PE:?; PB: √)
 b. Eles$_i$ vão rever os testes [$_{ilha}$ que **eles**$_i$ fizeram] (PE:?; PB: √)

Também é esperado o fato de todas as sentenças de (64) e (65) serem totalmente aceitáveis em PE, mas as de (66) serem um tanto marginais, a menos que o sujeito encaixado seja contrastivo ou enfatizado de alguma forma. A flexão de concordância associada a pronomes de terceira pessoa é valorada em PE (ver Tabela 4.15) e é, portanto, capaz de licenciar os pronomes nulos tanto de (64), quanto de (65). A marginalidade das sentenças de (66) em PE decorre da preferência das línguas *pro-drop* canônicas por sujeitos nulos em contextos neutros (ver nota 4).

O comportamento de sujeitos nulos de terceira pessoa nas orações finitas em PE e PB se encontra resumido na Tabela 4.11.

Tabela 4.11 – Licenciamento de sujeitos nulos de terceira pessoa em orações finitas do português

	Licenciamento morfológico		Licenciamento anafórico intrassentencial			
			Sujeito nulo em ilha		Sujeito nulo em domínio transparente	
	PE	PB	PE	PB	PE	PB
Contraparte nula de ele/ela	√	*	√	*	√	√
Contraparte nula de eles/elas	√	??	√	??	√	√

Essa análise dos sujeitos nulos subordinados de terceira pessoa no PB em termos de movimento também explica os intrigantes contrastes envolvendo sujeitos nulos de primeira e segunda pessoa discutidos na seção 4.3.3.1, que dependem de o sujeito nulo estar ou não dentro de uma ilha sintática. Considere os dados do PB em (67)-(69), por exemplo (as sentenças correspondentes são todas aceitáveis no PE):

(67) a. {Você/[a gente]}$_i$ prometeu
 [que $\emptyset_i$ vai participar mais] (PB: √)
 b. {Você/[a gente]}$_i$ precisa rever os testes
 [$_{ilha}$ que $\emptyset_i$ fez] (PB: *)
(68) a. Vocês$_i$ prometeram
 [que $\emptyset_i$ vão participar mais] (PB: √)
 b. Vocês$_i$ precisam rever os testes
 [$_{ilha}$ que $\emptyset_i$ fizeram] (PB: ??)
(69) a. Eu$_i$ acho
 [que $\emptyset_i$ estudei o suficiente] (%PB: √; %PB: ??)
 b. Eu$_i$ não gostei dos últimos artigos
 [$_{ilha}$ que $\emptyset_i$ li] (PB: ??)

Uma abordagem em termos de movimento de uma posição de sujeito para outra posição de sujeito se mostra viável no caso das sentenças-*a* de (67)-(69), mas não no caso das sentenças-*b*, que envolvem uma configuração de ilha (uma oração relativa). Consequentemente, (67a) e (68a) são totalmente aceitáveis e (67b) é inaceitável. Quanto a (68b) e (69b), a valoração do traço de número na flexão de concordância associada a *vocês* e *eu* permite marginalmente elipse desses pronomes; assim, embora essas sentenças não possam ser derivadas por meio de movimento, elas são marginalmente aceitáveis graças ao papel marginal da valoração de número no licenciamento de sujeitos nulos em PB (ver seção 4.3.1.1). Finalmente, os julgamentos dos falantes se dividem em relação a (69a). O problema não é o movimento do sujeito encaixado, pois a oração encaixada é um domínio transparente (ver (67a) e (68a)), mas a concordância na oração encaixada. Conforme discutido na seção 3.4.3, para que o movimento do sujeito encaixado para a posição de sujeito da oração subordinante seja possível em PB, o Infl encaixado deve conter apenas o traço de número. Alguns falantes não permitem que o único traço de número da flexão adquira valor do traço de número de *eu*, pois este se encontra fundido com o traço de pessoa. Esses falantes, então, analisam as orações encaixadas de sentenças como (69a) como envolvendo um Infl com pessoa e número, o que produz um resultado marginal como em (69b,), graças à disponibilidade marginal de elipse com o traço de número valorado. Para falantes que permitem que um Infl especificado apenas com traço de número concorde com *eu*, a alternativa de movimento é viável e (69a) se comporta como (67a) e (68a).

4.3.1.3 RESUMO

A Tabela 4.12 resume a discussão até agora.

Tabela 4.12 – Flexão de concordância de pessoa e número em orações finitas e licenciamento de sujeitos nulos no português

Pronomes nominativos	Especificação morfológica para pessoa e número					
	PE			PB		
	Especificação do pronome	Flexão de concordância	Licenciamento de sujeito nulo	Especificação do pronome	Flexão de concordância	Licenciamento de sujeito nulo
tu	[P.N:2.SG]	[P.N:2.SG]	√			
nós	[P.N:1.PL]	[P.N:1.PL]	√	[P.N:1]	[P.N:1]	√
eu	[P.N:1.SG]	[P.N:1.SG]	√	[P.N:SG]	[P.N:SG]	??
vocês	[P:2-N:PL]	[P:2-N:PL]	√	[P-N:PL]	[P:n-N:PL]	??
eles/elas	[P:3-N:PL]	[P:3-N:PL]	√			
você	[P:2-N:SG]	[P:2-N:SG]	√	[P-N]	[P:n-N:n]	*
ele/ela	[P:3-N:SG]	[P:3-N:SG]	√			
a gente	[P.N]	[P:n-N:n]	*			

Como o PE e o PB têm diferentes especificações morfológicas subjacentes para seus sistemas pronominais, seus pronomes nominativos desencadeiam diferentes padrões de valoração nas flexões de concordância a eles associadas. A Condição de Valoração do Traço Proeminente (ver (21)) determina então quais flexões de concordância são capazes de licenciar elipse de um sujeito pronominal. Em PE, todas as flexões, exceto a associada a *a gente*, têm seu traço de pessoa valorado; portanto, todos os pronomes nulos, exceto a contraparte nula de *a gente*, podem ser morfologicamente licenciados. Em PB, ao contrário, *nós* é o único pronome que valora o traço de pessoa da flexão de concordância a ele associada; portanto, a contraparte nula de *nós* é a única totalmente aceitável em PB. Os pronomes *eu*, *vocês/cês* e *eles/elas* em PB, por sua vez, valoram o traço de número da flexão de concordância. Dado que número é o segundo traço mais proeminente na escala de proeminência (ver (21)), as contrapartes nulas de *eu*, *vocês/cês* e *eles/elas* podem ser marginalmente licenciadas pela flexão de concordância correspondente. Por fim, as contrapartes nulas de *você/cê, ele/ela* e *a gente* em PB não podem ser licenciadas morfologicamente porque a flexão de concordância a elas associada não tem nem pessoa, nem número valorados. Além disso, se a regra de empobrecimento morfológico apagar o valor da flexão de número associado a *eu* em PB (ver Tabela 4.9), a sua contraparte nula também não será licenciada morfologicamente (nem mesmo marginalmente).

Sujeitos nulos podem, entretanto, surgir em PB como resultado de uma operação de movimento (ver (62)). Nesse cenário, as restrições associadas aos sujeitos nulos em PB (devem se localizar em um domínio transparente e ser interpretados como correferentes do sujeito da correspondente oração subordinante; ver (54)-(55), (64)-(65) e (67)-(69)) decorrem de condições que se aplicam independentemente ao movimento de uma posição de sujeito (encaixado) para outra posição de sujeito (mais alta).

4.3.2 Sujeitos nulos definidos em infinitivos flexionados

4.3.2.1 SUJEITOS NULOS DE PRIMEIRA E SEGUNDA PESSOA EM INFINITIVOS FLEXIONADOS

Conforme discutido na seção 3.3.2.2.2, infinitivos flexionados em português têm uma distinção de concordância a menos que o paradigma pleno de concordância das orações finitas, com PE exibindo dois casos de flexão de concordância não ambígua (a concordância associada a *tu* e *nós*) e PB, apenas um (a concordância associada a *nós*). Em particular, a flexão de concordância associada ao pronome *eu* está sujeita a um processo de empobrecimento morfológico, que dá origem a uma forma de superfície idêntica ao infinitivo não flexionado, conforme mostrado na Tabela 4.13.

Tabela 4.13 – Pronomes de primeira e segunda pessoa e morfologia de concordância verbal em infinitivos flexionados do português

Pronomes nominativos	*dançar*
eu	
você	*dançar*
cê (PB)	
a gente	
tu (PE)	*dançares*
nós	*dançarmos*
vocês	*dançarem*
cês (PB)	

Vimos na seção 4.3.1.1 que, no caso de orações finitas, a ausência de ambiguidade morfológica não desempenha papel relevante no licenciamento de sujeitos nulos. O que na verdade se mostra crucial para que a flexão de concordância possa licenciar sujeitos nulos pronominais é a Condição de Valoração do Traço Proeminente formulada em (21) e repetida aqui em (70), por conveniência.

(70) *Condição de Valoração do Traço Proeminente*
    Uma dada flexão verbal Infl só pode licenciar morfologicamente a elipse de um sujeito pronominal definido em português se o traço de Infl mais proeminente na escala *pessoa>número>gênero>caso* for valorado.

Portanto, a questão que temos que determinar aqui é se infinitivos flexionados se comportam de maneira diferente e licenciam seus sujeitos nulos por meio de morfologia de concordância não ambígua ou se a Condição de Valoração do Traço Proeminente pode oferecer uma análise uniforme para sujeitos nulos tanto em domínios finitos, quanto não finitos.

Para começar, podemos investigar qual o traço da flexão de concordância associada a *eu* que o processo de empobrecimento apaga nos infinitivos flexionados. Novamente, a resposta para o PB não é difícil de estabelecer. Se *eu* em PB é especificado como [P.N:SG] (ver seção 3.4.2), é a especificação de número na respectiva flexão de concordância que deve sofrer empobrecimento. O apagamento dessa especificação deveria, então, bloquear a elipse de *eu*, que é marginalmente permitida com tempos com o paradigma de concordância pleno (ver seção 4.3.1.1). Quanto ao PE, *eu* é especificado para pessoa e número e a flexão de concordância correspondente também é especificada para esses traços. Podemos então determinar se é o traço de pessoa ou o traço de número que é apagado sob empobrecimento, examinando se o PE permite que o sujeito nulo correspondente a *eu* seja morfologicamente licenciado em infinitivos flexionados.

Tendo isso em mente, consideremos os dados em (71).

(71) a. Eles ouviram-**me**$_i$ atentamente e lamentaram
[$\emptyset_i$ estar sem tempo para os ajudar]   ($\emptyset$ = *eu* → PE: √)
a.' *Eles **me**$_i$ ouviram atentamente e lamentaram
[$\emptyset_i$ estar sem tempo para ajudar eles]   ($\emptyset$ = *eu* → PB: *)
b. O professor lamentou
[$\emptyset$ estares sem trabalho]   ($\emptyset$ = *tu* → PE: √)
c. O professor lamentou [$\emptyset_i$ estar sem trabalho],
mas infelizmente não pode atribuir-**lhe**$_i$ a bolsa. ($\emptyset$ = *você* → PE: √)
c.' *O professor lamentou [$\emptyset_i$ estar sem trabalho],
mas infelizmente não pode **te**$_i$ atribuir a bolsa. ($\emptyset$ = *você* → PB: *)
d. O professor lamentou
[$\emptyset$ estarmos sem trabalho]   ($\emptyset$ = *nós* → PE: √; PB: √)
e. *Eles ouviram **a gente**$_i$ atentamente e lamentaram
[$\emptyset_i$ estar sem tempo para os ajudar]   ($\emptyset$ = *a gente* → PE: *)
e.' *Eles ouviram **a gente**$_i$ atentamente e lamentaram
[$\emptyset_i$ estar sem tempo para ajudar eles]   ($\emptyset$ = *a gente* → PB: *)
f. Seria bom [$\emptyset$ arrumarem as malas]   ($\emptyset$ = *vocês* → PE: √; PB: ??)

Pondo de lado a contraparte nula de *eu* em (71a) e (71a') por enquanto, o paradigma em (71) replica o que vimos no caso de sujeitos nulos em orações finitas encaixadas (ver (26)). Em PE, as contrapartes nulas de *tu, você, nós* e *vocês* podem ser licenciadas morfologicamente, mas não a contrapartida nula de *a gente*. Em PB, por outro lado, apenas a contraparte nula de *nós* é totalmente aceitável; a contraparte nula de *vocês* é marginal e as contrapartes nulas de *você* e *a gente* estão completamente excluídas. A explicação para esse padrão é a mesma que vimos antes: *a gente* em PE e PB e *você* em PB não são morfologicamente valorados para pessoa ou número; portanto, a Condição de Valoração do Traço Proeminente impede que as flexões de concordância associadas a esses pronomes licenciem morfologicamente as suas contrapartes nulas. O comportamento diferente da contraparte nula de *você* em cada variedade, apesar de estar associada à mesma forma de concordância superficial, por si só evidencia que o licenciamento de sujeitos nulos em infinitivos flexionados não se baseia em formas de concordância não ambíguas.

Sendo assim, voltemos à contraparte nula de *eu* em (71a) e (71a'). A correspondente forma infinitiva é a mesma em PE e PB. No entanto, apenas em PE o sujeito nulo pode ser apropriadamente interpretado como o falante. Isso reflete o que vimos com respeito aos tempos finitos que sofrem empobrecimento (ver (43)) e a explicação pode ser a mesma: em ambas as variedades, empobrecimento apaga a especificação de número da flexão de concordância associada a *eu*, como esquematizado nas Tabelas 4.14 e 4.15. Esse apagamento não impede que a contraparte nula de *eu* seja licenciada em PE, pois o traço de pessoa remanescente na flexão de concordância está valorado, estando assim em consonância com a Condição de Valoração do Traço Proeminente. Em PB, por outro lado, o traço de pessoa sobrevivente não é valorado e, portanto, a contraparte nula de *eu* não pode ser licenciada (nem mesmo marginalmente).

Tabela 4.14 – Sujeitos nulos de primeira e segunda pessoa e concordância verbal em infinitivos flexionados do português europeu

Pronomes nominativos	Pessoa e número				
	Especificação morfológica	Concordância sintática [P:n-N:n]	Empobrecimento: Se V-INF-[P:1-N:SG] → V-INF-[P:1]	Regras de correspondência	Formas de superfície: *dançar*
eu	[P.N:1.SG]	dançar-[**P.N:1.SG**]	dançar-[**P:1**]	dançar-Ø	dançar
você	[P:2-N:SG]	dançar-[**P:2-N:SG**]	não se aplica	dançar-Ø-Ø	
a gente	[P.N]	dançar-[**P:n-N:n**]	não se aplica	dançar-Ø-Ø	
tu	[P.N:2.SG]	dançar-[**P.N:2.SG**]	não se aplica	dançar-*s*	dançares
nós	[P.N:1.PL]	dançar-[**P.N:1.PL**]	não se aplica	dançar-*mos*	dançarmos
vocês	[P:2-N:PL]	dançar-[**P:2-N:PL**]	não se aplica	dançar-Ø-*m*	dançarem

Tabela 4.15 – Sujeitos nulos de primeira e segunda pessoas e concordância verbal em infinitivos flexionados do português brasileiro

Pronomes nominativos	Especificação morfológica	Concordância sintática [P:n-N:n]	Empobrecimento: Se V-INF-[P:n-N:SG] → V-INF-[P:n]	Regras de correspondência	Formas de superfície: *dançar*
eu	[P.N:SG]	*dançar*-[P.N:SG]	*dançar*-[P:n]	*dançar*-Ø	*dançar*
você	[P-N]	*dançar*-[P:n-N:n]	não se aplica	*dançar*-Ø-Ø	*dançar*
a gente	[P.N]	*dançar*-[P:n-N:n]	não se aplica	*dançar*-Ø-Ø	
nós	[P.N:1]	*dançar*-[P.N:1]	não se aplica	*dançar*-**mos**	*dançar**mos***
vocês	[P.N:PL]	*dançar*-[P:n-N:PL]	não se aplica	*dançar*-Ø-**m**	*dançar**em***

Os dados em (71) e suas análises nas Tabelas 4.14 e 4.15 mostram que, apesar das aparências, a contraparte nula de *eu* forma uma classe natural com a contraparte nula de *você* em infinitivos flexionados do PE, mas com as contrapartes nulas de *a gente* e *você* em infinitivos flexionados do PB. Em PE, as flexões de concordância infinitiva associadas a *eu* e *você* têm seu traço de pessoa valorado e, portanto, são capazes de licenciar morfologicamente os sujeitos nulos correspondentes, em consonância com (70). Por outro lado, em PB as flexões de concordância de infinitivos flexionados associadas a *eu, você* e *a gente* não podem licenciar as suas contrapartes nulas, por não terem seu traço de pessoa valorado.

Observe que os intricados contrastes entre o PE e o PB em (71) simplesmente desaparecem em construções infinitivas como (72), onde todas as sentenças são gramaticais em ambas as variedades.

(72) a. Eu$_i$ escrevi este artigo para Ø$_i$ discutir com a professora.
 (Ø = *eu* → PE: √; PB: √)
 b. Você$_i$ deve organizar os dados para Ø$_i$ discutir com o professor.
 (Ø = *você* → PE: √; PB: √)
 c. [A gente]$_i$ preparou um projeto para Ø$_i$ discutir com o professor.
 (Ø = *a gente* → PE: √; PB: √)

Crucialmente, os antecedentes dos sujeitos nulos das orações adjuntas em (72) se encontram na posição de sujeito da oração subordinante e isso constitui um ambiente que admite infinitivos flexionados e não flexionados (ver seção 3.3.2.2.2), como ilustrado em (73). Assim, as versões gramaticais de (72) que correspondem a versões não gramaticais em (71) podem ser licenciadas independentemente, graças à possibilidade de um infinitivo não flexionado, que não envolve um sujeito pronominal nominativo nulo, mas um sujeito nulo sem caso (ver seção 4.2 e nota 3).

(73) Deves organizar os resultados antes de
[*Ø* {**conversar/conversares**} com o professor]   (Ø = *tu* → PE: √)

Examinemos agora uma consequência adicional da regra de empobrecimento da Tabela 4.15. Conforme mencionado na seção 4.3.1.1, mesmo falantes do PB que não permitem construções como (74a) (= (47a)), que envolve hiperalçamento de *eu* a partir de uma oração encaixada no presente do indicativo, admitem construções similares como (75a) (= (48a)), cuja oração encaixada está no pretérito imperfeito do indicativo.

(74) a. %Eu pare**ço** que na**do** bem. (PB)
   b. [eu$_{[P:N:SG]}$ parece-**Infl**$_{[P:N:SG]}$ [que ___ nada-**Infl**$_{[N:SG]}$ bem]]

(75) a. Eu parec**ia** que nada**va** bem. (PB)
   b. [eu$_{[P:N:SG]}$ parece-T_E-Infl$_{[P:n]}$ [que ___ nada-T_E-Infl bem]]

Como visto na seção 3.4.3, para que o hiperalçamento possa ocorrer, o Infl encaixado deve ser especificado apenas para número. Em princípio, isso é possível em (74b) e (75b). Portanto, o hiperalçamento *per se* é lícito em ambas as construções. A distinção entre (74a) e (75a) é, na verdade, de natureza morfológica. Para que a estrutura em (74b) se superficialize como em (74a), o traço de número do Infl encaixado deve ser valorado por um pronome com traços de pessoa e número fundidos. Embora isso seja geralmente bloqueado (impedindo, assim, o hiperalçamento de *nós*; ver capítulo "Concordância": (88)), alguns falantes parecem dar maior importância ao valor do conglomerado fundido (SG − um valor para o traço de número), permitindo hiperalçamento nesse caso; segue-se daí a variação nos julgamentos que encontramos para sentenças como (74a). Em (75b), por outro lado, não surge nenhum problema, pois o imperfeito do indicativo é um dos tempos que apaga o traço de número do Infl sob a regra de empobrecimento; portanto, o verbo encaixado surge sem flexão de concordância (ver Tabela 4.9) e os falantes do PB julgam uniformemente (75a) como uma sentença aceitável.

Se infinitivos flexionados em PB sofrem empobrecimento nos moldes da descrição na Tabela 4.15, a previsão é que a hiperalçamento de *eu* a partir de infinitivos flexionados deve ter um padrão semelhante a (75a) e não a (74a). Essa previsão se confirma. Conforme mencionado na seção 3.4.3, uma sentença como (76a), que envolve hiperalçamento de *eu* a partir de um infinitivo flexionado, é aceitável mesmo para falantes que não admitem (74a). Como esquematizado em (75b), em que T_E representa o infinitivo flexionado, a regra de empobrecimento apaga independentemente a especificação de número de (76b) e o verbo é realizado com uma forma idêntica ao infinitivo não flexionado.

(76) a. Eu sou difícil de **nadar** bem em competição. (PB)
　　 b. [eu_[P:N:SG] sou difícil de [__ nada-T_E-Infl bem em competição]]

4.3.2.2 SUJEITOS NULOS DE TERCEIRA PESSOA EM INFINITIVOS FLEXIONADOS

Infinitivos flexionados não diferem essencialmente de orações finitas (ver Tabela 4.11) no que diz respeito a sujeitos nulos de terceira pessoa. Como representado na Tabela 4.16, a flexão de concordância verbal associada a infinitivos flexionados é valorada tanto para pessoa quanto para número em PE, mas apenas para o traço de número em PB e somente quando o pronome é plural:

Tabela 4.16 – Pronomes de terceira pessoa e concordância verbal nos infinitivos flexionados do português

Pronomes nominativos	Pessoa e número				Formas de superfície: dançar (infinitivo flexionado)
	PE		PB		
	Especificação morfológica	Flexão de concordância	Especificação morfológica	Flexão de concordância	
ele/ela	[P:3-N:SG]	[P:3-N:SG]	[P-N]	[P:n-N:n]	dançar
eles/elas	[P:3-N:PL]	[P:3-N:PL]	[P-N:PL]	[P:n-N:PL]	dançarem

Devemos, portanto, esperar um comportamento paralelo entre orações finitas e infinitivos flexionados no que diz respeito ao licenciamento de sujeitos nulos de terceira pessoa. Essa previsão está correta, como ilustrado pelas sentenças em (77).

(77) a. [O João]_i discutiu com o chefe hoje. É muito improvável
　　　 [∅_i ser promovido no fim do ano]　　　　　　　(PE: √; PB: *)
　　 b. A Maria já ligou para [os convidados]_i. Vai ser impossível
　　　 [∅_i chegarem antes das nove horas]　　　　　　(PE: √; PB: ??)

O contexto sintático de (77) licencia infinitivos flexionados. Em PE, o sujeito nulo do infinitivo flexionado tanto de (77a), quanto de (77b) pode ser identificado por uma expressão nominal da sentença anterior. Por outro lado, em PB, essa conexão só é estabelecida (e, mesmo assim, marginalmente) em (77b). Esse contraste pode ser explicado se as flexões de concordância infinitiva associadas a pronomes de terceira pessoa são capazes de licenciar morfologicamente suas contrapartes nulas em PE graças ao seu traço de pessoa valorado, mas não em PB (ver Tabela 4.16). A pouca aceitabilidade de (77b) em PB se deve à possibilidade marginal de elipse quando a flexão de concordância tem seu traço de número valorado (ver seção 4.3.1.1).

Examinemos finalmente os dados em (78) e (79).

(78) a. Eu nunca imaginei que fosse tão fácil
[**alguém** convencer as pessoas dessa maneira]   (PE: √; PB: √)
b. É fácil [[**algumas pessoas**] perderem a
paciência nessa situação]   (PE: √; PB: √)

(79) a. Eu nunca imaginei que **alguém**$_i$ fosse tão fácil de
[$\emptyset_i$ convencer as pessoas dessa maneira]   (PE: *; PB: √)
b. [**Algumas pessoas**]$_i$ são fáceis de
[$\emptyset_i$ perderem a paciência nessa situação]   (PE: *; PB: √)

Tanto em (78) quanto em (79), a oração infinitiva é argumento do adjetivo *fácil*. Como esse é um ambiente que permite infinitivos flexionados, os sintagmas nominais *alguém* em (78a) e *algumas pessoas* em (78b) podem ser apropriadamente licenciados com caso nominativo dentro da oração infinitiva. Portanto, ambas as sentenças são permitidas em PE e em PB. O paradigma em (79), por sua vez, apresenta exemplos de hiperalçamento a partir do infinitivo flexionado, algo que não é permitido em PE, mas é permitido em PB devido à ambiguidade de seu Infl infinitivo, que pode conter pessoa e número ou apenas número (ver seção 3.4.3). As sentenças em (79) em PB são derivadas nos moldes de (80), com o sujeito do infinitivo se movendo para a posição de sujeito da oração matriz para ser licenciado com caso. Em outras palavras, trata-se de mais um caso em PB em que o sujeito nulo numa oração subordinada resulta do movimento do sujeito encaixado para uma outra posição de sujeito.

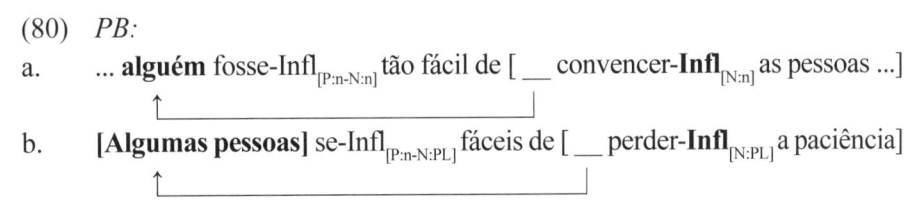

(80) *PB:*
a. ... **alguém** fosse-Infl$_{[P:n-N:n]}$ tão fácil de [__ convencer-Infl$_{[N:n]}$ as pessoas ...]
b. [**Algumas pessoas**] se-Infl$_{[P:n-N:PL]}$ fáceis de [__ perder-Infl$_{[N:PL]}$ a paciência]

4.3.2.3 RESUMO

A Tabela 4.17 resume nossa discussão sobre licenciamento de sujeito nulo em infinitivos flexionados.

Tabela 4.17 – Flexão de concordância em infinitivos flexionados
e licenciamento de sujeitos nulos no português

Pronomes nominativos	Especificações morfológicas para pessoa e número					
	PE			PB		
	Especificação morfológica	Flexão de concordância	Sujeito nulo	Especificação morfológica	Flexão de concordância	Sujeito nulo
tu	[P.N:2.SG]	[P.N:**2**.SG]	√			
nós	[P.N:1.PL]	[P.N:**1**.PL]	√	[P.N:1]	[P.N:**1**]	√
vocês	[P:2-N:PL]	[P:**2**-N:PL]	√	[P-N:PL]	[P:n-N:**PL**]	??
eles/elas	[P:3-N:PL]	[P:**3**-N:PL]	√			
eu	[P.N:1.SG]	[P:**1**]	√	[P.N:SG]	[P:n]	
você	[P:2-N:SG]	[P:**2**-N:SG]	√	[P-N]	[P:n-N:n]	*
ele/ela	[P:3-N:SG]	[P:**3**-N:SG]	√	[P-N]	[P:n-N:n]	
a gente	[P.N]	[P:n-N:n]	*	[P.N]	[P:n-N:n]	

A Tabela 4.17 mostra que, no que diz respeito ao licenciamento de sujeito nulo, os infinitivos flexionados de cada variedade se comportam como as respectivas orações finitas com tempos que sofrem empobrecimento morfológico (ver Tabelas 4.8 e 4.9). Ou seja, em ambas as variedades, a regra de empobrecimento apaga a especificação [N:SG] da flexão de concordância infinitiva associada a *eu*. Isso não tem impacto no licenciamento da contraparte nula de *eu* em PE, visto que o traço de pessoa remanescente é valorado. Em PB, por outro lado, esse apagamento exclui a possibilidade de aceitabilidade marginal da contraparte nula de *eu*, pois o único traço valorado é apagado. Assim, vemos novamente que em PE, todos os pronomes sujeitos, exceto *a gente*, podem perfeitamente ser elididos e em PB, apenas a contraparte nula de *nós* produz resultados totalmente aceitáveis.

4.3.3 Sujeitos nulos definidos em orações participiais

Uma série de fatores entram em jogo quando examinamos o licenciamento de sujeitos nulos em orações de particípio, tendo como linha norteadora a Condição de Valoração do Traço Proeminente, repetida aqui em (81).

(81) *Condição de Valoração do Traço Proeminente*
Uma dada flexão verbal Infl só pode licenciar morfologicamente a elipse de um sujeito pronominal definido em português se o traço de Infl mais proeminente na escala *pessoa>número>gênero>caso* for valorado.

Em primeiro lugar, particípios são especificados para gênero e número, mas não para pessoa, como ilustrado em (82) (ver seção 3.3.2.1).

(82) Uma vez apresenta**das** [as propostas], o Pedro encerrou a reunião.

Assim, deveríamos em princípio esperar que o segundo traço mais proeminente na escala de proeminência em (81), a saber, número, fosse o traço relevante para o licenciamento de sujeito nulo em orações de particípio. Como veremos, essa expectativa se confirma para o PE. Já o PB não parece atribuir o mesmo grau de proeminência morfológica ao traço de número no que tange a orações de particípio. Vimos anteriormente que a flexão de concordância de particípio em PB pode envolver apenas gênero, mas não pode envolver apenas número, como ilustrado em (83) e (84) (ver seção 3.3.2.1). Observe que o problema com (84b), em particular, não é simplesmente uma incompatibilidade com a forma masculina *default*. A ordem verbo-sujeito pode estar associada à concordância *default* em PB (ver seções 3.5.1 e 3.3.2.1), como exemplificado em (85).³² O problema com (84b) (e (83b)) é que o traço de número aparece mais especificado do que o de gênero.

(83) a. As proposta(s) ainda não foram analisad**a**. (%PB)
    b. *As proposta(s) ainda não foram analisad**os**.
(84) a. Uma vez analisad**a** as proposta(s),
       a reunião foi encerrada. (%PB)
    b. *Uma vez analisad**os** as proposta(s),
       a reunião foi encerrada.
(85) Uma vez analisad**o** as proposta(s),
     a reunião foi encerrada. (%PB)

Dados como (83)-(85) nos levam a conjeturar que, no que diz respeito à concordância de particípio, o traço mais proeminente é número em PE, mas gênero em PB. Testemos então essa hipótese, examinando o licenciamento de sujeitos nulos em orações de particípio em cada variedade, começando com pronomes de terceira pessoa.

4.3.3.1 SUJEITOS NULOS DE TERCEIRA PESSOA EM ORAÇÕES PARTICIPIAIS

Considere os dados em (86), por exemplo.

(86) a. Ninguém esperava muito d[o João]$_i$. Mas [depois de $\emptyset_i$ nomead**o** para o cargo], a empresa melhorou consideravelmente.
(PE: √; PB: √)
b. Os trabalhadores não gostaram muito d[a nova lei]$_i$. Mas [uma vez $\emptyset_i$ votad**a**], a greve acabou.
(PE: √; PB: √)

c. Todos só falavam d[os novos funcionários]$_i$. [Depois de $\emptyset_i$ contratados], a produção dobrou.
(PE: √; PB: √)

d. Todos esperavam pel[as novas vagas de trabalho]$_i$. [Mas depois de $\emptyset_i$ anunciadas], a diretora cancelou o concurso.
(PE: √; PB: √)

Os sujeitos nulos das orações de particípio em (86) são todos licenciados em PE e PB, independentemente de suas especificações de gênero ou número. Esse é o primeiro conjunto de dados discutido até aqui em que o PE e o PB têm padrões semelhantes em relação ao licenciamento de sujeito nulo. À primeira vista, isso é bastante surpreendente, pois os pronomes de terceira pessoa têm especificações morfológicas diferentes em cada variedade (ver seção 3.4.2) e isso foi de fato o que determinou o comportamento diferente de suas contrapartes nulas vistas em orações finitas e orações com infinitivo flexionado (ver Tabelas 4.12 e 4.17). O quebra-cabeça se desfaz, entretanto, se o traço mais proeminente da flexão de particípio for número em PE e gênero em PB, como conjeturado anteriormente. Como podemos ver na Tabela 4.18, a flexão de concordância de particípio associada a pronomes de terceira pessoa é sempre valorada para número em PE e sempre valorada para gênero em PB: portanto, o licenciamento de sujeitos nulos de terceira pessoa em orações de particípio em ambas as variedades está em total conformidade com a Condição de Valoração do Traço Proeminente.

Tabela 4.18 – Concordância verbal em orações participiais e sujeitos nulos de terceira pessoa

Pronomes nominativos	PE			PB		
	Especificação morfológica para gênero e número	Concordância de particípio	Sujeito nulo	Especificação morfológica para gênero e número	Concordância de particípio	Sujeito nulo
ele	[G:MASC-N:SG]	[G:MASC-N:SG]	√	[G:MASC-N]	[G:**MASC**-N:n]	√
ela	[G:FEM-N:SG]	[G:FEM-N:**SG**]	√	[G:FEM-N]	[G:**FEM**-N:n]	√
eles	[G:MASC-N:PL]	[G:MASC-N:**PL**]	√	[G:MASC-N:PL]	[G:**MASC**-N:PL]	√
elas	[G:FEM-N:PL]	[G:FEM-N:**PL**]	√	[G:FEM-N:PL]	[G:**FEM**-N:PL]	√

4.3.3.2 SUJEITOS NULOS DE PRIMEIRA E SEGUNDA PESSOA EM ORAÇÕES PARTICIPIAIS

Consideremos agora o licenciamento de sujeitos nulos de primeira e segunda pessoas nas orações de particípio em (87).

(87) a. [Depois de *Ø* contratado/contratada], os meus problemas acabaram.
   (Ø = *eu* → PE: √; PB:?)
   b. Tínhamos grande apreço por ti. Mas [depois de *Ø* eleito/eleita], as coisas mudaram muito.
   (Ø = *tu* → PE: √)
   c. Não se preocupe. [Uma vez *Ø* chamada para uma entrevista], as chances de você ser contratada são boas.
   (Ø = *você* → PE: √; PB:?)
   d. [A gente] estava muito confiante. [Uma vez *Ø* eleito/eleita], a crise ainda poderia ser revertida.
   (Ø = *a gente* → PE: *; PB: *)
   e. Nós estávamos muito confiantes. [Uma vez *Ø* eleitos/eleitas], a crise ainda poderia ser revertida.
   (Ø = *nós* → PE: √; PB:?)
   f. Vocês não perceberam o óbvio. [Depois de *Ø* demitidos/demitidas], tudo ia ficar mais difícil.
   (Ø = *vocês* → PE: √; PB:?)

PE exibe uma imagem familiar, licenciando a contraparte nula de todos os pronomes, com exceção da contraparte nula de *a gente* (ver (87d)). Isso se segue de nossa hipótese de que nos particípios do PE, número é o traço relevante a ser computado pela Condição de Valoração do Traço Proeminente. Como podemos ver na Tabela 4.19, todos os pronomes, exceto *a gente,* valoram o traço de número da concordância de particípio; portanto, apenas *a gente* não pode ter sua contraparte nula morfologicamente licenciada.

Tabela 4.19 – Concordância verbal em orações participiais e sujeitos nulos de primeira e segunda pessoa no português europeu

Pronomes nominativos	Especificação morfológica	Concordância sintática	Licenciamento de sujeito nulo
eu	[P.N:1.SG]	[G:n-N:**SG**]	√
tu	[P.N:2.SG]	[G:n-N:**SG**]	√
você	[P:2-N:SG]	[G:n-N:**SG**]	√
a gente	[P.N]	[G:n-N:n]	*
nós	[P.N:1.PL]	[G:n-N:**PL**]	√
vocês	[P:2-N:PL]	[G:n-N:**PL**]	√

Por outro lado, se em PB gênero é o traço relevante dos particípios a ser computado pela Condição de Valoração do Traço Proeminente, como conjeturado anteriormente, os julgamentos para PB em (87) são inesperados. Afinal, os pronomes de primeira e segunda pessoas não são morfologicamente especificados para gênero (ver seção 2.3.3); assim, todos os pronomes nulos em (87) no PB deveriam se comportar como a contraparte nula de *a gente,* ao contrário do que de fato ocorre. No entanto, também vimos que os pronomes de primeira e segunda pessoas desencadeiam concordância semântica, como ilustrado em (88).

(88) a. **Eu** estou cansad**o**.   [*enunciado por alguém do gênero masculino*]
 b. **Você** parece cansad**a**.   [*dito a alguém do gênero feminino*]

Suponhamos, então, que o licenciamento marginal de sujeitos nulos de primeira e segunda pessoas em (87) em PB se deva na verdade à concordância semântica. Nesse caso, precisamos apenas explicar por que a concordância semântica em gênero não é suficiente para licenciar a contraparte nula de *a gente* em PB.

Uma possibilidade é que a concordância semântica vista em (87) para PB seja na verdade um caso de concordância total, ou seja, a concordância semântica para fins de licenciamento de sujeito nulo em particípios deve envolver tanto gênero quanto número. Isso não faz diferença no paradigma de concordância para os pronomes *eu, você, nós* e *vocês,* mas faz no caso de *a gente,* que é semanticamente plural. Considere a sentença em (89), por exemplo.

(89) [A gente] estava muito confiante. [Uma vez $\emptyset$ eleito**s**/eleita**s**],
 a crise ainda poderia ser revertida.   (PE: √; PB:?)

(89) difere minimamente de (87d), com o plural adicionado à concordância de particípio. O resultado é que (89) se torna totalmente aceitável em PE e marginalmente aceitável em PB. Essa diferença resulta de ambiguidade estrutural. Como vimos anteriormente, os membros da série de *a gente* e da série de *nós* frequentemente se alternam (ver seção 2.4.1); assim, o sujeito nulo de (89) também poderia ser a contraparte nula de *nós.* Em PE, isso levaria a um resultado totalmente aceitável, pois a valoração do traço de número na concordância de particípio associada a *nós* licencia sua contraparte nula (ver (87e)). Em PB, por outro lado, gênero é o traço mais proeminente na concordância de particípio e, uma vez que nem *nós* nem *a gente* são morfologicamente especificados para gênero, deve-se recorrer à concordância semântica plena; portanto, as contrapartes nulas de qualquer um dos pronomes em (89) se enquadram no padrão geral de aceitabilidade marginal de sujeitos nulos de primeira e segunda pessoas em PB visto em (87).

Examinemos finalmente os dados em (90).

(90) a. [Uma vez $\emptyset_i$ {nomead**o**/nomead**a**}],
 eu$_i$ procurei resolver os problemas pessoalmente. (PE: √; PB: √)
 b. [Depois de $\emptyset_i$ {eleit**o**/eleit**a**}],
 tu$_i$ ficaste mais confiante.   (PE: √)

c. [Depois de ***Ø***$_i$ {promovid**o**/promovid**a**}],
você$_i$ ficou com pouco tempo de lazer.　　(PE: √; PB: √)
d. [A gente]$_i$ só viu o tamanho do problema
[depois de ***Ø***$_i$ {contratad**o**/contratad**a**}].　　(PE: √; PB: √)
e. [Mesmo depois de ***Ø***$_i$ {inscrit**os**/inscrit**as**}
formalmente], vocês$_i$ ainda podiam desistir.　　(PE: √; PB: √)

(90) difere de (87) na medida em que o sujeito nulo da oração de particípio é correferente do sujeito da oração subordinante. Curiosamente, todos os sujeitos nulos de (90) são totalmente aceitáveis tanto em PE quanto em PB, incluindo a contraparte nula de *a gente* (ver (90d)). O padrão excepcional dessa configuração não é, no entanto, algo novo. Recorde-se que as contrapartes nulas de *eu* e *você* em PB e as contrapartes nulas de *a gente* em PE e PB, que não podem ser morfologicamente licenciadas em infinitivos flexionados (ver seção 4.3.2.1), podem ser licenciadas se estiverem na posição de sujeito de um adjunto com infinitivo não flexionado e forem correferentes do sujeito da oração subordinante, conforme visto em (72), repetido a seguir em (91). Isso indica que a ausência de conteúdo fonético dos sujeitos encaixados de (90) e (91) não resulta de elipse de sujeitos pronominais com caso atribuído, como em (86) e (87), mas está relacionada à já esperada ausência de conteúdo fonético em posições sem caso (ver seção 4.2 e nota 3).[33]

(91)　a. Eu$_i$ escrevi este artigo para ***Ø***$_i$ discutir com a professora.
　　　　(Ø = *eu* → PE: √; PB: √)
　　b. Você$_i$ deve organizar os dados para ***Ø***$_i$ discutir com o professor.
　　　　(Ø = *você* → PE: √; PB: √)
　　c. [A gente]$_i$ preparou um projeto para ***Ø***$_i$ discutir com o professor.
　　　　(Ø = *a gente* → PE: √; PB: √)

4.3.3.3 RESUMO

A Tabela 4.20 resume a discussão desta seção. Em PE, número é o traço mais proeminente nos particípios e pode licenciar elipse pronominal quando valorado sintaticamente: portanto, todos os pronomes, exceto *a gente*, podem ser elididos em particípios em PE. Em PB, por outro lado, o traço mais proeminente em particípios é gênero; portanto, a concordância sintática só pode licenciar as contrapartes nulas de pronomes de terceira pessoa. As contrapartes nulas de pronomes de primeira e segunda pessoa (incluindo *a gente*) podem, no entanto, ser marginalmente licenciadas em PB se a flexão de particípio acionar concordância semântica (total) (ver (87) e (89)).

Tabela 4.20 – Concordância verbal em orações participiais
e licenciamento de sujeitos nulos

Pronomes nominativos	PE		PB			
	Concordância sintática	Sujeito nulo	Concordância sintática	Sujeito nulo	Concordância semântica	Sujeito nulo
tu	[G:n-N:**SG**]	√				
ele	[G:**MASC**-N:**SG**]	√	[G:**MASC**-N:n]	√		
ela	[G:**FEM**-N:**SG**]	√	[G:**FEM**-N:n]	√		
eles	[G:**MASC**-N:**PL**]	√	[G:**MASC**-N:**PL**]	√		
elas	[G:**FEM**-N:**PL**]	√	[G:**FEM**-N:**PL**]	√		
eu	[G:n-N:**SG**]	√	[G:n-N:n]	*	[G:**MASC**-N:**SG**] [G:**FEM**-N:**SG**]	?
nós	[G:n-N:**PL**]	√	[G:n-N:n]	*	[G:**MASC**-N:**PL**] [G:**FEM**-N:**PL**]	?
você	[G:n-N:**SG**]	√	[G:n-N:n]	*	[G:**MASC**-N:**SG**] [G:**FEM**-N:**SG**]	?
vocês	[G:n-N:**PL**]	√	[G:n-N:**PL**]	*	[G:**MASC**-N:**PL**] [G:**FEM**-N:**PL**]	?
a gente	[G:n-N:n]	*	[G:n-N:n]	*	[G:**MASC**-N:**PL**] [G:**FEM**-N:**PL**]	?

4.3.4 Sujeitos nulos definidos em gerúndios

Apesar de suas semelhanças superficiais, podemos identificar (pelo menos) três tipos de orações de gerúndio em português: (i) gerúndios obrigatoriamente controlados; (ii) gerúndios flexionados; e (iii) gerúndios não flexionados atribuidores de caso. O primeiro tipo envolve a mesma configuração vista anteriormente com particípios (ver (90)) e infinitivos não flexionados (ver (91)): o gerúndio é uma oração adjunta e seu sujeito nulo deve ser interpretado como sendo correferente do sujeito da oração subordinante (ver nota 33). Tal como vimos com infinitivos não flexionados e particípios, o PE e o PB têm o mesmo comportamento, não impondo nenhuma restrição ao tipo de pronome que licencia o sujeito nulo, como ilustrado em (92).

(92) a. [*Ø*$_i$ saindo do escritório], **eu**$_i$ encontrei a Maria.
 b. **Tu**$_i$ puseste o nosso trabalho em risco,
  [*Ø*$_i$ atrasando o relatório]. (PE)
 c. **Você**$_i$ fez uma boa escolha, [*Ø*$_i$ contratando o João].
 d. **Ele**$_i$ entrou na sala [*Ø*$_i$ correndo].
 e. **Ela**$_i$ saiu [*Ø*$_i$ cantarolando uma canção alegre].
 f. [*Ø*$_i$ saindo daqui], **[a gente]**$_i$ telefona para o Pedro.
 g. **Nós**$_i$ vamos encontrar o problema [*Ø*$_i$ relendo os relatórios].

h. **Vocês**$_i$ causaram uma boa impressão
   [$\mathbf{\emptyset}_i$ fazendo perguntas relevantes].
i. [$\mathbf{\emptyset}_i$ fazendo pouco barulho],
   eles $_i$ entraram na sala sem chamar a atenção.
j. **Elas**$_i$ convenceram o chefe,
   [$\mathbf{\emptyset}_i$ argumentando que os problemas foram resolvidos].

Como em (90) e (91), a ausência de conteúdo fonético do sujeito dos gerúndios controlados está indiscutivelmente relacionada às propriedades associadas à configuração de adjuntos oracionais e não propriamente à elipse dos pronomes sujeitos (ver notas 3 e 33). Portanto, colocaremos de lado gerúndios controlados como os de (92), enfocando os outros dois tipos de gerúndios.

4.3.4.1 SUJEITOS NULOS DEFINIDOS EM GERÚNDIOS FLEXIONADOS DE DIALETOS DO PORTUGUÊS EUROPEU

Conforme mencionado na seção 3.3.2.2.3, os dialetos meridionais e insulares do PE permitem gerúndios flexionados, embora dialetos específicos possam diferir com relação às combinações de pessoa e número que permitem. Deixaremos de lado uma discussão detalhada desses dialetos individuais e nos concentraremos em algumas de suas propriedades comuns. Em primeiro lugar, os gerúndios flexionados também estão sujeitos à regra de empobrecimento morfológico que afeta a concordância associada a *eu*, o que dá a impressão de que *eu* desencadeia concordância de terceira pessoa do singular, produzindo uma forma idêntica à forma não flexionada, como pode ser visto na última coluna da Tabela 4.21.[34]

Tabela 4.21 – Gerúndios flexionados em português europeu dialetal e licenciamento de sujeitos nulos

Pronomes nominativos	Flexão de concordância de gerúndio	Licenciamento de sujeito nulo	Formas de superfície para *dançar*
eu	[P:1]	√	*dançando*
você	[P:2-N:SG]	√	
ele/ela	[P:3-N:SG]	√	
a gente	[P.N]	*	
tu	[P.N:2.SG]	√	*dançandos*
nós	[P.N:1.PL]	√	*dançandomos*
vocês	[P:2-N:PL]	√	*dançandem*
eles/elas	[P:3-N:PL]	√	

Curiosamente, esse processo de empobrecimento não impede que a contraparte nula de *eu* seja morfologicamente licenciada. Em uma sentença como (93), por exemplo, o sujeito nulo da oração de gerúndio pode ser interpretado como *eu* (assim como *você, ele* e *ela*). Isso indica que, como o que vimos com infinitivos flexionados, a regra de empobrecimento morfológico apaga a especificação de número da flexão de gerúndio associada a *eu*, deixando intacto seu traço de pessoa ([P:1]). Uma vez valorado esse traço, a contrapartida nula de *eu* pode ser licenciada em conformidade com a Condição de Valoração do Traço Proeminente.

(93) %PE:
[Em Ø **chegando**] a casa, o cão tem de ir à rua.
(Ø = *eu/você/ele/ela* → √; Ø = *a gente* → *)

Como já era de se esperar, o sujeito nulo de (93) não pode ser interpretado como *a gente*, apesar de estar associado a uma forma de gerúndio que não é distinta da associada a *eu, você, ele* e *ela*. Dado que *a gente* é incapaz de valorar o traço de pessoa da flexão de concordância do gerúndio, a Condição de Valoração do Traço Proeminente bloqueia sua elipse.

O paradigma (94) apresenta exemplos de sentenças exclamativas com sujeitos nulos correspondendo a cada um dos pronomes na Tabela 4.21. Como o leitor pode verificar na Tabela 4.21, todos eles, exceto a contraparte nula de *a gente*, estão associados a uma flexão com o traço de pessoa valorado.

(94) %PE:
a. Em **querendo**!   (Ø = *eu/ele/ela/você/*a gente*)
b. Em **querendos**! (Ø = *tu*)
c. Em **querendomos**! (Ø = *nós*)
d. Em **querendem**! (Ø = *eles, elas, vocês*)

4.3.4.2 SUJEITOS NULOS DEFINIDOS EM GERÚNDIOS NÃO FLEXIONADOS ATRIBUIDORES DE CASO

Consideremos agora os dados em (95), deixando de lado por ora diferenças entre o PE e o PB em relação à ordem entre o sujeito e o verbo (ver seção 5.5).

(95) a. **Comendo eu** esta comida toda, vou ficar doente.   (PE)
a.' **Eu comendo** esta comida toda, vou ficar doente.   (PB)
b. **Escrevendo nós** a carta, as nossas chances aumentam. (PE)
b.' **Nós escrevendo** a carta, as nossas chances aumentam. (PB)
c. **Fazendo eles** o que foi pedido, os problemas vão terminar. (PE)
c.' **Eles fazendo** o que foi pedido, os problemas vão terminar. (PB)

As orações de gerúndio em (95) contêm um pronome nominativo foneticamente realizado, mas nenhuma concordância que pudesse, em princípio, licenciá-lo. Suponhamos que a flexão dessa classe de gerúndios tenha um traço de caso valorado como nominativo e é isso que licencia os pronomes em (95). Se algo nesse sentido estiver correto, deveria haver consequências para o licenciamento dos sujeitos nulos dessa classe de gerúndios. Crucialmente, o traço de caso também pode ser computado em relação à Condição de Valoração do Traço Proeminente, repetida aqui em (96) por conveniência.

(96) *Condição de Valoração do Traço Proeminente*
Uma dada flexão verbal Infl só pode licenciar morfologicamente a elipse de um sujeito pronominal definido em português se o traço de Infl mais proeminente na escala *pessoa>número>gênero>caso* for valorado.

Dado que o tipo de gerúndio ilustrado em (95) não tem flexão para pessoa, número ou gênero, pode-se concluir que o traço de caso conta (vacuamente) como o mais proeminente em relação a (96). Assim, se gerúndios não flexionados atribuidores de caso independentemente licenciarem elipse, (96) nos leva a prever que qualquer sujeito pronominal poderia ser elidido nesse ambiente sintático. Ou, dito de outra forma, todos os pronomes nominativos podem ter suas contrapartes nulas morfologicamente licenciadas em gerúndios não flexionados atribuidores de caso. (97) mostra que essa previsão está correta.

(97) a. [*Ø* entrando no mar], o meu relógio parou.
(Ø = *eu* → PE: √; PB: √)
b. [*Ø* comendo a sopa toda], a mãe deixa-te comer uma musse de chocolate.
(Ø = *tu* → PE: √)
c. [*Ø* agindo honestamente], todos vão votar em você.
(Ø = *você* → PE: √; PB: √)
d. [*Ø*$_i$ trabalhando bem],
a diretora contrata-{o$_i$/-a$_i$}/{-os$_i$/-as$_i$} no mês que vem.
(Ø = {*ele/ela/você*} / {*eles/elas/vocês*} → PE: √)
d.' [*Ø*$_i$ trabalhando bem],
a diretora contrata {ele$_i$/ela$_i$/eles$_i$/elas$_i$} no mês que vem.
(Ø = {*ele/ela/eles/elas*} → PB: √)
e. [*Ø* trabalhando bem],
a diretora vai aumentar o nosso salário este mês.
(Ø = *nós* → PE: √; PB: √)
f. Eles disseram para a gente ter cuidado, pois,
[*Ø* entrando no mar], a comunicação seria interrompida.
(**Ø = *a gente* → PE: √; PB: √**)
g. Não entrem no avião!
[*Ø* entrando no avião], perdemos a comunicação com vocês.
(Ø = *vocês* → PE: √; PB: √)

Observe que, no paradigma apresentado em (97), a contrapartida nula de *a gente* deixa de ser excepcional, pois pode ser licenciada em ambas as variedades (ver (97f)). Pode parecer surpreendente que a ausência de concordância seja capaz de licenciar a contraparte nula de *a gente*. Mas, de fato, isso pareceria estranho apenas sob a hipótese de que sujeitos nulos são licenciados por morfologia não ambígua. No entanto, vimos repetidamente que essa hipótese está incorreta. Em vez de distinções morfológicas não ambíguas, o que é relevante para o licenciamento de sujeitos nulos é a valoração dos traços subjacente à flexão verbal. Até aqui, a contraparte nula de *a gente* não tinha sido morfologicamente licenciada porque a flexão associada a esse pronome não tinha pessoa, número ou gênero valorados. Esses traços são, entretanto, irrelevantes no caso de gerúndios não flexionados atribuidores de caso, que têm no caso o traço capaz de licenciar morfologicamente sujeitos nulos. Dado que *a gente*, como qualquer outro pronome, tem especificações de caso, seu comportamento não vai diferir dos demais pronomes em gerúndios não flexionados atribuidores de caso, podendo ter a sua contraparte nula licenciada.

4.4 SUJEITOS NULOS INDEFINIDOS

Até agora, analisamos sujeitos nulos definidos em português em termos de elipse de pronomes nominativos, em conformidade com a Condição de Valoração do Traço Proeminente. Sujeitos nulos indefinidos, por outro lado, parecem requerer uma análise diferente, uma vez que não dispõem de contrapartes foneticamente realizadas. Embora seja concebível que suas especificações de traços sejam tais que permitam serem descritos em termos de elipse obrigatória, para fins de apresentação deixaremos essa possibilidade de lado e assumiremos que pronomes indefinidos nulos em português são inerentemente nulos foneticamente.[35]

4.4.1 Sujeitos nulos indefinidos de terceira pessoa do plural

Como outras línguas de sujeito nulo, tanto o PE quanto o PB têm um sujeito nulo indefinido de terceira pessoa do plural, que é interpretado como excluindo o falante e está restrito a argumentos externos. Em outras palavras, esse tipo de sujeito nulo indefinido pode ser empregado com verbos transitivos e inergativos (verbos intransitivos tradicionais cujo único argumento se comporta como o sujeito de verbos transitivos; ver seção 3.5.1.1), como mostrado em (98), mas não com verbos passivos ou inacusativos (verbos intransitivos tradicionais cujo único argumento se comporta como o objeto de verbos transitivos; ver seção 3.3.2.1), como ilustrado pelas sentenças de (99) (que são aceitáveis com uma interpretação definida para os sujeitos nulos em PE e restrita a contextos de *topic drop* em PB).

(98) a. [$\emptyset_{IND}$ roubara**m** o meu carro].
 b. [$\emptyset_{IND}$ falara**m** muito bem de você na reunião].
 c. [$\emptyset_{IND}$ gritara**m** naquela sala].

(99) a. *[$\emptyset_{IND}$ fora**m** roubados].
 b. *[$\emptyset_{IND}$ morrera**m** durante a guerra].
 c. *[$\emptyset_{IND}$ nascera**m** durante os feriados].

4.4.2 Sujeitos nulos indefinidos de terceira pessoa do singular

Existem dois tipos de sujeitos nulos indefinidos de terceira pessoa do singular em português. O primeiro, ilustrado em (100), é interpretado existencialmente e só está disponível em PB. É provável que essas construções tenham surgido no PB como resultado da perda em curso do clítico *se* indefinido na língua (ver seção 3.5.3).[36]

(100) a. [$\emptyset_{IND}$ vende cerveja nessa praia].   (PE: *; PB: √)
 b. [$\emptyset_{IND}$ não fabrica mais esse tipo de carro].   (PE: *; PB: √)

O segundo tipo, ilustrado em (101), é interpretado genericamente e pode ser encontrado tanto em PB quanto em PE.[37]

(101) a. Meu querido, isto aqui é assim: [$\emptyset_{IND}$ deitou, $\emptyset_{IND}$ pagou].
 (PE/PB)
 b. Antigamente era assim: [$\emptyset_{IND}$ falava mais de uma língua, $\emptyset_{IND}$ 'tava empregado].
 (PE/PB)

O sujeito nulo indefinido existencial é consideravelmente mais restrito do que o genérico.[38] Como ilustrado em (102), por exemplo, o indefinido existencial não pode ser um argumento interno (ver (102a)) e não é compatível com interpretações de tempo episódico (ver (102b)) ou predicados de nível individual (ou seja, verbos que descrevem propriedades permanentes; ver (102c)). Em contraste, sujeitos nulos indefinidos genéricos não exibem tais restrições, como pode ser visto em (103).

(102) a. *[∅_IND é sempre **elogiado** no ensaio]. (PB)
b. *[∅_IND pul**ou** muito no carnaval]. (PB)
c. *[∅_IND nessa escola **sabe** matemática de verdade]. (PB)

(103) a. Em geral é assim: [∅_IND **é elogiado** no ensaio, ∅_IND faz uma apresentação ruim]. (PE/PB)
b. É o que acontece sempre: [∅_IND pul**ou** muito no carnaval, ∅_IND dorme até tarde na quarta-feira de cinzas]. (PE/PB)
c. Nessa escola é assim: [∅_IND **sabe** matemática, ∅_IND passa de ano; ∅_IND não **sabe**, ∅_IND não passa]. (PE/PB)

Uma sentença como (104a) é ambígua em PB.[39] O sujeito nulo pode ser interpretado como um indefinido existencial ou como sendo correferente do sujeito da oração matriz. No entanto, se algum constituinte é fronteado na oração encaixada, como ilustrado em (104b), apenas a leitura indefinida é mantida.

(104) a. [O João]_k disse que [∅_{k/IND} vende cerveja nessa praia]. (PB)
b. [O João]_k disse que [nessa praia ∅_{*k/IND} vende cerveja]. (PB)

Recorde-se que sujeitos nulos de terceira pessoa encaixados definidos em PB são lacunas resultantes do movimento da posição de sujeito encaixado para uma posição de sujeito mais alta (ver seção 4.3.2.2). A agramaticalidade da leitura definida em (104b) pode então ser explicada se o constituinte fronteado bloquear o movimento do sujeito encaixado.[40]

4.5 SUJEITOS NULOS EXPLETIVOS

Em línguas *não pro-drop*, como o inglês, a posição do sujeito é preenchida por um pronome "expletivo" quando o sujeito não recebe um papel temático, conforme ilustrado em (105).

(105) a. **It** rains a lot in this part of the country.
EXPL chove muito em esta parte de o país
'Chove muito nesta parte do país.'
b. **There** were three toys in the yard.
EXPL estavam três brinquedos em o quintal
'Havia três brinquedos no quintal.'

Os pronomes *it* e *there* em (105) não têm denotação e a sua função principal é apenas preencher a posição do sujeito. Eles diferem, no entanto, em suas propriedades de concordância. Nas orações com *it*, o expletivo desencadeia concordância de terceira pessoa do singular no verbo com o qual está associado (ver (105a)), enquanto em construções com o expletivo *there,* o verbo concorda com o argumento (indefinido) que ocuparia a posição do sujeito se *there* não estivesse presente (em (105b), por exemplo, o verbo concorda com *three toys* 'três brinquedos').

Em línguas *pro-drop*, construções análogas deixam sua posição de sujeito nula, conforme ilustrado em (106). Partindo do pressuposto de que todas as orações devem ter um sujeito independentemente de sua realização fonética (ver nota 6), construções como as de (106) são geralmente analisadas como envolvendo expletivos nulos.[41]

(106) a. [$\emptyset_{EXPL}$ chove muito em São Paulo].
 b. [$\emptyset_{EXPL}$ havia vários restaurantes na minha rua]. (PE)
 b.' [$\emptyset_{EXPL}$ tinha vários restaurantes na minha rua]. (PB)

Expletivos nulos em PE e PB são empregados basicamente nos mesmos contextos em que se encontram expletivos foneticamente realizados em línguas *não pro-drop*: com verbos meteorológicos (ver (106a)), verbos existenciais (ver (106b,b')), verbos inacusativos (ver (107a)), verbos passivizados (ver (107b)) e uma variedade de predicados impessoais que selecionam argumentos nominais ou oracionais (ver (107c-f)).

(107) a. [$\emptyset_{EXPL}$ chegaram uns turistas da China].
 b. [$\emptyset_{EXPL}$ ainda não foram enviadas algumas das cartas].
 c. [$\emptyset_{EXPL}$ eram três horas quando o João chegou].
 d. [$\emptyset_{EXPL}$ parece que os estudantes terminaram o trabalho].
 e. [$\emptyset_{EXPL}$ é verdade que o João foi contratado].
 f. [$\emptyset_{EXPL}$ foi difícil nós chegarmos aqui].

O PE e o PB exibem essencialmente o mesmo comportamento no que diz respeito a construções expletivas nulas. A única diferença relevante está associada às suas diferenças independentes no que diz respeito à concordância com as expressões nominais pós-verbais. Conforme discutido nas seções 3.3.2.1, 3.5.1.1 e 3.5.2, a falta de concordância com sujeitos inacusativos pós-verbais geralmente é permitida no PB e é dialetalmente restrita no PE. Assim, também podemos encontrar os padrões em (108) além daqueles em (107a-c) em PB.[42]

(108) a. [$\emptyset_{EXPL}$ **chegou** uns turistas da China]. (PB)
 b. [$\emptyset_{EXPL}$ ainda não **foi enviado** algumas das cartas]. (%PB)
 c. [$\emptyset_{EXPL}$ **era** três horas quando o João chegou. (PB)

4.6 OUTRAS QUESTÕES RELEVANTES

4.6.1 Expletivos foneticamente realizados em português europeu dialetal

Em geral, expletivos foneticamente realizados não são encontrados em línguas *pro-drop*. No entanto, alguns dialetos do PE admitem construções como (109), com um expletivo foneticamente realizado (*ele*).[43] Curiosamente, a versão com o expletivo foneticamente realizado pode ocorrer lado a lado com a versão com o expletivo nulo, conforme ilustrado em (109a) e (109b).

(109) %PE (adaptado de Carrilho 2005):
    a. Ah, se $\emptyset_{EXPL}$ chover era melhor, mas **ele** não chove amanhã.
       (CORDIAL-SIN, MST11)
    b. É a estrela-da-manhã (…) e $\emptyset_{EXPL}$ há a estrela… Bom, **ele** há várias estrelas, não é?
       (CORDIAL-SIN, AAL92)
    c. **Ele** tem-me acontecido aqui cada uma!
       (CORDIAL-SIN, COV23)

Apesar das aparências, há várias razões para se pensar que o expletivo *ele* em PE dialetal não é como o expletivo *it* ou *there* em inglês.[44] Por exemplo, as construções que envolvem o expletivo *ele* são interpretadas como sendo mais enfáticas ou mais expressivas que construções análogas com o expletivo nulo. Além disso, *ele* não controla a concordância verbal, como mostrado em (110), e pode até ocorrer simultaneamente com um sujeito expresso ocupando a posição de sujeito pré-verbal, como ilustrado em (111). Na verdade, *ele* pode preceder diferentes tipos de sintagmas na periferia esquerda da sentença, como advérbios, tópicos pendentes, objetos topicalizados, constituintes interrogativos e sintagmas focalizados, como respectivamente ilustrado em (112).

(110) %PE (adaptado de Carrilho 2005):
    a. **Ele** subir**am** os impostos.
    b. **Ele** bot**o**-lhe assim a água ao meu.
       (CORDIAL-SIN, MST35)

(111) %PE (adaptado de Carrilho 2005):
    a. Tinham que estar (…) que **ele os porcos** não os vissem.
       (CORDIAL-SIN, PFT13)
    b. Que **ele eu** gosto de socorrer (…) as pessoas, homem!
       (CORDIAL-SIN, COV23)

(112) %PE (adaptado de Carrilho 2008):
  a. **Ele agora** já ninguém costuma cozer.
     (CORDIAL-SIN, OUT32)
  b. E **ele eu,** o homem leu aquilo diante de mim!
     (CORDIAL-SIN, COV18)
  c. **Ele a fome** não havia!
     (CORDIAL-SIN, VPA06)
  d. Não sendo no Natal, **ele quem** é que os come?! Ninguém.
     (CORDIAL-SIN, OUT50)
  e. Que **ele até com um pau** se malha.
     (CORDIAL-SIN, MST37)

Os dados em (109)-(112) indicam que o expletivo *ele* em PE dialetal não ocupa a posição canônica de sujeito, mas uma posição na periferia esquerda da sentença, codificando expressividade e/ou evidencialidade, o que está em conformidade com o fato de o PE ser uma língua *pro-drop* prototípica. Isso, por sua vez, implica que construções com o pronome expletivo foneticamente realizado, como (109a), por exemplo, estão na verdade associadas a dois expletivos: um foneticamente realizado na periferia esquerda e um nulo na posição do sujeito, conforme representado em (113).

(113) ... mas **ele** $\emptyset_{\text{EXPL}}$ não chove amanhã   (%PE)

4.6.2 Preenchendo posições de expletivos nulos em português brasileiro

Vimos na seção 4.3 que sujeitos nulos definidos são consideravelmente restritos em PB e isso levou a uma diminuição significativa no uso geral de sujeitos nulos definidos na língua (ver Tabelas 4.1 e 4.2). Essa pressão para preencher posições de sujeito com expressões foneticamente realizadas também afetou posições associadas a expletivos nulos.

Dois tipos de construções ilustram claramente essa tendência em PB.[45] O primeiro envolve o fronteamento de uma expressão locativa sem preposição para a posição de sujeito, desencadeando concordância verbal, como ilustrado em (114a') e (114b').

(114) *PB*:
  a. Chove muito nessas cidades.
  a.' Essas cidades chove**m** muito.
  b. Cabe muita coisa nessas gavetas.
  b.' Essas gavetas cabe**m** muita coisa.

A segunda construção envolve estruturas de parte-todo em que um possuidor, sem a correspondente preposição, se move para a posição de sujeito, também desencadeando concordância verbal, como mostrado em (115a') e (115b').

(115) *PB:*
    a. Quebrou o ponteiro dos relógios.
    a.' Os relógios quebraram o ponteiro.
    b. Acabou a bateria dos celulares.
    b.' Os celulares acabaram a bateria.

Curiosamente, o possuidor pode estar bastante encaixado, como mostrado em (116a'), e também podem ser encontradas construções mistas onde o possuidor se move de dentro da expressão locativa, conforme ilustrado em (116b').[46]

(116) *PB:*
    a. Diminuiu o tamanho da hélice do motor dos barcos.
    a.' Esses barcos diminuíram o tamanho da hélice do motor.
    b. Cabe muita coisa na parte interna da lateral desses porta-malas.
    b.' Esses porta-malas cabem muita coisa na parte interna da lateral.

4.6.3 Sujeitos nulos e a distinção entre pronomes fortes e fracos

Vimos na seção 4.3 que o PE se comporta como uma língua pro-drop prototípica, dando preferência a pronomes nulos para contextos neutros e selecionando pronomes foneticamente realizados para marcar mudança no tópico de discussão, foco, ou ênfase, por exemplo. Em PB, por outro lado, um pronome foneticamente realizado não está associado a contextos marcados e isso decorre do fato de o licenciamento do sujeito nulo definido ter se tornado bastante restrito no PB. Essa diferença entre o PE e o PB pode ser reformulada em termos da distinção entre pronomes fortes e fracos (ver seção 2.2). Mais especificamente, em PE os pronomes nominativos foneticamente realizados podem ser analisados como formas fortes e as suas contrapartes nulas como formas fracas, enquanto em PB os pronomes nominativos realizados podem ser ambíguos entre formas fortes e fracas.[47]

A ideia é que, uma vez que o PB perdeu a opção de codificar contextos neutros por meio de um sujeito nulo definido, o sistema foi reestruturado de tal modo que outras formas passaram a desempenhar o papel anteriormente reservado aos pronomes nulos. Isso se torna claro com o surgimento de dois pronomes fracos não ambíguos – os pronomes *cê* e *cês* (ver seção 2.2).[48] Desse ponto de vista, os demais pronomes nominativos realizados em PB se tornaram ambíguos em relação à distinção forte/fraco. Em relação a pronomes de primeira e segunda pessoa, isso pode ser inferido pela sua mera frequência quando comparados às suas contrapartes em PE. Como visto na seção 4.3, PB exibe 74% de pronomes realizados de primeira pessoa e 90% de pronomes realizados de segunda pessoa em *corpus* oral, enquanto PE exibe 35% e 24%, respectivamente (ver Tabela 4.1). Quanto aos pronomes de terceira pessoa, recorde-se que as formas fortes são interpretadas como [+ hum], enquanto as formas fracas são compatíveis com [+hum] ou [-hum] (ver seção 2.2). Assim, os pronomes nominativos de terceira pessoa em PB são compatíveis com as interpretações [+hum] ou [-hum], enquanto suas contrapartes em PE são geralmente interpretadas como [+hum], conforme ilustrado em (117).[49] Em (117a), *ele* pode, por exemplo, se referir ao João ou ao carro em PB, mas geralmente apenas ao João em PE; da mesma forma, *ela* em (117b) pode se referir à Maria ou à vassoura em PB, mas geralmente apenas à Maria em PE.

(117) a. Ele está na garagem. (*ele* = o João → PE: √; PB: √)
 (*ele* = o carro → PE: %; PB: √)
 b. Ela está na sala. (*ela* = a Maria → PE: √; PB: √)
 (*ela* = a vassoura → PE: %; PB: √)

4.7 RESUMO GERAL

Vimos que, embora admitam ambos sujeitos nulos definidos, o PE e o PB têm mais diferenças que semelhanças no que diz respeito à natureza e distribuição dos sujeitos nulos permitidos. O PE se comporta como uma língua *pro-drop* prototípica. Com exceção da contraparte nula do pronome *a gente,* as contrapartes nulas dos outros pronomes são produtivamente empregadas como a escolha não marcada para uso pronominal. Em contraste, em PB os pronomes foneticamente realizados constituem a opção não marcada e a aceitabilidade das suas contrapartes nulas varia dependendo do pronome e do ambiente sintático.

Conforme discutido em detalhe na seção 4.3.1, o PB tem apenas uma distinção morfológica a menos em sua flexão de concordância verbal que o PE. Essa diferença por si só é insuficiente como explicação para as suas propriedades sintáticas muito diferentes em relação a concordância e licenciamento de sujeito nulo. Isso nos levou a considerar a hipótese de que a diferença crucial seja de fato a especificação morfológica dos pronomes pessoais em cada variedade (ver seção 3.4.2). Dessa perspectiva, formas verbais idênticas em ambas as variedades podem ter especificações subjacentes diferentes, pois os pronomes com os quais concordam são fonologicamente os mesmos em ambas as variedades, mas têm especificações morfológicas diferentes. Em outras palavras, temos um "cenário-zebra" típico (ver seção 3.4.1): diferentes especificações subjacentes associadas à mesma forma superficial.

Na verdade, é surpreendente que este cenário-zebra possa ser desvendado levando-se em consideração o traço relevante da concordância envolvida no licenciamento do sujeito, conforme especificado pela Condição de Valoração do Traço Proeminente:[50]

(118) *Condição de Valoração do Traço Proeminente*
Uma dada flexão verbal Infl só pode licenciar morfologicamente a elipse de um sujeito pronominal definido em português se o traço de Infl mais proeminente na escala *pessoa>número>gênero>caso* for valorado.

Dadas as diferentes especificações morfológicas para os pronomes pessoais do PE e do PB (ver seção 3.4.2), a Condição de Valoração do Traço Proeminente fornece uma explicação clara para as suas diferenças em relação ao licenciamento de sujeito nulo esquematizadas nas Tabelas 4.22 e 4.23, bem como para o intrincado padrão interno ao PB, com diferentes sujeitos nulos agrupados ou separados dependendo do tempo da oração.[51]

Tabela 4.22 – Licenciamento morfológico de sujeitos nulos definidos em português europeu - Resumo

		Orações finitas		Infinitivos flexionados	Particípios	Gerúndios não flexionados atribuidores de caso
		Paradigma pleno	Paradigma empobrecido			
Contraparte nula de	*eu*	√	√	√	√	√
	tu	√	√	√	√	√
	você	√	√	√	√	√
	ele/ela	√	√	√	√	√
	nós	√	√	√	√	√
	vocês	√	√	√	√	√
	eles/elas	√	√	√	√	√
	a gente	*	*	*	*	√

Tabela 4.23 – Licenciamento morfológico de sujeitos nulos definidos em português brasileiro - Resumo

		Orações finitas		Infinitivos flexionados	Particípios	Gerúndios não flexionados atribuidores de caso
		Paradigma pleno	Paradigma empobrecido			
Contraparte nula de	nós	√	√	√	*	√
	vocês	??	??	??	*	√
	eles/elas	??	??	??	√	√
	eu	??	*	*	*	√
	você	*	*	*	*	√
	ele/ela	*	*	*	√	√
	a gente	*	*	*	*	√

Quanto a sujeitos nulos indefinidos, o PB é mais rico que o PE ao ter um tipo adicional de sujeito nulo indefinido singular (ver seção 4.4.2). Essa inovação está em consonância com a preferência geral da PB por formas de concordância não marcadas/*default* (ver capítulo "Concordância"). Finalmente, o PE e o PB geralmente têm padrões semelhantes com relação a construções de expletivo nulo, mas PB exibe uma tendência de ter elementos deslocados para preencher a posição que seria reservada para um expletivo nulo (ver seção 4.6.2) e alguns dialetos do PE têm um aparente expletivo realizado foneticamente (*ele*), que está na verdade ligado a interpretações associadas à periferia esquerda da sentença.

Notas

[1] Vimos na seção 3.4.2 que a morfologia da concordância verbal é superficialmente a mesma em PE e PB, mas tem especificações subjacentes diferentes em cada variedade (ver Tabela 3.12). Dado que o pronome *eu* é morfologicamente especificado como [P.N:1.SG] em PE, mas como [P.N:SG] em PB, a flexão verbal correspondente no verbo de (1), por exemplo, deveria ser especificada como [P.N:1.SG] em PE e [P.N:SG] em PB. No entanto, para simplificar a apresentação, vamos usar a descrição tradicional desses morfemas e recorrer a especificações mais detalhadas apenas quando esse for o tópico em discussão.

[2] Este requisito se tornou conhecido como o Filtro do Caso (ver *e.g.* Chomsky 1981 e Vergnaud 2008).

[3] O sujeito nulo de (3b), (4b) e (5b) corresponde a PRO na Teoria dos Princípios e Parâmetros (ver e.g. Chomsky 1981 e Chomsky e Lasnik 1993).

[4] A aparente preferência de línguas *pro-drop* por um sujeito nulo ao invés da sua contraparte realizada em contextos neutros é comumente referida como o *Princípio Evite Pronome* (ver *e.g.* Chomsky 1981).

[5] Para uma discussão relevante sobre a disponibilidade e interpretação de sujeitos nulos em português, bem como sua alternância com pronomes realizados, ver e.g. Chao 1983, Moreira da Silva 1983, Tarallo 1983, Negrão 1986, Galves 1987, 1993, 1997, 1998, 2001, Brito 1991b, Duarte 1993, 1995, 2000, Barbosa 1995, 1996, 2019, Lobo 1995, 2013b, Figueiredo Silva 1996, Britto 1998, 2000, Kato 1999, 2000, 2002a, Ferreira 2000, Kato e Negrão 2000, Modesto 2000, Barbosa, Duarte e Kato 2001, 2005, Rodrigues 2002, 2004, Martins e Nunes 2005, 2009, 2010, 2021, Nunes 2008a, 2009, 2010a, b, 2011, 2016, 2017, 2020a, Holmberg, Nayudu, e Sheehan 2009, Petersen 2011, Camacho 2013, 2016, Lobo e Martins 2017, Saab 2016, Coelho, Nunes e Santos 2018 e Kato e Duarte 2021.

[6] O requisito de que cada oração deve ter um sujeito sintático é referido como o *Princípio de Projeção Estendido* (*EPP*) na Teoria dos Princípios e Parâmetros (ver *e.g.* Chomsky 1981 e Chomsky e Lasnik 1993).

[7] Para discussão relevante, ver referências na nota 5.

[8] Ver Duarte 2000 para detalhes e discussão relevante.

⁹ Para discussão relevante, ver *e.g.* Tarallo 1993, Duarte 1993, 1995, 2000, Martins e Nunes 2009 e Nunes 2011.
¹⁰ Ver Duarte 1993 para detalhes e discussão relevante.
¹¹ O PE e o PB também apresentam perfis diferentes no que diz respeito à aquisição de sujeitos nulos, sendo o PB consideravelmente influenciado pela escolaridade nesse aspecto. Ver *e.g.* Simões 1997, 1999, R. Lopes 2003, Magalhães 2003, 2006, 2007, Gonçalves 2004, Magalhães e Santos 2006 e Lobo 2016b para discussão relevante.
¹² Aqui deixamos de lado as situações em que um pronome realizado de terceira pessoa pode ser deiticamente identificado por meios extralinguísticos.
¹³ Conforme mencionado na seção 3.4.2, o futuro do presente do indicativo em PB ficou limitado a registros formais, geralmente de língua escrita (como no presente texto), sendo substituído na gramática nuclear (ver capítulo "Delimitando o objeto de análise") pelo futuro perifrástico. Isso significa que o número de tempos que têm uma flexão regular de concordância distinta para *eu* na gramática do PB acabou reduzido a dois.
¹⁴ Os julgamentos apresentados a seguir correspondem às leituras indicadas entre parênteses. Para simplificar a exposição, não representaremos as contrapartes nulas dos pronomes *cê/cês* do PB, que presumivelmente têm a mesma distribuição que as contrapartes nulas das formas fortes *você/vocês*.
¹⁵ Ver Raposo 1986 para proposta original e o capítulo "Objetos nulos e possessivos nulos" para referências e discussão. Como veremos na seção 5.3.2, o movimento dos elementos interrogativos não aciona a inversão sujeito-verbo no PB; portanto, as sentenças correspondentes a (16b), (16d) e (17b) no PB têm ordem sujeito-verbo. (17b') contrasta com a sua contraparte em PB, que é aceitável com um objeto nulo, como exemplificado em (i). Isso indica que objetos nulos em sentenças como (i) em PB não são resultado de topicalização. Voltaremos a esse ponto na seção 6.3.
(i) E o novo livro do Saylor? Onde o João comprou? (PB)
¹⁶ Ver *e.g.* Ross 1982 e Huang 1984 para discussão relevante.
¹⁷ Como veremos na seção 5.3.2, a ordem entre sujeito e verbo nas orações interrogativas pode ser diferente em PE e em PB. Assumindo que o mesmo ocorre quando sujeitos nulos estão envolvidos, os sujeitos vazios em sentenças como (18), por exemplo, deveriam ocupar posições diferentes em cada variedade. Para fins de exposição, no entanto, colocaremos essa possibilidade de lado e representaremos o sujeito nulo sempre precedendo o verbo ou auxiliar relevante.
¹⁸ Para discussão relevante, ver *e.g.* Pereira 2003, Costa e Pereira 2005, 2013 e Sória 2013.
¹⁹ Para diferentes análises de sujeitos nulos em termos de apagamento, ver e.g. Perlmutter 1971, Duguine 2013, Roberts 2010, Saab 2016 e Sheehan 2016. Para a proposta específica em termos da Condição de Valoração do Traço Proeminente, ver Martins e Nunes 2021 e Nunes 2020a.
²⁰ Para discussão relevante, ver *e.g.* Modesto 2000, Ferreira 2000 e Rodrigues 2004.
²¹ Ver *e.g.* Haegeman 1990, 2013 para discussão.
²² Recorde-se que a preferência por sujeitos nulos em vez de realizados em línguas *pro-drop* se aplica a contextos neutros (ver seção 4.2). Assim, as sentenças em (36), (37b) e (38b) são perfeitamente aceitáveis em PE se o pronome na posição de sujeito da oração subordinada veicula ênfase/contraste.
²³ Todos esses tempos são simples. Os tempos compostos são formados por um auxiliar com flexão de pessoa e número, seguido por uma forma não finita do verbo principal. O pretérito perfeito do subjuntivo, por exemplo, é formado pelo auxiliar *ter* no presente do subjuntivo seguido do particípio do verbo principal (por exemplo, *tenhamos saído*); portanto, as possibilidades de licenciamento de sujeito nulo em tempos compostos replicam as possibilidades dos tempos simples associados ao auxiliar. Para fins expositivos, discutiremos aqui apenas tempos simples.
²⁴ Sobre a noção de empobrecimento morfológico, ver *e.g.* Bonet 1991.
²⁵ Os traços de pessoa e número da flexão de concordância verbal se apresentam fundidos após concordarem com pronomes que têm esses traços fundidos. É o caso do pronome *eu* e da concordância a ele associada tanto em PE quanto em PB. Isso sugere que o empobrecimento se aplica antes que a fusão ocorra. Visto que nada do que vem a seguir depende desse refinamento, vamos colocá-lo de lado para fins expositivos. Para uma análise alternativa do processo de empobrecimento (no pretérito imperfeito do indicativo), com apagamento do traço de pessoa, ver Bassani e Lunguinho 2011.
²⁶ Ver Nunes 2015b e 2020 para discussão relevante.
²⁷ Para discussão relevante, ver *e.g.* Raposo 1985, Negrão 1986 e Petersen 2011.
²⁸ Para discussão relevante, ver *e.g.* Negrão 1986, Ferreira 2000, 2009 e Rodrigues 2004.
²⁹ Estamos aqui pondo de lado alguns detalhes técnicos. Em seu caminho para a posição de sujeito da oração matriz, os sujeitos em (62) primeiro se movem para uma posição onde podem estabelecer uma relação temática com os predicados da matriz. Para mais detalhes e argumentos para uma análise de sujeitos nulos definidos em PB em termos de movimento, ver *e.g.* Ferreira 2000, 2009, Rodrigues 2002, 2004, Martins e Nunes 2005, 2009, 2010, Nunes 2008a, 2009, 2010a, 2017, 2019b e Petersen 2011.
³⁰ *Vestígios* na terminologia gerativa (ver *e.g.* Chomsky 1973).
³¹ *Ilha* no sentido de Ross 1967.

[32] Para discussão relevante, ver Simioni 2010, 2011.
[33] Numa análise de controle de adjunto em termos de movimento (ver *e.g.* Hornstein 1999 e Boeckx, Hornstein e Nunes 2010), por exemplo, as sentenças em (90) podem ser analisadas como envolvendo duas ou três instâncias de movimento, dependendo de a oração de particípio ser ou não movida para uma posição no início da sentença. Conforme esboçado em (i), o pronome primeiro se desloca via movimento lateral (no sentido de Nunes 2001, 2004) da oração de particípio para alguma posição temática dentro do sintagma verbal da oração matriz (ver (ia)). Depois que a oração de particípio se junta ao sintagma verbal da matriz, o pronome então se move para a posição de sujeito da matriz (ver (ib)). Esta é a derivação de (90d), por exemplo; para as sentenças restantes de (90), as orações de particípio se movem ainda para o início da sentença (ver (ic)).

(i) a. [$_{\text{sintagma verbal}}$ ... **pron**$_i$ ...] [$_{\text{particípio}}$ ... —$_i$ ...]

 b. [$_{\text{oração matriz}}$ **pron**$_i$ ... [[$_{\text{sintagma verbal}}$ ... —$_i$ ...] [$_{\text{particípio}}$ ... —$_i$ ...]]]

 c. [[$_{\text{particípio}}$ ... —$_i$ ...]$_k$ ... [$_{\text{oração matriz}}$ **pron**$_i$ ... [[$_{\text{sintagma verbal}}$ ... —$_i$ ...] —$_k$]]]

[34] Em alguns ambientes sintáticos, é possível eliminar a ambiguidade de formas de gerúndio ambíguas. Por exemplo, gerúndios flexionados contrastam com gerúndios não flexionados, por poderem ocorrer com conjunções que são típicas de orações finitas adverbiais, como ilustrado em (ia) com *quando*. Note-se que, tomada em isolamento, a forma gerundiva *estando* em (ib) é ambígua, pois pode corresponder à forma não flexionada ou à forma flexionada associada a *eu, você, ele* e *ela* (ver Tabela 4.21). Curiosamente, sentenças como (ib), cuja especificação de terceira pessoa do singular não é realizada foneticamente, são agramaticais em todos os dialetos do PE que não têm gerúndios flexionados. Isso mostra que a especificação de concordância em gerúndios flexionados é computada sintaticamente mesmo quando não tem manifestação fonética. Ver Lobo 2001, 2003, 2016a para discussão relevante.

(i) a. Que elas **quando começandem** a aparecer... (%PE)
 (CORDIAL-SIN, LVR33)
 b. O pão, **quando estando** lêvedo, (...) a massa é mais leve. (%PE)
 (CORDIAL-SIN, PAL30)

[35] As mesmas considerações se aplicam a expletivos nulos, que serão discutidos na seção 4.5.
[36] Para discussão relevante, ver e.g. Galves 1987, Nunes 1990, 1991, Lunguinho e Medeiros Jr. 2009, Martins e Nunes 2021 e especialmente Carvalho 2018, 2019.
[37] Ver Nunes 1991, Carvalho 2018, 2019 e Martins e Nunes 2021.
[38] Ver Carvalho 2018, 2019 para as propriedades de cada tipo e discussão relevante.
[39] Ver Alexiadou e Carvalho 2017 e Carvalho 2018, 2019 para discussão relevante.
[40] Para discussão relevante, ver Ferreira 2000, 2009, Rodrigues 2004, Nunes 2010a, 2020b e Carvalho 2018, 2019.
[41] Mas ver Viotti 2007 para argumentos contra essa visão.
[42] Ver Kato 2002b para discussão relevante.
[43] Para discussão relevante, ver *e.g.* Uriagereka 1995a, 2004, Raposo e Uriagereka 1996, Silva-Villar 1998, Carrilho 2003, 2005, 2008, 2009 e Betoni 2013.
[44] Ver referências na nota 43 e especialmente Carrilho 2005.
[45] Para discussão relevante, ver *e.g.* Pontes 1987, Kato 1989, Figueiredo Silva 1996, Britto 1998, Galves 1998, 2001, Negrão 1999, Lobato 2006, Lunguinho 2006, Negrão e Viotti 2008, Avelar e Cyrino 2008, Avelar 2009a, Avelar e Galves 2011, Bastos-Gee 2011, Munhoz 2011, Munhoz e Naves 2012, Andrade e Galves 2014, Costa, Augusto e Rodrigues 2014, Nunes 2016, 2017, Gonçalves e Miguel 2019, Kato e Ordóñez 2019, Meireles e Cançado 2020, Rodrigues 2020, Kato e Duarte 2021 e Nunes e Kato a sair.
[46] Ver *e.g.* Nunes 2017 e Nunes e Kato a sair para discussão relevante.
[47] Para discussão relevante, ver Barbosa 1995, 1996, Galves 1997, Duarte 1998, Kato 1999, 2002a, Britto 1998, 2000, Costa 2003 e Barbosa, Duarte e Kato 2005.
[48] Ver Petersen 2008 para discussão relevante.
[49] Para discussão relevante, ver *e.g.* Britto 1998, 2000 e Barbosa, Duarte e Kato 2005. É importante notar que, no que diz respeito ao PE, esta correlação parece ser mais bem descrita como uma tendência forte do que uma correlação categórica, uma vez que exemplos com *ele* nominativo e *ela* interpretados como [-hum] podem ser atestados em *corpora* do PE (ver Weingart 2020).
[50] Ver Martins e Nunes 2021 para discussão relevante.
[51] O sombreamento mais claro nas células marcadas com "*" na coluna de particípios das Tabelas 4.22 e 4.23 foi utilizado para indicar que, embora não ocorra licenciamento morfológico nesse ambiente, o pronome nulo pode ser licenciado via concordância semântica.

ORDEM DE PALAVRAS

5.1 INTRODUÇÃO

Mudanças na ordem básica das palavras de uma determinada língua geralmente estão associadas a diferentes configurações discursivas ou são impostas por restrições morfofonológicas. No caso do português europeu (*PE*) e do português brasileiro (*PB*), a ordem canônica dos constituintes de uma sentença declarativa simples é SVO, ou seja, o sujeito é seguido pelo verbo, que é seguido pelo(s) objeto(s), conforme ilustrado em (1). No entanto, também podemos encontrar ordens como a ilustrada em (2), por exemplo, com um dos objetos precedendo o sujeito, em certas situações discursivas que serão discutidas nas próximas seções.[1] A sentença (3a), por sua vez, mostra que a ordem SVO não é lícita se o objeto for um clítico e o verbo principal tiver morfologia de particípio; nesse caso, o clítico é realizado fonologicamente à direita do verbo auxiliar em PE, conforme mostrado em (3b), e à esquerda do verbo principal em PB, conforme mostrado em (3c).

(1)   a. O João recomendou este livro à Maria.   (PE)
      b. O João recomendou este livro para a Maria.   (PB)
(2)   a. **Este livro**, o João recomendou à Maria.   (PE)
      a.' **Este livro**, o João recomendou para a Maria.   (PB)
      b. **À Maria**, o João recomendou este livro.   (PE)
      b.' **Para a Maria**, o João recomendou este livro.   (PB)
(3)   a. *O João tinha **visto-me**.
      b. O João **tinha-me** visto.   (PE: √; PB: *)
      c. O João tinha [**me visto**].   (PE: *; PB: √)

Neste capítulo discutiremos ordens diferentes de SVO que são aceitáveis em PE e PB e os fatores discursivos, sintáticos e morfofonológicos desencadeadores.² Na seção 5.2, discutiremos a relação entre ordem de constituintes e conteúdo informacional em sentenças declarativas. Nas seções 5.3 e 5.4, discutiremos ordem de palavras em sentenças interrogativas e exclamativas. A seção 5.5 é dedicada a uma breve discussão sobre ordem de palavras em domínios não finitos. A seção 5.6 discute o posicionamento de clíticos. Por fim, a seção 5.7 apresenta um resumo das principais diferenças entre o PE e o PB no que diz respeito à ordem das palavras.

5.2 ORDEM DE PALAVRAS EM SENTENÇAS DECLARATIVAS E CONTEÚDO INFORMACIONAL

Nesta seção, examinaremos a relação entre a ordem dos principais constituintes sentenciais em declarativas e o conteúdo informacional.³

5.2.1 Julgamentos téticos e categóricos

As línguas naturais geralmente distinguem sintaticamente a apresentação de uma situação (um *julgamento tético*) da atribuição de uma propriedade a uma dada entidade (um *julgamento categórico*).⁴ Um julgamento categórico destaca uma entidade sobre a qual se estabelece uma relação de predicação, originando uma estrutura de tópico-predicado, enquanto uma sentença que expressa um julgamento tético descreve uma situação em que nenhuma entidade particular tem estatuto de tópico, ou seja, a sentença não é sobre uma entidade específica, mas sobre toda a situação. Uma resposta apropriada para a pergunta *O que está acontecendo?*, por exemplo, apresenta um julgamento tético, ao passo que uma resposta adequada para a pergunta *O que aconteceu com o João?* apresenta um julgamento categórico.

Nesta seção, examinamos como o PE e o PB usam a ordem das palavras para codificar essa distinção.

5.2.1.1 A POSIÇÃO DO SUJEITO E A DISTINÇÃO TÉTICO-CATEGÓRICO

Em geral, a inversão sujeito-verbo que produz a ordem VS(O) expressa julgamentos téticos, enquanto a ordem SV(O) é compatível com julgamentos téticos e categóricos. Assim, tanto em PE como em PB, a sentença SV em (4a) pode ser interpretada como uma resposta adequada à pergunta de como foi o mês anterior em relação ao desemprego (um julgamento categórico) ou uma resposta à questão de como a economia em geral está indo (um julgamento tético). A sentença VS em (4b), por outro lado, só é compatível com o último cenário.

(4) a. A taxa de desemprego do mês passado caiu.
b. Caiu a taxa de desemprego do mês passado.

A expressão de um julgamento tético por meio da ordem VS é, no entanto, bastante sensível à classe dos verbos envolvidos. Verbos "intransitivos", por exemplo, podem apresentar um comportamento diferente dependendo de seus subtipos. Conforme discutido na seção 3.5.1.1, esse grupo na verdade envolve duas classes diferentes: verbos inacusativos, cujo sujeito pode exibir comportamento sintático de objeto, e verbos inergativos, cujo sujeito se comporta como o sujeito canônico dos verbos transitivos. Em PE, a ordem VS é mais amplamente permitida com verbos inacusativos do que com inergativos; em PB, VS basicamente se restringe aos verbos inacusativos.[5] Assim, enquanto PE permite ordens SV e VS com os verbos inacusativos de (5) e com os verbos inergativos de (6), por exemplo, PB é menos liberal. Em particular, a ordem VS com inergativos em PB é (marginalmente) permitida apenas com alguns verbos (ver (6a')/(6b') *vs.* (6c')/(6d')) e até mesmo dentro do conjunto de verbos inacusativos, o PB não licencia a ordem VS com verbos copulativos, como ilustrado em (5d'), com o verbo *estar*.

(5) a. Um soldado morreu.
a.' Morreu um soldado.
b. A primavera já chegou.
b.' Já chegou a primavera.
c. Alguns problemas surgiram quando menos se esperava.
c.' Surgiram alguns problemas quando menos se esperava.
d. Para minha grande surpresa, o gato estava no jardim.
d.' Para minha grande surpresa,
estava o gato no jardim. (PE: √; PB: *)

(6) a. Um desconhecido telefonou ontem.
a.' Telefonou um desconhecido ontem. (PE: √; PB: ?)
b. Um aluno meu trabalhava nesta fábrica.
b.' Trabalhava um aluno meu nesta fábrica. (PE: √; PB: ?)
c. Os candidatos e o entrevistador gritaram
o tempo todo durante o debate.
c.' Gritaram os candidatos e o entrevistador
o tempo todo durante o debate. (PE: √; PB:*)

d. Uma criança espirrou, mas não sei qual.
d.' Espirrou uma criança, mas não sei qual.   (PE: √; PB: *)

Há também uma intrincada interação em PB entre a natureza (in)definida dos sujeitos pós-verbais e a presença de locativos. Com verbos inacusativos e ordem VS, sujeitos indefinidos podem coocorrer com uma expressão locativa, mas sujeitos definidos não podem, como ilustrado em (7). O paradigma em (8), por sua vez, mostra que tal contraste não é observado com sujeitos preverbais.

(7) *PB*:
a. Caíram **muitas** flores (no chão).
a.' Caíram **as** flores (*no chão).
b. Apareceram **uns** personagens (no canto do palco).
b.' Apareceram **os** personagens (*no canto do palco).

(8) *PB:*
a. Muitas flores caíram (no chão).
a.' As flores caíram (no chão).
b. Uns personagens apareceram (no canto do palco).
b.' Os personagens apareceram (no canto do palco).

Quanto aos verbos inergativos, sua aceitabilidade (marginal) com ordem VS em PB está geralmente restrita a sujeitos indefinidos, como evidenciado pelo contraste entre (6b') e (9a). No entanto, se um locativo associado com um verbo inergativo é anteposto, um sujeito definido é (marginalmente) permitido com ordem VS, como ilustrado pelos contrastes em (9).[6]

(9) *PB:*
a. *Trabalhava o meu filho nesta fábrica.
a.' ?Nesta fábrica trabalhava o meu filho.
b. *Canta a Maria nesse coro.
b.' ?Nesse coro canta a Maria.

Curiosamente, verbos transitivos que selecionam um complemento locativo em PB se comportam como inergativos nesse ponto. O verbo *morar*, por exemplo, não permite a ordem VS com sujeitos definidos (ver (10a) *vs.* (10b)), a não ser quando o locativo é anteposto (ver (10b) *vs.* (10c)).

(10) *PB:*
a. Morava um compositor famoso nesse prédio.
b. *Morava o Jobim nesse prédio.
c. ?Nesse prédio morava o Jobim.

Todas as sentenças VS em (7)-(10) são aceitáveis em PE numa interpretação tética, independentemente da definitude dos sujeitos. A ordem VS em PE é, de fato, mais sensível a evidencialidade (sensorial).[7] *Grosso modo*, em PE a ordem SV pode relatar tanto situações/eventos observados quanto não observados, enquanto sentenças com ordem VS parecem depender da percepção real de uma situação. Em (11), com o verbo inacusativo *chegar*, por exemplo, a ordem VS é bloqueada sempre que o local de chegada fica fora do alcance visual, auditivo ou sensorial do falante. Da mesma forma, a ordem VS em (12), com o verbo inergativo *telefonar*, é bloqueada sempre que o falante não for participante do evento ou situação relatada.

(11) *PE*:
    a. O teu pai já chegou.
       → aqui/para o jantar: √
       → na casa dele/em Paris: √
    b. Já chegou o teu pai.
       → aqui/para o jantar: √
       → na casa dele/em Paris: *

(12) *PE*:
    a. A Maria telefonou.
       → 'aqui pra casa/para mim': √
       → 'para aquele escritório onde ela está se candidatando a um emprego': √
    b. Telefonou a Maria.
       → 'aqui para casa/para mim': √
       → 'para aquele escritório onde ela está se candidatando a um emprego': *

Como as sentenças VS em PE geralmente descrevem situações apreendidas/observadas, esperamos que a ordem VS seja bloqueada em sentenças negativas, pois não se apreende/observa o que não ocorre. Essa expectativa é de fato satisfeita. Para vermos isso, considere o seguinte cenário. O presidente está muito doente e há rumores de que já esteja morto. Alguém olha pela janela, vê a multidão aplaudindo e pergunta o que está acontecendo. Um oponente do presidente pode (sarcasticamente) responder com as sentenças afirmativas em (13a) ou (13a'), mas um apoiador só pode dar uma resposta negativa usando a ordem SV, como em (13b); a ordem VS em (13b') não resulta em uma resposta apropriada neste contexto.[8]

(13)   *PE:*
[*Contexto:* Alguém pergunta o que aconteceu.]
a.   O presidente morreu.
a.' Morreu o presidente.
b.   O presidente não morreu.
b.' *Não morreu o presidente.

Consideremos finalmente sentenças com verbos transitivos. Tanto em PE quanto em PB, verbos transitivos geralmente não permitem a ordem VS como forma de transmitir um julgamento tético. Uma sentença SVO como (14), por exemplo, pode ser interpretada tanto em PE quanto em PB como uma declaração sobre Maria, explicando por que ela está triste (um julgamento categórico), ou a apresentação de um estado de coisas diante de uma pergunta como *Por que todo mundo está vasculhando a sala?* (um julgamento tético). Por outro lado, uma sentença VSO como (15) não pode ser interpretada como um julgamento tético em PE[9] e é descartada em PB, independentemente do contexto.

(14)   A Maria perdeu a carteira.
(15)   [*Contexto:* Alguém pergunta o que aconteceu.]
       *Perdeu a Maria a carteira.

Da mesma forma, uma sentença VS com verbos bitransitivos como (16b) é excluída em PB independentemente do contexto e uma sentença como (17b) não pode ser usada para transmitir um julgamento tético em PE, mesmo em um contexto de evidencialidade sensorial.[10]

(16)   *PB*:
a.   O João me deu um presente.
b.   *Me deu o João um presente.
(17)   *PE:*
[*Contexto:* Alguém vê um bolo de chocolate na mesa.]
a.   A mãe comprou-nos bolo de chocolate.
b.   *Comprou-nos a mãe bolo de chocolate.

Alguns ambientes aparentemente excepcionais que permitem a ordem VS com verbos transitivos são de fato esperados. Considere as construções passivas, por exemplo. Se um verbo transitivo é passivizado, ele deve se comportar como um verbo inacusativo, pois seu sujeito corresponde ao objeto do verbo transitivo ativo associado. Não causa surpresa, portanto, que os verbos passivos permitam a ordem VS tanto no PE quanto no PB, como ilustrado em (18).

(18) Foram descobertas novas ruínas romanas em Portugal.

Outro ambiente aparentemente excepcional envolve complementos não canônicos. Em uma sentença como (19a), por exemplo, o sintagma nominal *a maratona* não se comporta como um objeto direto padrão, pois não pode ser pronominalizado (ver (19b,b')) e é interpretado mais como a extensão da corrida. Em outras palavras, o verbo *correr* parece manter suas propriedades inergativas mesmo nesse emprego transitivo. Sendo assim, também não causa surpresa que o PE permita a ordem VS em (20) sob uma interpretação tética, mas o PB não.

(19) a. Cem atletas correram a maratona.
  b. *Cem atletas correram-**na**.   (PE)
  b.' *Cem atletas correram **ela**.   (PB)
(20) Correram cem atletas a maratona.   (PE: √; PB:*)

A restrição à ordem VS com verbos transitivos em um contexto tético pode, no entanto, ser anulada em alguns casos específicos em PE, mas não em PB. Um auxiliar, por exemplo, pode disponibilizar a ordem VS com verbos transitivos em PE, como ilustrado em (21), dentro de um contexto tético.

(21) [*Contexto:* Alguém olha pela janela.]
  a. Um cão está a perseguir o gato.   (PE)
  a.' Um cachorro está perseguindo o gato.   (PB)
  b. Está um cão a perseguir o gato.   (PE)
  b.' *Está um cachorro perseguindo o gato.   (PB)

Outra construção que excepcionalmente permite a ordem VS com verbos transitivos em PE envolve uma oração matriz com o verbo no pretérito imperfeito do indicativo, articulada com uma oração adverbial que localiza a situação descrita pela oração matriz no campo perceptivo do falante, conforme ilustrado em (22). Ocorrências deste tipo de VS indicam que a situação descrita é de alguma forma inesperada.

(22) *PE*:
  a. Ontem quando cheguei a casa, **comia o João** a sopa sem fazer fita.
  b. Ontem quando cheguei a casa, **via o João** um filme na televisão.

Esse tipo de construção pode também empregar verbos inergativos (incluindo verbos inergativos que são geralmente avessos à inversão sujeito-verbo), como mostrado em (23).

(23) *PE:*
   a. Quando cheguei à casa do meu pai, **trabalhava ele** no jardim.
   b. Ontem quando cheguei a casa, **dormia o bebé** tranquilamente.

Um caso interessante, também restrito ao PE, envolve verbos que permitem alternância entre complementos acusativos e dativos, conforme ilustrado em (24). O padrão com dativo permite a ordem VS, enquanto o padrão com acusativo só permite se o objeto for pronominalizado, conforme mostrado em (25) e (26).

(24) *PE:*
   a. Um cão mordeu o Pedro.
   a.' Um cão mordeu-o.
   b. Um cão mordeu ao Pedro.
   b'. Um cão mordeu-lhe.

(25) *PE:*
   [*Contexto:* Alguém pergunta por que João está gritando.]
   a. Mordeu-o um cão.
   b. Mordeu-lhe um cão.

(26) *PE:*
   [*Contexto:* Alguém olha pela janela.]
   a. *Mordeu um cão o Pedro.
   b. ?Mordeu um cão ao Pedro.

Consideremos finalmente uma correlação específica entre ordem de palavras e a distinção tético/categórico em PB. Uma vez que a inversão sujeito-verbo e os sujeitos nulos se tornaram bastante restritos no PB (ver capítulo "Sujeitos nulos"), essa distinção passou a ser expressa por meio da duplicação de sujeito pronominal.[11] Se o sintagma nominal duplicante precede o pronome sujeito, como em (27), temos um julgamento categórico; se segue o pronome (de fato, todo o predicado), como em (28), temos um juízo tético.

(27) *PB* (julgamento categórico):
   a. **A Clarinha, ela** cozinha que é uma maravilha.
   b. **O meu carro, ele** só me dá dor de cabeça.
   c. É claro que **um bom emprego, ele** começa pelo respeito aos funcionários.
   d. Eu acho que **qualquer professor, ele** deve sempre falar francamente com os alunos.

(28) *PB* (julgamento tético):
   a. **Ele** só come arroz e feijão, **o João**.
   b. **Ela** não trabalha no fim de semana, **a Maria**.
   c. **Ele** tá pronto, **o vestido azul**.
   d. **Ele** foi traduzido em vinte línguas, **esse livro**.

Embora também possamos encontrar duplicação de um sujeito pronominal [+hum] foneticamente realizado em PE, essas construções são sentidas como marcadas. Em PB, por outro lado, elas são muito mais frequentes e muito mais diversificadas. No caso da duplicação à esquerda, em particular, a duplicação pode ocorrer em orações matrizes (ver (27a,b)) e subordinadas (ver (27c,d)) e o sujeito pode ser animado (ver (27a,d), inanimado (ver (27b,c)), definido (ver (27a,b)), indefinido (ver (27c)) ou quantificacional (ver (27d)). Essa diversidade de possibilidades, em contraste com o que se vê em PE, está presumivelmente associada ao fato de que as formas nominativas *ele(s)/ela(s)* podem ser pronomes fortes ou fracos em PB, mas são tipicamente pronomes fortes em PE (ver seção 4.6.3); portanto, sentenças como (27b-d) e (28c,d)), por exemplo, são excluídas (ou são marginais) em PE, pois as expressões duplicadas relevantes são incompatíveis com um pronome forte.

As duas línguas também diferem no que diz respeito à estrutura atribuída às construções com duplicação à direita. Em PE, a expressão que redobra o pronome se comporta como se fosse um constituinte externo à sentença. Assim, pode se seguir a uma pergunta-*tag* (ver a seção 7.4.2), conforme ilustrado em (29a); para preceder a pergunta-*tag*, como em (29b), a expressão que redobra o pronome deve ser precedida por uma pausa proeminente, o que novamente indica que a posição ocupada por ela é externa à sentença.[12] Em PB, por outro lado, a expressão que redobra o pronome não pode se seguir a uma pergunta-*tag*, como se vê em (29a), e não requer inserção de pausa em (29b), indicando uma posição interna à sentença.

(29) a. Ele terminou o relatório, **não terminou, o Paulo**?   (PE: √; PB: *)
   b. Ele terminou o relatório **o Paulo, não terminou**?   (PE: *; PB: √)

5.2.1.2 TOPICALIZAÇÃO DE CONSTITUINTES QUE NÃO O SUJEITO

Na seção 5.2.1.1, vimos que a ordem SV pode ancorar um julgamento categórico, com o sujeito sendo interpretado como o tópico (na acepção semântica do termo) sobre o qual algo é dito. Essas construções são chamadas de construções de *tópico não marcado*, porque não há alteração da ordem básica SVO. Se um julgamento categórico é feito sobre um sintagma diferente do sujeito, ou seja, se esse sintagma é interpretado como o tópico da sentença, a ordem SV pode ser mantida e o tópico aparece antes do sujeito, como ilustrado em (30). Essas estruturas são chamadas de *tópico marcado*, porque implicam a alteração da ordem básica VO para OV sempre que o constituinte topicalizado é o objeto.[13]

(30) a. Esse filme, eu vi na semana passada.
   b. A esses jogadores, o treinador ofereceu
      excelentes condições de trabalho. (PE)
   b.' Pra esses jogadores, o treinador ofereceu
      excelentes condições de trabalho. (PB)
   c. Nesses países, o João nunca teve dificuldade em trabalhar.

Em (30a), o tópico é o objeto direto; em (30b) e (30b'), o objeto indireto (ver nota 1); e em (30c), um adjunto locativo. Os tópicos em (30a), (30b) e (30b') também podem ser redobrados por um elemento pronominal: um clítico em PE e um pronome fraco em PB, conforme mostrado respectivamente em (31) e (32).[14] Observe que o redobro do objeto indireto pode manter o item *a* em PE (cf. (30b) *vs.* (31b)), mas não *pra* em PB (cf. (30b') *vs.* (32b)). Isso sugere que *a* em (30b)/(31b) é, na verdade, uma realização morfológica do caso dativo, enquanto *pra* em (30b')/(32b) é uma preposição verdadeira.[15]

(31) *PE:*
   a. **Esse filme**, vi-**o** na semana passada.
   b. **(A) esses jogadores**, o treinador ofereceu-**lhes** excelentes condições de trabalho.
(32) *PB:*
   a. **Esse filme**, eu vi **ele** na semana passada.
   b. **(*Pra) esses jogadores**, o treinador ofereceu excelentes condições de trabalho pra **eles**.

Uma sentença pode ter mais de um tópico fronteado, como ilustrado em (33). O estatuto de tópico dos sintagmas fronteados em (33) pode ser claramente visto em construções de redobro, como em (34).

(33) a. À minha sobrinha, este jogo, só vou comprar
      quando ela tiver 12 anos. (PE)
   b. Pra minha sobrinha, este jogo, eu só vou comprar
      quando ela tiver 12 anos. (PB)
(34) a. À minha sobrinha, este jogo, só **lho** vou comprar
      quando ela tiver 12 anos. (PE)
   b. A minha sobrinha, este jogo, eu só vou comprar
      ele pra **ela** quando ela tiver 12 anos. (PB)

A topicalização não interfere na colocação dos pronomes clíticos.[16] Os clíticos das estruturas de topicalização em (35), por exemplo, seguem o típico padrão de ênclise em PE e próclise em PB (ver seção 5.6 para discussão detalhada).

(35) a. Esse documento, o João **enviou-te** na semana passada. (PE)
      a.' Esse documento, o João **te enviou** na semana passada. (PB)
      b. Com essas palavras doces, a Maria **convenceu-me**. (PE)
      b.' Com essas palavras doces, a Maria **me convenceu**. (PB)

Finalmente, construções de tópico marcado licenciam a ordem VS em PE, mas não em PB. Em outras palavras, o PE pode marcar sintaticamente a neutralização da topicalidade do sujeito, mas o PB não. Sentença transitivas com ordem VS e tópicos marcados, como em (36), por exemplo, são perfeitamente aceitáveis em PE,[17] mas praticamente ininteligíveis em PB.

(36) a. O mapa do tesouro, esconderam
          os piratas na própria ilha.   (PE: √; PB: *)
      b. O queijo, levou o rato enquanto o gato dormia. (PE: √; PB: *)

Algumas propriedades das estruturas de tópico se tornam mais claras quando o tópico não é o sujeito, devido à consequente alteração da ordem básica dos constituintes da sentença. Uma dessas propriedades é o conteúdo referencial do elemento topicalizado. Em geral, os tópicos devem ser elementos salientes no contexto discursivo/situacional. Assim, frequentemente encontramos demonstrativos dentro de expressões topicalizadas correspondentes ao objeto, pois esses pronomes conectam explicitamente a sentença com o discurso anterior ou o contexto da enunciação (ver (30)-(35)). Por outro lado, expressões negativas e quantificadores nus resistem à topicalização,[18] como mostrado em (37), com a vírgula indicando o mesmo contorno prosódico de (30)-(36). Quantificadores podem, no entanto, ser tópicos se se tornarem salientes no discurso por meio de modificação, como exemplificado em (38), com uma oração relativa.

(37) a. *Nenhum livro, o João leu.
      b. *Tudo, o João comprou.
(38) Tudo o que a Maria recomendou, o João comprou.

5.2.2 Estruturas de foco

O termo *foco* identifica um constituinte sentencial que é usado pelo falante para transmitir novas informações ao ouvinte ou informações que o falante assume que contradizem as crenças ou expectativas do ouvinte. O primeiro tipo é referido como *foco informacional* e o segundo, como *foco contrastivo*. Nesta seção, discutiremos como esses dois tipos de foco interagem com a ordem de palavras.[19]

5.2.2.1 FOCO INFORMACIONAL E ORDEM DAS PALAVRAS

As interrogativas-*qu* (perguntas com pronomes interrogativos) normalmente estabelecem contextos discursivos que licenciam foco informacional, pois o constituinte que responde à pergunta é exatamente a expressão que fornece a informação desconhecida e solicitada. Os constituintes sublinhados em (39), por exemplo, podem ser adequadamente interpretados como foco informacional nos contextos dados. Observe que o foco informacional pode envolver não apenas partes da sentença (*foco informacional estreito*), como em (39a) e (39b), mas também a sentença como um todo (*foco informacional amplo*), como em (39c).[20]

(39) a. [*Contexto:* Alguém pergunta o que é que a Maria comeu.]
    A Maria comeu bacalhau.
  b. [*Contexto:* Alguém pergunta o que é que a Maria fez.]
    A Maria viajou com os amigos.
  c. [*Contexto:* Alguém pergunta o que aconteceu.]
    A Maria ganhou a eleição.

Observe que as sentenças em (39) exibem a ordem canônica SVO tanto em PE, quanto em PB. Em ambas as variedades, o foco informacional deve ser prosodicamente proeminente e o acento sentencial *default* recai sobre o constituinte mais à direita em sentenças canônicas; se esse constituinte for (parte d)o foco informacional, não ocorre nenhum rearranjo na ordem.[21] Esse é o caso em (39). Dado que o constituinte mais à direita de cada uma das sentenças de (39) é (parte d)o foco informacional, o último constituinte recebe acento *default* e a ordem básica SVO se mantém inalterada em ambas as variedades.

Esse comportamento similar não é, no entanto, a regra geral. Se o foco informacional não corresponder ao constituinte mais à direita na ordem canônica, as duas variedades diferem na forma como lidam com essa incompatibilidade.[22] Considere as respostas em (40) e (41), por exemplo, em que o constituinte em negrito recebe um acento marcado.[23]

(40) [*Contexto:* Alguém pergunta quem comeu o peixe.]
  a. Comeu o peixe o João.   (PE: √; PB: *)
  b. Comeu o João.   (PE: √; PB: *)
  c. **O João** comeu o peixe.   (PE: *; PB: √)
  d. **O João** comeu.   (PE: *; PB: √)

(41) [*Contexto*: Alguém pergunta quem viu Maria no cinema.]
    a. Viu a Maria no cinema o João.   (PE: √; PB:*)
    b. Viu o João.   (PE: √; PB: *)
    c. **O João** viu a Maria no cinema.   (PE: *; PB: √)
    d. **O João** viu.   (PE: *; PB: √)

Os contextos em (40) e (41) envolvem um verbo transitivo e requerem uma resposta com foco informacional no sujeito. Isso produz uma situação em que *o João* é o foco informacional nas respostas, mas *o peixe* em (40) e *no cinema* em (41) receberiam acento *default* na ordem canônica (SVO) por serem, nessa ordem, o constituinte mais à direita da sentença. Para resolver esse conflito, o PE coloca o sujeito na posição final, permitindo que ele receba acento *default* (ver (40a,b) e (41a,b)). O PB, por outro lado, geralmente resiste à inversão do sujeito, como vimos na seção 5.2.1; a solução é atribuir um acento marcado ao sujeito preverbal (indicado nos exemplos com negrito), tornando-o prosodicamente proeminente (ver (40c,d) e (41c,d)).[24]

O mesmo contraste é encontrado com os verbos intransitivos, independentemente de serem inergativos, como mostrado em (42) e (43), ou inacusativos, como mostrado em (44) e (45).

(42) [*Contexto:* Alguém pergunta quem chorou.]
    a. Chorou o João.   (PE: √; PB: *)
    b. **O João** chorou.   (PE: *; PB: √)
(43) [*Contexto:* Alguém pergunta quem trabalhou no domingo.]
    a. Trabalhou no domingo a Maria.   (PE: √; PB: *)
    b. **A Maria** trabalhou no domingo.   (PE: *; PB: √)
(44) [*Contexto*: Alguém pergunta quem sempre chega atrasado.]
    a. Chega sempre atrasado o Pedro.   (PE: √; PB: *)
    b. **O Pedro** chega sempre atrasado.   (PE: *; PB: √)
(45) [*Contexto*: Alguém pergunta quem nasceu em Lisboa.]
    a. Nasceram em Lisboa os netos da Rita.   (PE: √; PB:*)
    b. **Os netos da Rita** nasceram em Lisboa.   (PE: *; PB: √)

A agramaticalidade de (44a) e (45a) em PB é particularmente interessante, visto que o PB permite a ordem VSX com inacusativos como forma de codificar um julgamento tético, como visto na seção 5.2.1.1. Observe que uma resposta nos contextos de (44) e (45) com o sujeito com acento marcado e ordem VSX é igualmente inaceitável em PB:

(46) a. [*Contexto*: Alguém pergunta quem sempre chega atrasado.]
       *Chega **o Pedro** sempre atrasado.   (PE/PB)
    b. [*Contexto*: Alguém pergunta quem nasceu em Lisboa.]
       *Nasceram **os netos da Rita** em Lisboa.   (PE/PB)

Um caso em que o PB excepcionalmente se comporta como o PE, permitindo VXS com proeminência de foco no sujeito, é encontrado em certos registros em que o falante está narrando um evento que está presenciando (numa transmissão desportiva, por exemplo) ou o falante está organizando o próprio evento, conforme ilustrado em (47).[25] Esse padrão particular de VXS é geralmente restrito a sentenças no presente do indicativo e seus predicados normalmente incluem eventos previsíveis como um árbitro levantando o braço para encerrar um jogo de futebol em (47a) ou alguém sendo autorizado a falar em uma reunião formal em (47b). Esses predicados também frequentemente envolvem complexos frasais gramaticalizados como *ter a palavra* em (47b).

(47) a. Ergue o braço o juiz.   (PE/PB)
    b. Tem a palavra agora o secretário do Conselho. (PE/PB)

Como visto anteriormente em (40)-(45), o foco informacional no sujeito dá origem à ordem VXS em PE. A ordem VSX é de fato geralmente excluída nesse cenário, conforme ilustrado pelo contraste em (48).[26]

(48) [*Contexto:* Alguém pergunta quem fez o jantar.]
    a. Fez o jantar o Pedro.   (PE: √; PB: *)
    b. *Fez o Pedro o jantar. (PE: *; PB: *)

Curiosamente, a ordem VSX em PE pode ser licenciada em um contexto de interrogativas múltiplas como o de (49), onde o sujeito e o objeto são interpretados como foco informacional.[27] Como seria de esperar, o PB só permite a ordem SV em (49b), possibilidade que também está disponível em PE.

(49) [*Contexto:* A: – O jantar na mesa?! Quem fez o quê?]
    a. B: – Fez o João os bifes e o Pedro as batatas.   (PE: √; PB: *)
    b. B: – O João fez os bifes e o Pedro as batatas.   (PE: √; PB: √)

Uma exceção a esse padrão geral ocorre se a ordem VXS esperada for excluída por razões independentes. De acordo com a interpretação relevante do contexto em (50), por exemplo, o pronome possessivo *seu* deve ser interpretado como vinculado à expressão quantificada *cada orientador*. Por razões independentes do tópico em discussão, tal conexão pode ocorrer quando o quantificador precede, mas não quando se segue ao pronome. Assim, em PE a ordem VOS em (50a) é excluída em favor da ordem VSO em (50b).[28] O PB também aceita marginalmente a ordem VSO neste contexto, mas ainda prefere a ordem SVO em (50c), que também é aceitável em PE neste contexto.

(50) [*Contexto:* Alguém pergunta quem telefonou para os alunos.]
    a. *Telefonou para os seus$_i$ orientandos [cada orientador]$_i$.
       (PE: *; PB: *)

b. Telefonou [cada orientador]$_i$ para os seus$_i$ orientandos.
(PE: √; PB: ?)
c. [Cada orientador]$_i$ telefonou para os seus$_i$ orientandos.
(PE: √; PB: √)

Um outro contexto em que o PB exibe a tendência para evitar a ordem VS envolve contextos narrativos em que a citação do que é dito precede o verbo *dicendi*, como ilustrado em (51).[29] A ordem VS nesses contextos é obrigatória em PE, enquanto em PB ambas as ordens SV e VS são possíveis (embora a ordem VS em PB seja associada à língua escrita).

(51) a. "Estas meninas não gostam de bonecas", disse a mãe.
(PE: √; PB: √)
a.' "Estas meninas não gostam de bonecas", a mãe disse.
(PE: *; PB: √)
b. "O que aconteceu?", perguntou o leão à girafa.
(PE: √)
b.' "O que aconteceu?", o leão perguntou à girafa.
(PE: *)
b". "O que aconteceu?", perguntou o leão para a girafa.
(PB: √)
b'''. "O que aconteceu?", o leão perguntou para a girafa.
(PB: √)

Examinemos finalmente a ordem entre os complementos de uma estrutura bitransitiva. Tanto em PE quanto em PB, objetos diretos precedem objetos indiretos na ordem canônica. Assim, se o objeto indireto é o foco de informação da sentença, a ordem canônica se mantém em ambas as variedades, pois o objeto indireto pode receber acento sentencial *default* por ser o constituinte mais à direita. Isso é ilustrado em (52) e (53).

(52) [*Contexto*: Alguém pergunta {a quem/pra quem} é que o João deu um livro.]
a. O João deu um livro à Maria.   (PE)
b. O João deu um livro pra Maria.   (PB)
(53) [*Contexto*: Alguém pergunta onde é que o Pedro pôs os pacotes.]
O Pedro pôs os pacotes na cozinha.

Se o objeto direto for o foco da informação, as duas variedades diferem. Em PE, o objeto direto é colocado após o objeto indireto, conforme mostrado em (54a) e (55a). Embora esta ordem seja aceitável em PB, conforme mostrado em (54a') e (55a), a opção preferencial é manter a ordem canônica e atribuir um acento marcado ao objeto direto (desacentuando o objeto indireto), conforme mostrado em (54b') e (55b) –possibilidade que não está disponível em PE (ver (54b) e (55b)).[30]

(54) [*Contexto:* Alguém pergunta o que é que o João deu para Maria.]
    a. O João deu à Maria um livro. (PE)
    a.' O João deu pra Maria um livro. (PB)
    b. *O João deu **um livro** à Maria. (PE)
    b.' O João deu **um livro** pra Maria. (PB)

(55) [*Contexto*: Alguém pergunta o que é que o Pedro pôs na mesa.]
    a. O Pedro pôs na mesa uma garrafa de vinho. (PE: √; PB: √)
    b. O Pedro pôs **uma garrafa de vinho** na mesa. (PE: *; PB: √)

5.2.2.2 FOCO CONTRASTIVO E ORDEM DE PALAVRAS

O foco contrastivo destaca um constituinte que é tomado pelo falante como expressando informações que de uma forma ou de outra contradizem o que ele supõe serem as crenças ou expectativas do ouvinte em um determinado contexto discursivo.[31] A ilustração mais transparente desse tipo de foco envolve pares de asserções discordantes proferidas por diferentes falantes, em que a segunda asserção corrige a primeira, conforme ilustrado em (56).

(56) [*Contexto:* A: – O João colocou os livros na estante.]
    a. B: – Não, O PEDRO colocou os livros na estante.
    b. B: – Não, o João ESPALHOU os livros na estante.
    c. B: – Não, o João colocou OS DISCOS na estante.
    d. B: – Não, o João colocou os livros NA ESCRIVANINHA.
    e. B: – Não, o João ESPALHOU OS DISCOS NA ESCRIVANINHA.

Em cada uma das sentenças do interlocutor B em (56), a expressão em maiúsculas carrega acento proeminente e é interpretada como devendo substituir o constituinte análogo na sentença proferida por A. (56a), por exemplo, deve ser interpretada como afirmando que foi o Pedro e não o João que pôs os livros na estante.

Tanto o PE quanto o PB permitem que o foco contrastivo seja codificado com um acento proeminente sem alteração da ordem canônica, como em (56). As duas variedades diferem, no entanto, quando o foco contrastivo é fronteado (o acento proeminente é opcional nesse caso). Em PE, o fronteamento desencadeia a ordem VS independentemente do verbo envolvido, como exemplificado pelos contrastes entre as sentenças-*a* e as sentenças-*b* de (57)-(61). Em PB, por outro lado, a ordem SV é permitida com todos os tipos de sentenças (ver sentenças-*b* de (57)-(62)), enquanto a ordem VS é sensível ao tipo de verbos envolvidos, sendo geralmente proibida com verbos transitivos (ver (57a) e (58a)), mas (marginalmente) permitida com verbos inacusativos e inergativos, como mostrado pelas sentenças-*a* de (59)-(62).[32]

(57) [*Contexto*: A: – O João trabalha muito, mas ganha bem.]
    a. B: – 1000 euros recebe ele por mês.
       Isso é um bom salário?! (PE: √; PB: *)
    b. B: – 1000 euros ele recebe por mês.
       Isso é um bom salário?! (PE: *; PB: √)
(58) a. Mais dois estagiários despediu o chefe ontem. (PE: √; PB: *)
    b. Mais dois estagiários o chefe despediu ontem. (PE: *; PB: √)
(59) [*Contexto*: A: – A gente nem sabia que esta árvore
    ia florir. As flores apareceram em agosto.]
    a. B: – Não, em setembro apareceram as flores. (PE: √; PB: √)
    b. B: – Não, em setembro as flores apareceram. (PE: *; PB: √)
(60) a. Dentro de um táxi nasceu o João! (PE: √; PB: ?)
    b. Dentro de um táxi o João nasceu! (PE: *; PB: √)
(61) [*Contexto*: Alguém pergunta em que piscina é que o campeão nadou.]
    a. Na piscina da direita nadou o campeão. (PE: √; PB: ?)
    b. Na piscina da direita o campeão nadou. (PE: *; PB: √)
(62) a. Em condições deploráveis trabalhavam
       os empregados! (PE: √; PB: √)
    b. Em condições deploráveis
       os empregados trabalhavam! (PE: *; PB: √)

O PE não segue esse padrão geral quando a expressão fronteada envolve partículas de foco como *só*, *até*, ou *nem* ou quantificadores como *pouco(s)/pouca(s)*, *nenhum/nenhuma*, ou *ninguém*. Conforme ilustrado em (63), a ordem VS em PE se torna excepcionalmente opcional nessas circunstâncias.[33] O PB, por sua vez, exibe a já familiar proibição de VS com verbos transitivos e aceitabilidade (marginal) com verbos inacusativos e inergativos.

(63) a. Só na Maria confia o João. (PE: √; PB: *)
    a.' Só na Maria o João confia. (PE: √; PB: √)
    b. Até a salada comeu o João. (PE: √; PB: *)
    b.' Até a salada o João comeu. (PE: √; PB: √)
    c. Nem com a forte tempestade caíram as folhas. (PE: √; PB: ?)
    c.' Nem com a forte tempestade as folhas caíram. (PE: √; PB: √)
    d. Nem sempre vence o favorito. (PE: √; PB: ?)
    d.' Nem sempre o favorito vence. (PE: √; PB: √)
    e. Poucos pacientes examinou o médico ontem. (PE: √; PB: *)

  e.' Poucos pacientes o médico examinou ontem. (PE: √; PB: √)
  f. Em ninguém confiava o João. (PE: √; PB: *)
  f.' Em ninguém o João confiava. (PE: √; PB: √)
  g. De nenhum deles suspeitava eu. (PE: √; PB: *)
  g.' De nenhum deles eu suspeitava. (PE: √; PB: √)

  Para além dos casos de fronteamento de complementos e adjuntos, a ordem VS pode ser também encontrada em PE quando o sujeito é um foco contrastivo, conforme ilustrado em (64). Note-se que as sentenças em (64) têm a ordem VSO, em contraste com a ordem VOS das sentenças em que o sujeito é o foco informacional (ver (40a) e (41a) acima).[34] Como esperado, essa ordem não é permitida em PB.

(64) a. Agora perdeu A MARIA a carteira!
   Já não bastava o João ter perdido o casaco?! (PE: √; PB: *)
   (PE: 'Agora foi a Maria que perdeu a carteira!')
  b. [*Contexto*:
   A: – O jantar que vocês prepararam estava delicioso.]
   B: – Fiz EU tudo. Ele não fez nada. (PE: √; PB: *)
   (PE: 'Fui eu que fiz tudo.')
  c. Oxalá alugue O JOÃO o apartamento, não a Maria. (PE: √; PB: *)
  d. Talvez tenha O LADRÃO dito a verdade. (PE: √; PB: *)
   (PE: 'Talvez tenha sido afinal o ladrão quem disse a verdade.')

  A ordem VS(O) também é encontrada em PE em estruturas coordenadas como as de (65), em que as orações coordenadas têm o mesmo verbo e o complemento da segunda oração (quando os verbos são transitivos) é nulo.[35] Os sujeitos de (65) contrastam na medida em que são apresentados como mutuamente excludentes, como em (65a), ou o primeiro sujeito é tomado como não saturando exaustivamente o predicado, como em (65b-d).

(65) *PE:*
  a. <u>Contas tu</u> (a história) ou <u>conto eu</u>. Não os dois ao mesmo tempo!
  b. [*Contexto*:
   A: – O João quer um dos meus gatinhos.]
   B: – <u>Quer o João</u> (um gatinho) e <u>quero eu</u>. Não te esqueças de mim.
  c. [*Contexto*: A: – O João adora chocolate.]
   B: – <u>Adora o João</u> chocolate e <u>adora a Maria</u>. Não o dês todo a ele.
  d. [*Contexto*:
   A: – A Justiça vai mal.]
   B: – <u>Vai a Justiça</u> e <u>vai o País</u>.

Construções de foco e construções de tópico podem produzir a mesma ordem de palavras quando envolvem fronteamento de constituintes, podendo, no entanto, ser identificadas com base em diferentes diagnósticos sintáticos. Como visto na seção 5.2.1.2, um tópico pode ser duplicado por um clítico em PE e por um pronome fraco em PB e a topicalização não interfere na colocação dos clíticos. Com foco contrastivo, ocorre o contrário: focos não podem ser duplicados e, independentemente, podem desencadear próclise. Com isso em mente, considere o contraste entre as estruturas de topicalização em (66) e as estruturas de focalização em (67), por exemplo.

(66) a. **Este artigo**, a Maria leu-**o** ontem. (PE)
     b. **Este artigo**, a Maria leu **ele** ontem. (PB)
(67) a ***Só este artigo** a Maria leu-o ontem. (PE)
     a.' ***Só este artigo** a Maria o leu ontem. (PE)
     b. ***Só este artigo** a Maria leu **ele** ontem. (PB)

(66) replica o padrão de tópico visto na seção 5.2.1.2: o tópico é duplicado por um elemento pronominal e no caso de (66a), encontramos o típico padrão enclítico que encontraríamos em PE se o tópico não estivesse presente. Já em (67), a partícula de foco *só* indica que o material inicial na sentença deve receber interpretação de foco e partículas de foco independentemente desencadeiam próclise (ver seção 5.6.1). Assim, a agramaticalidade de (67a) poderia ser atribuída a um problema em relação à colocação do clítico. Este problema é, no entanto, contornado em (67a') e o resultado ainda assim é inaceitável, indicando que a agramaticalidade de (67a') se deve ao fato de o elemento focalizado estar duplicado. Em outras palavras, (67a') em PE se comporta como (67b) em PB, em que a questão da colocação dos clíticos não existe.

Examinemos agora as sentenças em (68) em PE.

(68) *PE:*
    a. *Topicalização:*   Este filme, a Maria **recomendou-me** ontem.
    b. *Focalização:*   Este filme **me recomendou** a Maria ontem.

O padrão de colocação de clíticos exibido por cada sentença indica que temos uma estrutura de topicalização em (68a), mas uma estrutura de focalização em (68b). Isso, por sua vez, prevê que o material inicial da sentença pode ser duplicado por um clítico em (68a), mas não em (68b). As sentenças em (69) mostram que esta previsão está correta.

(69) *PE:*
    a. *Topicalização:*   **Este filme,** a Maria recomendou-**mo** ontem.
    b. *Focalização:*   ***Este filme** mo recomendou a Maria ontem.

Construções de foco também contrastam com construções de tópico por permitirem extraposição de orações relativas,[36] conforme ilustrado em (70), e não permitirem que o constituinte fronteado possa deixar o quantificador *todos/ todas* para trás,[37] como mostrado em (71). Ambas as sentenças de (71) seriam perfeitamente aceitáveis se o constituinte fronteado fosse *estes livros todos*.

(70) *PE:*
    a. *Topicalização*:
       Crianças, também conheço que não gostam de chocolate.
    b. *Focalização*:
       Poucas crianças conheço que não gostam de chocolate.

(71) *PE:*
    a. *Topicalização*:   Estes livros, ofereceu-me a Maria todos.
    b. *Focalização*:   *Estes livros me ofereceu a Maria todos.

Por fim, é de se observar que, embora tópicos e focos possam ser fronteados tanto em PE quanto em PB, a ordem entre eles é fixa: o tópico deve sempre preceder o foco, como ilustrado em (72).[38] Assim, um constituinte fronteado contendo um pronome interrogativo não pode preceder um tópico, como mostrado em (73), pois pronomes interrogativos estão intrinsecamente associados a foco.

(72)   a. **Os livros, nem das estantes** o João tirou.
      b. ***Nem das estantes, os livros**, o João tirou.
(73)   a. **Esses relatórios, quando** é que os alunos devem entregar?
      b. ***Quando** é que, **esses relatórios**, os alunos devem entregar?

5.2.2.3 CLIVAGEM

Semelhantemente ao que vemos em muitas línguas, o PE e o PB também podem empregar o processo sintático conhecido como *clivagem* (*clefting*) para codificar o foco informacional e o foco contrastivo.[39] A clivagem reorganiza os constituintes de uma dada sentença em torno da cópula *ser* e do complementizador (conjunção subordinativa) *que* de forma a destacar os constituintes focalizados. Nesta seção descreveremos alguns dos padrões de clivagem que estão disponíveis em PE e PB.

O primeiro padrão digno de nota envolve a cópula na terceira pessoa do singular do presente indicativo (*é*) e o elemento focalizado precedendo ou seguindo a cópula, como esquematizado em (74) e ilustrado em (75).[40] A possibilidade em (74a) está disponível tanto em PE quanto em PB, enquanto a de (74b) só é permitida em PB.

(74) a. X$_{[foco]}$ é que [$_{oração}$ ...]
    b. É X$_{[foco]}$ que [$_{oração}$ ...]
(75) a. Eu **é que** trabalho mais de 10 horas por dia nesta empresa.
        (PE: √; PB: √)
    a.' **É eu que** trabalho mais de 10 horas por dia nesta empresa.
        (PE: *; PB: √)
    b. Desse equipamento **é que** o João precisava.   (PE: √; PB: √)
    b.' **É desse equipamento que** o João precisava.   (PE: *; PB: √)

Outro padrão, esquematizado em (76), está presumivelmente associado à possibilidade em (74b), pois só é permitido em PB.[41] Nesse caso, a cópula não está presente e o constituinte focalizado precede *que*.

(76) X$_{[foco]}$ que [$_{oração}$ ...]
(77) a. A Maria **que** foi promovida.
        (PE: *; PB: √)
    b. Esse autor **que** o professor recomendou, não aquele outro.
        (PE: *; PB: √)

Um padrão adicional, permitido tanto em PE quanto em PB, tem a cópula concordando em pessoa e número com o constituinte focalizado (se for um sintagma nominal) e em tempo com o verbo encaixado, como esboçado em (78) e exemplificado em (79).

(78)
```
                    ┌─── concordância de tempo ───┐
        SER X[foco] que [oração ... V ...]
        └── concordância de pessoa e número
```

(79) a. **Fui** eu **que** identifiquei o problema.   (PE: √; PB: √)
    b. **Foram** essas vacinas **que** o governo testou.   (PE: √; PB: √)

Dado o padrão em (78), o foco pode também ser fronteado e preceder a cópula, como esboçado em (80). Sentenças com esse formato, como em (81), são geralmente permitidas em PB, mas dialetalmente restritas em PE.[42]

(80)
```
                    ┌─── concordância de tempo ───┐
        X[foco] SER que [clause ... V ...]
        └── concordância de pessoa e número
```

(81) a. O governo **foi que** não soube lidar com a greve. (PE: %; PB: √)
    b. Os impostos **eram que** estavam muito altos.   (PE: %; PB: √)

Ainda outro padrão se parece com (78), mas em vez de *que,* encontramos os pronomes *quem* ou *o que* tomando o foco como seu antecedente, como esboçado em (82) e ilustrado em (83).

(82)
$$\text{SER } X_{i\text{-[foco]}} \, [_{\text{oração}} \, \{\textbf{quem/o que}\}_i \, \ldots \, V \, \ldots]$$
concordância de tempo
concordância de pessoa e número

(83) a. **Eram** [essas ideias]$_i$ **[o que]**$_i$ ele criticava. (PE: √; PB: √)
b. **Foi** [o João]$_i$ **quem**$_i$ falou, não o Pedro. (PE: √; PB: √)

Uma variante desse padrão coloca o foco antes da cópula, como esquematizado em (84) e exemplificado em (85).

(84)
$$X_{i\text{-[foco]}} \, \text{SER } [_{\text{oração}} \, \{\textbf{quem/o que}\}_i \, \ldots \, V \, \ldots]$$
concordância de tempo
concordância de pessoa e número

(85) a. [Essas ideias]$_i$ **eram [o que]**$_i$ ele criticava. (PE: √; PB: √)
b. [O João]$_i$ **foi quem**$_i$ falou, não o Pedro. (PE: √; PB: √)

Outro padrão baseado em (82) fronteia o material pós-foco, conforme esboçado em (86) e exemplificado em (87).

(86)
$$[_{\text{oração}} \, \{\textbf{quem/o que}\}_i \, \ldots \, V \, \ldots] \, \text{SER } X_{i\text{-[foco]}}$$
concordância de tempo
concordância de pessoa e número

(87) a. **[O que]**$_i$ ele criticava **eram** [essas ideias]$_i$. (PE: √; PB: √)
b. **Quem**$_i$ falou **foi** [o João]$_i$, não o Pedro. (PE: √; PB: √)

Dado que a concordância *default* de terceira pessoa do singular com a ordem VS é geralmente permitida em PB (ver seção 3.5.1), todas as sentenças em (79), (83a) e (87a), por exemplo, podem ser realizadas com concordância *default* em PB, como mostrado em (88) (observe que a concordância de tempo entre a cópula e o verbo principal se mantém). Em PE, por outro lado, a concordância *default* nesse ambiente só é possível se o foco for um pronome de terceira pessoa do plural ou um sintagma nominal e não for o sujeito do predicado principal; portanto, a concordância *default* não é permitida em (88a) em PE (cf. (79a)), mas é possível em (88b-d).[43]

(88) a. **Foi** eu que identifiquei o problema.   (PE: *; PB: √)
    b. **Foi** essas vacinas que o governo testou.   (PE: √; PB: √)
    c. **Era** [essas ideias]$_i$ [o que]$_i$ ele criticava.   (PE: √; PB: √)
    d. [O que]$_i$ ele criticava **era** [essas ideias]$_i$.   (PE: √; PB: √)

Por fim, o PE e o PB também permitem um padrão como o de (89), exemplificado em (90), onde nem *que*, nem o pronome *quem* ou *o que* estão presentes e o foco aparece na posição final da sentença precedido pela cópula na terceira pessoa do singular, concordando em tempo com o verbo precedente.[44]

(89)
$$[_{\text{oração}} \ldots \text{V} \ldots] \overset{\text{concordância de tempo}}{\text{SER}_{[3.\text{SG}]}} \text{X}_{[\text{foco}]}$$

(90) a. Ele criticava **era** essas ideias.   (PE: √; PB: √)
    b. O gerente contratou **foi** os candidatos experientes.   (PE: √; PB: √)
    c. Eu quero **é** café.   (PE: √; PB: √)

Tanto em PE quanto em PB, construções de clivagem como as de (90) também podem incluir *mas* precedendo a cópula, como ilustrado em (91a-c). *Mas* geralmente corresponde à conjunção coordenativa adversativa, mas nesse tipo de estrutura clivada codifica algum tipo de ênfase. No PE, mas não no PB, a associação entre *mas* e a cópula (*mas é*) também pode aparecer na posição final da sentença, conforme mostrado em (91d), numa estrutura de aceitação variável entre os falantes. Nesse caso, a cópula não concorda em tempo com o verbo principal, como exemplificado pelo contraste entre (91e) e (91f).[45]

(91) a. Ele criticava **mas era** essas ideias.   (PE: √; PB: √)
    b. O gerente contratou **mas foi**
       os candidatos experientes.   (PE: √; PB: √)
    c. Eu quero **mas é** café.   (PE: √; PB: √)
    d. Eu quero café, **mas é**!   (PE: %; PB: *)
    e. O João comeu um chocolate, **mas é**!   (PE: %; PB: *)
    f. *O João comeu um chocolate, **mas foi**!   (PE: *; PB: *)

Alguns dos padrões discutidos anteriormente não são mutuamente excludentes e alguns casos de clivagem dupla produzem resultados gramaticais tanto em PE como em PB, conforme exemplificado em (92a) (com os padrões de (74a) e (84)), ou apenas em PB, como exemplificado em (92b) (com os padrões de (76) e (84)).[46]

(92) a. Esse equipamento de segurança
é que foi o que salvou o Pedro. (PE: √; PB: √)
b. A Maria que foi com quem o João dançou (PE: *; PB: √)

5.3 ORDEM DE PALAVRAS EM SENTENÇAS INTERROGATIVAS

Não é incomum nas línguas naturais que sentenças interrogativas exibam um padrão de ordem de palavras diferente do padrão das declarativas. Nesta seção examinaremos a ordem dos constituintes em sentenças interrogativas em PE e PB, enfocando os dois principais tipos de interrogativas: interrogativas-*sim/não* e interrogativas-*qu*.[47]

Interrogativas-*sim/não* geralmente indagam sobre a veracidade de uma proposição e podem ser satisfeitas por uma resposta afirmativa ou negativa, dizendo se a proposição é verdadeira ou falsa.[48] O falante que enuncia (93), por exemplo, pergunta ao seu destinatário se a proposição *A Maria comeu o bolo* é verdadeira ou falsa.

(93) A Maria comeu o bolo?

Por sua vez, interrogativas-*qu* solicitam informações sobre um constituinte sintático para que a veracidade da proposição relevante possa ser inspecionada. Ao proferir a sentença em (94), por exemplo, o falante pergunta ao seu destinatário quem é a pessoa (ou pessoas) P tal que a proposição *P comeu o bolo* é verdadeira.

(94) Quem comeu o bolo?

Em interrogativas-*qu*, o constituinte sob questionamento deve conter um pronome interrogativo (*quem, que, o que*), um advérbio interrogativo (*quando, onde, como, quanto* ou *porque* (PE) / *por que* (PB)[49]), um determinante interrogativo (*que, qual/quais* ou *quantos/quantas*) ou (em PE) o advérbio interrogativo de grau *quão*.

Consideremos então as diferentes ordens de palavras condicionadas por esses dois tipos de interrogativas.[50]

5.3.1 Ordem de palavras em interrogativas-*sim/não*

O PE e o PB podem marcar a distinção entre interrogativas-*sim/não* e sentenças declarativas exclusivamente por meio de entoação. As duas sentenças em (95), por exemplo, apresentam ambas a ordem de constituintes canônica SVO, mas são interpretadas de forma diferente dependendo de sua entoação: tipicamente, se a sentença recebe uma entoação descendente (↓), é interpretada como declarativa (ver (95a)); se recebe uma entoação ascendente (↑), é interpretada como uma interrogativa-*sim/não* (ver (95b)).

(95) a. O Paulo fala inglês. ↓
b. O Paulo fala inglês? ↑

Esses dois padrões entoacionais são combinados nas construções com interrogativas-*tag*, conforme ilustrado em (96).[51] Uma interrogativa-*tag* é composta por um enunciado com entoação descendente e uma oração interrogativa elíptica com entoação ascendente (a pergunta-*tag*), que pede ao destinatário que confirme a veracidade do enunciado.

(96) a. Vocês **pediram** bacalhau, ↓ não **pediram**? ↑
b. O Pedro **tem** estudado bastante, ↓ não **tem**? ↑

A pergunta-*tag* propriamente dita envolve o verbo finito do enunciado anterior (o verbo principal em (96a) e o verbo auxiliar em (96b)), invertendo a polaridade da sentença antecedente. Assim, a pergunta-*tag* nas sentenças em (96) é negativa porque a asserção anterior é uma sentença declarativa afirmativa. Quando a sentença declarativa é negativa, o PE e o PB divergem. Em PB, a pergunta-*tag* pode simplesmente descartar a negação associada ao verbo declarativo, conforme ilustrado em (97a); já o PE recorre a expressões específicas para interrogativas-*tag*, conforme ilustrado em (97b-c), possibilidade que também está disponível no PB para algumas das formas. Voltaremos a uma discussão detalhada das interrogativas-*tag* e suas respostas nas seções 7.4.2 e 7.5.

(97) a. O Paulo não **fala** inglês, **fala**? (PE: *; PB: √)
b. O Paulo não fala inglês, **não é**? (PE: √; PB: √)
c. O Paulo não fala inglês, **pois não**? (PE: √; PB: *)

O PE pode recorrer à ordem VS (além da ordem SV canônica) em um tipo especial de interrogativa-*sim/não,* exemplificado em (98), no qual o falante está apenas se perguntando ("pensando em voz alta") e não espera que o destinatário tenha a informação relevante para a reposta. Essas sentenças obrigatoriamente têm o verbo no futuro do presente ou no futuro do pretérito do indicativo.[52]

(98) *PE:*
a. **Terá** o avião chegado mais cedo?
b. **Faria** o presidente uma coisa dessas?

Nesse tipo de contexto, o PB recorre à expressão congelada *será que*, também disponível em PE, que impõe a ordem SV, como mostrado em (99).

(99) a. Será que o avião chegou mais cedo? (PE/PB)
b. Será que o presidente faria uma coisa dessas? (PE/PB)

O PE e o PB também podem opcionalmente licenciar sujeitos pós-verbais (com ordem VXS) em interrogativas negativas enviesadas positivamente que expressam comentários avaliativos, conforme ilustrado em (100). A ordem VS impõe um viés positivo mais forte do que a ordem SV. Em outras palavras, as sentenças VS em (100a) e (100b) são interpretadas como afirmações avaliativas e o falante não espera necessariamente uma resposta; nas sentenças com ordem SV em (100a') e (100b'), por outro lado, há alguma expectativa de resposta, que pode até ser na direção contrária ao viés.

(100) *PE/PB:*
a. Não está um gigante o meu filho?
a.' O meu filho não está um gigante?
b. Não está horrível esta sopa?
b.' Esta sopa não está horrível?

Como ocorre em sentenças declarativas (ver seções 5.2.1.1 e 5.2.2.2), sentenças interrogativas podem exibir a ordem VS com verbos inacusativos e alguns inergativos tanto em PE, quanto em PB, conforme ilustrado respectivamente em (101a-b). Por sua vez, as interrogativas VSO com verbos transitivos, como exemplificado em (101c), são interpretadas com foco contrastivo no sujeito em PE (ver seção 5.2.2.2) e simplesmente não são permitidas em PB.

(101) a. Já chegaram os convidados? (PE: √; PB: √)
b. Telefonou alguém? (PE: √; PB: √)
c. Compra o João as bebidas para o piquenique? (PE: √; PB: *)
(PE: 'É o João que compra as bebidas para o piquenique?')

5.3.2 Ordem de palavras em interrogativas-*qu* simples

Comecemos nossa discussão sobre ordem em interrogativas-*qu*, examinando sentenças com um único constituinte interrogativo (interrogativas-*qu* simples). Tanto o PE quanto o PB permitem que o constituinte interrogativo de uma interrogativa-*qu* simples permaneça *in situ* (ou seja, em sua posição canônica)[53] ou se mova para o início da sentença,[54] conforme ilustrado em (102).

(102) a. O João estudou **em que escola** ?
   b. **Em que escola** o João estudou?   (PB)
   b.' **Em que escola** estudou o João?   (PE)

Em muitas línguas (em inglês, por exemplo), a opção *in situ* em interrogativas-*qu* simples geralmente se limita a perguntas-eco, ou seja, perguntas metalinguísticas em que o falante não ouve parte do que seu interlocutor disse e pede esclarecimento. O PE e o PB admitem interrogativas-*qu in situ* de uma forma menos limitada. Além de permitir uma interpretação-eco, uma sentença como (102a), por exemplo, pode transmitir o mesmo pedido de informação que (102b)/(102b'). Também ao contrário de outras línguas (como, por exemplo, o francês), interrogativas-*qu in situ* em PE e PB não são permitidas apenas em oração matriz. Sentenças como (103a) e (103b), que têm o constituinte interrogativo *in situ* na oração encaixada, são bem formadas tanto em PE, quanto em PB.

(103) a. A Maria acha que o João comprou **o quê**?
   a.' **O que** é que a Maria acha que o João comprou?
   b. O Pedro disse que a Ana foi **onde**?
   b.' **Onde** é que o Pedro disse que a Ana foi?

O fato de as possibilidades *in situ* e com movimento estarem geralmente disponíveis não significa que sejam idênticas no plano pragmático-discursivo. Embora as diferenças possam ser bastante sutis na maioria dos casos, geralmente as interrogativas-*qu in situ* indicam fortemente que o falante e o interlocutor compartilham de pressupostos relevantes, enquanto as interrogativas-*qu* com movimento são mais neutras nesse aspecto. Assim, em um contexto como o de (104), a Maria e o professor não compartilham do mesmo conjunto de pressupostos em relação ao poema, pois ele está sendo apresentado ao professor enquanto a Maria faz a pergunta. A interrogativa-*qu* com movimento em (104b) é compatível com esse cenário, mas não a interrogativa-*qu in situ* em (104a) (O asterisco em (104a) registra sua inaceitabilidade no contexto em consideração; ver nota 8). Para que (104a) fosse natural discursivamente (e, portanto, aceitável), o professor deveria estar em condições de julgar o poema naquele momento, depois de tê-lo lido anteriormente, por exemplo.

(104) [*Contexto:* Maria acaba de escrever um poema e o entrega ao seu professor de literatura para ouvir sua opinião.]
   a. *O senhor acha **o quê** deste poema?
   b. **O que** é que o senhor acha deste poema?

Um caso mais claro que ilustra o mesmo ponto envolve expressões interrogativas como *que diabo*, que codifica lexicalmente a informação de que o constituinte inquirido não está associado a um conjunto compartilhado de pressupostos relevantes. Tanto em PE quanto em PB, a opção de movimento é obrigatória com tais expressões, conforme exemplificado em (105).[55]

(105) a. *O João bebeu **que diabo** ?
b. **Que diabo** é que o João bebeu?

Condições sintáticas podem também impor apenas uma das opções. Interrogativas indiretas em orações encaixadas, por exemplo, têm entoação de declarativas e não são interpretadas como perguntas propriamente ditas ou pedidos de informação, mas requerem movimento do constituinte interrogativo, conforme ilustrado em (106). No entanto, se a interrogativa encaixada envolver o complementizador interrogativo *se*, o movimento é impedido, conforme mostrado em (107b); por sua vez, a opção *in situ* em (107a), com a sentença tendo interpretação de interrogativa e não de declarativa, só é (marginalmente) permitida em PB.[56]

(106) a. *A Maria não sabe o João comprou **que livro**.
b. A Maria não sabe **que livro** o João comprou.
(107) a. ?A Maria não sabe se o João comprou **que livro**? (PB)
b. *A Maria não sabe **que livro** se o João comprou.

"Ilhas sintáticas" como as orações relativas em (108a,a') ou orações coordenadas como em (108b,b') também bloqueiam a opção com movimento, deixando a alternativa *in situ* como a única possibilidade.

(108) a. O João entrevistou o autor que escreveu **que livro**?
a.' ***Que livro** é que o João entrevistou o autor que escreveu?
b. A Maria vai despedir o João e contratar **quem** ?
b.' ***Quem** é que a Maria vai despedir o João e contratar?

Até aqui, examinamos casos em que o PE e o PB se comportam, em geral, de forma semelhante (com exceção de (107a), que é agramatical em PE). No entanto, observe-se que, mesmo quando exibem o mesmo padrão de aceitabilidade, as duas variedades apresentam diferenças quantitativas consideráveis. Em particular, as interrogativas-*qu in situ* são muito mais frequentes em PB do que em PE.[57]

Consideremos agora algumas diferenças entre o PE e o PB em relação às interrogativas-*qu* com movimento (Deixaremos a discussão de interrogativas-*qu* com movimento envolvendo clivagem para a seção 5.3.4). Uma dessas diferenças já foi notada no capítulo "Sujeitos nulos". Em PE, todos os pronomes exceto *a gente* podem ser nulos na presença de um constituinte-*qu* movido, enquanto em PB há um maior espectro de graus de aceitabilidade, a depender do pronome nulo, como mostrado em (109).[58]

(109) a. [Quando *Ø* devemos viajar]? (Ø = *nós* → PE: √; PB: √)
 b. [O que *Ø* viste]? (Ø = *tu* → PE: √)
 c. [Em que candidato *Ø* voto desta vez]? (Ø = *eu* → PE: √; PB: ??)
 d. [Quando *Ø* viajaram]? (Ø = *vocês* → PE: √; PB: ??)
 e. [Que prova *Ø* fizeram hoje]? (Ø = *elas* → PE: √; PB: ??)
 f. [O que *Ø* quer fazer]? (Ø = *você* → PE: √; PB: *)
 g. [O que *Ø* fez desta vez]? (Ø = *ele* → PE: √; PB: *)
 h. [Quando *Ø* deve viajar]? (Ø = *a gente* → PE: *; PB: *)

Conforme discutido no capítulo "Sujeitos nulos", um sujeito nulo em português pode resultar de elipse pronominal ou de *topic drop*. Como *topic drop* é independentemente incompatível com uma constituinte-*qu* movido, os sujeitos nulos em (109) devem resultar de elipse pronominal, que é regulada pela Condição de Valoração do Traço Proeminente (ver seção 4.3.1.1). Os diferentes graus de aceitabilidade em (109) decorrem, portanto, de os pronomes relevantes serem ou não capazes de valorar o traço mais proeminente da flexão de concordância verbal Infl (ver capítulo "Sujeitos nulos" para discussão e detalhes). Em particular, o padrão diversificado de aceitabilidade visto em (109) para o PB não se deve ao movimento do constituinte-*qu* em si, mas à especificação de traços morfológicos dos pronomes elididos (ver seção 4.3.3.3). Por exemplo, como *você* em PB não tem seus traços de pessoa e número morfologicamente valorados, esse pronome não pode valorar os correspondentes traços do Infl e, portanto, a sua contraparte nula não é licenciada. Assim, ocorrências nulas de *você* em sentenças com um constituinte-*qu* movido deixaram de ser usadas produtivamente em PB (cf. (109f)), ficando restritas a expressões congeladas, como ilustrado em (110).

(110) Como *Ø* tem passado?' (Ø = *você* → PE: √; PB: √)

A outra diferença saliente entre PE e PB em relação a interrogativas-*qu* com movimento tem a ver com as restrições independentes de PB à ordem VS. Quando o sujeito é um pronome foneticamente realizado, por exemplo, a ordem VS é obrigatória em PE, mas geralmente banida em PB, como ilustrado em (111).[59]

(111) a. O que eu devo fazer? (PE: *; PB: √)
 a.' O que devo eu fazer? (PE: √; PB: *)

b. Para onde você enviou os documentos? (PE: *; PB: √)
b.' Para onde enviou você os documentos? (PE: √; PB: *)
c. Que artigos ela leu? (PE: *; PB: √)
c.' Que artigos leu ela? (PE: √; PB: *)
d. Como nós encontramos a Ana? (PE: *; PB: √)
d.' Como encontramos nós a Ana? (PE: √; PB: *)
e. O que vocês querem? (PE: *; PB: √)
e.' O que querem vocês? (PE: √; PB: *)

Curiosamente, a ordem VS neste contexto é geralmente excluída em PB mesmo com verbos inacusativos e inergativos, como respectivamente exemplificado em (112). Na verdade, apenas as cópulas *ser* e *estar* permitem a ordem VS (além de SV) em interrogativas-*qu* em PB, conforme mostrado em (113). A única exceção envolve o verbo *ir* na expressão formulaica em (114).

(112) a. Quando eles chegam? (PE: *; PB: √)
   a.' Quando chegam eles? (PE: √; PB: *)
   b. Onde ela dorme? (PE: *; PB: √)
   b.' Onde dorme ela? (PE: √; PB: *)
(113) a. Onde ele está? (PE: *; PB: √)
   a.' Onde está ele? (PE: √; PB: ?)
   b. Quem você é? (PE: *; PB: ?)
   b.' Quem é você? (PE: √; PB: √)
(114) a. *Como você vai? (PE: *; PB: *)
   b. Como vai você? (PE: √; PB: √)

Quando o constituinte interrogativo numa oração matriz é um pronome interrogativo simples ou um advérbio interrogativo (em oposição a um determinante interrogativo conectado a um substantivo), o PE também impõe VS, conforme ilustrado em (115) e (116). Novamente, em PB a ordem VS é (marginalmente) permitida apenas com verbos inacusativos (ver (116a')) e inergativos (ver (116b')).

(115) a. Quem as crianças convidaram para a festa? (PE: *; PB: √)
   a.' Quem convidaram as crianças para a festa? (PE: √; PB: *)
   b. Onde o Pedro tinha deixado o pacote? (PE: *; PB: √)
   b.' Onde tinha o Pedro deixado o pacote? (PE: √; PB: *)
   c. Quando a Maria enviou a carta para a escola? (PE: *; PB: √)
   c.' Quando enviou a Maria a carta para a escola? (PE: √; PB: *)
(116) a. Como essa paixão nasceu? (PE: *; PB: √)
   a.' Como nasceu essa paixão? (PE: √; PB: √)

b. Como os dinossauros espirravam? (PE: *; PB: √)
b.' Como espirravam os dinossauros? (PE: √; PB: ?)

Excepcionalmente, o PE pode permitir a ordem SV nesse contexto se algum material intervier entre o item lexical interrogativo e o sujeito, a menos que a palavra interrogativa seja o pronome interrogativo *que*, como mostrado em (117).[60]

(117) *PE:*
    a. Quem, na tua opinião, o João encontrou?
    b. Onde, na tua opinião, o João poderá ter ido?
    c. *Que, na tua opinião, o João encontrou?

Dois ambientes permitem ambas as ordens SV e VS em PE (embora a ordem VS pareça mais neutra).[61] O primeiro é ilustrado em (118); o constituinte interrogativo envolve um determinante-*qu* e um substantivo e o sujeito não é pronominal. O segundo ambiente envolve interrogativas encaixadas, conforme ilustrado em (119).

(118) a. Que amigos o João encontrou no cinema? (PE: √; PB: √)
    b. Que amigos encontrou o João no cinema? (PE: √; PB: *)
(119) a. Não sei quem os meninos viram na praia. (PE: √; PB: √)
    b. Não sei quem viram os meninos na praia. (PE: √; PB: *)

Em ambos os casos, somente a ordem SV está disponível em PB, a não ser que os verbos relevantes sejam inacusativos ou inergativos, como respectivamente ilustrado em (120) e (121).

(120) a. A que horas o avião chega? (PE: √; PB: √)
    a.' A que horas chega o avião? (PE: √; PB: √)
    b. Em que fábrica o João trabalhava? (PE: √; PB: √)
    b.' Em que fábrica trabalhava o João? (PE: √; PB: ?)
(121) a. A Maria perguntou onde o Pedro nasceu. (PE: √; PB: √)
    a.' A Maria perguntou onde nasceu o Pedro. (PE: √; PB: √)
    b. O professor não sabia onde os alunos trabalhavam. (PE: √; PB: √)
    b.' O professor não sabia onde trabalhavam os alunos. (PE: √; PB: ?)

O PE também permite (marginalmente) interrogativas-*qu* com movimento com a ordem VXS se o sujeito não for um pronome, como ilustrado em (122) e (123).[62] Como seria de se esperar, o PB só permite essa ordem com inacusativos, conforme se vê em (123).[63]

(122) a. Onde pendurou os quadros o João? (PE: ?; PB: *)
    b. Quando comprou o carro o Pedro? (PE: ?; PB: *)

(123) a. Quando vai chegar ao mercado essa nova tecnologia? (PE: √; PB: √)
b. Onde está hoje o império soviético? (PE: √; PB: √)

Examinemos finalmente o contraste entre os pronomes interrogativos *que* e *o que* tanto em PE quanto em PB.[64] Como visto em (117c), repetido a seguir em (124a), *que* em PE não permite a intervenção de material separando-o do verbo, ao contrário de *o que,* como mostrado em (124b). Um contraste semelhante também aparece em interrogativas encaixadas em PE, onde a ordem VS é obrigatória com *que*, mas opcional com *o que,* como mostrado em (125).

(124) *PE:*
   a. *****Que**, na tua opinião, o João descobriu ?
   b. **O que**, na tua opinião, o João encontrou ?

(125) *PE:*
   a. Não sei {**o que/*que**} o João comprou.
   b. Não sei {**o que/que**} comprou o João.

Em PB, o pronome interrogativo *que* também tem uma distribuição mais limitada do que o pronome *o que*. Em particular, o pronome *que* não pode ser realizado em posições canônicas de sujeito ou objeto direto, mas pode figurar como complemento de uma preposição (ou seja, como objeto oblíquo), como mostrado em (126a-c).[65] Precedido de preposição, *que* pode permanecer *in situ* ou ser movido para o início da sentença (ver (126c,e)); por outro lado, se *que* estiver na posição de objeto direto, ambas as opções são excluídas (ver (126b,d)), em contraste com *o que*.

(126) *PB:*
   a. {**O que/*que**} aconteceu?
   b. O João comeu {**o quê/*quê**}?
   c. Você precisa {d**o quê**/de **quê**}?
   d. {**O que/*que**} o João comeu?
   e. {**Do que**/de **que**} você precisa?

Curiosamente, as versões agramaticais com *que* em (126a,b,d) podem ser reparadas se *que* se move para a posição de foco da construção clivada envolvendo apenas o complementizador homônimo *que* (ver (76)), como mostrado em (127) (ver seção 5.3.4 para discussão adicional). Essa distribuição restrita tanto em PE quanto em PB sugere que o pronome interrogativo *que* seja uma forma fraca (ver seção 2.2).[66]

(127) *PB:*
   a. **Que** que aconteceu?
   b. **Que** que o João comeu?

5.3.3 Ordem de palavras em interrogativas-*qu* múltiplas

Tanto o PE, quanto o PB permitem interrogativas-*qu* múltiplas, ou seja, interrogativas-*qu* envolvendo mais de um constituinte interrogativo, como ilustrado em (128a).[67] A resposta a esse tipo de pergunta normalmente envolve uma lista de sintagmas de modo que cada sintagma corresponde a um constituinte-*qu* na pergunta, como pode ser visto em (128b).

(128) a. A: – **Quem** comprou **o quê**?
  b. B: – **A Maria** comprou **um livro**, **o João** (comprou) **um caderno** e **o Pedro** (comprou) **uma caneta**.

A disponibilidade de interrogativas-*qu in situ* e com movimento vista na seção 5.3.2 também se estende a interrogativas-*qu* múltiplas. Assim, encontramos casos em que todos os constituintes-*qu* permanecem *in situ*, como em (129), e casos em que um (e apenas um) constituinte-*qu* se move para a posição inicial da sentença, como em (130).

(129) a. A Maria pôs **o quê onde**?
  b. O mecânico consertou **o quê quando**?
(130) a. **Onde** a Maria pôs **o quê**? (PB)
  a.' **Onde** pôs a Maria **o quê**? (PE)
  b. **Quando** o mecânico consertou **o quê**? (PB)
  b.' **Quando** consertou o mecânico **o quê**? (PE)

A versão com movimento herda todas as restrições vistas na seção 5.2.2 em relação a interrogativas-*qu* simples. As sentenças em (130), por exemplo, exibem a ordem SV em PB, mas a ordem VS em PE. Da mesma forma, se uma das sentenças-*qu* em uma interrogativa múltipla for o sujeito, a resposta pode ter ordem VS em PE, mas não em PB, conforme ilustrado em (131).[68]

(131) A: – **Quem** comprou **o quê**?
  a. B: – O João comprou o peixe e a Maria comprou o arroz.
    (PE: √; PB: √)
  b. B: – Comprou o João o peixe e comprou a Maria o arroz.
    (PE: √; PB: *)

Há também algumas restrições adicionais associadas à relação entre os constituintes interrogativos envolvidos. Em primeiro lugar, uma interrogativa-*qu* múltipla pode envolver no máximo três constituintes interrogativos, como ilustrado em (132).

(132) a. **Quem** enviou **o quê a quem**? (PE)
b. *****Quem** enviou **o quê a quem quando**? (PE)
c. **Quem** enviou **o quê pra quem**? (PB)
d. *****Quem** enviou **o quê pra quem quando**? (PB)

Em segundo lugar, só pode haver um adjunto-*qu* por interrogativa-*qu* múltipla, como ilustrado pelo contraste entre (133a), com um complemento-*qu* e um adjunto-*qu*, e (133b), com dois adjuntos-*qu*.

(133) a. O João comprou **o quê onde**?
b. *O João comprou o livro **onde quando**?

Finalmente, há uma hierarquia em relação ao constituinte-*qu* que pode ser movido para o início da oração em uma interrogativa-*qu* múltipla. Em linhas gerais, o sujeito tem precedência sobre um adjunto ou um objeto (ver (134)); um adjunto tem precedência sobre um objeto (ver (135)); e não há precedência de um objeto sobre outro objeto (ver (136)).[69]

(134) a. **Quem** viaja **quando** ?
a.' *****Quando quem** viaja? (PB)
a". *****Quando** viaja **quem** ? (PE)
b. **Quem** estudou **o quê** ?
b.' *****O que quem** estudou? (PB)
b". *****O que** estudou **quem**? (PE)
(135) a. **Como** o João consertou **o quê**? (PB)
a.' *****O que** o João consertou **como**? (PB)
b. **Como** consertou o João **o quê**? (PE)
b.' *****O que** consertou o João **como**? (PE)
(136) a. **O que** o João enviou **para quem**? (PB)
a.' **Para quem** o João enviou **o quê**? (PB)
b. **O que** enviou o João **a quem**? (PE)
b.' **A quem** enviou o João **o quê**? (PE)

5.3.4 Ordem de palavras em interrogativas-*qu* clivadas

Dado que existe uma estreita conexão entre constituintes-*qu* e foco (ver seção 5.2.2.1) e que clivagem destaca sintaticamente o foco (ver seção 5.2.2.3), o fato de interrogativas-*qu* poderem ser combinadas com clivagem não é nenhuma surpresa. Consideremos, então, os principais tipos de interrogativas-*qu* clivadas disponíveis em PE e PB.[70]

Os padrões em (137) e (139) são ambos permitidos em PE e PB, como respectivamente exemplificado em (138) e (140).

(137) QU **é que** [$_{oração}$ ...]
(138) a. Quem **é que** terminou a tarefa?
   b. Quando **é que** o João viaja?

(139) ┌─────────────┐ concordância de tempo
   QU **SER que** [$_{clause}$... V...]
(140) a. O que **foi que** o João disse?
   b. Onde **era** mesmo **que** a Maria morava?

Em geral, essas estruturas herdam as possibilidades de ordem disponíveis em interrogativas-*qu* simples. Assim, sujeitos nulos podem ser geralmente admitidos em PE, mas não em PB, como ilustrado em (141), e as ordens SV e VS estão geralmente disponíveis em PE (embora a ordem SV seja a opção *default* e a ordem VS possa gerar resultados marginais), enquanto o PB restringe VS basicamente aos verbos inacusativos, como ilustrado em (142) e (143).[71] Da mesma forma, a possibilidade de VXS é aceitável em PE, em variação com a ordem VSX, mas proibida em PB, como mostrado em (144).

(141) a. Onde **é que** *Ø* viu esta notícia?   (*Ø* = *você* → PE: √; PB: *)
   b. Que pacotes **é que** *Ø* pôs na garagem?   (*Ø* = *ela* → PE: √; PB: *)
   c. Quando **é que** *Ø* voltaram das férias?   (*Ø* = *eles* → PE: √; PB: ??)
   d. O que **é que** *Ø* fizemos de errado?   (*Ø* = *nós* → PE: √; PB: √)
(142) a. O que **é que** o Pedro comprou para o jantar?   (PE: √; PB: √)
   a.' O que **é que** comprou o Pedro para o jantar?   (PE: √; PB: *)
   b. Onde **é que** esse seu amigo encontrou um carro roxo? (PE: √; PB: √)
   b.' Onde **é que** encontrou esse seu amigo um carro roxo? (PE: √; PB: *)
(143) a. Como **é que** esse seu interesse por literatura surgiu? (PE: √; PB: √)
   a.' Como **é que** surgiu esse seu interesse por literatura? (PE: √; PB: √)
   b. Quando **é que** o seu filho mais novo nasceu?   (PE: √; PB: √)
   b.' Quando **é que** nasceu o seu filho mais novo?   (PE: √; PB: √)
(144) a. O que **é que** propôs de novo esse autor?   (PE: √; PB: *)
   a.' O que **é que** propôs esse autor de novo?   (PE: √; PB: *)
   b. Onde **é que** expôs os quadros o João?   (PE: √; PB: *)
   b.' Onde **é que** expôs o João os quadros?   (PE: √; PB: *)

Em PB, o tipo mais frequente de interrogativas-*qu* clivadas (na língua falada) é o esquematizado em (145), com apenas o complementizador *que,* conforme ilustrado em (146).[72] Esse tipo de interrogativa clivada, inexistente em PE, é compatível com qualquer constituinte-*qu* e pode ocorrer tanto em orações principais (ver (146a-c)), quanto em subordinadas (ver (146d,e)), sendo bloqueado apenas com interrogativas-*qu* infinitivas, como mostrado em (147).

(145) QU **que** [$_{oração}$ ...]
(146) *PB:*
    a. Quem **que** chegou atrasado?
    b. Por que **que** você fez isso?
    c. Que **que** você quer?
    d. Ele perguntou quando **que** você vai viajar.
    e. A Maria não sabe quanto **que** isso custa.
(147) *PB:*
    a. O que (***que**) fazer numa situação dessas?
    b. Eu queria saber onde (***que**) deixar as caixas.

Interrogativas-*qu* múltiplas com movimento (ver seção 5.3.3) podem também ser combinadas com clivagem, como ilustrado em (148).

(148) a. Quem **é que** fez o quê?   (PE: √; PB: √)
    b. Quem **foi que** consertou o quê?   (PE: √; PB: √)
    c. Quem **que** montou o quê?   (PE: *; PB: √)

Finalmente, vimos na seção 5.2.2.3 que diferentes padrões de clivagem não são mutualmente excludentes e o mesmo se observa no caso de interrogativas-*qu* clivadas, como exemplificado em (149a), uma sentença possível em PE e PB, e em (149b), apenas possível em PB.

(149) a. Quem **é que foi que** o João contratou?   (PE: √; PB: √)
    b. Que **que é que foi que** a Maria descobriu?   (PE: *; PB: √)

5.4 ORDEM DE PALAVRAS EM SENTENÇAS EXCLAMATIVAS

Além de seu contorno entoacional característico, diferentes tipos de sentenças exclamativas recorrem a ordens de palavras específicas para transmitir sua força ilocucionária.[73] Consideremos as sentenças exclamativas em (150), por exemplo, que envolvem uma oração raiz no subjuntivo licenciada pela negação.[74] Esse tipo de exclamativa, que só está disponível em PE, requer a ordem VSX independentemente do tipo de verbo, sendo compatível com verbos transitivos (ver (150a)), inergativos (ver (150b)) e inacusativos (ver (150c)).

(150) *PE:*
   a. Vai lá depressa, não me **compre ele** o livro errado!
   b. O chão está molhado! Vê lá não **escorregue o João** com os pacotes escada abaixo!
   c. Cuidado, não me **caia o miúdo** daí!

Um outro caso de exclamativas com ordem VS exclusivo do PE é ilustrado em (151).[75] Trata-se de uma construção concessiva construída a partir de duas orações indicativas coordenadas por *e*, com ordem VS na primeira oração. Esse tipo de exclamativa exprime desaprovação ou decepção por parte do falante em relação a um evento ou situação imprevista descrita na segunda oração, tendo em vista a situação descrita na primeira. A ordem VS na primeira oração introduz uma contra-expectativa, antecipando um contraste entre as duas orações. Se tivéssemos ordem SV no primeiro conjunto das sentenças em (151), o tom avaliativo/emotivo implícito desapareceria e teríamos apenas a mera descrição de um estado de coisas.[76] Como nas exclamativas subjuntivas exemplificadas em (150), as exclamativas coordenadas concessivas empregam a ordem VSX na primeira oração, independentemente do tipo de verbo. Assim, podemos encontrar exclamativas coordenadas com verbos transitivos (ver (151a-c)), inergativos (ver (151d)) e inacusativos (ver (151e)).

(151) *PE:*
   a. **Convidei eu** a Maria para jantar e ela não apareceu.
   b. **Ama o João** a Maria tanto e ela nem olha para ele.
   c. **Ouvia eu** as notícias tão sossegada e tu foste ligar o aspirador.
   d. **Tossiu o bebé** toda a noite e não podemos levá-lo ao médico.
   e. **Cheguei eu** na hora combinada e já tinham todos saído.

Examinemos agora exclamativas de quantificação. Esse tipo de exclamativa expressa o estado emocional do falante (surpresa, espanto, desaprovação *etc.*) em relação a alguma quantidade ou em relação ao grau em que se manifesta uma determinada propriedade diante do que seria esperado em princípio. Tanto em PE quanto em PB, exclamativas de quantificação podem lançar mão de itens lexicais interrogativos, mas, diferentemente das sentenças interrogativas, o constituinte-*qu* é obrigatoriamente movido para o início da sentença, não podendo permanecer *in situ*, como ilustrado em (152).

(152) *PE/PB:*
   a. **Quantos presentes** a Maria ganhou!
   a.' *A Maria ganhou **quantos presentes**!
   b. **Com que rapidez** as crianças saíam da sala de aula!
   b.' *As crianças saíam da sala de aula **com que rapidez**!
   c. **Como** os meninos estudaram para a prova!
   c.' *Os meninos estudaram para a prova **como**!

A ordem canônica para esse tipo de exclamativa com verbos transitivos é SV tanto em PE quanto em PB, conforme mostrado em (153). Exclamativas de quantificação com constituintes-*qu*, portanto, diferem sensivelmente das interrogativas-*qu* em PE (ver seção 3.5.2), por não exibirem inversão obrigatória entre sujeito e verbo.

(153) *PE/PB*:
   a. Quantos livros o João leu!
   a.' ?*Quantos livros leu o João!
   b. O que um pai faz pelo filho!
   b.' ?*O que faz um pai pelo filho!

Quanto aos verbos inergativos e inacusativos, as ordens SV e VS são permitidas em PE, enquanto o PB exibe a familiar aceitabilidade marginal com a ordem VS:

(154) a. Que alto as crianças gritaram!   (PE: √; PB: √)
   a.' Que alto gritaram as crianças!   (PE: √; PB: ?)
   b. Que cedo a Maria chegou hoje!   (PE: √; PB: √)
   b.' Que cedo chegou a Maria hoje!   (PE: √; PB: ?)

Exclamativas de quantificação com constituintes-*qu* permitem negação expletiva tanto em PE quanto em PB, conforme ilustrado em (155). Negação expletiva é assim denominada porque não nega a asserção de sua oração, mas acrescenta ênfase ao que está sendo expresso (ver seção 7.3.4 para discussão).[77] Curiosamente, a negação expletiva pode interagir com a ordem dos constituintes da sentença e licenciar a ordem VS, que do contrário seria ilícita com verbos transitivos em PE e PB, como mostrado em (156) (cf. (153a')/(153b')).

(155) *PE/PB*:
   a. Quantos livros o João **não** leu!
   b. O que um pai **não** faz pelo filho!

(156) *PE/PB*:
   a. Quantos livros **não** leu o João!
   b. O que **não** faz um pai pelo filho!

Nesse tipo de exclamativa, constituintes-*qu* complexos também podem ser seguidos pelo complementizador *que* tanto em PE quanto em PB, conforme ilustrado em (157). Se o constituinte-*qu* for simples, como em (158),[78] o PE exclui uniformemente *que*, enquanto o PB exibe essa restrição apenas com *como*, conforme mostrado em (158d).[79]

(157) *PE/PB:*
    a. Quantos presentes **que** a Maria ganhou!
    b. Com que rapidez **que** as crianças saíam da sala de aula!
    c. Que problema **que** ele arranjou!
    d. Que medo **que** me deu!

(158) a. O que **que** um pai faz pelo filho!   (PE: *; PB: √)
    b. Quanto **que** eu me diverti naquele verão!   (PE: *; PB: √)
    c. Onde **que** eu fui me meter!   (PE: *; PB: √)
    d. *Como **que** os meninos estudaram para a prova! (PE: *; PB: *)

Exclamativas de quantificação também podem envolver quantificadores nus ou sintagmas de quantificação, conforme ilustrado em (159) e (160).[80] O PE permite ambos os tipos e as ordens SV e VS são permitidas independentemente da presença da negação expletiva. Já o PB não tem a opção com quantificador nu e a alternativa com sintagma de quantificação não permite negação expletiva e é restrita à ordem SV.[81]

(159) a. Muito ele lê!   (PE: √; PB: *)
    a.' Muito lê ele!   (PE: √; PB: *)
    b. Muito ele **não** lê!   (PE: √; PB: *)
    b.' Muito **não** lê ele!   (PE: √; PB: *)

(160) *PE:*
    a. Muita cerveja o João bebeu ontem!   (PE: √; PB: √)
    a.' Muita cerveja bebeu o João ontem!   (PE: √; PB: *)
    b. Muita cerveja o João não bebeu ontem!   (PE: √; PB: *)
    b.' Muita cerveja não bebeu o João ontem!   (PE: √; PB: *)

Um outro tipo de exclamativa tem seu tom avaliativo ancorado num adjetivo avaliativo fronteado, como ilustrado em (161) com o adjetivo *grande*.[82] Essas exclamativas qualificativas permitem as ordens SV e VS com verbos transitivos em PE, mas somente a ordem SV em PB.[83]

(161) a. Grande sarilho tu me arranjaste!   (PE)
    a.' Grande sarilho me arranjaste tu!   (PE)
    b. Uma grande encrenca o senhor me arrumou!   (PB)
    b.' *Uma grande encrenca me arrumou o senhor!   (PB)

As exclamativas qualificativas diferem das exclamativas de quantificação (ver nota 77) por não serem compatíveis com negação predicativa e geralmente excluírem negação expletiva (embora sentenças como (162a) sejam marginalmente aceitáveis em PE). Já em PB, a negação expletiva é uniformemente descartada em exclamativas qualificativas. A sentença com negação em (162b), por exemplo, pode ser interpretada em PB como envolvendo foco contrastivo no constituinte fronteado (ver nota 8), mas não pode ser interpretada como uma exclamativa qualificativa (seja afirmativa ou negativa).

(162) a. ?Grande sarilho **não** me arranjaste tu! (PE)
b. *Uma grande encrenca o senhor **não** me arrumou! (PB)

Dada essa diferença entre exclamativas de quantificação e qualificativas em relação à negação, surge um curioso contraste adicional em relação às exclamativas do tipo ilustrado em (163), que são ancoradas em uma oração relativa e exibem a ordem SV. Em PE, a sentença em (163) é ambígua: pode ser interpretada como uma exclamativa de quantificação expressando espanto com o número de livros que João leu ou como uma exclamativa qualificativa expressando espanto com os tipos de livros que João leu. Já em PB, apenas a leitura qualificativa está disponível.[84] Se *não* for adicionado a (163), como em (164), a sentença só pode ter, ou favorece fortemente, a leitura de quantificação em PE e não pode mais ser interpretada como uma exclamativa qualificativa em PB. Em outras palavras, a sentença em (164) pode ser usada em PB como resposta à pergunta sobre quais livros Maria está organizando, por exemplo, mas não para expressar desaprovação sobre o conteúdo dos livros que João leu (ou não leu).

(163) Os livros que o João leu!
PE: 'Quantos livros que o João leu!' / 'O tipo de livros que o João leu!'
PB: 'O tipo de livros que o João leu!'
(164) Os livros que o João **não** leu!
PE: 'Quantos livros que o João (não) leu!' / *'O tipo de livros que o João (não) leu!'
PB: *'O tipo de livros que o João (não) leu!'

5.5 ORDEM DE PALAVRAS EM DOMÍNIOS NÃO FINITOS

A direção geral do contraste entre o PE e o PB visto em relação às sentenças declarativas, interrogativas e exclamativas (ver seções 5.2, 5.3 e 5.4), com o PB sendo menos propenso a admitir ordens diferentes da canônica, também é detectada dentro de domínios não finitos. Nesta seção examinaremos brevemente alguns exemplos, começando com sentenças com infinitivos flexionados.[85]

Quando uma oração com infinitivo flexionado é complemento de predicados epistêmicos ou declarativos, a ordem VS é obrigatória em PE, como ilustrado em (165), a menos que o sujeito seja focalizado, conforme mostrado em (166). De forma semelhante ao que vimos com sentenças declarativas (ver seção 5.2.2.1), a ordem VOS também é possível em PE se o sujeito for o foco informacional, conforme mostrado em (167). O PB, por outro lado, também permite (marginalmente) a ordem SV em (165) além da alternativa VS, mas não permite VOS em (167).

(165) a. O professor acredita os alunos **terem** feito um bom trabalho.
    (PE: *; PB: ?)
   a.' O professor acredita **terem** os alunos feito um bom trabalho.
    (PE: √; PB: √)
   b. O governo declarou as propostas **estarem** mal elaboradas.
    (PE: *; PB: ?)
   b.' O governo declarou **estarem** as propostas mal elaboradas.
    (PE: √; PB: √)
(166) O diretor afirmou só esses três projetos **serem** viáveis.
    (PE: √; PB: √)
(167) O João acredita **terem** feito um mau negócio os vizinhos.
    (PE: √; PB: *)

Já quando uma oração com infinitivo flexionado é complemento de um predicado factivo, o PE e o PB se comportam da mesma forma, permitindo as ordens SV e VS, como mostrado em (168).

(168) a. Os alunos lamentaram as notas **terem** sido baixas. (PE: √; PB: √)
   b. Os alunos lamentaram **terem** as notas sido baixas. (PE: √; PB: √)

Em sentenças com gerúndios não flexionados atribuidores de caso (ver seção 4.3.4.2), a ordem VS é obrigatória em PE, como mostrado em (169)-(171), a menos que a oração de gerúndio seja introduzida pela preposição *em*, como ilustrado em (172a,a'). Mesmo nesse caso, VS é possível com inacusativos, como mostrado em (172b,b'). Em PB, por outro lado, a construção com *em* não está mais disponível e SV é a ordem canônica. A ordem VS só é permitida (marginalmente) em casos envolvendo inacusativos (ver (170)) ou auxiliares (ver (171)).[86]

(169) a. Eu **comendo** esta comida toda, vou ficar doente.
    (PE: *; PB: √)

a.' **Comendo** eu esta comida toda, vou ficar doente.
(PE: √; PB: *)
b. Eles **fazendo** o que foi pedido, os problemas vão terminar.
(PE: *; PB: √)
b.' **Fazendo** eles o que foi pedido, os problemas vão terminar.
(PE: √; PB: *)
(170) a. Eu **chegando** durante o dia, a reunião continua marcada.
(PE: *; PB: √)
a.' **Chegando** eu durante o dia, a reunião continua marcada.
(PE: √; PB: ?)
b. Os juros **caindo,** a economia vai sair da recessão.
(PE: *; PB: √)
b.' **Caindo** os juros, a economia vai sair da recessão.
(PE: √; PB: √)
(171) a. O João **tendo** saído da reunião, nós não conseguimos chegar a uma conclusão.
(PE: *; PB: √)
a.' **Tendo** o João saído da reunião, nós não conseguimos chegar a uma conclusão.
(PE: √; PB: √)
b. A reunião **tendo** acabado, a decisão foi divulgada imediatamente.
(PE: *; PB: √)
b.' **Tendo** a reunião acabado, a decisão foi divulgada imediatamente.
(PE: √; PB: √)
(172) *PE:*
a. Em eu **terminando** o que estou a fazer, vamos sair.
a.' *Em **terminando** eu o que estou a fazer, vamos sair.
b. Em a primavera **chegando**, começo a preparar uma viagem.
b.' Em **chegando** a primavera, começo a preparar uma viagem.

Nos gerúndios flexionados de dialetos do PE (ver seções 3.3.2.2.3 e 4.3.4.1), as ordens SV e VS são ambas permitidas, como ilustrado em (173).[87]

(173) %*PE:*
a. Eles **tendem** as coisas em casa, fazem a toda a hora.
(CORDIAL-SIN, AAL36)
b. **Vindem** as águas novas, aparecem uns carochinhos.
(CORDIAL-SIN, LVR33)

Finalmente, no que diz respeito às orações participiais, o PE e o PB surpreendentemente apresentam o mesmo comportamento.[88] A ordem VS é empregada se a oração participial não for introduzida por um conectivo, como ilustrado em (174). Havendo um conectivo, os três padrões possíveis são encontrados, dependendo do conectivo. Por exemplo, a ordem SV é obrigatória com a preposição *com*, como se vê em (175a,a'), a ordem VS é obrigatória com *quando*, como em (175b,b'), e ambas as ordens são permitidas com *antes de*, como em (175c,c').

(174) a. *As tarefas **concluídas**, saímos para comemorar. (PE: *; PB: *)
 b. **Concluídas** as tarefas, saímos para comemorar. (PE: √; PB: √)

(175) a. Com as tarefas **concluídas**,
 saímos para comemorar. (PE: √; PB: √)
 a.' *Com **concluídas** as tarefas,
 saímos para comemorar. (PE: *; PB: *)
 b. *Quando as tarefas **concluídas**,
 vamos sair para comemorar. (PE: *; PB: *)
 b.' Quando **concluídas** as tarefas,
 vamos sair para comemorar. (PE: √; PB: √)
 c. Antes das tarefas **concluídas**, não vamos sair. (PE: √; PB: √)
 c.' Antes de **concluídas** as tarefas, não vamos sair. (PE: √; PB: √)

Curiosamente, se a oração participial é introduzida por uma locução preposicional terminada por *de*, a contração entre *de* e o determinante adjacente do sujeito é obrigatória, como visto em (175c). Nesse aspecto, as orações participiais diferem dos infinitivos flexionados, em que a contração é opcional, como ilustrado pelo contraste entre (176) e (177).[89] Em PE, a opção com contração em (177b), embora comum, é considerada não padrão.

(176) a. *Depois **de as** tarefas terminadas,
 fomos almoçar. (PE: *; PB: *)
 b. Depois **das** tarefas terminadas,
 fomos almoçar. (PE: √; PB: √)

(177) a. Depois **de o** João ter terminado as tarefas,
 fomos almoçar. (PE: √; PB: √)
 b. Depois **do** João ter terminado as tarefas,
 fomos almoçar. (PE: %; PB: √)

5.6 COLOCAÇÃO DE CLÍTICOS

Vimos na seção 2.2 que os clíticos são elementos pronominais átonos que possuem requisitos especiais de posicionamento. Seguindo a terminologia tradicional, dizemos que temos *próclise* quando o clítico precede o verbo em que se apoia fonologicamente e *ênclise* quando o clítico o segue. Nesta seção, examinaremos a colocação de clíticos em PE e PB, discutindo algumas das propriedades intrigantes de cada variedade.[90] Antes de passarmos para a discussão propriamente dita, algumas observações se fazem necessárias.

O PE possui configurações distintas de próclise e ênclise, enquanto o PB possui essencialmente um sistema proclítico uniforme. A ênclise em PB está mais associada a língua escrita e escolarização e, como tal, é encontrada geralmente em textos formais como editoriais de jornais e artigos acadêmicos ou em textos literários.[91] Seguindo a metodologia apresentada no capítulo "Delimitando o objeto de análise", deixaremos de lado esses casos prescritivistas associados a escolarização e consideraremos casos que refletem julgamentos de aceitabilidade resultantes do processo regular de aquisição da linguagem. Uma exceção será, no entanto, feita com relação aos clíticos acusativos de terceira pessoa *o(s)/a(s)*. Conforme mencionado na seção 2.4.3, em PB esses clíticos são adquiridos via escolarização e são vistos como marcadores sociolinguísticos de alto grau de escolaridade.[92] Curiosamente, as condições que regulam a colocação desses clíticos diferem das condições que regulam a colocação de outros clíticos em PB ou os clíticos em geral em PE. Será, portanto, esclarecedor discutir também a colocação desses clíticos.

Para fins de apresentação, discutiremos o PE e o PB separadamente, contrastando as possibilidades de próclise e ênclise em PE e os dois grupos de clíticos em PB.

5.6.1 Colocação de clíticos em português europeu

O PE exibe um padrão muito intrincado de colocação dos clíticos.[93] Em geral, a ênclise é a possibilidade *default*, enquanto a próclise é desencadeada por um conjunto muito diversificado de fatores. Vejamos alguns deles.

As sentenças em (178) ilustram o fato de elementos negativos preverbais desencadearem próclise em PE. Observe que os exemplos em (178a-c) envolvem orações finitas e os exemplos em (178d-e) envolvem orações não finitas – um infinitivo flexionado em (178d) e uma oração gerundiva em (178e). Isso mostra que a distinção [±finito], que é um fator chave na colocação dos clíticos em outras línguas românicas, como o espanhol, o catalão e o italiano, não é operante na colocação dos clíticos em PE.

(178) *PE:*
    a. Ele não {**me** agradeceu / *agradeceu-**me**}.
    b. Ninguém{**me** telefonou / *telefonou-**me**}.

c. <u>Nem</u> eu {**o** vi / *vi-**o**}, <u>nem</u> ele {**me** viu / *viu-**me**}.
d. É melhor <u>não</u> {**lhe** contares / *contares-**lhe**} nada.
e. Ele saiu <u>não</u> {**me** agradecendo / *agradecendo-**me**}.

Face a (178), o padrão em (179) é, à primeira vista, inesperado, pois a ênclise a um infinitivo não flexionado permitida (para alguns falantes)[94] apesar da presença da negação. No entanto, examinando de perto, vemos que a diferença reside no status de *não*, que em PE pode ser ambíguo entre o marcador padrão de negação predicativa ou um marcador de negação de constituinte (ver seção 7.3). Sob esta última interpretação, *não* forma um predicado complexo com o verbo (*não fazer*) e, nesse sentido, se comporta como o prefixo "negativo" *des-* em não acionar próclise, conforme mostrado em (180). Assim, em ambientes em que a negação predicativa é requerida de forma independente, próclise é a única alternativa disponível, como ilustrado pelas sentenças em (181).[95] O item de polaridade negativa *ninguém* em (181a) e o foco contrastivo em (181b) devem ser licenciados por negação predicativa (ver seção 7.31), que então desencadeia próclise.

(179) Eu decidi <u>não</u> {**o** fazer / %fazê-**lo**}   (PE)
(180) Eu decidi{***o** <u>des</u>fazer / <u>des</u>fazê-**lo**}   (PE)
(181) *PE:*
   a. Eu decidi <u>não</u> {**o** dar / *dá-**lo**} a ninguém.
   b. Eu decidi <u>não</u> {**o** dar / *dá-**lo**} à Maria, mas sim ao Pedro.

Um elemento focalizado em posição preverbal também desencadeia próclise, como exemplificado em (182). Dada a associação intrínseca entre sintagmas-*qu* e foco (ver seção 5.3.2), sintagmas-*qu* preverbais também acionam o padrão proclítico, como se vê em (182c).

(182) *PE:*
   a. [*Contexto:*
      A: – Esqueceste-te do aniversário da Maria, não foi?]
      B: – Ora vê! <u>O novo livro do Saylor</u> {**lhe** comprei / *comprei-**lhe**} eu.
   b. [*Contexto:*
      A: – O João enviou o relatório na semana passada.]
      B: – ONTEM {**o** enviou / *enviou-**o**} o mentiroso!
   c. <u>Quem</u> {**te** contou / *contou-**te**}?

Pares de sentenças como os de (183) podem dar a falsa impressão de que a variação entre próclise e ênclise é permitida com alguns advérbios. O diferente posicionamento do clítico em (183) é, na verdade, reflexo do fato de diferentes advérbios preverbais poderem ser focos ou tópicos; o locativo *ali* recebe uma interpretação de foco em (183a), mas uma interpretação de tópico em (183b). Na verdade, o mesmo efeito também pode ser observado com constituintes não adverbiais. A resposta em (182a), por exemplo, exibiria um padrão de colocação de clíticos oposto ao de (184) num contexto induzindo uma interpretação de tópico para o objeto fronteado. Em outras palavras, não é o caso que (183) mostre que o advérbio *ali* é lexicalmente especificado como compatível com próclise e ênclise; o que (183) realmente mostra é que o conteúdo lexical de *ali* é tal que permite que seja focalizado ou topicalizado.

(183) *PE:*
    a. Ali se construiu o mosteiro.
    b. Ali constrói-se de forma selvagem

(184) [*Contexto:*
    A: – Quando compraste o novo livro do Saylor?]
    B: – O novo livro do Saylor, {*o comprei / comprei-o} ontem. (PE)

Como seria de esperar, partículas ou advérbios focalizadores preverbais funcionam como gatilhos para próclise. Incluem-se nesse conjunto partículas que denotam exclusão (*só, somente, apenas, logo, antes etc.*) e inclusão (*também, até, mesmo etc.*) e advérbios expressando aspecto (*já, ainda, quase, mal etc.*) e modalidade (*talvez, acaso etc.*), como ilustrado em (185).

(185) *PE:*
    a. Só tu {**me** fazes / *fazes-**me**} rir.
    b. Até o gato {**me** mordeu / *mordeu-**me**}.
    c. O carro quase {**a** atropelou / *atropelou-**a**}.
    d. Talvez a Maria {**o** contrate / *contrate-**o**}.

Partículas enfáticas preverbais também desencadeiam próclise, como mostrado em (186).[96] O interessante das sentenças em (186) é que as palavras sublinhadas podem perder a sua interpretação adverbial original (de modo em (186a), de lugar em (186b) e de tempo em (186c)) quando aparecem em uma posição preverbal; se isso acontece, elas são interpretadas como transmitindo ênfase e desencadeiam próclise.

(186) *PE:*
    a. Bem {**nos** custou / *custou-**nos**} vender a casa.
    b. Lá {**se** perdeu / *perdeu-**se**} uma grande oportunidade!
    c. Ontem sempre {**nos** rimos / *rimo-**nos**} um bocado e ficámos mais animados.

Um padrão um pouco mais complexo é apresentado por quantificadores preverbais.[97] Considere o determinante *muito(s)/muita(s)*, por exemplo. À primeira vista, esse determinante é compatível tanto com próclise, quanto com ênclise, conforme ilustrado em (187). No entanto, a posição do clítico em (187) está associada a uma interpretação diferente em cada caso. Como outros quantificadores em PE, o quantificador *muitos* é ambíguo entre uma interpretação quantificacional/não específica e uma interpretação "referencial"/específica. Assim, enquanto (187a) diz que a cardinalidade (isto é, o número de membros) do conjunto de pessoas que são vacinadas anualmente é grande em relação ao conjunto total de pessoas vacináveis (uma interpretação quantificacional/não específica), (187b) diz que há um grupo específico de pessoas que se vacinam todos os anos (cujos membros poderiam, em princípio, ser identificados) e esse é um grupo numeroso (uma interpretação referencial/específica). Embora muitas vezes sutil, essa diferença se torna cristalina em casos como (188), dado que a leitura referencial/específica é pragmaticamente anômala, dado que o evento de cometer suicídio não é iterativo.

(187) *PE:*
    a. Muitas pessoas **se** vacinam todos os anos.
    b. Muitas pessoas vacinam-**se** todos os anos.

(188) *PE:*
    a. Muitas pessoas **se** suicidam todos os anos.
    b. #Muitas pessoas suicidam-**se** todos os anos.

O duplo padrão de colocação de clíticos associado a um mesmo quantificador corresponde, em geral, a uma dupla interpretação, quantificacional/não específica ou referencial/específica, pois apenas na primeira interpretação a próclise é acionada, conforme ilustrado em (187) e (188). Os dois usos podem ser distinguidos de forma independente pela aposição de um nome ou nomes identificando o(s) membro(s) do conjunto, o que é compatível com a interpretação referencial/específica, mas não com a leitura quantificacional/não específica. O determinante masculino singular *algum*, por exemplo, não permite tal aposição, ao passo que o seu aparente homólogo feminino plural permite, como mostra (189). Assim, *algum* desencadeia próclise, mas *algumas* não, como ilustrado em (190).[98]

(189) *PE:*
    a. *Algum aluno meu, o João, saiu da sala.
    b. Algumas alunas minhas, a Maria e a Susana, saíram da sala.

(190) *PE:*
    a. Algum aluno {**me** telefonou / ***telefonou-me**}.
    b. Algumas alunas {***me** viram / viram-**me**} cair.

Conectivos que introduzem uma oração subordinada desencadeiam próclise na subordinada. Essa propriedade fica mais clara no caso de orações finitas, que geralmente são precedidas por um conectivo, conforme ilustrado em (191). Assim, os complementizadores *que* e *se* em (191a) e (191b), as conjunções *quando* e *porque* em (191c) e (191d) e o pronome relativo *que* em (191e) todos desencadeiam próclise dentro da oração por eles introduzida.[99]

(191) *PE:*
    a. Espero <u>que</u> ele {**me** conte / ***conte-me**} tudo.
    b. A Maria perguntou <u>se</u> o Pedro {**se** desculpou / ***desculpou-se**}.
    c. Faço isso <u>quando</u> ele {**me** telefonar / ***telefonar-me**}.
    d. Eu disse isso <u>porque</u> ela {**me** pediu / ***pediu-me**}.
    e. Vou jantar com o meu amigo <u>que</u> {**me** telefonou / ***telefonou-me**}.

Se a oração subordinada não é introduzida por um conectivo, nem contém um elemento desencadeador de próclise, a ênclise é empregada como opção *default*; daí, o contraste na colocação de clíticos nos pares de paráfrases em (192)-(194), com próclise na oração finita encaixada de (192a), (193a) e (194a) desencadeada pelos complementizadores e ênclise na oração infinitiva de (192b) e (193b) e na oração subjuntiva de (194b) em função da ausência de gatilhos de próclise. O contraste em (194) é de particular interesse, pois mostra que o modo subjuntivo não é um gatilho para próclise; na verdade, as orações subjuntivas geralmente exibem próclise porque são normalmente introduzidas por um conectivo. Vale ressaltar também que a falta de conectivo em (194b) desencadeia obrigatoriamente a ordem VS, o que colocaria o clítico em posição inicial na sentença – possibilidade que é independentemente excluída em PE.[100]

(192) *PE:*
    a. Ele julgou que {**me** enganava / ***enganava-me**}.
    b. Ele julgou {***me** enganar / enganar-**me**}.

(193) *PE:*
    a. Toda a gente viu <u>que</u> {**lhe** trouxeram / ***trouxeram-lhe**} um papagaio.
    b. Toda a gente viu {***lhe** trazerem / trazerem-**lhe**} um papagaio.

(194) *PE:*
    a. Se ele {**me** desse / ***desse-me**} ouvidos, isso não aconteceria.
    b. {***Me** desse / desse-**me**} ele ouvidos e isso não aconteceria.

Consideremos agora as sentenças em (195), que são desafiadoras no sentido de que a oração infinitiva é precedida pelo que parece ser um conectivo (a preposição *de*), mas a ênclise é permitida além da próclise. Novamente, as aparências podem ser enganosas e podemos estar diante de outro caso de ambiguidade. Neste caso particular, a questão é se *de* em (195) conta como um complementizador que introduz orações ou como uma preposição.

(195) Deixei de {**te** ouvir / ouvir-**te**}. (PE)

Os dados sugerem que, de fato, temos três possibilidades em PE em relação aos itens lexicais que precedem orações não finitas:

(i) itens gramaticais que se comportam como complementizadores no acionamento obrigatório da próclise: por exemplo, o item lexical *em* que introduz orações de gerúndio (ver (196a)) e itens que introduzem infinitivos flexionados[101] (ver (196b-d)).

(196) *PE:*
    a. Em uma comida {**lhe** agradando / *agradando-**lhe**},
       não quer comer outra coisa.
    b. Vive com medo de {**o** roubarem / *roubarem-**no**}.
    c. Para {**me** agradarem / *agradarem-**me**},
       convidaram também o João.
    d. Ele saiu sem {**lhe** darmos / *darmos-**lhe**} autorização.

(ii) itens gramaticais que se comportam como preposições e não desencadeiam próclise: por exemplo, os itens *a* (embora com alguma variação dialetal) e *com* quando introduzem orações infinitivas (ver (197a,b)) e, curiosamente, o item lexical *se* quando introduz interrogativas encaixadas infinitivas (ver (197c)):

(197) *PE:*
    a. Ele imaginou os caranguejos a
       {*** lhe** morderem / morderem-**lhe**} os pés.
    b. Não ficámos nada contentes com
       {***o** reprovar / reprová-**lo**}.
    c. Não sabemos se
       {***lhe** dizer / dizer-**lhe**} a verdade.

e (iii) itens gramaticais que podem ser especificados como complementizadores ou preposições, desencadeando próclise ou ênclise de acordo com essa especificação: por exemplo, os itens *de* (ver (195)), *para* (ver (198a)), *sem* (ver (198b)), *em* (ver (198c)) e *por* (ver (198d)) quando introduzem infinitivos não flexionados:

(198) *PE:*
a. Vim para
   {**te** ajudar/ ajudar-**te**}.
b. O João saiu sem
   {**se** despedir / despedir-**se**}
c. Ela estava interessada em
   {**o** impressionar / impressioná-**lo**}.
d. Eles acabaram por
   {**lhe** pagar / pagar-**lhe** mais dinheiro do que deviam}.

Embora descritiva, essa caracterização não é desprovida de consequências empíricas, pois as possibilidades de próclise e ênclise podem se correlacionar independentemente com diferentes fenômenos relacionados à complexidade estrutural do infinitivo. Examinemos o contraste em (199) envolvendo o predicado secundário *doente*, por exemplo. Se o infinitivo tem ênclise, como em (199a), *doente* pode ser interpretado como se referindo ao objeto do verbo subordinado ou ao sujeito da oração matriz. Por outro lado, se o infinitivo tiver próclise, como em (199b), a leitura do sujeito matriz se torna fortemente desfavorecida (se de fato disponível). Se orações infinitivas com próclise são estruturalmente mais complexas do que suas contrapartes com ênclise devido à camada adicional de estrutura introduzida pelo complementizador preposicional, o contraste em (199) pode ser explicado se essa camada adicional de estrutura bloquear processos interpretativos interoracionais.

(199) *PE:*
a. Eu não gostava de vê-**lo** doente.
   'Eu não queria vê-lo enquanto ele estava doente.': √
   'Eu não queria vê-lo enquanto eu estava doente.': √
b. Eu não gostava de **o** ver doente.
   'Eu não queria vê-lo enquanto ele estava doente.': √
   'Eu não queria vê-lo enquanto eu estava doente.': ???

Considerações semelhantes se aplicam aos intrigantes contrastes em (200) e (201). Se o infinitivo tem ênclise, as possibilidades interpretativas para o sujeito nulo do infinitivo são mais restritivas. Em (200a), o sujeito nulo deve encontrar seu antecedente em uma posição designada na oração matriz (*i.e.* a posição objeto da matriz) e em (201a) deve estabelecer uma leitura reflexiva paralela àquela estabelecida na oração matriz. Por outro lado, se o infinitivo tem próclise, a interpretação do sujeito nulo é menos dependente de propriedades específicas da oração matriz; assim, em (200b) o sujeito nulo também pode ser interpretado como o João e a Maria juntos e em (201b) uma leitura não reflexiva também está disponível. Novamente, esse contraste pode receber uma explicação se o infinitivo com próclise tiver um complementizador preposicional e a camada extra de estrutura que esse conectivo adiciona à oração infinitiva romper as relações interpretativas interoracionais relevantes.

(200) *PE:*
    a. Essa música, o João convidou a Maria para Ø dançá-**la** na peça.
       Ø = Maria: √
       Ø = João e Maria: *
    b. Essa música, o João convidou a Maria para Ø **a** dançar na peça.
       Ø = Maria: √
       Ø = João e Maria: √

(201) *PE:*
    a. Fiquei aliviada por livrar-**me** dele e a Maria também ficou.
       'Fiquei aliviada por me livrar dele e Maria também ficou aliviada por se livrar dele': √
       'Fiquei aliviada por me livrar dele e Maria também ficou aliviada por eu ter me livrado dele.': *
    b. Fiquei aliviada por **me** livrar dele e a Maria também ficou.
       'Fiquei aliviada por me livrar dele e Maria também ficou aliviada por se livrar dele': √
       'Fiquei aliviada por me livrar dele e Maria também ficou aliviada por eu ter me livrado dele.': √

Até agora, em todos os casos que vimos, a ênclise surge quando não há desencadeadores de próclise. No entanto, dois tempos não permitem ênclise em PE (padrão), a saber, o futuro do presente e o futuro de pretérito do indicativo, conforme ilustrado em (202).

(202) *PE:*
    a. *Eu escreverei-**te** no mês que vem.
    b. *Eles comprariam-**no** amanhã se tivessem dinheiro.

Nesse caso, o PE recorre ao que é tradicionalmente referido como *mesóclise*, isto é, o clítico é realizado no "meio" do verbo, como mostrado em (203).

(203) *PE:*
    a. Eu escrever-**te**-ei no mês que vem.
    b. Eles comprá-**lo**-iam amanhã se tivessem dinheiro.

Diacronicamente, esses dois tempos evoluíram de perífrases verbais do latim que envolviam um verbo no infinitivo e o verbo *habere* 'ter' no presente ou no pretérito imperfeito, conforme esboçado em (204). Curiosamente, também existem perífrases verbais com o verbo *haver* em PE (e PB), cujo significado se aproxima do futuro do presente e do futuro do pretérito do indicativo, conforme ilustrado em (205).

(204) a. *scribere habeo* > *escrever hei* > *escreverei*
b. *scribere habebam* > *escrever havia* > *escreveria*
(205) *PE:*
    a. Eu hei de escrever.
    b. Eu havia de escrever.

Esses fatos sugerem que, em sentenças como as de (203), temos na verdade ênclise de *te* e *o* ao verbo principal, com a desinência de tempo sendo um alomorfe afixal do auxiliar.[102] Ou, em termos gerais, mesóclise é apenas uma variante morfológica de ênclise, o que explica por que a mesóclise não é possível na presença de um gatilho de próclise, como ilustrado em (206) com a negação. O fato de o PB não ter mesóclise também é explicado, pois o PB geralmente exclui a ênclise (ver seção 5.6.2).[103]

(206) Eu não {o pagarei / *pagá-lo-ei}.   (PE)

Consideremos agora a colocação de clíticos em perífrases verbais em PE, começando com perífrases com o verbo principal no particípio. Particípios absolutos não podem ser suporte para clíticos, como ilustrado em (207). Assim, um verbo participial em uma perífrase verbal não pode servir de suporte para um clítico, independentemente de ser ativo (ver (208a)) ou passivo (ver (208b)). Nessa situação, o clítico associado ao verbo principal participial deve "subir" e a sua colocação será então devidamente computada em relação ao verbo auxiliar, ou seja, a ênclise ao verbo auxiliar se obtém se não houver desencadeadores de próclise, conforme mostrado em (209).

(207) *Enviados-**lhe** os documentos, o processo foi arquivado.   (PE)
(208) *PE:*
    a. *O médico tinha observado-**a** na semana passada.
    b. *Os documentos foram enviados-**lhe**.
(209) *PE:*
    a. O médico {***a** tinha / tinha-**a**} observado na semana passada.
    b. O médico não {**a** tinha / *tinha-**a**} observado na semana passada.
    c. Os documentos {***lhe** foram / foram-**lhe**} enviados.
    d. Os documentos não {**lhe** foram / *foram-**lhe**} enviados.

Perífrases verbais envolvendo gerúndios tipicamente se comportam de modo paralelo ao que se vê em (209), como mostrado em (211), apesar de gerúndios poderem servir de suporte para clíticos quando não fazem parte de uma perífrase verbal, como ilustrado em (210).[104]

(210) Vendo-**os** felizes, fico feliz. (PE)
(211) *PE:*
    a. %Ela ia distanciando-**se** da família.
    b. Ela {*****se** ia / ia-**se**} distanciando da família.
    c. Só ela {**se** ia / *ia-**se**} distanciando da família.

Examinemos, por fim, o padrão exibido pelos infinitivos. Como vimos anteriormente, os infinitivos podem independentemente servir como suporte para clíticos (ver (192b) e (193b), por exemplo). Quando parte de uma perífrase verbal, o infinitivo pode ancorar o clítico (ver (212a)) ou permitir que ele suba, caso em que o clítico é então computado em relação ao auxiliar e a colocação *default* de ênclise é aplicada na ausência de gatilhos de próclise (ver (212b) *vs.* (212c)).

(212) *PE:*
    a. O João vai despedir-**se** dos amigos amanhã.
    b. O João {*****se** vai / vai-**se**} despedir dos amigos amanhã.
    c. Até o João {**se** vai /*vai-se} despedir dos amigos amanhã.

Uma classe de verbos denominados verbos de *reestruturação* pode opcionalmente formar uma espécie de perífrase verbal com um verbo no infinitivo[105] e, nesse caso, encontramos o mesmo padrão visto em (212) com verbos auxiliares, como ilustrado em (213) com o modal *poder* e em (214) com o verbo volitivo *querer*.

(213) *PE:*
    a. Posso sempre ajudar-**te**.
    b. Posso-**te** sempre ajudar.
(214) *PE:*
    a. Não quero ver-**te**.
    b. Não **te** quero ver.

Se uma perífrase verbal contém mais de um auxiliar ou verbo de reestruturação, a colocação dos clíticos é computada em relação a cada membro da perífrase, como ilustrado em (215).[106]

(215) *PE:* Não posso entrar?
    a. Devo poder ir dar-**lhe** um abraço, pelo menos.
    b. Devo poder ir-**lhe** dar um abraço, pelo menos.
    c. Devo poder-**lhe** ir dar um abraço, pelo menos.
    d. Devo-**lhe** poder ir dar um abraço, pelo menos.

5.6.2 Colocação de clíticos em português brasileiro

Três fatores interferem substancialmente para uma descrição adequada da posição dos clíticos em PB. Em primeiro lugar, o inventário de clíticos da gramática do PB (no sentido especificado no capítulo "Delimitando o objeto de análise") é muito mais reduzido que o da gramática do PE, ficando essencialmente restrito a *me*, *te*, *se* reflexivo e *se* indefinido. O clítico *vos* desapareceu, os clíticos *lhe/lhes* se tornaram dialetalmente restritos (e em alguns dialetos substituíram os clíticos acusativos) e o clítico *nos* e os clíticos acusativos de terceira pessoa *o(s)/a(s)* sobreviveram basicamente em registro formal, estando associados a língua escrita e escolarização (ver seção 2.4 e referências lá citadas).

Em segundo lugar, há um forte contraste entre língua falada e língua escrita no que diz respeito à colocação dos clíticos. Enquanto o PB falado é essencialmente proclítico, o PB escrito recorre tanto à próclise, quanto à ênclise. O fato de a ênclise ser adquirida via escolarização lhe confere prestígio sociolinguístico (na língua escrita). No entanto, a distribuição de próclise e ênclise no PB escrito não corresponde ao sistema do PE e apresenta variação considerável entre os escritores.[107]

O terceiro fator é o mais interessante. Primeiramente, o clítico *se* indefinido tem um padrão específico de colocação em PB que o diferencia dos outros clíticos que são regularmente empregados (*me*, *te* e *se* reflexivo).[108] Além disso, quando os clíticos *lhe(s)* e *nos* são usados nos dialetos e registros relevantes do PB, eles não diferem dos clíticos *me, te, e se* reflexivo com relação à sua colocação, mas quando os clíticos *o(s)* e *a(s)* são usados (em linguagem escrita), seu padrão de colocação não corresponde nem ao padrão dos outros clíticos do PB, nem ao padrão dos clíticos do PE. Discutiremos então o clítico *se* indefinido e os clíticos *o(s)/a(s)* do PB separadamente.

Seguindo a metodologia descrita no capítulo "Delimitando o objeto de análise", deixaremos de lado a colocação de clíticos no PB escrito e não discutiremos a colocação de *nos* e *lhe(s)*. No entanto, faremos uma exceção com relação aos clíticos acusativos de terceira pessoa, pois seu padrão diferente de colocação (seja em registros formais da língua falada, seja na língua escrita) fornece um argumento adicional para a afirmação de que eles não fazem parte da gramática do PB (nos termos definidos no capítulo "Delimitando o objeto de análise").

Comecemos então com o padrão geral de colocação de clíticos no PB, ilustrado em (216). Como se pode ver em (216), próclise é a norma, independentemente do tipo de oração ou flexão do verbo.[109] As orações podem ser afirmativas (ver (216a)), negativas (ver (216b)), subordinadas (ver (216c)), matrizes (ver (216a)), finitas (ver (216a)) ou não finitas (ver (216d)). O clítico pode aparecer em início de sentença (ver (216e)) e, no caso de ser o sujeito de uma oração encaixada, aparece posicionado à esquerda do verbo da oração subordinante (ver (216f)).

(216) *PB:*
    a. A Maria {**me** viu / *viu-**me**} no cinema.
    b. A Maria não{**me** viu / *viu-**me**} no cinema.
    c. A Maria parece que {**me** viu / *viu-**me**} no cinema.
    d. Você {**me** ligando / *ligando-**me**}, eu lido com o problema.
    e. {**Me** telefone / *telefone-**me**} amanhã.
    f. A Maria {**me** viu /*viu-**me**} saindo.

Quanto à colocação de clíticos em orações com perífrase verbal, temos próclise ao verbo principal, conforme ilustrado em (217). A única exceção envolve particípios passivos, que não servem de suporte para clíticos, seja em posição de próclise, seja de ênclise, como mostrado em (218a).[110] Neste caso, o clítico sobe e se procliticiza ao auxiliar, como mostrado em (218b).

(217) *PB:*
    a. Ele está {**se** preparando / *preparando-**se**} para a corrida.
    b. Ele tinha {**me** dado / *dado-**me**} uma chance.
    c. Eu vou {**te** dar /*dar-**te**} um conselho.

(218) *PB:*
    a. Foi {***me** dito /*dito-**me**} que o João estava aqui.
    b. {**Me** foi /*foi-**me**} dito que o João estava aqui.

Deve-se ressaltar que, embora os clíticos em (217) se situem entre o auxiliar e o verbo principal, eles estão sintaticamente e fonologicamente ligados ao verbo principal e não ao auxiliar. Isso fica evidente quando temos material adicional entre os dois verbos, como mostrado em (219).[111]

(219) *PB:*
    a. Ele {*está-**se** sempre preparando / está sempre **se** preparando} para uma nova corrida.
    b. Ele {*tinha-**me** novamente dado / tinha novamente **me** dado} uma chance.
    c. Eu {*vou-**te** novamente dar / vou novamente **te** dar} um conselho.

Finalmente, como mencionado anteriormente, construções com particípios passivos constituem o único caso em que os clíticos não estão apoiados no verbo principal (ver (218)). Em particular, o PB não permite que o clítico suba e se apoie em verbos que em PE funcionam como verbos de reestruturação, como ilustrado em (220).[112]

(220) *PB:*
    a. Você não {***me** pode despedir / pode [**me** despedir]}.
    b. Quem {*****te** quer contratar} / quer [**te** contratar]}?

Dada a natureza essencialmente proclítica do PB, o padrão de colocação do clítico *se* indefinido em PB, conforme ilustrado em (221), é realmente intrigante.[113] Esse clítico não pode aparecer em início de sentença (ver (221a)), é sensível a gatilhos de próclise como negação (ver (221b)) e obrigatoriamente se cliticiza a auxiliares (ver (221c) *vs.* (221d)).

(221) *PB:*
    a. {Contratou-**se** / *****se** contratou} um novo professor.
    b. Não {**se** contratou /***contratou-se** um novo professor.
    c. *Deve, sem sombra de dúvida, **se** contratar um novo professor.
    d. Deve-**se**, sem sombra de dúvida, contratar um novo professor.

Não é claro, no entanto, por que o clítico *se* indefinido deveria ter esse comportamento peculiar no PB. Curiosamente, *se* indefinido em PB também difere da sua contraparte em PE no que diz respeito à restrição de coocorrência com o clítico *se* reflexivo ilustrada em (222a).[114] Conforme discutido na seção 2.4.3, no PE essa restrição é mais sintática por natureza, pois exclui estruturas com verbos com *se* reflexivo que tomam o clítico *se* indefinido como seu sujeito. Considere (222b), por exemplo. Embora *se* indefinido e *se* reflexivo estejam distantes um do outro, a sentença é descartada porque o *se* indefinido é interpretado como sendo o sujeito de todos os verbos, incluindo o verbo com *se* reflexivo. Já no PB, a restrição de coocorrência envolvendo *se* leva em conta apenas a adjacência fonológica, como ilustram os contrastes em (223).[115]

(222) *PE:*
    a.*Levanta-**se**-**se** cedo neste país.
    b. *Tentou-**se** (conseguir) evitar sentar-**se** na última fila.

(223) *PB:*
    a. *Pode-**se se** sentar em qualquer lugar.
    a.' Pode-**se**, salvo engano, **se** sentar em qualquer lugar.
    b. *Deve-**se se** levantar cedo.
    b.' Não **se** deve **se** levantar tarde.

Examinemos agora a colocação sintática dos clíticos acusativos de terceira pessoa (doravante, *CA3Ps*) *o(s)* e *a(s)*, comparando-a com a colocação dos clíticos *me* e *te* em (224)-(227). Os dois conjuntos de clíticos compartilham o mesmo padrão de colocação apenas quando o verbo é finito, não faz parte de uma perífrase verbal e o clítico não está na posição de início da sentença (ver (224)). Em casos envolvendo perífrases verbais, *me* e *te* aderem ao padrão de próclise ao verbo principal, enquanto CA3Ps exibem próclise ao auxiliar se o verbo principal for um particípio (ver (225)) ou um gerúndio (ver 226)) e ênclise ao verbo principal se for infinitivo (ver (227)). Os casos com próclise de CA3Ps ao auxiliar em (225b') e (226b') são restritos à linguagem escrita.

(224) *PB:*
   a. *Eu vi-**te** ontem na universidade.
   a.' *Eu vi-**a** ontem na universidade.
   b. Eu **te** vi ontem na universidade.
   b.' Eu **a** vi ontem na universidade.
   c. **Te** vi ontem na universidade.
   c.' ***A** vi ontem na universidade.

(225) *PB:*
   a. O João tinha [**me** visto].
   a.' *O João tinha [**os** visto].
   b. *O João **me** tinha visto.
   b.' O João **os** tinha visto.

(226) *PB:*
   a. O João está [**te** vendo].
   a.' *O João está [**o** vendo].
   b. *O João **te** está vendo.
   b.' O João **o** está vendo.

(227) *PB:*
   a. *O João vai contratar-**te**.
   a.' O João vai contratá-**las**.
   b. O João vai [**te** contratar].
   b.' *O João vai [**as** contratar].
   c. *O João **te** vai contratar.
   c.' *O João **as** vai contratar.

O complexo padrão visto em (224)-(227) sugere que os CA3Ps se comportam como marcadores de concordância (de objeto), pois buscam suporte morfológico junto a verbos que potencialmente admitem concordância e competem com a morfologia de concordância do sujeito por um espaço na organização morfológica do verbo.[116] Mais especificamente, o posicionamento dos CA3Ps pode ser entendido como resultado da interação de quatro condições: (i) o verbo suporte de um CA3P é compatível com morfologia de concordância; (ii) a concordância de sujeito tem precedência sobre os CA3Ps para ocupar o espaço reservado ao sufixo de concordância; (iii) a subida e cliticização a um verbo auxiliar só pode ser empregada como último recurso; e (iv) CA3Ps não podem ser realizados em início de sentença. Vejamos como essas condições interagem, reconsiderando os dados em (224)-(227).

Em (224a'), (224b') e (224c'), o verbo finito conta como um suporte apropriado porque á associado a morfologia de concordância. No entanto, a concordância de sujeito tem precedência sobre o CA3P *a* para ocupar a posição afixal da flexão de concordância mesmo que seja um morfema-Ø. Isso exclui (224a') e *a* deve se procliticizar ao verbo finito, como em (224b') e (224c'). No entanto, semelhantemente a *se indefinido* em PB (ver 221a)), CA3Ps não podem aparecer na posição de início de sentença; portanto, apenas a sentença (224b') é bem formada. Em (225), por sua vez, o verbo principal não é um suporte apropriado para o CA3P *os,* pois particípios ativos não têm flexão de concordância em PB (ver (225a')). O clítico então sobe como uma estratégia de último recurso e é computado em relação ao auxiliar finito, que é um suporte apropriado para morfologia de concordância. No entanto, uma vez que a concordância de sujeito tem precedência para ocupar a posição sufixal do verbo, *os* se procliticiza ao auxiliar (ver (225b')). As mesmas considerações se aplicam a (226), pois gerúndios também não têm morfologia de concordância em PB. Finalmente, em (227) o verbo principal é um infinitivo e tanto o PE quanto o PB possuem infinitivos flexionados, conforme discutido na seção 3.3.2.2.2. Assim, do ponto de vista morfológico, o infinitivo em (227a') conta como um suporte apropriado. Além disso, em perífrases verbais com o verbo principal no infinitivo, a concordância de sujeito (se existir) é codificada apenas no auxiliar mais alto, conforme ilustrado em (228). Em outras palavras, o espaço morfológico reservado para a concordância no infinitivo de (227) está disponível. O CA3P então ocupa essa posição sufixal, sendo realizado em uma posição enclítica ao invés de uma posição proclítica (ver (227a') *vs.* (227b')). Além disso, uma vez licenciado em (227a'), a subida do clítico para o auxiliar como estratégia de último recurso não é ativada e a sentença em (227c') (com subida do clítico e próclise ao auxiliar) é excluída.

(228) a. Nós va**mos** cumprimentar(***mos**) o João.
     b. Os meninos v**ão** cumprimentar(***em**) o João.

Esse padrão geral é replicado se o CA3P for o sujeito de uma oração subordinada (ver (216f)), conforme mostrado em (229). Como o clítico deve ser posicionado em relação ao verbo da oração subordinante nessa configuração, o CA3P *a* se procliticiza ao verbo causativo se o verbo for finito (ver (229a')) ou ao auxiliar se o verbo causativo for um particípio ativo ou um gerúndio (ver (229b") e (229c")), ou se encliticiza ao verbo causativo se for um infinitivo (ver (229d")). Do mesmo modo que em (225b') e (226b'), a subida de CA3Ps e cliticização ao verbo mais alto em (229a'), (229b") e (229c") também é restrita à língua escrita.

(229) *PB:*
 a. O João **me** fez rir.
 a.' O João **a** fez rir.
 b. O João tinha [**me** feito] rir.
 b.' *O João tinha [**a** feito] rir.
 b". O João **a** tinha feito rir.
 c. O João estava [**me** fazendo] rir.
 c.' *O João estava [**a** fazendo] rir.
 c'.'O João **a** estava fazendo rir.
 d. O João vai [**me** fazer] rir.
 d.' *O João vai [**a** fazer] rir.
 d". O João vai fazê-**la** rir.
 d'". *O João **a** vai fazer rir.

Quando um CA3P é forçado a subir, o resultado final depende das propriedades morfológicas do auxiliar. Nos casos discutidos até agora, o auxiliar sempre foi finito. Examinemos então casos em que o auxiliar não é finito, considerando o contraste entre (230) e (231).

(230) *PB:*
 a. Ter [**me** visto] na reunião surpreendeu o João.
 b. *Ter [**a** visto] na reunião surpreendeu o João.
 b.' Tê-**la** visto na reunião surpreendeu o João.

(231) *PB:*
 a. Tendo [**me** encontrado] na reunião, o João foi direto ao assunto.
 b. *Tendo [**a** encontrado] na reunião, o João foi direto ao assunto.
 b.' *Tendo-**a** encontrado na reunião, o João foi direto ao assunto.
 b'.' ***A** tendo encontrado na reunião, o João foi direto ao assunto.

As sentenças em (230b) e (231b) são excluídas porque o particípio ativo não pode hospedar morfologia de concordância. Os CA3Ps podem então subir. Em (230b), o auxiliar é um infinitivo e, portanto, um suporte apropriado; além disso, o infinitivo nessa configuração pode não ser flexionado para concordância de sujeito. O CA3P então se encliticiza e produz uma sentença bem formada (ver (230b')). Por outro lado, não há resultado aceitável se o auxiliar for um gerúndio, como mostrado em (231b',b"), pois os gerúndios não contam como suportes morfológicos apropriados para concordância em PB. A sentença (231b") soa ainda pior que (231b'), pois também viola a proibição de CA3Ps na posição inicial da sentença.

Consideremos duas consequências interessantes dessa caracterização de CA3Ps como marcadores de concordância em PB.[117] Uma vez que os CA3Ps e os incontroversos clíticos *me, te* e *se* reflexivo têm requisitos de colocação diferentes, é possível encontrar ambos os tipos de clítico ligados ao mesmo verbo, como ilustrado em (232), onde os clíticos *me* e *te* ocupam sua posição usual de próclise ao verbo principal e os CA3Ps ocupam o espaço morfológico reservado para morfologia de concordância.

(232) *PB:*
    a. Você pode [**me** enviá-**lo**] por *e-mail*.
    b. Eu não poderia [**te** recomendá-**la**], porque ela ainda é nova no trabalho.

O PE, por outro lado, não permite que um clítico dativo e outro acusativo estejam independentemente ligados a um único verbo, recorrendo a clíticos fundidos (ver seção 2.4.3), como ilustrado em (233), ou associando cada clítico a um verbo diferente, como mostrado em (234).[118] Nenhuma dessas possibilidades está disponível em PB.

(233) *PE:*
    a. O João enviou-**lha**.   (*lhe + a*)
    b. A Maria recomendou-**no-las**.   (*nos + a*)
(234) *PE:*
    a. Vou-**lhe** já devolvê-**lo**.
    b. [Posso-**te**] confirmá-**lo** sem hesitação.

A segunda consequência interessante de tratar CA3Ps como marcadores de concordância tem a ver com a sua colocação em estruturas que envolvem infinitivos flexionados e o futuro do subjuntivo. Os dados em (235), por exemplo, mostram o padrão esperado em relação aos infinitivos. Encontramos ênclise do CA3P *o* quando o infinitivo é não flexionado, tendo, portanto, disponível o espaço morfológico reservado para concordância (ver

(235a)), mas próclise se o infinitivo é flexionado (ver (235b)), pois o espaço morfológico já foi tomado pela concordância de sujeito. Curiosamente, quando o infinitivo flexionado deve ser associado a um morfema-Ø para concordância de sujeito (ver seção 3.4.2), próclise e ênclise tornam-se aceitáveis, como mostrado em (236).

(235) *PB:*
    a. Não era permitido {***o** criticar / criticá-**lo**} em público.
    b. Não era adequado nós
       {**o** recomendarmos / *recomendarmo-**lo**} para o cargo.

(236) *PB:*
    a. Não era adequado {eu/você/ a gente/ele}
       o recomendar para o cargo.
    b. Não era adequado {eu/você/a gente/ele}
       recomendá-**lo** para o cargo.

O infinitivo flexionado em (236) não difere foneticamente da forma não flexionada. Dado o enfraquecimento geral da concordância verbal no PB, conforme discutido na seção 3.3.2.2, a boa formação de (236b) em nítido contraste com a opção de ênclise em (235b) sugere que a gramática já possibilita que infinitivos não flexionados substituam infinitivos flexionados quando a flexão de concordância é foneticamente nula.

Outro caso paralelo a (236) pode ser encontrado em orações no futuro do subjuntivo, como ilustrado em (237).

(237) *PB:*
    a. Se você **o** encontrar, me avise.
    b. Se você encontrá-**lo,** me avise.

Conforme mostrado na Tabela 5.1, o futuro do subjuntivo só pode ser morfologicamente diferenciado do infinitivo flexionado no caso de verbos irregulares. A dupla possibilidade de colocação de clítico em (237) pode então ser explicada se infinitivos não flexionados puderem ser usados no lugar de formas do futuro do subjuntivo homófonas, sem marcação inequívoca de concordância de sujeito. Em outras palavras, em (237a) o verbo está em sua forma subjuntiva e sua morfologia de concordância de sujeito, embora foneticamente nula, impede que o CA3P seja realizado encliticamente. (237b), por sua vez, recorre à forma infinitiva não flexionada e a ênclise é acionada, pois o espaço morfológico reservado para o sufixo de concordância está disponível.

Tabela 5.1 – Conjugações do infinitivo flexionado e do futuro do subjuntivo em PB para verbos regulares e irregulares

Pronome nominativo	Verbo regular: *falar*		Verbo irregular: *deter*	
	Infinitivo flexionado	Futuro do subjuntivo	Infinitivo flexionado	Futuro do subjuntivo
eu/você/ele/ela/a gente	*falar*	*falar*	*deter*	*detiver*
nós	*falarmos*	*falarmos*	*determos*	*detivermos*
vocês/eles/elas	*falarem*	*falarem*	*deterem*	*detiverem*

Em outras palavras, ao invés de uma opção dupla para colocação de clíticos em (237), temos na verdade especificações morfológicas diferentes para os verbos. Isso fica mais claro quando consideramos os verbos irregulares. Como ilustrado em (238), o sincretismo envolvendo o infinitivo flexionado e o futuro do subjuntivo também está se estendendo a verbos irregulares em PB e as formas do futuro do subjuntivo *vir* e *detiver*, por exemplo, estão perdendo terreno para as formas de infinitivo não flexionado *ver* e *deter*. Observe-se que a posição de CA3Ps é sensível à conjugação irregular ou regularizada do verbo, como mostrado em (239).

(238) *PB:*
    a. %Se você **vir** o João, me avise.   [*conjugação irregular*]
    a.' Se você **ver** o João, me avise.   [*conjugação regularizada*]
    b. Se a polícia **detiver** esse senador,
       isso vai ser uma grande novidade. [*conjugação irregular*]
    b.' Se a polícia **deter** esse senador,
       isso vai ser uma grande novidade. [*conjugação regularizada*]

(239) *PB:*
    a. *Se você vi-**lo**, me avise.   [*conjugação irregular*]
    a.' %Se você **o** vir, me avise.   [*conjugação irregular*]
    b. Se você **o** ver, me avise.   [*conjugação regularizada*]
    b.' Se você **vê-lo**, me avise.   [*infinitivo*]

(240) *PB:*
    a. *Quando a polícia detivé-**los**, isso vai ser uma grande novidade.
       [*conjugação irregular*]
    a.' Quando a polícia **os** detiver, isso vai ser uma grande novidade.
       [*conjugação irregular*]
    b. Quando a polícia **os** deter, isso vai ser uma grande novidade.
       [*conjugação regularizada*]
    b.' Quando a polícia detê-**los**, isso vai ser uma grande novidade.
       [*infinitivo*]

As sentenças (239a,a') e (240a,a') envolvem casos inequívocos de futuro do subjuntivo. A ênclise é então bloqueada pelo morfema nulo de concordância do sujeito e a próclise é imposta. Em (230b,b') e (240b,b'), o verbo é ambíguo entre uma forma regularizada do futuro do subjuntivo ou uma forma de infinitivo não flexionado. Assim, temos próclise no primeiro caso e ênclise no segundo.

Os clíticos *me* e *te*, por sua vez, não são sensíveis a tais distinções morfológicas e a próclise é uniformemente empregada, como mostrado em (241).

(241) a. %Se eu **te** vir, eu dou um sinal.
[*conjugação irregular*]
a.' Se eu **te** ver, eu dou um sinal.
[*conjugação regularizada*]
b. Se a polícia **me** detiver, ligue pro meu advogado.
[*conjugação irregular*]
b.' Se a polícia **me** deter, ligue pro meu advogado.
[*conjugação regularizada*]

5.6 RESUMO

Nas seções anteriores, vimos que o PE e o PB divergem significativamente na maneira como empregam diferentes ordens de palavras para expressar diferenças semânticas e pragmático-discursivas ou para satisfazer restrições morfológicas no caso de clíticos. Em geral, o PB sempre tem menos possibilidades de variação de ordem que o PE e mesmo quando convergem nas mesmas ordens, podem estar sujeitos a diferentes restrições. Por exemplo, tanto o PE quanto o PB geralmente permitem que a ordem VS exprima julgamentos téticos se o verbo for intransitivo (inergativo ou inacusativo), mas não se for transitivo (ver seção 5.2.1.1). No entanto, quando as ordens VS permitidas são examinadas em detalhe em cada variedade, descobrimos que a ordem VS é lexicalmente muito mais restrita em PB que em PE e que essa ordem está sujeita a restrições de definitude em PB e condições de evidencialidade em PE.

A ordem VS acaba sendo um divisor de águas entre as duas variedades. Vimos, por exemplo, que o fronteamento de foco em sentenças declarativas e o movimento de constituintes-*qu* em sentenças interrogativas são geralmente acompanhados de inversão sujeito-verbo em PE, enquanto o PB tende a exibir a ordem canônica SVO, expressando a informação de foco relevante por meio de proeminência prosódica (ver seções 5.2.2 e 5.3). A ordem VS também é empregada em diferentes tipos de exclamativas em PE, sendo novamente bastante restrita em

PB (ver seção 5.4). De fato, em praticamente todos os domínios (finitos ou não finitos; ver seção 5.5) que examinamos, o PB exibiu uma ordem de palavras mais rígida.[119] Isso fica claro quando discutimos a colocação de clíticos. Enquanto o PE exibe uma interação complexa de fatores que resulta ora em ênclise ora em próclise, o PB converge rigidamente para a próclise ao verbo principal, com exceção de *se* indefinido e clíticos acusativos de terceira pessoa. Mesmo nesse caso, essa exceção presumivelmente não faz parte da gramática do PB conforme definida no capítulo "Delimitando o objeto de análise", indicando que a gramática do PB é ainda mais rígida em relação à colocação de clíticos.

Voltando aos nossos amigos quelônios, tanto jabutis quanto tartarugas têm quatro patas, utilizadas para sua locomoção. As diferenças de constituição e forma (as patas dos jabutis são cilíndricas, já as patas das tartarugas têm membranas entre os dedos), no entanto, têm impacto direto sobre sua mobilidade e rapidez de deslocamento (tartarugas são mais ágeis e rápidas que jabutis). No capítulo "Sistema pronominal" vimos que a redução do inventário de pronomes no PB levou a um considerável número de sincretismos, reduzindo drasticamente as distinções de caso em seu sistema pronominal. No capítulo "Concordância", também vimos que, embora o PE e o PB pareçam basicamente idênticos em relação à realização de suas flexões de concordância verbal, no nível morfológico o sistema de concordância do PB é bastante subespecificado. Geralmente quando uma língua perde distinções de caso e tem seu sistema de concordância enfraquecido, sua tendência é passar a exibir uma ordem de palavras mais rígida, com menos deslocamentos de constituintes a partir de sua posição canônica. Assim, o fato de o PE e o PB divergirem tão distintamente em relação às possibilidades de ordem das palavras parece ser reflexo dessas outras mudanças pelas quais o PB passou. Em termos quelonianos, a maciça subespecificação morfológica em seus sistemas de caso e concordância tornou as patas do PB mais cilíndricas.

Notas

[1] Como mencionado na seção 2.3.4.3, dativos não pronominais são introduzidos pela preposição *a* no PE e pela preposição *para/pra* no PB.
[2] Para discussão relevante sobre a ordem de palavras, ver *e.g.* Duarte 1987, 1997, Raposo 1987a, 1994, 1995, 2000, Ambar 1992a, 1999, Martins 1994a,b, 2013b, 2020b, Barbosa 1997, 2001, 2006, Costa 1998, 2001, 2020b Martins e Costa 2016, e Martins e Lobo 2020 para o PE; e Nascimento 1984, Kato 1989, 2000, Berlinck 1996a, 2000, Kato e Raposo 1996, Galves 2001, Kato e Tarallo 2003, Pilati 2006, Viotti 2007, Coelho e Martins 2012, Tescari Neto 2012, Silva 2013, Kato e Martins 2016, Berlinck e Coelho 2018 e Lacerda 2020 para o PB.
[3] Para fins de apresentação, neste capítulo descreveremos a flexão de concordância em termos tradicionais, deixando de lado a proposta mais refinada apresentada na seção 3.4.2.
[4] Ver Kuroda 1972. Sobre a importância da distinção entre juízos téticos e categóricos para a ordem das palavras em português, ver *e.g.* Duarte 1987, 1996, 2013b, Martins 1994, Raposo e Uriagereka 1995, Martins e Costa 2016, e Lobo e Martins 2017 para o PE, e Kato 1989, 2007, Britto 1998, 2000 e Kato e Duarte 2018 para o PB.

[5] Para discussão relevante, ver *e.g.* Nascimento 1984, Ambar 1992a, Berlinck 1996a, 2000, Duarte 1997, Costa 1998, 2004, Barbosa, Duarte e Kato 2005, Barbosa 2006, 2009, Costa e Figueiredo Silva 2006b, Kato e Martins 2016 e Martins e Costa 2016.

[6] Para discussão relevante, ver *e.g.* Kato 2002b, Pilati 2006, Avelar e Cyrino 2008 e Buthers e Duarte 2012.

[7] Para discussão relevante, ver *e.g.* Martins e Costa 2016 e Martins 2020b.

[8] O asterisco em (13b') e em outras sentenças deste capítulo indica que as sentenças relevantes são inadequadas no contexto em consideração. Em PE, a sentença em (13b') pode ser apropriada em outras circunstâncias, como, por exemplo, uma resposta para uma pergunta sobre quem não morreu na explosão (um contexto de foco informacional; ver seção 5.2.2.1).

[9] A sentença em (15) pode, no entanto, ser apropriada em PE se o sujeito for focalizado de forma contrastiva, por exemplo (ver seção 5.2.2.2).

[10] A sentença em (17b) pode ser apropriada em PE se o sujeito tiver foco contrastivo, por exemplo (ver seção 5.2.2.2).

[11] Ver *e.g.* Pontes 1987, Kato 1989, 1999, Britto 1998, 2000 e Galves 1998 para discussão relevante.

[12] Ver *e.g.* Costa 2004 e Duarte 2013b para discussão relevante.

[13] Para discussão relevante, ver *e.g.* Pontes 1987, Duarte 1987, 2003a, 2013b, Kato 1989, Galves 1998, Bastos 2001, Costa 2004, Kato e Raposo 1996, 2007, Bastos-Gee 2009, 2011, Santos 2018 e Lacerda 2020.

[14] O constituinte sintático redobrado pelo pronome ocupa uma posição externa à sentença quando ocorre à direita do pronome, como ilustrado em (i) para o PE (ver *e.g.* Costa 2004 e Duarte 2013b) e (ii) para o PB.
  (i) *PE*:
    a. Eu comprei-**o** ontem, **esse livro**.
    b. *Eu comprei-**o esse livro** ontem.
  (ii) *PB:*
    a. Eu comprei **ele** ontem, **esse livro**.
    b. *Eu comprei **ele esse livro** ontem.

[15] Para discussão relevante, ver *e.g.* Berlinck 1996b, Salles 1997, Torres Morais 2007, Torres Morais e Berlinck 2007, Torres Morais e Salles 2010 e Calindro 2015, 2020.

[16] Para discussão relevante, ver *e.g.* Raposo 1994, 1995, 2000, Martins 1994, 2013b, Costa e Martins 2011 e Martins e Costa 2016.

[17] Ver *e.g.* Duarte 1987 para discussão relevante.

[18] Para discussão relevante, ver *e.g.* Duarte 1987, 1997, Martins 1997, 2013b e Barbosa 2006.

[19] Para discussão relevante, ver *e.g.* Costa e Martins 2011, Martins e Costa 2016, Lacerda 2020 e Martins e Lobo 2020.

[20] Uma resposta apropriada no contexto de (39a), por exemplo, também pode ser *Comeu bacalhau* ou apenas *Bacalhau*. Não trataremos aqui dessas respostas curtas, pois a discussão que se segue tem por objetivo examinar quais as ordens que podem fornecer uma resposta completa compatível com a pergunta no contexto.

[21] Ver *e.g.* Costa 1998, 2004 e Lacerda 2020 para discussão relevante.

[22] Para discussão relevante, ver *e.g.* Costa 1998, 2004, Costa e Figueiredo Silva 2006b, Kato e Martins 2016, Lacerda 2020 e Martins e Lobo 2020.

[23] As sentenças em (40c,d) e (41c,d) são consideradas agramaticais em PE com acento marcado no sujeito e interpretação de resposta exaustiva. A ordem SV nessas sentenças é, entretanto, admitida tanto no PB como no PE, com um padrão entoacional específico que indica que a resposta não é exaustiva. Com esta entoação, (40c,d), por exemplo, pode significar que o falante está apenas se comprometendo com sua declaração sobre o João, implicando que outras pessoas além do João também podem ter comido. Na discussão que se segue, deixaremos de lado essa entoação especial (ver *e.g.* Lacerda 2020 para discussão relevante) e examinaremos todas as sentenças relevantes, com acento marcado, na interpretação exaustiva.

[24] Embora a ordem V(X)S induzida por foco não seja natural em PB contemporâneo, casos residuais com operadores de foco como *só*, por exemplo, são (marginalmente) permitidos. Assim, (ia) pode ser uma resposta adequada em PB para a pergunta indicada, embora a versão SV em (ib) ainda seja a opção preferida.
  (i) PB:
    [*Contexto:* Alguém pergunta quem não gostou da viagem.]
    a. Só não gostaram da viagem as crianças pequenas.
    b. Só as crianças pequenas não gostaram da viagem.

[25] Ver *e.g.* Pilati 2006 e Lobo e Martins 2017 para discussão relevante.

[26] A inadequação de (48b) no contexto relevante pode ser contornada em PE se o objeto não for expresso (ver seção 6.3), como em (ia), ou se uma pausa for inserida entre o sujeito e o objeto, como em (ib) (com,

anotando a pausa). Nesses casos, o sujeito conta como o constituinte mais à direita para fins de atribuição de acento sentencial *default*, tornando-se compatível com uma interpretação de foco. Nenhum estratégia reparadora desse tipo está disponível em PB.
(i) [*Contexto:* Alguém pergunta quem fez o jantar.]
    a. Fez o Pedro. (PE: √; PB: *)
    b. Fez o Pedro, o jantar. (PE: √; PB: *)

[27] Ver *e.g.* Costa 2004 para discussão relevante.
[28] Ver *e.g.* Costa e Figueiredo Silva 2006b para discussão relevante.
[29] Para discussão relevante, ver *e.g.* Matos 2013b, Lobo e Martins 2017 e Martins e Lobo 2020.
[30] Para discussão relevante relativamente ao PB, ver Lacerda 2020. No PE, se o objeto direto em sentenças como (54b) e (55b) receber acento proeminente, a interpretação será de foco contrastivo (ver seção 5.2.2.2).
[31] Para discussão relevante, ver *e.g.* Costa e Martins 2011, Kato e Martins 2016, Lacerda 2020 e Martins e Lobo 2020.
[32] Para discussão relevante, ver *e.g.* Raposo 1995, 2000, Ambar 1999, Costa e Martins 2011, Martins e Costa 2016 e Martins e Lobo 2020.
[33] Para discussão relevante, ver *e.g.* Costa e Martins 2011 e Martins e Lobo 2020.
[34] Para discussão relevante, ver *e.g.* Barbosa 2009, Martins e Costa 2016, Martins e Lobo 2020 e Martins 2020b.
[35] Para discussão relevante, ver *e.g.* Martins 2020b.
[36] Ver *e.g.* Cardoso 2010, 2016 para discussão relevante.
[37] Ver *e.g.* Duarte 1997 para discussão relevante.
[38] Recorde-se que a ordem VS é excepcionalmente opcional em PE quando o fronteamento do foco envolve partículas como *nem*, como em (72) (ver (63)).
[39] Para discussão relevante, ver *e.g.* Lopes-Rossi 1993, Costa e Duarte 2001, Modesto 2001, Ambar, Kato, Mioto e Veloso 2003, Ambar 2005, Alexandre 2006, Kato e Ribeiro 2006, 2009, Lobo 2006, Mioto e Negrão 2007, Costa e Lobo 2009, Kato 2009, Guesser 2011, Kato e Mioto 2011, 2015, 2016, Menuzzi 2012, Mioto 2012, Barbosa 2013, Cardoso e Alexandre 2013, Resenes 2014, Mioto e Lobo 2016 e Martins e Lobo 2020.
[40] Apesar de não indicarmos a distinção entre foco informacional e foco contrastivo em (75)-(92), deve-se ressaltar que os constituintes clivados desses paradigmas podem permitir ambas as interpretações. Ver *e.g.* Martins e Lobo 2020 para discussão relevante.
[41] Para discussão relevante, ver *e.g.* Mioto e Figueiredo Silva 1995, Kato 2014 e Mioto e Lobo 2016.
[42] Ver *e.g.* Vercauteren 2010, 2015 para discussão relevante.
[43] Ver *e.g.* Martins e Lobo 2020 para discussão relevante.
[44] Para discussão relevante, ver *e.g.* Casteleiro 1979, Wheeler 1982, Costa e Duarte 2001, Vercauteren 2010, 2015, Barbosa 2013, Kato e Mioto 2015, 2016 e Martins e Lobo 2020.
[45] Ver *e.g.* Bolrinha 2017 e Martins e Lobo 2020 para discussão relevante.
Representado ortograficamente como uma única palavra, *masé* ocorre com frequência nas obras de autores angolanos, podendo ocupar a posição final da sentença, como exemplificado em (i)-(iv):
(i) – Tou *masé* a pensar que devíamos pedir patrocínio no tio Rui, aquele que escreve bué de poemas.
    (Ondjaki, *A bicicleta que tinha bigodes*, Lisboa, Caminho, 2011, p. 12)
(ii) – Cala *masé* a boca, sô filho daputa, antes que eu chame o tio Chico para te vir dar um apertão…
    (Ondjaki, *O livro do deslembramento*, Lisboa, Caminho, 2020, p.134)
(iii) anda cá *masé* e o fapla puxa o miúdo para o lado e segreda
    (Pepetela, *Yaka*. Lisboa, Dom Quixote, 1984, p. 173)
(iv) – Sabes nadar?
    Qual resposta qual quê!
    – Cala-te *masé*!!!
    (Vítor Burity da Silva, *Ao fundo Pitangas*. Consultado *online* 14.04.2022:
    https://www.researchgate.net/publication/335273065_Ao_Fundo_Pitangas_-_VitorBuritydaSilva)
[46] Para discussão relevante, ver *e.g.* Mioto e Figueiredo Silva 1995, Vercauteren 2015 e Martins e Lobo 2020.
[47] Para discussão relevante, *ver e.g.* Ambar 1992a, 2013, Duarte 1992, Lopes-Rossi 1993, Kato e Raposo 1996, Barbosa 2001, Duarte e Kato 2002, Kato e Mioto 2005, Mioto e Lobo 2016 e Dimitrova 2020.
[48] Uma descrição detalhada das respostas-*sim/não* é apresentada na seção 7.5.
[49] A diferença entre os advérbios interrogativos *porque* em PE e *por que* em PB é apenas de convenção ortográfica.
[50] Interrogativas-*sim/não* e interrogativas-*qu* também podem ter uma força ilocucionária diferente das que foram descritas anteriormente e ser empregadas em outros contextos. Por exemplo, a interrogativa-*sim/*

não em (i) funciona como um imperativo e as interrogativas-*qu* em (ii) expressam, respectivamente, um convite e uma resposta positiva. Aqui deixaremos de lado casos de interrogativas com outro tipo de força ilocucionária, a menos que estejam associadas a uma ordem especial de palavras.
(i) Você pode calar a boca? (PB)
(ii) A: – Por que você não janta com a gente? (PB)
B: – Por que não? (PB)

[51] Para informação mais detalhada sobre a distinção prosódica entre sentenças declarativas e interrogativas, ver e.g. Frota e Moraes 2016; para discussão relevante sobre interrogativas-*tag*, ver e.g. Martins 2016a e seção 7.4.2.

[52] Ver Ambar 1992a para discussão relevante.

[53] Para discussão relevante, ver Ambar e Veloso 2001, Ambar 2003, Kato e Mioto 2005, Pires e Taylor 2007, Nunes e Santos 2009, Kato 2013, 2019, 2020a,b, Nunes 2013, 2014, 2018, 2021b e Figueiredo Silva e Grolla 2016. Não há consenso na literatura sobre a posição exata de constituintes-*qu in situ*. Kato (2013), por exemplo, defende que perguntas-eco (com entoação ascendente) são as únicas interrogativas com constituintes-*qu* verdadeiramente *in situ* no PB e que as demais supostas interrogativas-*qu in situ* (com entoação descendente) envolvem um movimento curto do constituinte interrogativo para uma posição de foco interno à sentença. Ambar e Veloso (2001) e Ambar (2003), por outro lado, defendem que aparentes interrogativas com constituintes-*qu in situ* no PE envolvem movimento do constituinte interrogativo para uma posição na periferia esquerda da sentença, seguido de movimento do resto da sentença para uma posição à esquerda do constituinte-*qu* movido. Para argumentos e detalhes dessas propostas, ver Kato 2013, 2019, 2020a,b Ambar e Veloso 2001 e Ambar 2003.

[54] Para diferentes pontos de vista sobre essa posição específica no início da sentença e discussão relevante, ver e.g. Ambar 1992a, 2003, Mioto 1994, 2011, Kato e Raposo 1996, Lopes-Rossi 1993, Ambar e Veloso 2001 e Barbosa 2001.

[55] Alguns dialetos nordestinos do PB permitem que expressões como *que diabo* permaneçam *in situ* sob uma entoação especial.

[56] Para discussão relevante, ver e.g. Mioto e Lobo 2016.

[57] Após uma análise comparativa de *corpora* do PE e do PB, Kato e Mioto (2005) relatam que a proporção de interrogativas-*qu in situ* é de 1 em PE para 8 em PB.

[58] Como no capítulo "Sujeitos nulos", o padrão de (in)aceitabilidade de sujeitos nulos aqui apresentado é julgado em relação ao padrão das suas contrapartes foneticamente realizadas.

[59] Para discussão relevante, ver e.g. Ambar 1992a, Torres Morais 1993, Ribeiro 1995a,b, e Kato e Mioto 2005.

[60] Para discussão relevante, ver Ambar 1992a e Ambar e Veloso 2001.

[61] Para discussão relevante, ver Ambar 1992a, Lopes-Rossi 1993, Ambar, Kato, Mioto e Veloso 2003 e Kato e Mioto 2005.

[62] Para discussão relevante, ver Ambar 1992a, Kato 1992, 2005 e Kato e Mioto 2005.

[63] Para discussão relevante, ver e.g. Kato 2000 e Kato e Mioto 2005.

[64] Para discussão relevante, ver e.g. Ambar 1992a e Menuzzi 2004.

[65] Uma convenção ortográfica determina que *que* e *o que* devem ser escritos com acento circunflexo (*quê* e *o quê*) quando se encontram em uma posição prosodicamente acentuada, refletindo o fato de que a vogal da forma átona sofre elevação no PB e no PE e ainda centralização no PE (sendo realizada como [ki] em PE e [kɪ] em PB), enquanto a forma acentuada se realiza como [ke].

[66] Recorde-se que os pronomes fracos *cê* e *cês* em PB, como o pronome interrogativo *que* em (126b)/(127b), também não podem ser realizados na posição de objeto, mas podem aparecer antes do complementizador *que* de estruturas de clivagem, como ilustrado em (i) (ver seção 2.2).
(i) *PB:*
a. *O João convidou **cê**?
b. **Cê** que o João convidou?

[67] Ver e.g. Nunes 2021a para discussão relevante.

[68] Para discussão relevante, ver Lobo e Martins 2017.

[69] Dentro da Teoria de Princípios e Parâmetros (ver e.g. Chomksy 1981, Chomsky e Lasnik 1993), restrições como as ilustradas em (132)-(135) são geralmente analisadas em termos do Princípio das Categorias Vazias (ver e.g. Lasnik e Saito 1984).

[70] Para discussão relevante, ver Kato e Ribeiro 2006, 2009, Mioto e Lobo 2016 e Kato 2018, 2020a,b.

[71] Para discussão relevante, ver e.g. Duarte 1992, Lopes-Rossi 1993, Duarte e Kato 2002, Kato e Mioto 2005, 2016, Kato e Ribeiro 2009 e Kato 2019. Ver Kato 2019 para uma discussão de um tipo inovador de interrogativas-*qu* em PB, com a cópula na posição inicial da sentença, conforme ilustrado em (i).
(i) *Linguagem infantil em PB* (Lessa de Oliveira 2003):
É quem que tá tocano violão?

72 Para discussão relevante, ver *e.g.* Mioto e Figueiredo Silva 1995, Kato 2014, 2020a,b e Figueiredo Siva e Grolla 2016.
73 Para discussão relevante, ver *e.g.* Raposo 1995, 2000, Ambar 1999, 2002, 2016, Martins 2013c, Barbosa, Santos e Veloso 2020 e Dimitrova 2020.
74 Para discussão relevante, ver *e.g.* Ambar 1992a.
75 Para mais detalhes e discussões relevantes, ver *e.g.* Martins 2013c.
76 Com a ordem SV na primeira oração coordenada, o conector de coordenação seria, portanto, expresso mais naturalmente pela conjunção adversativa *mas*, em vez da conjunção aditiva *e*.
77 Para discussão relevante, ver *e.g.* Matos 2003. Exclamativas de quantificação também são compatíveis com negação predicativa. A sentença (155a), por exemplo, é ambígua, podendo expressar surpresa em relação à quantidade de livros que o João leu (negação expletiva) ou em relação à quantidade de livros que ele não leu (negação predicativa). Ver *e.g.* González Rodríguez 2008 para discussão relevante.
78 Ver *e.g.* Barbosa, Santos e Veloso 2020 para discussão relevante.
79 Vale a pena tecer algumas considerações sobre o paradigma de (158) em PB. A sentença (158a) soa mais natural em PB se estiver associada à negação expletiva, como em (ia). Em relação a (158c), o PB possui uma expressão idiomática exclamativa com *onde* e a leitura idiomática é mantida mesmo na presença de *que,* conforme mostrado em (ib). Finalmente, a sentença em (158d) se torna gramatical em PB se receber uma entoação ascendente, podendo ser interpretada como uma interrogativa-*qu* de modo (ver seção 5.3.4) ou como expressão de dúvida quanto à veracidade da afirmação de que os meninos estudaram para o exame.
   (i) *PB:*
      a. O que que um pai **não** faz pelo filho!
      b. Onde **(que)** eu fui amarrar o meu burro!
80 Para discussão relevante, ver *e.g.* Raposo 1995, 2000, Ambar 1999 e Costa e Martins 2011.
81 O asterisco (*) que precede as sentenças do PB em (159a), (159b) e (160b) registra inadequação como uma exclamativa de quantificação (ver nota 8). Essas sentenças são aceitáveis em PB se os sintagmas fronteados forem interpretadas como foco contrastivo corretivo, por exemplo.
82 Ver *e.g.* Ambar 1999 para discussão relevante.
83 À primeira vista, construções exclamativas como as de (i), que permitem ordens SV e VS (ver Naro e Votre 1986, 1999 e Tarallo e Kato 1989), constituem contra-exemplos para o padrão geral encontrado em exclamativas com verbos transitivos em PB (ver (153a'), (153b') e (161b')). No entanto, observe que os complementos de *faturar* e *custar* em (i) expressam uma quantidade, comportando-se como a medida do evento codificado pelo verbo. Além disso, esses verbos não licenciam passivas, como mostrado em (ii). Assim, a conclusão é que esses verbos são, na verdade, inacusativos e a alternância SV/VS em (i) apenas reflete o padrão geral dos inacusativos em PB (ver seção 5.2.1.1).
   (i) *PB:*
      a. Uma ninharia a nossa loja faturou ontem!
      a'. Uma ninharia faturou a nossa loja ontem!
      b. 100 mil esse carro custava!
      b'. 100 mil custava esse carro!
   (ii) a. *Uma ninharia foi faturada pela nossa loja ontem.
      b. *100 mil foram custados por esse carro.
84 Embora a leitura de (163) como exclamativa qualificativa esteja disponível com o artigo definido em PB, a maneira mais natural de expressar essa interpretação em PB é com o quantificador *cada*:
   (i) Cada livro que o João leu! (PB)
85 Para discussão relevante, ver *e.g.* Raposo 1987a, 1994, Ambar 1992a, 1994, 1998, 2000, Barbosa 2002, Duarte, Gonçalves e Miguel 2005, Ambar, Negrão, Veloso e Graça 2007, Barbosa e Raposo 2013 e Duarte, Santos e Gonçalves 2016.
86 Para discussão relevante, ver *e.g.* Britto 1994, Lobo 2003 e Fiéis e Lobo 2010.
87 Para discussão relevante, ver *e.g.* Lobo 2001, 2003 e Ribeiro 2002.
88 Para discussão relevante, ver *e.g.* Ambar 1992a, 2000 e Santos 1999.
89 Para uma análise desse contraste em termos da complexidade estrutural da oração introduzida pela locução preposicional, ver Ximenes 2002, Ximenes e Nunes 2004 e Nunes e Ximenes 2009.
90 Para discussão relevante, ver *e.g.* Cyrino 1993, Pagotto 1993, Martins 1994a,b, 2000a, 2011, 2013b, 2021a, Uriagereka 1995b, Ribeiro 1995a,b, Abaurre e Galves 1996, Barbosa 2000, Duarte e Matos 2000, Raposo 1994, 1995, 2000, Galves 2001, Duarte 2003b, Galves, Ribeiro e Torres Morais 2005, Magro 2007 e Luís e Kaiser 2016.
91 Para discussão relevante, ver *e.g.* Pagotto 1993, Abaurre e Galves 1996, Galves 2001, Carneiro 2005, Galves, Ribeiro e Torres Morais 2005, Kato 2005, 2017 e Carneiro e Galves 2010.

⁹² Para discussão relevante, ver *e.g.* Omena 1978, Tarallo 1983, Duarte 1986, 1989, Corrêa 1991, Kato 1993b, Nunes 1993, 2015a, 2019a, Cyrino 1997, Galves 2001 e Kato, Cyrino e Corrêa 2009.
⁹³ Para discussão relevante, ver *e.g.* Martins 1994a,b, 1997, 2000a, 2011, 2013b, 2021a, Raposo 1994, 1995, 2000, Duarte e Matos 2000, Costa e Martins 2003, Duarte 2003b, Magro 2005, 2007 e Rodygina 2009.
⁹⁴ Para alguns falantes do PE (entre os quais, a segunda autora deste livro), infinitivos negativos funcionam como os demais tipos de orações negativas, não admitindo ênclise.
⁹⁵ Para discussão relevante, ver *e.g.* Duarte 2003a e Costa e Martins 2003.
⁹⁶ Para discussão relevante, ver *e.g.* Martins 1994a,b, 2013b,c, 2016a, Raposo 1994 e Magro 2007.
⁹⁷ Para discussão relevante, ver *e.g.* Martins 1994a,b, 1997, Raposo 1994 e Costa e Martins 2003.
⁹⁸ A maioria das sentenças com próclise como as de (182)-(190) – se não todas – parece carregar implicitamente algum componente "negativo", como ilustrado em (i). Se isso for correto, a diversidade superficial de tipos de próclise vista em (182)-(190) talvez possa ser reduzida ao caso geral da negação visto em (178).
  (i) *PE:*
    a. Poucas pessoas **se** salvaram. → Muitas pessoas não escaparam.
    b. De pouco **te** serviu ser honesto. → Ser honesto não te fez muito bem.
    c. Ali **se** construiu o mosteiro. → Foi nesse exato local e não em outro onde o mosteiro foi construído.
    d. Só tu **me** fazes rir. → Ninguém além de ti me faz rir.
    e. O carro quase **a** atropelou → O carro não a atropelou.
    f. Bem **te** avisei. → Não me ouviste (e sofreste as consequências).
⁹⁹ Algumas orações completivas finitas no modo indicativo permitem marginalmente a ênclise em PE, mas a próclise é, sem exceção, o padrão canônico de colocação dos clíticos nesse contexto (ver *e.g.* Martins 1994a, 2013b e Ribeiro 1995a). Os julgamentos dos falantes variam muito em relação à aceitabilidade da opção marginal com ênclise.
¹⁰⁰ Casos excepcionais de próclise inicial de sentença em PE, como os ilustrados em (i), envolvem uma interpretação enfática do verbo e, portanto, devem ser vistos como casos de próclise desencadeada por ênfase (ver (186)). Ainda assim, esses casos são muito marcados, sujeitos a restrições lexicais, e sua aceitabilidade não é uniforme entre os falantes. Para discussão relevante, ver Magro 2007 e Martins 2013b.
  (i) %PE:
    a. **Te** garanto que é verdade!
    b. **Te** arrenego, desgraçado!
¹⁰¹ Com exceção dos itens *a* e *com*, que estão correlacionados com ênclise (ver (197a,b)), e *em*, que pode estar associado com próclise ou ênclise (ver (i)):
  (i) Tinham pressa em {**se** afastarem / afastarem-**se**} dali. (PE)
¹⁰² Para discussão relevante, ver *e.g.* Duarte e Matos 2000.
¹⁰³ Em alguns dialetos do PE a mesóclise foi substituída pela ênclise.
¹⁰⁴ Embora não seja comum, a ênclise a um gerúndio numa perífrase verbal, como ilustrado em (i), é permitida em alguns dialetos/idioletos do PE (ver *e.g.* Martins 2013b, 2021a para discussão relevante).
  (i) %*PE:*
    a. E hoje, esses rapazes é a mesma coisa: a baleia já está quase para morrer, fraca, mas parada em cima do mar, a gente dá a lança para os rapazes *irem* **experimentando-a**.
    (CORDIAL-SIN, PIC16)
    b. quando vinha das terras, a gente tirava-o e *ia* **puxando-o**.
    (CORDIAL-SIN, CLH20)
¹⁰⁵ Para discussão relevante, ver *e.g.* Gonçalves 1999 e Martins 2000.
¹⁰⁶ Para discussão relevante, ver *e.g.* Gonçalves 1999 e Martins 2013b.
¹⁰⁷ Para discussão relevante, ver *e.g.* Pagotto 1993, Abaurre e Galves 1996, Galves 2001, Carneiro 2005, Kato 2005, 2017 e Carneiro e Galves 2010.
¹⁰⁸ Para discussão relevante, ver *e.g.* Abaurre e Galves 1996, Nunes 2015a, 2019a e Martins e Nunes 2016.
¹⁰⁹ Para discussão relevante, ver *e.g.* Pagotto 1993, Abaurre e Galves 1996, Galves 2001, Galves, Ribeiro e Torres Morais 2005 e Luís e Kaiser 2016.
¹¹⁰ Para discussão relevante, ver *e.g.* Figueiredo Silva 1990.
¹¹¹ Para deixar a dependência sintática e fonológica do clítico visualmente mais clara, adicionaremos colchetes quando não houver material intervindo entre os verbos.
¹¹² Para discussão relevante, ver *e.g.* Cyrino 2008.
¹¹³ Para discussão relevante, ver *e.g.* Abaurre e Galves 1996 e Martins e Nunes 2016.

[114] Ver Martins e Nunes 2016, 2017b para discussão relevante.
[115] Há alguma melhora na aceitabilidade de (223a) e (223b) no PB se uma pausa for inserida entre os dois clíticos.
[116] Ver Nunes 2015a, 2019a para discussão relevante.
[117] Ver Nunes 2011, 2015a, 2019a para discussão adicional.
[118] No PE padrão e em parte dos dialetos do PE, a sequência formada pelo clítico *se* indefinido e um clítico acusativo de terceira pessoa não é permitida (ver capítulo "Sistema pronominal", nota 50). Marginalmente, como estratégia de reparação de uma tal sequência, pode ocorrer próclise de *se* e ênclise do clítico acusativo ao mesmo verbo. Para que isso aconteça é necessário que na oração relevante ocorra um item desencadeador de próclise, como *por* em (i) e *quando* em (ii).

(i) "preocupa-me um pouco que se esteja a atrasar
a preparação do texto final por **se** fazê-**la** em paralelo com a tradução."   (%PE)
(ii) Que ela quando **se** apanha-**os**, ele deita aquele o forrado preto.   (%PE)
(CORDIAL-SIN, CLC26)

O exemplo (i) foi produzido espontaneamente numa mensagem de *email* da segunda autora. O fato de a preposição *por* ser um desencadeador de próclise opcional (e não categórico) é o que permite que a próclise e a ênclise coexistam na mesma oração, ligando cada um dos clíticos a uma das margens do verbo, numa ordem que é constante. O segundo exemplo é do dialeto madeirense de Câmara de Lobos. Ainda que nos dialetos madeirenses seja possível atestar a sequência *se*+acusativo, parece ocorrer também aqui a estratégia de dissociação entre os dois.

Alguns dialetos do PE se utilizam de "metátese morfológica" nos termos de Harris e Halle 2005, admitindo padrões atípicos como os ilustrados em (iii), em que clíticos em posição preverbal são presumivelmente copiados para uma posição pós-verbal. Esses dialetos também podem exibir reduplicação de clíticos, como ilustrado em (iv). Para discussão relevante, ver Magno 2007 e Martins 2021a.

(iii) a. O meu pai sempre foi lavrador e os meus irmãos foram todos lavradores, e eu nunca conheci-**lhe** mais que dez, doze vacas.
(CORDIAL-SIN, MIG04)
b. Não havia plástico. Não. Nem sequer falava-**se** nisso. Nada, nada.
(CORDIAL-SIN, STE12)
(iv) a. E meu homem trabalhou lá vinte e três anos e ele tinha sete reses, nem sequer **lhe** deu-**lhe** uma juntinha de gado.
(CORDIAL-SIN, GRC31)
b. Não há peixe que **se** ponha-**se** ao sol sem salgar.
(CORDIAL-SIN, CLC10)

[119] A distinção entre orações afirmativas e negativas também tem maior impacto na ordem das palavras no PE que no PB. Por exemplo, orações afirmativas e negativas têm um padrão diferente de colocação de clíticos no PE, mas não no PB (ver seção 5.6) e a focalização de palavras negativas por meio de fronteamento em PE torna a ordem SV possível, a par de VS, mas não interfere com a ordem SV no PB (ver seção 5.2.2.2).

OBJETOS NULOS
E POSSESSIVOS NULOS

6.1 INTRODUÇÃO

No capítulo "Sujeitos nulos" discutimos as diferenças entre o português europeu *(PE)* e o português brasileiro *(PB)* em relação ao licenciamento de sujeitos nulos. Neste capítulo voltamos à interessante questão das estruturas sintáticas que não são realizadas foneticamente, examinando como as duas variedades se comportam em relação a objetos nulos no domínio verbal e possessivos nulos no domínio nominal.

Considere os dados em (1), por exemplo, que mostram que o verbo *comprar* seleciona um objeto direto e o verbo *gostar* seleciona um complemento oblíquo nucleado pela preposição *de*. Dado um contexto apropriado, esses complementos também podem não ser foneticamente expressos, conforme mostrado respectivamente em (2a) e (2b).

(1)   a. Eu comprei o vaso.
      b. Eu gostei **do** livro.
(2)   a. Olha [que vaso bonito]$_i$! Vou comprar $\emptyset_i$ para a Maria.
      b. Eu li [o livro]$_i$, mas não gostei $\emptyset_i$.

Os dados em (3) e (4), por sua vez, mostram, respectivamente, que a relação "possessiva" relevante entre *pai* e *o João* pode ser realizada por um pronome possessivo (em PE; ver seção 2.4.3), um pronome oblíquo precedido pela preposição *de,* ou também pode não ser realizado foneticamente.

(3)   a. [O João]$_i$ telefonou para o **seu**$_i$ pai. (PE)
      b. [O João]$_i$ telefonou para o pai **dele**$_i$.
(4)   [O João]$_i$ telefonou para o pai $\emptyset_i$.

Curiosamente, embora o PE e o PB permitam objetos diretos nulos, objetos oblíquos nulos e possessivos nulos em sentenças como (2a), (2b) e (4), as duas variedades apresentam diferenças substanciais em relação ao licenciamento e à interpretação de cada uma dessas expressões foneticamente não realizadas, como veremos. Vale ressaltar que o PE e o PB também permitem elipses de constituintes verbais e isso pode dar origem a casos ambíguos em que uma determinada sentença pode ser analisada como envolvendo um objeto nulo ou envolvendo elipse de um constituinte verbal contendo um objeto. Para evitar uma indesejável confusão entre os dois tipos de ausência de realização fonética, iniciaremos a discussão com uma breve descrição das estruturas de elipse de constituintes verbais.

O capítulo está organizado da seguinte forma. Na seção 6.2 discutimos algumas propriedades das construções com elipse de constituintes verbais em PE e PB que permitem distingui-las das construções com complementos verbais não expressos foneticamente, que constituem o tópico da seções 6.3 (objetos diretos nulos) e 6.4 (objetos oblíquos nulos). A seção 6.5 discute possessivos nulos. Finalmente, a seção 6.6 resume as diferenças entre o PE e o PB no que diz respeito a objetos nulos e possessivos nulos.

6.2 ELIPSE DE CONSTITUINTES VERBAIS

A elipse de constituintes sintáticos é um fenômeno muito interessante, pois as línguas naturais podem diferir em relação aos tipos de constituintes que podem ser elididos e às condições que licenciam a elipse. Nesta seção enfocaremos algumas propriedades da elipse de constituintes verbais em português, que serão úteis para a caracterização dos objetos nulos que será apresentada nas seções 6.3 e 6.4.[1]

Comecemos com a elipse do VP (elipse de sintagmas verbais), um padrão relativamente infrequente nas línguas naturais, que está disponível tanto no PE quanto no PB. A elipse do VP envolve a ausência de realização fonética do verbo principal, dos seus complementos e (opcionalmente) dos seus adjuntos, quando o constituinte verbal que contém esses elementos é o complemento de um verbo auxiliar, conforme ilustrado em (5a) e (5b). O material sem realização fonética é recuperado interpretativamente com base em alguma expressão paralela discursivamente saliente, disponível na mesma sentença ou no discurso anterior – comumente referido como o *antecedente* do material elidido.[2] Nas sentenças em (5), por exemplo, a segunda oração é entendida como envolvendo todo o sintagma verbal da primeira oração em (5a) e o verbo e o objeto direto do enunciado anterior em (5b), como representado pelo material riscado em (5a') e (5b'), respectivamente.

(5) a. A Maria já tinha conversado com o Pedro ontem, mas o João ainda não tinha.
a.' ... mas o João ainda não tinha [conversado com o Pedro ontem]
b. A: – A Maria vai comprar a passagem amanhã.
B: – E o João vai no domingo.
b.' E o João vai [comprar a passagem] no domingo.

Consideremos agora os dados em (6) e (7). A resposta em (6) e a segunda oração coordenada de (7) não podem ser simplesmente analisadas como uma combinação potencial de um objeto direto nulo com um objeto oblíquo nulo, pois sua interpretação é que Maria colocou os livros na estante em ordem alfabética. Em outras palavras, os constituintes não expressos em (6) e (7) também devem incluir o adjunto adverbial de modo, além dos complementos do verbo.

(6) [*Contexto*:
A: – A Maria colocou os livros na estante em ordem alfabética?]
B: – Colocou.
(7) O João não colocou os livros na estante em ordem alfabética, mas a Maria colocou.

Dadas as semelhanças entre (5), por um lado, e (6) e (7), por outro, seria de esperar que esses últimos também envolvessem elipse de um constituinte verbal. Uma análise unificada de (5)-(7) pode ser alcançada se levarmos em conta a forma como os verbos são associados com as suas flexões de tempo e concordância. Como mostram as primeiras orações de (5a) e (5b), as flexões de tempo finito e de concordância não são realizadas no verbo principal, mas no verbo auxiliar. Suponha que a flexão (Infl) de fato sempre fique em uma posição externa ao sintagma verbal (VP) mesmo quando os auxiliares não estão presentes, como ilustrado em (8a). Se não houver auxiliar para sustentar a flexão, o verbo principal então se move para a esquerda do Infl, conforme esboçado em (8b).[3] Finalmente, se elipse do VP se aplicar a (8b), como mostrado em (8c), o resultado terá o verbo principal realizado foneticamente, mas não os seus complementos e adjuntos. Isso é exatamente o que encontramos em (6b) e na segunda oração coordenada de (7). O verbo *colocar* se move para a esquerda do Infl e todo o constituinte verbal é elidido, conforme esboçado em (9). Esse padrão de elipse, geralmente referido como *elipse de VP com verbo remanescente* (*verb stranding VP ellipsis – VSVPE*), é menos frequente nas línguas naturais que a elipse de VP ilustrada em (5). Em PE e PB, VSVPE normalmente ocorre em respostas a interrogativas-*sim*/*não* (ver seção 7.5.1), conforme ilustrado em (6b), mas também pode ocorrer em sentenças declarativas, conforme mostrado em (7).[4]

(8) a. [Infl [$_{VP}$ V ...]]
    b. [V-Infl [$_{VP}$ ― ...]]
        ↑_____|
    c. [V-Infl [$_{VP}$ ═══ ...]]
(9) a. [-u [$_{VP}$ coloca- os livros na estante em ordem alfabética]]
    b. [coloca-u [$_{VP}$ ― os livros na estante em ordem alfabética]]
        ↑_____|
    c. [coloca-u [$_{VP}$ ═══ os livros na estante em ordem alfabética]]

O fato de que elipse de VP não afeta o verbo auxiliar, como visto em (5a) com o auxiliar perfectivo *ter* e em (5b) com o auxiliar de futuro *ir*, deixa claro que esses não são casos de construções com objetos nulos como (2a) e (2b), pois o auxiliar *ter* não pode tomar *com o Pedro* como objeto oblíquo em (5a), nem o auxiliar *ir* pode tomar *passagem* como objeto direto em (5b). Sentenças como (10a), por outro lado, cujo sintagma verbal envolve apenas um verbo e um objeto direto, são de fato potencialmente ambíguas entre uma construção de objeto direto nulo, como mostrado na representação simplificada em (10b), e uma construção de VSVPE, conforme representado em (10c) (ver nota 4).[5]

(10) a. A Maria já comprou o livro, mas o João ainda não comprou.
     b. ... mas o João ainda não comprou *Ø*
     c. ... mas o João ainda não [compra-u [$_{VP}$ ═══ o livro]]
         ↑_____|

Um teste que ajuda a desambiguar as duas construções é o requisito de identidade que se aplica a construções de elipse.[6] Em particular, o verbo remanescente em uma construção de VSVPE deve ser idêntico em conteúdo lexical ao seu antecedente, conforme ilustrado em (11). Embora os verbos *pôr* e *colocar* sejam sinônimos e tenham o mesmo tipo de complementação, nenhum pode licenciar VSVPE envolvendo o outro.

(11) *A Maria **pôs** os documentos em ordem, mas o João não **colocou**.

A sentença em (10a) pode, portanto, ser um caso de VSVPE (ver (10c)), mas não a de (12a), pois os verbos em (12a) correspondem a itens lexicais diferentes; portanto, a sentença em (12a) deve ser analisada como envolvendo um objeto nulo, conforme representado em (12a'). Da mesma forma, (12b) é aceitável apesar de ter verbos distintos, pois também não é uma instância de VSVPE. Observe que em (12b) falta apenas um dos complementos de *colocar*; portanto, também deve ser analisado como envolvendo um objeto nulo, conforme representado em (12b').

(12) a. O João **encontrou** o livro, mas não **comprou**.
 a.' .... mas não comprou ∅
 b. A Maria **pôs** os documentos em ordem,
  mas não **colocou** no local adequado.
 b.' ... mas não colocou ∅ no local adequado.

Na próxima seção, discutiremos outras propriedades de VSVPE, comparando-as com as propriedades dos objetos nulos em PE e PB.

6.3 OBJETOS DIRETOS NULOS

Nesta seção discutimos as diferenças entre o PE e o PB em relação a objetos diretos nulos definidos, como o exemplificado em (2a).[7] Antes de passarmos para a discussão propriamente dita, ainda precisamos deixar de lado dois outros casos de objetos foneticamente não realizados que têm propriedades diferentes e não devem ser confundidos com o tipo de objeto direto nulo que é o foco principal da nossa discussão. O primeiro caso envolve objetos nulos genéricos indefinidos, conforme ilustrado em (13).[8]

(13) a. Esse argumento leva ∅ a uma conclusão bem interessante.
 b. Alguns sabonetes protegem ∅ contra bactérias.

Os verbos *levar* em (13a) e *proteger* em (13b) podem ter um objeto direto foneticamente realizado. No entanto, se o objeto direto não for expresso, como em (13), ele recebe uma leitura genérica indefinida semelhante a 'a pessoa'. A interpretação desse tipo de objeto nulo é fixa e a classe de verbos que o permite é lexicamente restrita.

O outro caso que deixaremos de lado envolve objetos nulos inanimados dêiticos, que geralmente são encontrados com imperativos.[9] O objeto nulo das sentenças em (14), por exemplo, pode ser interpretado como um demonstrativo nulo semelhante a 'isto', referindo-se a algum objeto saliente identificável deiticamente. A sentença (14a) pode ser, por exemplo, uma instrução escrita em um envelope informando que o próprio envelope deve ser enviado com o pagamento e (14b) pode ser escrito em uma caixa contendo material frágil como um aviso de que a própria caixa deve ser manuseada com cuidado. Significativamente, línguas que não permitem objetos nulos como os de (2), cuja interpretação está ligada a uma expressão foneticamente realizada na sentença ou no discurso anterior, podem permitir construções de objetos nulos análogas a (13) e (14). É o caso do inglês, por exemplo.

(14) a. Envie ∅ com o pagamento.
 b. Carregue ∅ com cuidado.

Uma vez deixadas de lado construções independentes como (13) e (14), existem quatro fatores principais que são relevantes para o licenciamento e interpretação de objetos diretos definidos nulos (doravante, simplesmente *objetos nulos*) como aqueles em (2), em PE e PB: os traços [pessoa] e [hum], a posição do antecedente e a presença de ilhas sintáticas. Consideremos um fator de cada vez.

Os objetos nulos do PE e do PB exibem sensibilidade ao valor do traço de [pessoa]. Considere as sentenças em (15), por exemplo, como respostas potenciais para cada uma das perguntas em (15a), em um contexto em que as pessoas estão discutindo como vão se distribuir nos carros para irem para a festa. (15b) só pode significar que a Maria vai levar o João ou que ela vai levar o indivíduo denotado por *ele*; crucialmente, não pode significar que ela vai levar você ou vai me levar. Em outras palavras, o PE e o PB não permitem que objetos nulos sejam interpretados como pronomes de primeira ou segunda pessoa.

(15) [*Contexto:* As pessoas estão discutindo como vão se distribuir nos carros para irem à festa.]
    a. A: – E {eu/você/ele/o João}?
    b. B: – A Maria leva *Ø*.
       Ø = {*eu/*você/ele/o João}   (PE/PB)
    b.' B: – A Maria leva{-**me**/-**te**/-**o**}.   (PE)
    b". B: – A Maria {{**me/te**} leva / leva **ele**}.   (PB)

Essa é outra propriedade que separa as construções de objetos nulos das construções de elipse. Como a construção de elipse de VP em (16a) e a construção com VPSVPE em (16b) mostram, estruturas elípticas podem ser interpretadas como contendo pronomes de primeira e segunda pessoa.

(16) a. A Maria não tinha falado **comigo**, mas o Pedro tinha.
    b. A: – A Maria não **te** viu.
       B: – Viu, sim.

O objeto nulo de (15b) também pode ser interpretado como [-hum] num contexto apropriado, conforme ilustrado em (17). Em contextos como (17), o objeto nulo é realmente preferido em relação à alternativa foneticamente realizada tanto em PE (ver (17b')), quanto em PB (ver (17b")). De fato, a interpretação de objetos nulos como [-hum] é muito menos restrita do que sua contraparte [+hum], pois parece não haver configuração estrutural onde um objeto nulo pode ser interpretado como [+hum], mas não como [-hum]. Mesmo em configurações onde a interpretação [+hum] é permitida, como em (15b), os falantes tendem a julgar como mais naturais configurações paralelas com uma interpretação [-hum], como em (17b). Os falantes também exibem mais variação nos julgamentos de aceitabilidade em relação a objetos nulos de terceira pessoa [+hum] em sentenças como (15b), geralmente preferindo um pronome foneticamente realizado – um clítico em PE, como visto em (15b'), um clítico ou um pronome fraco em PB, como visto em (15b") (ver seção 2.4.3).[10]

(17) [*Contexto:* As pessoas estão discutindo a distribuição da comida para o piquenique.]
    a. A: – E o bolo?
    b. B: – A Maria leva *Ø*.   (PE/PB)
    b.' B: – ?A Maria leva-o.   (PE)
    b'.' B: – ?A Maria leva **ele**.   (PB)

Esse contraste entre as especificações [+hum] e [-hum] também aparece no contexto de ilhas sintáticas fortes. Orações relativas, sujeitos sentenciais e orações adverbiais são geralmente chamadas de ilhas sintáticas fortes, pois não permitem o movimento sintático de dentro delas, conforme ilustrado em (18). Recorde-se que tanto o PE quanto o PB permitem que constituintes focalizados permaneçam *in situ* ou se movam para uma determinada posição no início da sentença (ver a seção 5.2.2.1). Os contrastes em (18) mostram que o movimento do foco cruzando uma ilha forte produz sentenças inaceitáveis.

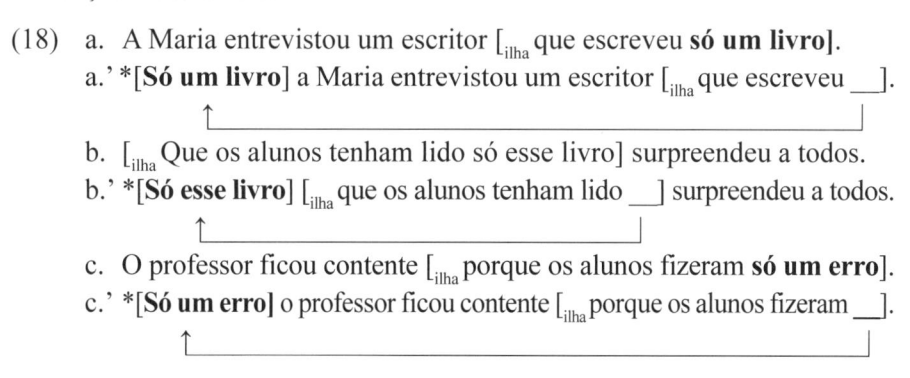

(18) a. A Maria entrevistou um escritor [$_{ilha}$ que escreveu **só um livro**].
    a.' *[**Só um livro**] a Maria entrevistou um escritor [$_{ilha}$ que escreveu ___].
    b. [$_{ilha}$ Que os alunos tenham lido só esse livro] surpreendeu a todos.
    b.' *[**Só esse livro**] [$_{ilha}$ que os alunos tenham lido ___] surpreendeu a todos.
    c. O professor ficou contente [$_{ilha}$ porque os alunos fizeram **só um erro**].
    c.' *[**Só um erro**] o professor ficou contente [$_{ilha}$ porque os alunos fizeram ___].

Curiosamente, objetos nulos [-hum] dentro de ilhas fortes como exemplificado em (19) são considerados claramente aceitáveis por falantes do PB, mas geralmente são rejeitados ou admitidos apenas marginalmente por (alguns) falantes do PE.[11] Os falantes do PE preferem fortemente as versões com clítico em (20), enquanto os falantes do PB não exibem assimetria nos seus julgamentos para as construções de objetos nulos em (19) e as suas contrapartes com um pronome fraco em (20).

(19) [*Contexto:* As pessoas estão falando sobre um determinado carro.]
    a. O rapaz [_ilha_ que comprou *Ø*]
       é meu vizinho. (PE: ?*; PB: √)
    b. [_ilha_ Que o João tenha consertado *Ø* sozinho]
       foi uma surpresa. (PE: *; PB: √)
    c. O João ficou admirado
       [_ilha_ porque a Maria queria vender *Ø*]. (PE: ?*; PB: √)
(20) a. O rapaz [_ilha_ que **o** comprou] é meu vizinho. (PE)
    a.' O rapaz [_ilha_ que comprou **ele**] é meu vizinho. (PB)
    b. [_ilha_ Que o João tenha conseguido consertá-**lo** sozinho]
       foi uma surpresa. (PE)
    b.' [_ilha_ Que o João tenha conseguido consertar **ele** sozinho]
       foi uma surpresa. (PB)
    c. O João ficou admirado
       [_ilha_ porque a Maria queria vendê-**lo**]. (PE)
    c.' O João ficou admirado
       [_ilha_ porque a Maria queria vender **ele**]. (PB)

Por outro lado, sentenças análogas a (19), mas se referindo a um antecedente [+hum] no discurso, são julgadas como inaceitáveis tanto em PE quanto em PB, conforme ilustrado em (21). Como esperado (ver seção 2.4.3), em tais configurações o PE recorre a um clítico ao invés do objeto nulo e o PB usa um pronome fraco, como mostrado em (22).

(21) [*Contexto:* As pessoas estão falando sobre Pedro.]
    a. *O gerente [_ilha_ que contratou *Ø*] foi promovido. (PE/PB)
    b. *[_ilha_ Que a Maria tenha despedido *Ø*] foi uma surpresa. (PE/PB)
    c. *A Maria ficou contente [_ilha_ porque o chefe promoveu *Ø*]. (PE/PB)
(22) a. O gerente [_ilha_ que **o** contratou] foi promovido. (PE)
    a.' O gerente [_ilha_ que contratou **ele**] foi promovido. (PB)
    b. [_ilha_ Que a Maria **o** tenha despedido] foi uma surpresa. (PE)
    b.' [_ilha_ Que a Maria tenha despedido **ele**] foi uma surpresa. (PB)
    c. A Maria ficou contente [_ilha_ porque o chefe **o** promoveu]. (PE)
    c.' A Maria ficou contente [_ilha_ porque o chefe promoveu **ele**]. (PB)

Novamente, essa interação entre especificações [+hum] e [-hum] e ilhas fortes distingue construções de objeto nulo de construções de elipse. As construções com elipse de VP e VSVPE em (23a) e (23b), por exemplo, permitem que o material elíptico inclua um objeto [+hum] (observe que (23b) também envolve uma ilha forte).[12]

(23) a. A Joana vai trazer **o noivo**, mas a Maria não vai.
b. O gerente elogiou **o João**, mas eu conversei com uma pessoa [_ilha_ que disse que o presidente não elogiou].

Até aqui, discutimos casos em que o antecedente do objeto nulo não está na mesma sentença, mas no discurso anterior. Quando o antecedente está dentro da mesma sentença que o objeto nulo, aparece uma intrincada interação entre a especificação [± hum] e a posição do antecedente.[13] Duas posições sintáticas são particularmente relevantes: a posição de sujeito e a posição de tópico no início da sentença. Se o antecedente intrassentencial é [-hum] e nenhuma ilha forte intervém entre o objeto nulo e o seu antecedente, o objeto nulo é geralmente admitido tanto em PE quanto em PB, conforme ilustrado em (24a-c). Se uma ilha intervém, o padrão visto anteriormente com antecedente no discurso anterior reaparece: o objeto nulo é permitido no PB, mas não no PE, conforme ilustrado em (24d-e).

(24) a. O dono d[**o apartamento**]$_i$
mudou de opinião e decidiu não vender $\emptyset_i$. (PE/PB)
b. O João trouxe [**os documentos**]$_i$
e deixou $\emptyset_i$ em cima da mesa. (PE/PB)
c. [**Este livro**]$_i$, todos os meus amigos leram $\emptyset_i$. (PE/PB)
d. [**Este prato**] a pessoa [_ilha_ que recomendou $\emptyset_i$]
sabe bem o que é uma boa comida japonesa. (PE: ?*; PB: √)
e. O Pedro foi procurar [**o artigo**]$_i$
[_ilha_ porque o orientador tinha citado $\emptyset_i$]. (PE: *; PB: √)

As duas variedades, no entanto, se dividem se o antecedente [-hum] estiver em uma posição de sujeito, como mostrado em (25). Neste caso, o objeto nulo não é permitido em PE, que deve então recorrer à versão com um clítico; já o PB permite tanto a versão com objeto nulo, quanto a versão com pronome fraco, com preferência pelo objeto nulo.

(25) a. [**Esse prato**]$_i$ exige que o cozinheiro
acabe de preparar $\emptyset_i$ na mesa. (PE: ?*; PB: √)
a.' [**Esse prato**]$_i$ exige que o cozinheiro
acabe de preparár-**lo**$_i$ na mesa. (PE)
a''. [**Esse prato**] exige que o cozinheiro
acabe de preparar **ele** na mesa. (PB)
b. [**Esse brinquedo**]$_i$ permite que as crianças
montem $\emptyset_i$ sem ajuda. (PE: *; PB: √)
b.' [**Esse brinquedo**]$_i$ permite que as crianças
o$_i$ montem sem ajuda. (PE)

b". **[Esse brinquedo]**₁ permite que as crianças
montem **ele**₁ sem ajuda. (PB)
c. **[Esse livro]**₁ desapontou as pessoas
[ᵢₗₕₐ que tentaram ler **Ø**₁]. (PE: *; PB: √)
c.' **[Esse livro]**₁ desapontou as pessoas
[ᵢₗₕₐ que tentaram lê-**lo**₁]. (PE)
c". **[Esse livro]**₁ desapontou as pessoas
[ᵢₗₕₐ que tentaram ler **ele**₁]. (PB)

Se o antecedente intrassentencial for [+hum], a sentença é geralmente inaceitável tanto em PE quanto em PB, conforme mostrado em (26). Como visto anteriormente, o PE emprega um clítico em vez do objeto nulo e o PB, um pronome fraco.

(26) a. *A mãe d[o João]₁
disse que a Maria vai visitar **Ø**₁. (PE/PB)
a.' A mãe d[o João]₁
disse que a Maria vai visitá-**lo**₁. (PE)
a". A mãe d[o João]₁
disse que a Maria vai visitar **ele**₁. (PB)
b. *O João recomendou **[esses alunos]**₁,
mas ninguém contratou **Ø**₁. (PE/PB)
b.' O João recomendou **[esses alunos]**₁,
mas ninguém **os**₁ contratou. (PE)
b". O João recomendou **[esses alunos]**₁,
mas ninguém contratou **eles**₁. (PB)
c. *[**Esse juiz**]₁ não gosta que
os advogados contradigam **Ø**₁. (PE/PB)
c.' **[Esse juiz]**₁ não gosta que
os advogados **o**₁ contradigam (PE)
c". **[Esse juiz]**₁ não gosta que os
advogados contradigam **ele**₁. (PB)
d. *[**Essa atriz**]₁ desapontou as pessoas
[ᵢₗₕₐ que tentaram cumprimentar **Ø**₁]. (PE/PB)
d.' **[Essa atriz]**₁ desapontou as pessoas
[ᵢₗₕₐ que tentaram cumprimentá-**la**₁]. (PE)
d". **[Essa atriz]**₁ desapontou as pessoas
[ᵢₗₕₐ que tentaram cumprimentar **ela**₁]. (PB)
e. *A chefe promoveu [o secretário]₁
[ᵢₗₕₐ porque todos elogiaram **Ø**₁]. (PE/PB)

e.' A chefe promoveu [**o secretário**]$_i$
[$_{ilha}$ porque todos **o**$_i$ elogiaram]. (PE)
e". A chefe promoveu [**o secretário**]$_i$
[$_{ilha}$ porque todos elogiaram **ele**$_i$]. (PB)

No entanto, se o antecedente [+hum] aparecer na posição de tópico no início da sentença, a presença de configurações de ilha contendo o objeto nulo se torna relevante novamente. Se nenhuma ilha forte estiver presente, a sentença é aceitável em PE e PB, juntamente com as correspondentes versões com clítico e pronome fraco, conforme mostrado em (27). Por outro lado, só o PB admite um objeto nulo dentro de uma ilha forte, conforme ilustrado em (28).

(27) a. [**O Obama**]$_i$, o João disse que todos
queriam cumprimentar $\emptyset_i$. (PE/PB)
a.' [**O Obama**]$_i$, o João disse que todos
queriam cumprimentá-**lo**$_i$. (PE)
a". [**O Obama**]$_i$, o João disse que todos
queriam cumprimentar **ele**$_i$. (PB)
b. [**O Bolsonaro**]$_i$, a Maria disse que
todos fingiam não ver $\emptyset_i$. (PE/PB)
b.' [**O Bolsonaro**]$_i$, a Maria disse que
todos fingiam não vê-**lo**$_i$. (PE)
b". [**O Bolsonaro**]$_i$, a Maria disse que
todos fingiam não ver **ele**$_i$. (PB)
(28) a. [**Esse cantor**]$_i$, eu não conheço uma
única pessoa [$_{ilha}$ que tenha elogiado $\emptyset_i$]. (PE: ?*; PB: √)
a.' [**Esse cantor**]$_i$, eu não conheço uma
única pessoa [$_{ilha}$ que **o**$_i$ tenha elogiado]. (PE)
a". [**Esse cantor**]$_i$, eu não conheço uma
única pessoa [$_{ilha}$ que tenha elogiado **ele**$_i$]. (PE)
b. [**Esse ditador**]$_i$, os jornalistas
[$_{ilha}$ que criticaram $\emptyset_i$] acabaram na prisão. (PE: *; PB: √)
b.' [**Esse ditador**]$_i$, os jornalistas
[$_{ilha}$ que **o**$_i$ criticaram] acabaram na prisão. (PE)
b". [**Esse ditador**]$_i$, os jornalistas
[$_{ilha}$ que criticaram **ele**$_i$] acabaram na prisão. (PB)

Deixando de lado as diferenças entre PE e PB em relação às suas preferências específicas entre um objeto nulo e um clítico ou um pronome fraco, a Tabela 6.1 resume as observações feitas até agora.

Tabela 6.1 – Licenciamento de objetos nulos
em português europeu e português brasileiro

			[+hum]		[-hum]	
			PE	PB	PE	PB
Sem ilhas	antecedente no discurso cf. (15b)/(17b)		√	√	√	√
	antecedente na mesma sentença	na posição do tópico cf. (27a)/(24c)	√	√	√	√
		na posição de sujeito cf. (26c)/(25b)	*	*	*	√
		em outras posições cf. (26a)/(24b)	*	*	√	√
Objeto nulo dentro de uma ilha forte	antecedente no discurso cf. (21a)/(19b)		*	*	*	√
	antecedente na mesma sentença	na posição de tópico cf. (28b)/(24d)	*	√	?*	√
		na posição de sujeito cf. (26d)/(25c)	*	*	*	√
		em outras posições cf. (26e)/(24e)	*	*	*	√

A primeira coisa a notar na Tabela 6.1 é que a presença de ilhas sintáticas tem maior impacto em PE que em PB. No PE, um objeto nulo dentro de uma ilha forte produz resultados inaceitáveis, enquanto no PB ilhas fortes são relevantes apenas quando computadas juntamente com a especificação [+hum] ou a posição do antecedente. Considere as sentenças em (29) e (30), por exemplo.

(29) a. [Este carro]$_i$, a Maria disse que o João lavou $\emptyset_i$ ontem. (PE/PB)
b. A: – E [este carro]$_i$?
B: – A Maria disse que o João lavou $\emptyset_i$ ontem. (PE/PB)
(30) a. [Este carro]$_i$, o mecânico [$_{ilha}$ que ia consertar $\emptyset_i$] ficou doente. (PE: *; PB: √)
b. A: – E [este carro]$_i$?
B: – O mecânico [$_{ilha}$ que ia consertar $\emptyset_i$] ficou doente. (PE: ?*; PB: √)

Dado que o antecedente de um objeto nulo é interpretado como um tópico e que ilhas fortes bloqueiam movimento sintático, o contraste entre (29) e (30) em PE indica que as construções de objeto nulo em PE são derivadas por meio de movimento, independentemente de haver ou não um tópico foneticamente realizado na sentença.[14] Em outras palavras, sentenças como (29a) e (29b) em PE são derivadas como simplificadamente representado em (31a), onde o objeto direto encaixado é sintaticamente deslocado para a posição de tópico no início da sentença (ver seção 5.2.1.2). Suponha que o PE permita "queda de tópicos" (*topic drop*) no caso de objetos de terceira pessoa.[15] Assim, se o objeto tópico é realizado foneticamente, como em (31a), a estrutura se superficializa como (29a); se houver queda de tópico, conforme representado em (31b), a estrutura se superficializa como (29b), com o objeto nulo sendo identificado com recurso ao discurso anterior ou situacionalmente/deiticamente se não houver menção prévia no discurso.

(31) *PE*:
    a. [Este carro]$_i$, a Maria disse que o João lavou __ ontem (cf. (29a))

    b. [Este carro]$_i$, a Maria disse que o João lavou __ ontem (cf. (29b))

E o PB? Dado que sentenças como (30), que envolvem uma ilha forte, são perfeitamente aceitáveis em PB, somos levados a concluir que pelo menos sentenças como as de (30) não podem ser derivadas via movimento sintático. Além disso, dado que uma das propriedades salientes do PB é a perda dos clíticos acusativos de terceira pessoa (ver seções 2.4.3 e 5.6.2), surge a possibilidade de que o PB tenha passado a admitir um objeto pronominal nulo (*pro*).[16] Nessa perspectiva, sentenças como (30) devem ser representadas como em (32), onde o pronome nulo, como os pronomes em geral, pode ser ancorado anaforicamente na sentença ou no discurso.

(32) *PB*:
    a. [Este carro]$_i$, o mecânico [$_{ilha}$ que ia consertar ***pro***$_i$] ficou doente.
       (cf. (30a))
    b. O mecânico [$_{ilha}$ que ia consertar ***pro***] ficou doente.
       (cf. (30b))

A questão agora é se sentenças sem ilhas, como (29), também devem ser derivadas em termos de *pro* em PB ou se o PB também tem disponível a estratégia de movimento esboçada em (31). À primeira vista, não parece ser possível dar uma resposta, pois as duas possibilidades devem produzir o mesmo resultado. Curiosamente, uma resposta pode ser alcançada se levarmos em conta algumas propriedades fonológicas do PB. Consideremos (33a), por exemplo, onde as letras maiúsculas em negrito registram o acento primário da palavra. O verbo *comeu* tem o acento primário na última sílaba e o substantivo *bolo*, na primeira sílaba. Quando duas sílabas tônicas dentro de uma mesma frase fonológica são adjacentes, como é o caso de (33a), o PB pode permitir que o primeiro acento seja deslocado para a sílaba anterior.[17] A configuração de choque do acento em (33a), por exemplo, pode ser resolvida via retração acento, gerando (33b).

(33) *PB*:
   a. A Maria [co**MEU BO**lo] →
   b. A Maria [**CO**meu **BO**lo]

Relevante para nossa discussão é a situação em que uma posição sintática vazia intervém entre duas sílabas tônicas. Considere as sentenças em (34a) e (35a), por exemplo. Vimos anteriormente que, tanto em PE quanto em PB, uma expressão focalizada em início de sentença chega a essa posição via movimento, pois não pode atravessar uma ilha sintática (ver (18)). Assim, deve ser o caso que na construção da focalização em (34a), o objeto encaixado tenha sido deslocado para a posição de início da sentença, como mostra a representação simplificada em (34b). Por sua vez, o objeto nulo na construção de tópico em (35a) está separado do seu antecedente por uma ilha, o que indica que temos um pronome nulo ocupando essa posição no PB, conforme representado em (35b). Curiosamente, embora tenhamos uma posição fonologicamente vazia intervindo entre as duas sílabas tônicas em (34b) e (35b), a lacuna produzida pelo movimento não bloqueia a mudança de acento, como mostrado em (34c), mas *pro* bloqueia, como mostrado em (35c).[18]

(34) *PB*:
a. [Só esse casaco]$_i$ o João disse que ele ves**TIU** $\emptyset_i$ **HO**je
b. [Só esse casaco]$_i$ o João disse que ele ves**TIU** __ **HO**je →
c. [Só esse casaco]$_i$ o João disse que ele **VES**tiu __ **HO**je

(35) *PB*:
a. [Esse casaco]$_i$, a Maria ficou elegante [$_{ilha}$ depois que ela ves**TIU** $\emptyset_i$ **HO**je]
b. [Esse casaco]$_i$, a Maria ficou elegante [$_{ilha}$ depois que ela ves**TIU** *pro*$_i$ **HO**je]→
c. *[Esse casaco]$_i$, a Maria ficou elegante [$_{ilha}$ depois que ela **VES**tiu *pro*$_i$ **HO**je]

Voltando à estrutura relevante da construção de tópico sem ilhas em (29) em PB, podemos ver em (36a) e (37a) que a retração do acento nessa configuração é possível. Portanto, a conclusão geral é que, na ausência de ilhas, objetos nulos em PB podem ser derivados via movimento, conforme esboçado em (36b) e (37b).

(36) *PB*:
   a. [Este carro]$_i$, a Maria disse que o João la**VOU** $\emptyset_i$ **ON**tem →
      [Este carro]$_i$, a Maria disse que o João **LA**vou $\emptyset_i$ **ON**tem
   b. [Este carro]$_i$, a Maria disse que o João lavou __ ontem   (cf. (29a))

(37) *PB*:
   a. A Maria disse que o João laVOU $\emptyset_i$ ONtem →
      A Maria disse que o João LAvou $\emptyset_i$ ONtem
   b. [Este carro]$_i$, a Maria disse que o João lavou __ ontem (cf. (29b))
      ↑_____|

Consideremos finalmente a importância da posição do antecedente e da especificação [±hum] descrita na Tabela 6.1, lembrando que a especificação [+hum] só é relevante para expressões de terceira pessoa, pois o PE e o PB não permitem objetos nulos de primeira e segunda pessoa (ver nota 15). Em PB, um objeto nulo [-hum] geralmente é permitido independentemente da presença de ilhas ou da posição do antecedente (ver última coluna da Tabela 6.1); por outro lado, um objeto nulo [+hum] só é permitido se o antecedente ocupar a posição de tópico ou se o antecedente se encontrar no discurso anterior e não houver ilhas fortes contendo o objeto nulo. Esse conjunto de fatos pode ser explicado se *pro* em PB for subespecificado e não tiver o traço [hum]. A interpretação não marcada de um pronome não especificado para o traço [hum] equivale, na prática, à interpretação com especificação negativa para esse traço ([-hum]), o que explicaria por que um objeto nulo em PB é sempre capaz de tomar uma expressão [-hum] como seu antecedente, independentemente de o antecedente se encontrar na sentença (ver (24)) ou no discurso (ver (17b)/(19)). A possibilidade de um objeto nulo [+hum] com antecedente no discurso na ausência de ilhas pode ser obtida via movimento e queda de tópico. A resposta em (38a), por exemplo, deve ser analisada nos moldes de (38b), com deslocamento do objeto direto para a posição de tópico no início da sentença, seguido do seu apagamento. Recorde-se que, tanto em PE quanto em PB, sentenças como (38b) soam menos naturais do que sentenças análogas com uma interpretação [-hum] para o objeto nulo (cf. (15) *vs.* (17)). Do ponto de vista aqui explorado, isso pode ser visto como indicando que queda de tópico soa mais natural com expressões [-hum].

(38) *PE/PB*:
   a. A: – E o Bolsonaro?
      B: – O João disse que ninguém elogiou.
   b. [O Bolsonaro]$_i$, o João disse que ninguém elogiou __
      ↑_____|

Por fim, a interpretação de um objeto nulo [+hum] permitida em PB quando o antecedente [+hum] ocupa a posição de tópico parece ser imposta pelo tópico e não pelo pronome. Em uma sentença como (39a), por exemplo, o pronome em posição de objeto pode tomar *o João* como seu antecedente ou alguma outra expressão compatível no discurso anterior; ao contrário, em (39b) o pronome só pode tomar *o João* como seu antecedente. O contraste em (39) decorre do fato de *o João* ocupar a posição de sujeito em (39a), mas a posição de tópico em (39b). Isso implica que, em (39b), o material que se segue ao tópico deve ser um comentário sobre o João, restringindo as possibilidades interpretativas para o pronome. Observe que encontramos a mesma situação em (28b), repetida a seguir em (40), onde o pronome nulo só pode se referir a *esse ditador* na posição de tópico. Recorde-se que *pro* acusativo no PB não tem o traço [hum] e, por isso, a sua interpretação não marcada é de não humano. Isso, no entanto, não significa que haja incompatibilidade nas especificações de *esse ditador* e *pro* em (40), por exemplo. Temos aqui simplesmente outro caso em que um dado elemento tem menos especificações que outro (ver seção 3.4.1). Uma interpretação marcada para *pro* pode resultar de uma relação anafórica entre *pro* acusativo e um antecedente [+hum] na posição de tópico, forçada por requisitos interpretativos independentes desencadeados pelo antecedente. Esse é exatamente o caso de (40), em que a interpretação do sintagma nominal especificado na posição de tópico (que, por acaso, é especificado como [+hum]) requer que esse elemento seja retomado no interior da sentença e *pro* é o único elemento que pode fazer isso.[19]

(39) *PB*:
   a. [O João]$_i$ disse que todo mundo adora **ele**$_{i/k}$.
   b. [O João]$_i$, a Maria disse que todo mundo adora **ele**$_{i/*k}$.
(40) *PB*:
   [**Esse ditador**]$_i$, os jornalistas [$_{ilha}$ que criticaram ***pro***$_{i/*k}$] acabaram na prisão.

Voltemos agora ao PE. Vimos que objetos nulos em PE são derivados apenas por movimento para a posição de tópico no início da sentença. Assim, a relevância da especificação [±hum] será notada apenas em construções sem ilhas. Como visto em (26c) e (25b), repetido aqui em (41), um objeto nulo em PE não pode tomar um sujeito como seu antecedente, independentemente de ser [+hum] ou [-hum]. Por outro lado, se o antecedente ocupa outras posições, surge uma assimetria, sendo permitido apenas um antecedente [-hum], como visto em (25b) e (24b), repetidos a seguir em (42).

(41) *PE*:
   a. *[**Esse juiz**]$_i$ não gosta que os advogados contradigam $\emptyset_i$.
   b. *[**Esse brinquedo**]$_i$ permite que as crianças montem $\emptyset_i$ sem ajuda.
(42) *PE*:
   a. *O João recomendou [**esses alunos**]$_i$, mas ninguém contratou $\emptyset_i$.
   b. O João trouxe [**os documentos**]$_i$ e deixou $\emptyset_i$ em cima da mesa.

Uma vez que construções de objeto nulo em PE devem ser geradas via movimento, a inaceitabilidade das sentenças em (41) não é inesperada. Uma propriedade geral do movimento sintático é que ele está sujeito a uma restrição de "cruzamento forte" (*strong crossover*), que exclui o movimento de um constituinte nominal cruzando um sujeito correferente, conforme ilustrado em (43). No caso das sentenças de (41), o tópico se move da posição de objeto para a posição inicial da sentença onde é apagado, cruzando o sujeito correferente e causando uma violação de "cruzamento forte".

(43) *PE*:
 a. *[Que professor]$_i$ disse ele$_i$ que os alunos elogiaram?
 b. *[Que professor]$_i$ disse ele$_i$ que os alunos elogiaram __?

Por fim, o contraste entre as especificações [+hum] e [-hum] visto em (42) também é encontrado em (44), onde o tópico se desloca para a posição inicial da sentença, cruzando um elemento correferente que não está na posição de sujeito – um caso de "cruzamento fraco" (*weak crossover*). A sentença é permitida se o elemento correferente cruzado for [-hum] (ver (44b)), mas não se for [+hum] (ver (44a)). Se construções de objeto nulo em PE envolvem o movimento do objeto para uma posição de tópico, seguido do seu apagamento, como visto anteriormente, não é surpresa que o tipo de restrição encontrado independentemente em construções de tópico como (44) seja replicado em construções de objeto nulo como (42).[20]

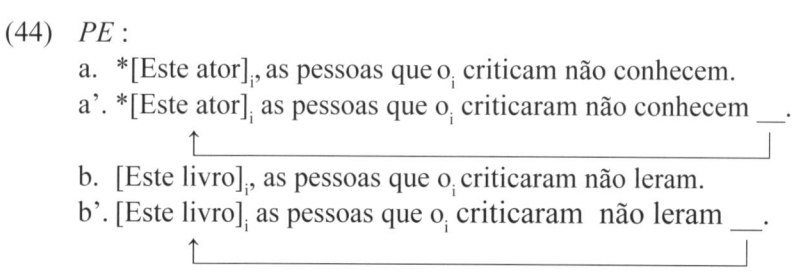

(44) *PE* :
 a. *[Este ator]$_i$, as pessoas que o$_i$ criticam não conhecem.
 a'. *[Este ator]$_i$ as pessoas que o$_i$ criticaram não conhecem __.
 b. [Este livro]$_i$, as pessoas que o$_i$ criticaram não leram.
 b'. [Este livro]$_i$ as pessoas que o$_i$ criticaram não leram __.

6.4 OBJETOS OBLÍQUOS NULOS

Examinemos agora construções como (2b), repetidas aqui em (45).

(45) Eu li [o livro]$_i$, mas não gostei $\emptyset_i$.

Em primeiro lugar, observe que as duas orações em (45) têm verbos diferentes. Assim, o complemento nulo do verbo *gostar* em (45) não deve ser derivado com base em VSVPE (ver seção 6.2). Também difere do tipo de objeto nulo discutido na seção 6.3 por corresponder a um complemento oblíquo, porque o verbo *gostar* seleciona a preposição *de*, como mostrado em (46). Vamos nos referir a esses complementos nulos como *objetos oblíquos nulos*.[21]

(46) a. *Eu gostei o livro.
      b. Eu gostei **do** livro.

Objetos oblíquos nulos diferem claramente de objetos diretos nulos em produtividade. Objetos diretos nulos são, em geral, alheios às propriedades lexicais dos verbos aos quais estão associados. Objetos oblíquos nulos, por outro lado, são altamente sensíveis às propriedades lexicais (às vezes idiossincráticas) dos verbos que os admitem. Assim, embora o PE e o PB permitam objetos oblíquos nulos, as duas variedades não convergem no mesmo conjunto de verbos que os licenciam e também encontramos variação individual entre os falantes no que diz respeito à aceitabilidade dos verbos que os admitem. Em (47) encontramos exemplos com o objeto oblíquo nulo tomando um antecedente na mesma sentença e em (48), no discurso anterior:

(47) a. *discordar de*:
         A Maria disse que eu concordei com [o João]$_i$,
         mas na verdade eu **discordei** $Ø_i$.   (PE: √; PB: √)
      b. *confiar em*:
         Eu não desconfio d[esse candidato]$_i$,
         mas também não posso dizer que eu **confio** $Ø_i$.   (PE: √; PB: √)
      c. *precisar de*:
         Eu não guardei [os livros]$_i$
         [$_{ilha}$ porque a Maria ainda podia **precisar** $Ø_i$].   (PE: √; PB: √)

(48) a. *assistir a*:[22]
         A: – Gostei muito d[a primeira conferência do congresso]$_i$.
         B: – Infelizmente, não pude **assistir** $Ø_i$
         porque não consegui chegar a tempo.   (PE: √; PB: √)
      b. *gostar de*:
         A: – A Maria disse que adora [esse tipo de filme]$_i$.
         B: – [$_{ilha}$ Que ela **goste** $Ø_i$] não me surpreende.   (PE: √; PB: √)
      c. *concordar com*:
         A: – E [a nova proposta de lei]$_i$?
         B: – Não falei com ninguém
         [$_{ilha}$ que tenha **concordado** $Ø_i$]   (PE: √; PB: √)

As sentenças (47c), (48b) e (48c) mostram que objetos oblíquos nulos podem aparecer dentro de ilhas fortes. Isso indica que objetos oblíquos nulos não podem ser gerados via movimento (consulte a seção 6.3). Em outras palavras, objetos oblíquos nulos em PE e em PB são presumivelmente pronomes nulos *(pro)* licenciados lexicalmente.[23]

Tanto em PE quanto em PB, orações relativas constituem o ambiente mais favorável para a ocorrência de objetos oblíquos nulos. Se o constituinte relativizado é o objeto de uma preposição, existem, em princípio, três maneiras diferentes de se formar uma oração relativa, conforme ilustrado em (49).[24]

(49) a. Despediram [uma professora]$_i$
          [**de quem**$_i$ eu gostava muito].   (PE: OK; PB: %)
      a.' Despediram [uma professora]$_i$
          [**que** eu gostava muito **dela**$_i$].   (PE: %; PB: √)
      a". Despediram [uma professora]$_i$
          [**que** eu gostava muito $\emptyset_i$].   (PE: %; PB: √)
      b. [O mecânico]$_i$ [**com quem**
          eu conversei ontem] era excelente.   (PE: OK; PB: %)
      b.' [O mecânico]$_i$ [**que** eu conversei
          com ele$_i$ ontem] era excelente.   (PE: %; PB: √)
      b". [O mecânico]$_i$ [**que** eu conversei
          $\emptyset_i$ ontem] era excelente.   (PE: *; PB: √)

Em (49a) e (49b), a preposição e o pronome relativo são fronteados juntos para uma posição adjacente ao elemento que ancora a interpretação do pronome relativo; em (49a') e (49b'), a oração relativa começa com o complementizador invariável *que* e a posição de objeto contém a preposição e um pronome "resumptivo", cuja interpretação é ancorada anaforicamente na expressão que precede a oração relativa; finalmente, a oração relativa "cortadora" em (49a") e (49b") também começa com *que*, mas tem um objeto oblíquo nulo. Cada uma dessas possibilidades tem um status sociolinguístico diferente. (49a) e (49b) representam a forma padrão em PE e PB. No PB esse tipo geralmente está associado a língua escrita e estilo formal. A aceitabilidade das duas possibilidades não padrão está sujeita a vários fatores, incluindo a questão de o verbo dentro da oração relativa pertencer ou não à classe que licencia objetos oblíquos nulos na variedade relevante. Quando esse é o caso, a alternativa com um objeto oblíquo nulo é geralmente preferida (ou tem mais prestígio sociolinguístico do que) a alternativa com um pronome resumptivo foneticamente realizado tanto em PE como em PB.

Diferenças entre PE e PB em relação à estratégia com pronome nulo oblíquo podem decorrer de suas diferenças quanto ao conjunto de verbos que permite objetos nulos oblíquos. O verbo *conversar*, por exemplo, permite mais facilmente um objeto oblíquo nulo em PB do que em PE, como mostrado em (50); portanto, relativas cortadoras com *conversar* são aceitáveis em PB, mas não em PE (ver (49b")).

(50) Este professor, eu conversei ontem. (PE: *; PB: √)

O PB parece ter um número maior de verbos que permitem objetos oblíquos nulos do que o PE. Isso fica muito claro quando consideramos os verbos direcionais. O primeiro ponto a se observar é que tanto o PE quanto o PB permitem relativas cortadoras associadas a expressões de tempo e lugar nucleadas pela preposição *em*, conforme ilustrado em (51a') e (51b'). Curiosamente, os verbos direcionais no PB sofreram uma grande mudança diacrônica substituindo a preposição *a* pela preposição *em* como núcleo de seus complementos, como ilustrado em (52).[25] Isso, por sua vez, abriu caminho para que os verbos direcionais fossem incluídos no conjunto de verbos que permitem objetos oblíquos nulos em PB, conforme mostrado em (53).

(51) a. Nós estávamos num momento
 [**em que** todos passavam por dificuldades]. (PE: √; PB: √)
 a.' Nós estávamos num momento
 [**que** todos passavam por dificuldades]. (PE: %; PB: √)
 b. Eles estavam à procura de uma escola
 [**em que** os alunos não se sentissem
 como numa prisão]. (PE: √; PB: √)
 b.' Eles estavam à procura de uma escola
 [**que** os alunos não se sentissem
 como numa prisão]. (PE: %; PB: √)

(52) a. O João foi **ao** mercado. (PE)
 a.' O João foi **no** mercado. (PB)
 b. A Maria já chegou **a** casa. (PE)
 b.' A Maria já chegou **em** casa. (PB)
 c. O Pedro veio **à** festa. (PE)
 c.' O Pedro veio **na** festa. (PB)
 d. A Maria levou o filho **ao** cinema hoje. (PE)
 d.' A Maria levou o filho **no** cinema hoje. (PB)

(53) a. A farmácia [que o João foi *Ø*] estava fechada. (PE: *; PB: √)
 b. A cidade [que a Maria chegou *Ø*]
 era bem hospitaleira. (PE: *; PB: √)
 c. A festa [que o Pedro veio *Ø*] ficou famosa. (PE: *; PB: √)
 d. O cinema [que a Maria levou o filho *Ø*]
 fica perto daqui. (PE: *; PB: √)

6.5 POSSESSIVOS NULOS

Como visto nas seções 2.3.4.3, 2.3.4.5 e 2.4, uma relação de "posse" pode ser codificada tanto em PE quanto em PB de maneiras diferentes, como ilustrado em (54a) com um pronome possessivo (genitivo), em (54b) com a preposição *de*, e em (54c) com um clítico dativo.[26]

(54) a. O João telefonou para o **meu** pai.
b. A Maria telefonou para o pai **dele**.
c. Ninguém **me** segurou a mão.

Além de empregarem expressões foneticamente realizadas para exprimir posse, o PE e o PB também possuem diferentes tipos de construções onde um possessivo não é realizado foneticamente. *Grosso modo,* esses possessivos nulos podem ser divididos em três grupos, dependendo de sua interpretação e licenciamento específicos: (i) possessivos nulos dêiticos; (ii) possessivos nulos lexicalmente condicionados; e (iii) possessivos nulos sintaticamente condicionados. Antes de examinarmos o grupo (iii), que é o foco desta seção, discutamos brevemente os casos em (i) e (ii).

O paradigma (55) ilustra casos de possessivos nulos dêiticos. Nessas sentenças, o possessivo nulo é interpretado como 'meu/minha' ou 'nosso/nossa' e o "possuído" é um substantivo de parentesco que indica um "membro hierarquicamente superior" na árvore genealógica como *pai, mãe, vô, vó, tio* ou *tia*. Como os substantivos de parentesco associados a possessivos nulos dêiticos recebem uma interpretação hipocorística, essas construções ficam pragmaticamente circunscritas a enunciados em que o falante e o destinatário são parentes ou amigos muito próximos. Esse tipo de construção é dialetalmente ou idioletalmente restrito no PE e no PB e os falantes podem diferir tanto em relação aos substantivos que licenciam essa leitura, quanto em relação ao grau de "proximidade" requerido entre falante e destinatário para que as sentenças relevantes sejam licenciadas pragmaticamente. A correferência entre o possessivo nulo e o sujeito em (55a) nessa leitura é apenas uma coincidência. A interpretação do possessivo nulo como 'meu/minha' ou 'nosso/nossa' também se mantém com um sujeito não correferente, como mostrado em (55b), ou mesmo se não houver antecedente potencial na sentença, como em (55c).

(55) a. %Ontem eu conversei com o pai.
b. %Ontem a Maria visitou a mãe. [*na interpretação 'nossa mãe'*]
c. %O vô ainda não chegou.

A sentença (56) mostra outra construção com um possessivo nulo dêitico que está disponível tanto em PE quanto em PB. Envolve substantivos que se referem a animais de estimação ou coisas com as quais o falante está de alguma forma emocionalmente conectado. O possessivo nulo é interpretado como 'meu/minha'.

(56) O gato (está) doente, o carro (está) avariado, a casa (está) em obras, como posso estar contente?

Os possessivos nulos também podem ser licenciados lexicalmente pelos verbos que selecionam os sintagmas nominais que os contêm, conforme ilustrado em (57)-(59).[27] Essas sentenças envolvem posse inalienável referente a partes do corpo e o possessivo nulo é interpretado como correferente do sujeito da oração. Os verbos que permitem essas construções são lexicalmente restritos, englobando três subclasses: verbos transitivos cujo sujeito é o agente da ação descrita pelo verbo (ver (57)), verbos transitivos cujo sujeito tem algum controle sobre a ação, mas a ação é executada por um agente diferente (ver (58)), e verbos inacusativos cujos sujeitos não têm controle sobre o evento que está sendo descrito e são apenas afetados por ele (ver (59)).

(57) a. As crianças lavaram as mãos.
 b. O João enxugou o rosto.
(58) a. O Pedro cortou o cabelo.
 b. O Fernando arrancou o dente do siso.
(59) a. O João queimou a mão.
 b. A Maria magoou o pé. (PE)
 b.' A Maria machucou o pé. (PB)

Um possessivo nulo também pode ser licenciado externamente se o próprio verbo selecionador codificar posse. Em PE, esses casos são formados com *ter* e em PB com *estar com*, conforme ilustrado em (60).[28]

(60) a. Temos o carro avariado. (PE)
 a.' Nós estamos com o carro avariado. (PB)
 b. O João tem o tio doente. (PE)
 b.' O João está com o tio doente. (PB)

Nesta seção vamos deixar de lado os casos de possessivos nulos que têm interpretação dêitica (ver (55) e (56)) ou são lexicalmente condicionados (ver (57)-(60)) e analisar as condições de licenciamento sintático e a interpretação dos possessivos nulos anafóricos (de agora em diante simplesmente, *possessivos nulos*).[29] Embora o PE e o PB permitam possessivos nulos desse tipo, cada variedade pode atribuir diferentes interpretações a essas expressões foneticamente nulas, dependendo das configurações sintáticas que as contêm.

Em uma sentença como (61), por exemplo, o possessivo nulo poderia potencialmente ser interpretado como sendo a Maria, produzindo uma leitura incestuosa, pragmaticamente desfavorecida, em que a Maria vai se casar com o próprio pai, ou pode ser interpretado como sendo o João, produzindo uma leitura pragmaticamente mais neutra, em que o João está falando do casamento da Maria com o pai dele. Em PE, ambas as leituras estão disponíveis, enquanto em PB apenas a leitura incestuosa é possível.

(61) O João disse que a Maria vai casar com o pai.
'O João disse que [a Maria]$_i$
vai casar com o próprio$_i$ pai.'   (PE: √; PB: √)
'[O João]$_i$ disse que a Maria vai
casar com o pai dele$_i$.'   (PE: √; PB: *)

Quatro fatores principais regulam o licenciamento e a interpretação desses possessivos nulos em PE e PB: (i) especificações de pessoa; (ii) presença de ilhas sintáticas; (iii) posição do antecedente; e (iv) especificação de definitude do "possuído". Comecemos nossa discussão examinando a interação entre as especificações de pessoa e de definitude. Considere os dados em (62) e (63) na leitura em que o possessivo nulo dentro do objeto toma o sujeito como seu antecedente. (62) e (63) mostram que um possessivo nulo de primeira e segunda pessoa só pode tomar o sujeito como seu antecedente quando estiver dentro de um sintagma nominal indefinido, enquanto os possessivos nulos de terceira pessoa são licenciados tanto em sintagmas nominais definidos, quanto em sintagmas nominais indefinidos.

(62) a. *Ontem eu encontrei o amigo na biblioteca.   (PE/PB)
　　 b. *Você não ia contratar o primo?   (PE/PB)
　　 c. O João contratou o primo.   (PE/PB)
(63) a. Ontem eu encontrei um amigo na biblioteca.   (PE/PB)
　　 b. Você não ia contratar um primo?   (PE/PB)
　　 c. O João contratou um primo.   (PE/PB)

Curiosamente, esse contraste espelha um contraste que encontramos em relação à ordem linear dos possessivos dentro do sintagma nominal. Conforme mostrado em (64) e (65), um sintagma nominal indefinido permite possessivos pós-nominais independentemente da sua especificação de pessoa, mas sintagmas nominais definidos só permitem possessivos pós-nominais de terceira pessoa (com caso oblíquo).[30,31]

(64) a. um primo {meu/seu/dele}
　　 b. um {%meu/%seu/*dele} primo

(65) a. o primo {*meu/*seu/dele}
 b. o meu/seu/*dele primo

Os dados em (62)-(65) revelam que um possessivo nulo só é licenciado se a sua contraparte foneticamente realizada puder aparecer na posição pós-nominal. (62) e (63) podem assim receber uma explicação simples se os possessivos nulos forem licenciados na posição pós-nominal, conforme esboçado em (66). A questão a que agora temos que responder diz respeito à natureza sintática da categoria vazia em (66).

(66) [N $\emptyset_{possessivo}$]

Considere os dados em (67), por exemplo.

(67) a. [A médica d[o Pedro]$_k$]$_i$ ligou para [o irmão {$\emptyset_i/\emptyset_k$}]].
 $\emptyset_i$ ('A médica ligou para o próprio irmão.') → PE: √; PB: √
 $\emptyset_k$ ('A médica ligou para o irmão do Pedro.') → PE: √; PB: *
 b. [O suspeito]$_k$ disse que [o detetive]$_i$ interrogou [os amigos {$\emptyset_i/\emptyset_k$}]].
 $\emptyset_i$ ('O detetive interrogou os próprios amigos.') → PE: √; PB: √
 $\emptyset_k$ ('O detetive interrogou os amigos do suspeito.') → PE: √; PB: *

Tanto em (67a) como em (67b), o sintagma nominal contendo o possessivo nulo é definido; portanto, o possessivo nulo deve ser interpretado como um pronome de terceira pessoa (ver (62) e (65)). Conforme indicado pelos índices, há dois antecedentes potenciais para o possessivo nulo em cada sentença, mas se essas sentenças forem enunciadas "do nada" (sem contexto prévio), há um viés pragmático favorecendo *o Pedro* em (67a) e *o suspeito* em (67b) como os antecedentes de fato. O PE se comporta como esperado: embora as duas leituras estejam realmente disponíveis, a interpretação preferida em uma enunciação "do nada" é que a médica do Pedro ligou para o irmão do Pedro em (67a) e que o detetive interrogou os amigos do suspeito em (67b). O PB, por outro lado, parece ignorar os vieses pragmáticos: a interpretação obtida é que a médica ligou para o próprio irmão em (67a) e que o detetive interrogou os próprios amigos em (67b) (de maneira semelhante ao que vimos em (61)).

O contraste entre PE e PB em relação a (67) sugere que os possessivos nulos possuem um estatuto sintático diferente em cada variedade. A interpretação restritiva de possessivos nulos em PB se assemelha à interpretação de sujeitos nulos de terceira pessoa em PB (ver capítulo "Sujeitos nulos") na medida em que procuram seu antecedente na posição de sujeito mais próxima. No caso de sujeitos nulos de terceira pessoa em PB, esta interpretação restritiva foi interpretada em termos de movimento: os sujeitos nulos relevantes correspondem a lacunas deixadas para trás quando os sujeitos se movem para a posição de sujeito imediatamente superior (ver seção 4.3.1.2). Suponhamos então que os possessivos nulos em PB sejam derivados de maneira semelhante. As sentenças em (67), por exemplo, devem ser derivadas em PB conforme esboçado em (68).

(68) *PB*:
   a. [A médica do Pedro] ligou para [o irmão __]
      ↑_____|
   b. O suspeito disse que [o detetive] interrogou [os amigos __]
                         ↑_____|

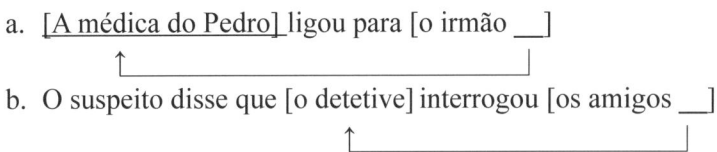

Em PE, por outro lado, as sentenças em (67) podem ser consideradas como envolvendo um pronome nulo, como representado em (69).

(69) *PE* :
   a. [A médica d[o Pedro]$_k$]$_i$ ligou para [o irmão ***pro***$_{k/i}$]
   b. [O suspeito]$_k$ disse que [o detetive]$_i$ interrogou [os amigos ***pro***$_{k/i}$]

As diferentes representações em (68) e (69) explicam por que a interpretação de possessivos nulos é sensível a vieses pragmáticos em PE, mas não em PB. Em PB, a interpretação da posição pós-nominal nula em (68) é determinada sintaticamente; em PE, por outro lado, a interpretação não difere substancialmente da interpretação dos pronomes foneticamente realizados. Em (70), por exemplo, o pronome *ele* pode tomar tanto o sujeito da oração matriz, quanto o sujeito da subordinada como seu antecedente, mas informações pragmáticas sobre suspeitos e detetives tendem a dar primazia à leitura em que *ele* é interpretado, numa enunciação "do nada", como o suspeito.

(70) [O suspeito]$_k$ disse que [o detetive]$_i$ chantageou [os amigos **dele**$_{k/i}$]

As representações em (68) e (69) também fazem previsões diferentes em relação a ilhas sintáticas. Dado que operações de movimento são sensíveis a ilhas sintáticas (e interpretação pronominal não é), a expectativa é que a presença de uma ilha forte entre um possessivo nulo e o seu antecedente mude as possibilidades interpretativas dos possessivos nulos em PB, mas não em PE. Os dados em (71) mostram que essa previsão está correta.

(71) a. [A Maria]$_i$ ligou para [o João]$_k$
      [$_{ilha}$ quando [o pai ***Ø***$_{i/k}$] foi demitido].
   b. [A Maria]$_i$ disse que [o João]$_k$ atendeu o pedido
      [$_{ilha}$ que [o irmão ***Ø***$_{i/k}$] fez]

Nas sentenças em (71), o possessivo nulo está separado do seu antecedente por uma oração adverbial em (71a) e uma oração relativa em (71b), ambas constituindo ilhas sintáticas fortes, bloqueando movimento sintático. Curiosamente, o PE e o PB agora apresentam as mesmas possibilidades interpretativas, com o possessivo nulo exibindo comportamento pronominal, sendo capaz de tomar *o João* ou *a Maria* como seu antecedente.

(72) PE/PB :
  a. [A Maria]$_i$ ligou para [o João]$_k$
     [$_{ilha}$ quando [o pai *pro*$_{i/k}$] foi demitido].
  b. [A Maria]$_i$ disse que [o João]$_k$
     atendeu o pedido [$_{ilha}$ que [o irmão *pro*$_{i/k}$] fez]

O comportamento uniforme exibido pelos possessivos nulos no PE indica que em PE os sintagmas nominais antecedentes simplesmente licenciam um pronome nulo na posição pós-nominal. O contraste entre (67) e (71) no PB (ver (68) *vs.* (72)), por sua vez, mostra que os possessivos nulos pronominais no PB são empregados apenas como "último recurso", quando o movimento a partir da posição pós-nominal não é possível.[32] Isso é ainda confirmado por construções com possessivos nulos tomando um antecedente no discurso (e não dentro da sentença). Considere os dados em (73) em um contexto em que a namorada do detetive não é o suspeito.

(73) [*Contexto*: A: – E o suspeito?]
  a. B: – [A namorada *Ø*] já foi interrogada.
     'A namorada do suspeito já foi interrogada.'   (PE: √; PB: √)
  b. B: – O detetive prendeu [a namorada *Ø*].
     → 'O detetive prendeu a namorada do suspeito.'   (PE: √; PB: *)
     → ' O detetive prendeu a própria namorada.'   (PE: √; PB: √)

Diante desse contexto, a interpretação mais natural para as respostas à pergunta de A é que elas se referem à namorada do suspeito. Essa é de fato a leitura que temos em (73a) tanto para o PE, quanto para o PB. Quanto a (73b), o possessivo nulo também poderia tomar *o detetive* como seu antecedente, gerando uma leitura inusitada nesse contexto (o detetive prendeu a própria namorada). Embora disponível no PE, esta leitura é ofuscada pela leitura pragmaticamente saliente em que o possessivo nulo toma o suspeito como seu antecedente. No PB, por outro lado, apenas a leitura pragmaticamente inusitada está disponível para (73b). Essas diferenças podem ser explicadas se o possessivo nulo tiver um estatuto gramatical diferente em cada variedade. No PE, o possessivo nulo apresenta um comportamento pronominal uniforme, conforme representado em (74). No PB, por outro lado, recorre-se a um pronome nulo apenas no caso de impedimento do movimento. Observe que o movimento a partir da posição pós-nominal é uma possibilidade disponível em (73b), mas não em (73a). Assim, somente em (73a) a opção de último recurso, ou seja *pro* em lugar de movimento, é ativada, produzindo uma resposta apropriada; em (73b) o movimento é implementado dado que é possível, como ilustrado em (75), produzindo uma resposta pragmaticamente incongruente. A alternativa pragmaticamente apropriada para (73b) em PB deve envolver um pronome foneticamente realizado, como mostrado em (76) (o que também é permitido em PE, embora não seja a opção mais natural).

(74) *PE* :
[*Contexto*: A: – E o suspeito?]
a. B: – [A namorada *pro*] já foi interrogada pelo detetive.
b. B: – O detetive prendeu [a namorada *pro*].

(75) *PB*:
[*Contexto*: A: – E o suspeito?]
a. B: – [A namorada *pro*] já foi interrogada pelo detetive.
b. B: – [O detetive] prendeu [a namorada __].

(76) *PE/PB:*
[*Contexto*: A: – E o suspeito?]
B: – O detetive prendeu [a namorada **dele**].
'O detetive prendeu a namorada do suspeito.'

6.6 RESUMO

Embora o PE e o PB admitam objetos diretos nulos, objetos oblíquos nulos e possessivos nulos, as duas variedades diferem sistematicamente em relação a cada uma dessas expressões nulas. No que diz respeito aos objetos diretos nulos, um objeto direto nulo surge como resultado de movimento sintático em PE, mas pode resultar de movimento ou ser um pronome nulo em PB (ver seção 6.3). Isso implica que o PB exibe uma distribuição mais ampla de objetos diretos nulos do que o PE. Quanto aos possessivos nulos, encontramos o padrão oposto, com o PE licenciando mais interpretações do que o PB, pois o PE faz uso uniforme de pronomes nulos, enquanto o PB só recorre a um pronome nulo quando o possessivo nulo relevante está dentro de uma ilha sintática e o movimento a partir da posição original do possessivo é excluído (ver seção 6.5). Finalmente, objetos oblíquos nulos correspondem a pronomes nulos em PE e PB, mas são licenciados por um conjunto maior de verbos em PB do que em PE (ver seção 6.4). Esses contrastes mostram claramente que expressões sem realização fonética podem ter natureza diferente e, consequentemente, afetar a gramática de cada variedade de maneira muito distinta. Semelhantemente ao que vimos no caso dos sujeitos nulos (ver capítulo "Sujeitos nulos"), o PE e o PB se agrupam fenotipicamente como quelônios na medida em que ambas as variedades licenciam objetos e possessivos nulos, mas se distinguem genotipicamente como jabutis e tartarugas quando se examina de perto a etiologia desses elementos inaudíveis.

Notas

1 Para discussão relevante, ver *e.g.* Raposo 1986, Matos 1992, 2013a, Martins 1994b, 2006b, 2016b, Cyrino e Matos 2002, 2005, 2016, Kato 2003, Kato e Raposo 2007 e Costa, Martins e Pratas 2012.
2 Ver *e.g.* Matos 1992, 2013a para uma caracterização desses contextos e discussão relevante.
3 Para propostas originais sobre movimento do verbo para Infl, ver Emonds 1976 e Pollock 1989. Para discussão relevante sobre movimento do verbo em português, ver *e.g.* Ambar 1992a, Figueiredo Silva 1996, Costa 1998, Galves 2001 e Tescari Neto 2012.
4 Para discussão relevante, ver *e.g.* Raposo 1986, Matos 1992, Martins 1994b, 2006, 2007, 2016b, Cyrino e Matos 2002, 2005, 2016 e Kato 2016. Em (9), a vogal temática de *colocar* ({-a-}) é realizada como [o] quando precede o morfema de pretérito perfeito do indicativo {-u}. Para efeito de apresentação, colocaremos de lado a possibilidade de o verbo e sua flexão poderem se mover ainda mais para a esquerda, permitindo a elipse de um constituinte maior que o VP. Para argumentos a favor de tal abordagem e discussão relevante, ver Martins 1994b, 2006b, 2007, 2016b, Costa, Martins e Pratas 2012 e Kato 2016.
5 Ver *e.g.* Raposo 1986, Matos 1992, Martins 1994b, Kato 2003, 2016, Kato e Raposo 2007 e Cyrino e Matos 2016 para discussão relevante.
6 Para discussão relevante, ver *e.g.* Raposo 1986, Duarte 1987, Matos 1992, 2013a, Cyrino e Matos 2002, 2005, Zocca 2003, Nunes e Zocca 2009 e Costa e Duarte 2013.
7 Para discussão relevante, ver *e.g.* Moreira da Silva 1983, Tarallo 1983, Duarte 1986, 1989, Raposo 1986, 1998a, Duarte 1987, Galves 1989, Farrell 1990, Corrêa 1991, Kato 1993b, 1994, 2003, Nunes 1993, Bianchi e Figueiredo Silva 1994, Cyrino 1993, 1997, 2016, 2019, 2020, Ferreira 2000, Kato e Raposo 2001, 2005, 2007, Costa e Duarte 2003, 2013, Creus e Menuzzi 2004, Marafoni 2010, Cyrino e Lopes 2016, Cyrino e Matos 2016 e Panitz 2018.
8 Ver *e.g.* Costa e Duarte 2013 e Cyrino e Matos 2016, para discussão relevante.
9 Ver *e.g.* Kato 1994 e Lopes 2003 para discussão relevante.
10 Para discussão relevante, ver *e.g.* Omena 1978, Tarallo 1983, Duarte 1986, 1989, Corrêa 1991, Kato, Cyrino e Corrêa 2009, Marafoni 2010, Rinke, Flores e Barbosa 2018 e Rinke 2021. Em (17b), sendo *a Maria* o foco informacional da sentença, seria natural no PE, mas impossível no PB, a inversão da ordem sujeito-verbo (ver seção 5.2.2.1):
(i) [*Contexto* : As pessoas estão discutindo quem está levando o quê para o piquenique.]
a. A: – E o bolo?
b. B: – Leva *Ø* a Maria.   (PE/*PB)
11 É possível que os falantes do PE que marginalmente permitem construções com objetos nulos dentro de ilhas fortes estejam, na verdade, atribuindo uma estrutura mais complexa a essas construções, envolvendo movimento de alguma projeção verbal diferente de VP, seguido de elipse (ver Kato 2003, Costa e Duarte 2003, e Kato e Raposo 2007 para propostas específicas e discussão relevante). Para fins de apresentação, vamos deixar de lado essa variação dentro do PE e nos concentrar nos principais contrastes entre PE e PB.
12 Ver *e.g.* Kato 2003 e Kato e Raposo 2007 para discussão relevante.
13 Para discussão relevante, ver *e.g.* Bianchi e Figueiredo Silva 1994 e Ferreira 2000.
14 Ver Raposo 1986 para a proposta original e Duarte 1987 para maior elaboração e discussão relevante.
15 Recorde-se que objetos nulos tanto em PE quanto em PB não podem ser de primeira ou segunda pessoa (ver (15)). Portanto, quando o objeto nulo é derivado por movimento e queda de tópico, tem de ser o caso que, independentemente, a queda do tópico não seja aplicável a pronomes objeto de primeira e segunda pessoa (ver também nota 19).
16 Para diferentes propostas e discussões relevantes, ver *e.g.* Galves 1989, Farrel 1990, Kato 1994 e Ferreira 2000.

[17] Para discussão relevante sobre retração do acento em PB, ver *e.g.* Abousalh 1997, Guimarães 1998, Sândalo e Truckenbrodt 2002 e Santos 2002, 2003.
[18] Ver Santos 2002, 2003 para a observação original e Nunes e Santos 2009 para discussão adicional.
[19] Observe que o objeto nulo pronominal em PB não é especificado para o traço [hum], mas é especificado como terceira pessoa. Assim, um objeto nulo dentro de uma ilha no PB não pode ser identificado como primeira ou segunda pessoa, mesmo na presença de um pronome de primeira ou segunda pessoa na posição de tópico, conforme ilustrado em (i). Em outras palavras, (i) é inaceitável pela mesma razão que (39b) ou (40) quando o pronome tem índice k, ou seja, um tópico é introduzido e não é retomado no comentário. Obrigado a Ezekiel Panitz por ter nos chamado a atenção para essa questão.
 (i) *{Eu/você}, o professor [$_{ilha}$ que entrevistou *pro* parecia de mau humor]   (PB)
[20] Para discussão relevante, ver Duarte 1987 e Ferreira 2000.
[21] Para discussão relevante, ver *e.g.* Duarte 1996, 2003a, 2013b, Nunes 2008b, Kato e Nunes 2009, 2014, Kato 2010, 2012 e Nunes e Kato a sair.
[22] O verbo *assistir* em PB deixou de selecionar obrigatoriamente a preposição *a*, como ilustrado em (i). A presença de *a* no complemento de *assistir* em PB está associada a língua escrita e estilo formal.
 (i) Eu vou assistir essa conferência hoje.   (PE: *; PB: OK)
[23] Ver *e.g.* Kato e Nunes 2009, 2014 e Nunes e Kato a sair para discussão relevante.
[24] Para discussão relevante, ver *e.g.* Tarallo 1983, Brito 1991a, Móia 1992, Peres e Móia 1995, Kato 1993a, Alexandre 2000, Kenedy 2003, 2007, Lessa de Oliveira 2008, Kato e Nunes 2009, 2014, Cardoso 2010, 2016, Veloso 2013, Medeiros Júnior 2014, e Nunes e Kato a sair.
[25] Ver *e.g.* Wiedemar 2013 para descrição e discussão relevante.
[26] Para discussão relevante, ver *e.g.* Oliveira e Silva 1984, Perini 1985, Miguel 1992, 1996, 2004, Cerqueira 1993, 1996, Menuzzi 1996, 1999, Müller 1996, Negrão e Müller 1996, Floripi 2003, 2004, 2010, 2020, Avelar 2004, Rodrigues 2006, 2009b, Barros 2006, A. Castro 2006, Estrela 2006, Floripi e Nunes 2009, Lobo 2013a e Nunes 2018.
[27] Para discussão relevante, ver *e.g.* Cançado 2010, Cançado e Negrão 2010, Cançado e Gonçalves 2016 e Rodrigues 2020.
[28] Para discussão relevante, ver *e.g.* Avelar 2004, 2009b.
[29] Ver *e.g.* Floripi 2003, Rodrigues 2004, 2010, Floripi e Nunes 2009 e Nunes 2018 para discussão relevante.
[30] Como visto na seção 2.4.2, *seu* em (64) e (65) pode também ser um possessivo de terceira pessoa em PE. Aqui deixaremos de lado essa diferença, já que não é relevante para a presente discussão.
[31] Alguns dialetos do PE permitem pronomes genitivos pré-nominais dentro de sintagmas nominais indefinidos, como ilustrado em (i). Para discussão relevante, ver *e.g.* Miguel 2002, 2004.
 (i) uma {minha/tua/sua/nossa} tia (%PE)
[32] Ver Nunes 2018 para discussão relevante.

AFIRMAÇÃO, NEGAÇÃO, INTERROGATIVAS-*SIM/NÃO* E RESPOSTAS CURTAS

7.1 INTRODUÇÃO

Neste capítulo, discutimos afirmação, negação, interrogativas-*sim/não* (interrogativas polares) e respostas em português europeu *(PE)* e português brasileiro *(PB)*. Daremos atenção especial à maneira como cada variedade codifica gramaticalmente essas enunciações em contextos não neutros. O capítulo está organizado da seguinte forma. Na seção 7.2, discutimos como a afirmação enfática é expressa gramaticalmente. Na seção 7.3, discutimos as propriedades sintáticas e interpretativas associadas a diferentes tipos de negação. Na seção 7.4, discutimos interrogativas polares enviesadas. Na seção 7.5 discutimos diferentes tipos de respostas para interrogativas polares. Finalmente, a seção 7.6 resume brevemente as semelhanças e diferenças entre PE e PB em relação aos domínios discutidos.

7.2 AFIRMAÇÃO ENFÁTICA

Tanto em PE quanto em PB, não há marcação especial para expressar sentenças declarativas afirmativas neutras. Uma declarativa afirmativa neutra exibe a ordem canônica SVO e um contorno entoacional descendente (↓), conforme ilustrado em (1).

(1) A Maria pôs os livros na estante. (↓)

Nesta seção, discutiremos afirmação enfática – um tipo não neutro de asserção afirmativa que exprime discordância em relação a alguma asserção negativa anterior. Considere as sentenças em (2a) e (2b), por exemplo. Dada a asserção negativa do falante A no contexto precedente, (2a) e (2b) veiculam a informação de que o falante B nega o que A diz, enfatizando que o evento relevante (a compra do carro pelo João) de fato ocorreu.

(2) [*Contexto:* A: – O João não comprou o carro.]
    a. B: – O João comprou o carro, **sim**.   (PE: √; PB: √)
    b. B: – O João **comprou** o carro, **comprou**.   (PE: √; PB: *)

Existem dois padrões gerais de afirmação enfática: um emprega partículas afirmativas como *sim* na posição final da sentença, como em (2a), e o outro (disponível apenas em PE) emprega a reduplicação do verbo também na posição final da sentença, como em (2b). Uma propriedade comum compartilhada pelos dois padrões é que a afirmação enfática é restrita à oração matriz. Dados os contextos em (3) e (4), por exemplo, a partícula afirmativa pode ser usada para indicar que a Maria está de fato ciente de que o João foi contratado, como mostra (3a), mas não pode ser usada para indicar que o João foi de fato contratado como mostra (4a). Assim, o verbo matriz pode ser reduplicado (ver (3b)), mas não o verbo subordinado (ver (4b)).[1]

(3) [*Contexto:* A: – A Maria não sabe que o João foi contratado.]
    a. B: – A Maria sabe que o João foi contratado, **sim**.   (PE: √; PB: √)
    b. B: – A Maria **sabe** que o João foi contratado, **sabe**.   (PE: √; PB: *)
(4) [*Contexto:* A: – A Maria sabe que o João não foi contratado.]
    a. B: – #A Maria sabe que o João foi contratado, **sim**.
    b. B: – *A Maria sabe que o João **foi** contratado, **foi**.

A seguir, examinamos cada um dos padrões ilustrados em (2) e (3) em mais detalhe. Antes, porém, cumpre salientar que o uso de vírgula na transcrição escrita das sentenças em (2)-(4) e de sentenças análogas na discussão que se segue apenas reflete uma convenção ortográfica e não corresponde a uma pausa.

7.2.1 Afirmação enfática com *sim*, *pois* e *já*

Enquanto a afirmação enfática com partículas em PB é restrita à partícula afirmativa *sim*, o PE também pode empregar a partícula confirmativa *pois,* conforme mostrado em (5).[2]

(5) [*Contexto:* A: – A Maria não terminou o trabalho.]
    a. B: – A Maria terminou o trabalho, **sim**.   (PE: √; PB: √)
    b. B: – A Maria terminou o trabalho, **pois**.   (PE: √; PB: *)

Embora *pois* e *sim* possam ser usados para marcar afirmação enfática em construções como (5) em PE, *pois* se comporta de maneira diferente de *sim* em ser incapaz de funcionar como uma resposta neutra e positiva a uma interrogativa-*sim/não*, conforme ilustrado em (6).

(6) *PE:*
  [*Contexto:* A: – O João comprou um carro?]
  a. B: – **Sim**.
  b. B: – *****Pois**.

Pois em PE pode, no entanto, expressar concordância com uma sentença declarativa tanto afirmativa como negativa, conforme ilustrado em (7) e (8). Em outras palavras, *pois* em PE não é uma partícula de resposta, mas uma partícula que expressa a confirmação de uma asserção anterior. Já no PB, *pois* é usado como partícula confirmativa apenas na expressão congelada *pois é*, que é empregada tanto em contextos positivos quanto negativos, como mostrado em (7c) e (8c) (ver seção 7.5.3 para discussão).

(7) [*Contexto:* A: – O João comprou um carro.]
  a. B: – **Pois** comprou.   (PE: √; PB: *)
  b. B: – **Pois** foi.   (PE: √; PB: *)
  c. B:– **Pois é**.   (PE: %; PB: √)
(8) [*Contexto:* A: – O João não comprou um carro.]
  a. B: – **Pois** não.   (PE: √; PB: *)
  b. B: – **Pois** foi.   (PE: √; PB: *)
  c. B: – **Pois é**.   (PE: %; PB: √)

Essa diferença entre o PE e o PB em relação a *pois* também se reflete em interrogativas-*tag* (consulte a seção 7.4.2). Interrogativas-*tag* ancoradas em uma sentença negativa fornecem um contexto favorável para a afirmação enfática, pois antecipam uma resposta negativa. Em PB, a pergunta-*tag* propriamente dita é realizada por uma cópia do verbo principal e em PE, pela expressão *pois não*, conforme ilustrado em (9).[3]

(9) [*Contexto:*
  A: – O João não **comprou** um carro, **comprou?**   (PB)
  A': – O João não comprou um carro, **pois não?**   (PE)]
  a. B: – Comprou sim.   (PE: √; PB: √)
  b. B: – Comprou pois.   (PE: √; PB: *)

O PE também pode expressar afirmação enfática com reduplicação do advérbio *já* em posição final de sentença, como ilustrado em (10).

(10) [*Contexto:* A: – O João ainda não saiu.]
  B: – O João **já** saiu, **já**.   (PE: √; PB: *)

Já é o único advérbio que pode ser reduplicado em PE para expressar afirmação enfática. O advérbio *sempre*, por exemplo, que se comporta como *já* em poder funcionar como resposta a interrogativas-*sim/não*, como veremos na seção 7.5.2, não pode ser reduplicado, conforme mostrado em (11a). Observe que (11a) tem um contexto compatível com afirmação enfática e reduplicação, como se vê em (11b) e (11c), respectivamente.

(11) PE:
[*Contexto:* A: – O João nem sempre apoiou a Maria.]
a. B: – *O João **sempre** apoiou a Maria, **sempre**.
b. B: – O João sempre apoiou a Maria, **sim**.
c. B: – ?O João sempre **apoiou** a Maria, **apoiou**.

Por fim, vale observar que embora *já* em posição preverbal seja compatível com *sim* e *pois* (ver (12a) e (12b)) e possa ser reduplicado (ver (12c)), a sua reduplicação é bloqueada na presença dessas partículas (ver (12d) e (12e)) e também a reduplicação do verbo é bloqueada na presença de *já* (ver (12f)).

(12) PE:
[*Contexto:* A: – O Joao ainda não saiu, pois não?]
a. B: – (Já) saiu **sim**.
b. B: – (Já) saiu **pois**.
c. B: – **Já** saiu, **já**.
d. B: – ***Já** saiu, **já** sim.
[*com entoação ascendente; ver seção 7.2.2*]
e. B: – ***Já** saiu, **já** pois.
[*com entoação ascendente; ver seção 7.2.2*]
f. B: – *Já **saiu, saiu**.

A agramaticalidade de (12d) e (12e) indica que *sim, pois* e o advérbio reduplicado competem pela posição final da sentença. Por sua vez, o contraste entre (12c) e (12f) sugere que, na competição entre *já* e o verbo, o advérbio conta como o alvo preferível para a reduplicação (talvez por ocupar uma posição sintática estruturalmente mais alta).

7.2.2 Afirmação enfática com reduplicação de verbos em português europeu

Examinemos agora a construção de afirmação enfática com reduplicação do verbo, que, como mencionamos anteriormente, é possível em PE, mas não em PB.[4] O primeiro ponto que temos que determinar é se essas construções envolvem, de fato, reduplicação morfossintática dentro de uma sentença e não apenas dois fragmentos de discurso, com o segundo envolvendo repetição do verbo precedente. Comparemos então os casos de afirmação enfática com reduplicação de verbos em (13a) e (14a) com os casos de repetição em (13b) e (14b), por exemplo.

(13) *PE:*
[*Contexto:* A: – O João não chegou tarde.]
a. *Afirmação enfática*:
B: – O João **chegou** tarde, **chegou**. (↑)
b. *Repetição de fragmento:*
B: – Ele na verdade chegou tarde (↓). Chegou tarde, como é o seu costume (↓).

(14) *PE:*
[*Contexto:* A: – O João não saiu, pois não?]
a. *Afirmação enfática:*
B: – **Saiu, saiu**. (↑)
b. *Repetição de fragmento:*
B: – Saiu (↓), saiu (↓), saiu (↓). Quantas vezes vais repetir essa pergunta?

A repetição de fragmentos de discurso geralmente tem uma pausa separando os fragmentos, sendo atribuído a cada fragmento um contorno de entoação descendente (ver (13b) e (14b)); a repetição pode também reiterar, como mostrado em (14b). Já a afirmação enfática com reduplicação do verbo envolve uma cópia do verbo, exibe um contorno entoacional ascendente e não há quebra prosódica precedendo o verbo reduplicado. Recorde-se que a vírgula na transcrição escrita de (13a) e (14a), por exemplo, é apenas uma convenção ortográfica e não corresponde a uma pausa.[5]

A reduplicação do verbo sob afirmação enfática também pode ser distinguida da repetição fonologicamente. No PE, o fonema fricativo surdo dental /s/ pode ser foneticamente realizado como [ʃ], [ʒ], ou [z] quando ocorre em posição de coda. /s/ é realizado como a fricativa palatal surda [ʃ] quando ocorre precedendo uma consoante surda no interior de uma palavra ou entre palavras ou quando ocorre na posição final da palavra antes de uma pausa (por exemplo, *três cestas* [tɾeʃseʃtɐʃ]); a fricativa palatal sonora [ʒ] é realizada antes de uma consoante sonora, tanto internamente quanto entre palavras, se elas não estiverem separadas por pausa (por exemplo, *osgas grandes* [ɔʒgɐʒgɾẽdiʃ]); e a dental sonora [z] aparece quando seguida por uma palavra iniciada por vogal, sem pausa intermediária, caso em que a restruturação silábica desloca a fricativa em coda para a posição vazia de ataque da sílaba seguinte (por exemplo, *três amigos* [trezɐmiguʃ]). Tendo isso em mente, examinemos os dados em (15).

(15) *PE:*
[*Contexto:* A: – Eu não ando a fazer nada de mal.]
a. *Afirmação enfática:*
   B: – *Anda[ʃ] anda[ʃ]. (↑)
   B': – Anda[z] anda[ʃ]. (↑)
b. *Repetição de fragmento:*
   B: – Anda[ʃ] (↓). Anda[ʃ], sim. (↓)

O /s/ final da primeira ocorrência do verbo pode ser realizado como o alofone palatal [ʃ] em (15b), mas não em (15a). Observe que o contorno entoacional ascendente em (15a) indica a leitura de reduplicação do verbo. Esse contraste entre (15a) e (15b) relativamente à realização de /s/ em coda pode ser explicado se uma pausa puder ser introduzida antes do verbo repetido em (15b), mas não antes do verbo reduplicado em (15a). Uma vez que não há pausa entre os verbos de (15a), a regra para a realização de /s/ em coda como [z] é acionada e a sentença se superficializa como no enunciado do falante B'.

Também vale a pena notar que, embora sentenças com repetição de fragmentos possam ser pragmaticamente adequadas em contextos que licenciam afirmação enfática, como visto em (13b) e (14b), a repetição de fragmentos em si não codifica discordância. Conforme mostrado em (16), a repetição também pode expressar concordância, em nítido contraste com a afirmação enfática com reduplicação de verbos:[6]

(16) *PE:*
[*Contexto:* A: – Felizmente, correu tudo bem.]
a. *Afirmação enfática:*
   B: – #**Correu, correu.** (↑)
b. *Repetição de fragmento:*
   B: – Correu (↓). (Pois) correu (↓).

Dado que a reduplicação verbal codifica gramaticalmente afirmação enfática, ela é incompatível com negação, como mostrado em (17a). Já a repetição não está sujeita a essa restrição, como mostra (17b). Da mesma forma, a reduplicação verbal é incompatível com expressões adverbiais de evidência, tais como *realmente, certamente, efetivamente, obviamente* ou *de fato*, presumivelmente porque elas transmitem o mesmo significado; por outro lado, a repetição de fragmento não apresenta essa incompatibilidade, como ilustrado em (18).

(17) *PE:*
   [*Contexto:* A: – O João ganhou a lotaria.]
   a. *Reduplicação enfática do verbo:*
      B: – *O João não **ganhou** a lotaria, **ganhou**. (↑)
      B': – *O João **não ganhou** a lotaria, **não ganhou**. (↑)
   b. *Repetição de fragmento:*
      B: – O João não ganhou a lotaria (↓). Não ganhou (infelizmente). (↓)

(18) *PE:*
   [*Contexto:* A: – O João não gosta de ler.]
   a. *Afirmação enfática*:
      B: – *O João realmente **gosta** de ler, **gosta**. (↑)
   b. *Repetição de fragmento:*
      B: – O João realmente gosta de ler. (↓) Gosta, mas finge que não gosta. (↓)

Por fim, como o leitor pode verificar nos exemplos anteriores, a reduplicação verbal tem como alvo apenas o verbo finito da oração matriz, enquanto a repetição de fragmentos não está sujeita a essa restrição. Em (19) e (20), por exemplo, apenas o verbo auxiliar pode ser reduplicado, enquanto toda a perífrase verbal pode ser repetida.

(19) *PE:*
   [*Contexto:* A: – Eu não fui avisada.]
   a. *Afirmação enfática:*
      B: – Tu **foste** avisada, **foste**. (↑)
      B': – *Tu **foste avisada, foste avisada**. (↑)
   b. *Repetição de fragmento:*
      B: – Tu foste avisada. (↓) Foste avisada. (↓) Não finjas que não.

(20) *PE:*
   [*Contexto:* A: –O João não vai vir.]
   a. *Afirmação enfática:*
      B: – O João **vai** vir, **vai**. (↑)
      B': – *O João **vai vir, vai vir**. (↑)
   b. *Repetição de fragmento:*
      B: – Tem calma. O João vai vir (↓). Vai vir (↓).

Feita a distinção entre reduplicação e repetição do verbo, vale ressaltar que a reduplicação do verbo pode ocorrer com qualquer tipo de predicado verbal, como ilustrado a seguir com um verbo transitivo em (21a), um verbo bitransitivo em (21b), um verbo inergativo em (21c), um verbo inacusativo em (21d), uma cópula em (21e), e o verbo existencial *haver* em (21f).

(21) *PE:*
 a. Ele **recusou** a proposta, **recusou**.
 b. Eu **dei** ontem esse livro ao João, **dei**.
 c. Tu **sorriste, sorriste**.
 d. O mau-tempo **chegou** cá, **chegou**.
 e. Dormir 8 horas **é** saudável, **é**.
 f. **Há** demasiadas pessoas nesta sala, **há**.

No entanto, a reduplicação enfática do verbo não é de todo irrestrita. Verbos compostos como *fotocopiar, radiografar, manuscrever, maniatar, bendizer, maldizer* ou *maltratar* e verbos com prefixos acentuados como *contra* (*e.g. contra-atacar*), *super* (*e.g. super-enfatizar*), *pré* (*e.g. pré-inscrever*) ou *pós* (*e.g. pós-graduar*) resistem à reduplicação, conforme ilustrado em (22) e (23), que evidenciam o contraste de aceitabilidade entre a reduplicação de verbos simples e a reduplicação de verbos compostos ou verbos com prefixos acentuados.

(22) *PE:*
 a. [*Contexto:* A: – Ele não copiou o livro
    sem a tua autorização, pois não?]
    B: – **Copiou, copiou**.
 b. [*Contexto:* A: – Ele não fotocopiou o livro
    sem a tua autorização, pois não?]
    B: – ??**Fotocopiou, fotocopiou**.
    B': – Fotocopiou sim.

(23) *PE:*
 a. [*Contexto:* A: – Ele não atacou o candidato, pois não?]
    B: – **Atacou, atacou**.
 b. [*Contexto:* A: – O candidato não contra-atacou, pois não?]
    B: –??**Contra-atacou, contra-atacou**.
    B': – Contra-atacou sim.

(22a) e (23a) mostram que, nas suas formas simples, os verbos *copiar* e *atacar* podem sofrer reduplicação sem problemas. Por sua vez, os enunciados de B' em (22b) e (23b) mostram que as formas compostas *fotocopiar* e *contra-atacar* podem aparecer independentemente em uma construção de afirmação enfática. Dada a aceitabilidade desses exemplos, a marginalidade dos enunciados de B em (22b) e (23b) pode ser tomada como indicando que a reduplicação verbal é sensível à complexidade morfológica.

A marginalidade da reduplicação com *fotocopiar* e *contra-atacar* poderia dar margem a uma interpretação em termos da extensão das palavras, com verbos mais longos sendo incapazes de sofrer reduplicação. A perfeita aceitabilidade de (24), cujo verbo reduplicado tem mais sílabas que os verbos reduplicados em (22b) e (23b), mostra que não é a extensão da palavra que está em jogo.

(24) PE:
[*Contexto:* A: – As plantas não descontaminaram a água.]
B: – **Descontaminaram, descontaminaram**.

O fato de o verbo reduplicado em (24) também ter um prefixo (*des-*) mostra que a afixação em si também não é a fonte da marginalidade dos enunciados de B em (23b). A propriedade comum entre os dois grupos de verbos que resistem à reduplicação parece estar, na verdade, relacionada com o seu padrão de acento. Em ambos os grupos, a adição de um constituinte de tipo adverbial no caso de verbos compostos como os de (22) ou um prefixo acentuado em casos como (23) dá origem a uma palavra prosódica complexa, ou seja, uma palavra com dois domínios de acento de palavra e isso parece ser o que interrompe a reduplicação. Observe que os prefixos que produzem resultados marginais na reduplicação de verbos podem ser coordenados ou aparecer isoladamente, conforme ilustrado em (25).

(25) PE:
    a. Houve um acordo entre *os contra e os antiterroristas*.
    b. A: – Eles são contra-terroristas ou anti-terroristas?
        B: – Contra.

Outro efeito da complexidade morfológica na aceitabilidade da reduplicação de verbos no PE é ilustrado por formas verbais no futuro do presente ou no futuro do pretérito do indicativo. Em (22a) e (23a), vimos que os verbos *copiar* e *atacar* podem, independentemente, ser reduplicados. Curiosamente, se esses verbos estiverem no futuro do presente ou no futuro do pretérito do indicativo, a reduplicação produz um resultado marginal, como mostrado em (26).

(26) PE:
    a. [*Contexto:* A –: Ele não ataca**rá** o candidato, pois não?]
        B: – ??**Atacará, atacará**.
    b. [*Contexto:* A: – Ele não copia**ria** o livro
       sem a tua autorização, pois não?]
       B: – ??**Copiaria, copiaria**.

Conforme discutido na seção 5.6.1, o futuro do presente e o futuro do pretérito do indicativo evoluíram diacronicamente de perífrases verbais latinas envolvendo um verbo no infinitivo e o verbo *habere* 'ter' no presente ou no pretérito imperfeito, como esboçado em (27). Curiosamente, esses dois tempos em PE são os únicos que permitem a mesóclise, como ilustrado em (28) (ver seção 5.6.1).

(27) a. *scribere habeo* > *escrever hei* > *escreverei*
 b. *scribere habebam* > *escrever havia* > *escreveria*
(28) *PE:*
 a. Eu escrever-**te**-ei no mês que vem.
 b. Eles comprá-**lo**-iam amanhã se tivessem dinheiro.

O padrão excepcional de colocação do clítico com esses tempos em PE sugere que podemos de fato ter ênclise ao verbo principal, com a desinência após o clítico sendo um auxiliar reduzido (ver seção 5.6.1).[7] Sendo assim, não surpreende que a complexidade morfológica das formas verbais em (26) impeça a reduplicação.[8] Também devemos esperar um efeito cumulativo de inaceitabilidade se a reduplicação tiver como alvo verbos compostos ou verbos com prefixos acentuados flexionados no futuro do presente ou no futuro do pretérito do indicativo. Isso é o que de fato acontece, como mostra (29), cujas sentenças com reduplicação são completamente inaceitáveis, contrastando fortemente com a correspondente afirmação enfática com *sim*.

(29) *PE:*
 a. [*Contexto:* A: – O candidato não contra-atacará, pois não?]
  B: – ***Contra-atacará, contra-atacará**.
  B': – Contra-atacará sim.
 b. [*Contexto:* A: – Ele não fotocopiaria
  o livro sem a tua autorização, pois não?]
  B: – ***Fotocopiaria, fotocopiaria**.
  B': – Fotocopiaria sim.

Discutamos por fim mais um caso de complexidade morfológica que afeta a reduplicação verbal no PE. Embora responder a uma interrogativa-*sim/não* com um verbo simples seja, em geral, a opção mais natural em PE (ver seção 7.5.1), uma sequência verbo+clítico também é uma resposta gramatical possível, conforme mostrado em (30a). O clítico também pode ocorrer na construção de afirmação enfática com *sim,* como mostrado em (30b). No entanto, se o verbo for reduplicado, a presença do clítico produz um resultado inaceitável, conforme ilustrado em (31).

(30) *PE:*
 a. [*Contexto:* A: – Devolveste-me o livro que te emprestei?]
  B: – Devolvi.
  B': – Devolvi-**to**.
 b. [*Contexto:* A: – Não me devolveste
  o livro que eu te emprestei, pois não?]
  B: – Devolvi(-**to**) sim.

(31) *PE:*
a. [*Contexto:* A: – Não lhe trouxeste o livro que ele te pediu.]
   B: – Eu **trouxe**-lhe o livro que ele me pediu, **trouxe**.
   B': – *Eu **trouxe-lhe** o livro que ele me pediu, **trouxe-lhe**.
b. [*Contexto:* A: – Não me devolveste
   o livro que eu te emprestei, pois não?
   B: – **Devolvi, devolvi**.
   B': – *Devolvi-to, devolvi-to.

Dada a discussão que fizemos anteriormente, a inaceitabilidade das sentenças de reduplicação em (31) pode ser explicada se a sequência verbo+clítico contar como morfologicamente demasiado complexa no que diz respeito à reduplicação.

7.3 PADRÕES SINTÁTICOS DA NEGAÇÃO

Como visto na seção 7.2, não há marcador foneticamente realizado para expressar afirmação em sentenças neutras; a afirmação só é gramaticalmente codificada de forma explícita quando enfática. Veremos a seguir que a negação, por outro lado, sempre requer estar foneticamente realizada e diferentes formas de realização podem corresponder a diferentes tipos de negação. Em outras palavras, afirmação é o valor *default* para a polaridade de uma sentença e negação é o seu valor marcado. Nesta seção, discutiremos diferentes tipos de negação e a sua correspondente expressão gramatical.[9] Examinaremos negação predicativa na seção 7.3.1, negação enfática na seção 7.3.2, negação metalinguística na seção 7.3.3 e negação expletiva na seção 7.3.4.

7.3.1 Negação predicativa e concordância negativa

Tanto no PE quanto no PB, a negação predicativa é obrigatoriamente expressa em posição preverbal, como ilustrado pelo marcador de negação *não* em (32a), pela conjunção coordenativa negativa *nem* em (32b-c), e pela partícula negativa de foco *nem* em (32d).[10]

(32) a. O João **não** saiu.
     b. O João {não/**nem**} saiu, **nem** dormiu.
     c. **Nem** o João **nem** a Maria saíram.
     d. **Nem** o João dormiu.

Como visto em (32), o marcador de negação predicativa *não* tem um requisito posicional mais restrito que *nem*, pois deve preceder imediatamente o verbo. De fato, apenas clíticos pronominais podem romper a adjacência entre o marcador de negação predicativa *não* e o verbo, como mostra o contraste entre *não* e *nem* em (33), dentro de um contexto semelhante.[11]

(33) a. Ele não **me** viu.
 b. *Ele não **lá** mora.
 c. Ele nem **me** viu.
 d. Ele nem **lá** mora.

Ao contrário de línguas que lançam mão de marcadores diferentes para exprimir negação interna e negação externa à sentença (*not* e *no* em inglês, por exemplo), o português pode expressar os dois tipos de negação com o marcador *não*, diferenciando-os em termos posicionais. Enquanto o marcador de negação predicativa *não* é estritamente dependente e inseparável da forma verbal (ver (32a) e (33a-b)), o marcador de negação externa tem um padrão de distribuição mais amplo, como ilustrado em (34). Além de aparecer no início da sentença coocorrendo com o marcador de negação predicativa em respostas a interrogativas-*sim/não* (ver (34a)), o marcador de negação externa pode aparecer isoladamente (ver (34b)), na posição final da sentença, após o complementizador *que* (ver (34c)), entre duas ocorrências de *que* em estruturas de "recomplementação" (ver (34d)) e na posição final da sentença expressando negação enfática (ver (34e)).

(34) [*Contexto:* A: – Ele vem?]
 a. B: – **Não**, não vem.
 b. B: – **Não**.
 c. B: – Ele disse que **não**.
 d. B: – Ele disse que **não**, que não vem.
 e. [*Contexto:* A: – Ele vem, não vem?]
   B: – Não vem **não**.

Em algumas variedades dialetais do PB e do PE, os dois tipos de *não* podem ser distinguidos foneticamente. O marcador de negação predicativa pode sofrer redução fonológica (com o ditongo dando lugar a uma única vogal, que pode ser ainda desnasalizada), mas não o marcador de negação externa, como ilustrado em (35).[12]

(35) a. %*PE*: Eu {**não/nã/na**} quero, {**não/*nã/*na**}.
 b. %*PB*: Eu {**não/num/nu**} quero, {**não/*num/*nu**}.

Outra diferença entre os dois tipos de *não* diz respeito às suas contrapartes positivas. Em PB, o marcador positivo *sim* em (36a-b) é geralmente restrito a registros formais (daí o símbolo %), como será discutido na seção 7.5.1. Mas deixando isso de lado por enquanto, o marcador de negação externa *não* exibe a mesma distribuição sintática que *sim,* como pode ser visto comparando (34) com (36). Já o marcador de negação predicativa *não* não tem contrapartida morfossintática positiva foneticamente realizada, como mencionado anteriormente.

(36) [*Contexto:* A: – Ele vem?]
    a. B: – **Sim**, vem.   (PE: √; PB: %)
    b. B: – **Sim**.   (PE: √; PB: %)
    c. B: – Ele disse que **sim**.
    d. B: – Ele disse que **sim**, que vem.
    e. [*Contexto:* A: – Ele não vem.]
       B: – Vem **sim**.

A exigência de a negação predicativa ser realizada numa posição preverbal pode ser satisfeita se um item de polaridade negativa (*negative polarity item – NPI*) como os indefinidos *nenhum, nada, ninguém* ou o advérbio *nunca* preceder o verbo, como ilustrado em (37); nesse caso, o marcador de negação predicativa *não* é bloqueado.[13] Se o NPI se seguir ao verbo, como mostrado em (38), a negação predicativa tem de ser realizada foneticamente.[14]

(37) a. **Ninguém** telefonou.
    a.' *Ninguém **não** telefonou.
    b. **Nenhum** deles foi demitido.
    b.' *Nenhum deles **não** foi demitido.
    c. **Nada** aconteceu.
    c.' *Nada **não** aconteceu.
    d. Eles **nunca** telefonam.
    d.' *Eles nunca **não** telefonam.

(38) a. **Não** telefonou ninguém.
    a.' *Telefonou **ninguém**.
    b. **Não** foi demitido nenhum deles.
    b.' *Foi demitido **nenhum** deles.
    c. **Não** aconteceu nada.
    c.' *Aconteceu **nada**.
    d. Eles **não** telefonam nunca.
    d.' *Eles telefonam **nunca**.

A acentuada assimetria entre NPIs pré-verbais e pós-verbais em relação à sua interação com a negação vista em (37) e (38) também mostra que a coocorrência do marcador de negação predicativa *não* e um NPI pós-verbal dentro da mesma oração não dá origem a uma leitura de dupla negação, com cada elemento negativo trazendo uma contribuição semântica independente. As sentenças gramaticais de (38) expressam de forma inequívoca negação padrão, mostrando que temos uma instância de "concordância negativa", onde o NPI pós-verbal simplesmente concorda com o marcador de negação predicativa sem adicionar um valor negativo independente.

A concordância negativa também surge quando dois ou mais NPIs coocorrem dentro da mesma oração, conforme mostrado em (39). Se os elementos negativos relevantes estiverem em orações diferentes, pode surgir uma leitura de dupla negação, como ilustrado em (40), com uma negação cancelando a outra. Em (40c) e (40c') há concordância negativa na oração matriz e dupla negação no nível da sentença.

(39) a. O João **nunca** fala com **ninguém** durante as reuniões.
b. Aqui, **nunca ninguém** vê **nada.**

(40) a. **Não** passa um dia em que eu **não** pense nele.
[= 'Eu sempre penso nele.']
b. Ele **nunca** lhe acontece **não** saber o que dizer. (PE)
b.' **Nunca** acontece de ele **não** saber o que dizer. (PB)
[= 'Ele sempre sabe o que dizer.']
c. **Não** há **ninguém** que **não** veja o que está a acontecer. (PE)
[= 'Toda a gente vê o que está a acontecer.']
c.' **Não** tem **ninguém** que **não** veja o que está acontecendo. (PB)
[= 'Todo mundo vê o que está acontecendo.']

Uma aparente exceção à obrigatoriedade da concordância negativa dentro de uma única oração envolve a preposição negativa *sem* em sentenças como (41), nas quais uma negação cancela a outra.

(41) a. Ela **não** sai **sem** chapéu.
[= 'Ela sempre usa chapéu quando sai.']
b. Ela **nunca** sai **sem** chapéu.
[= 'Ela sempre usa chapéu quando sai.']
c. Aqui **ninguém** sai **sem** chapéu.
[= 'Aqui, todo mundo usa chapéu para sair.']

A especificação negativa de *sem* pode ser detectada em sentenças como as de (42), por exemplo, que mostram que *sem* pode licenciar a interpretação polar (negativa) de uma expressão como *um tostão furado*, cuja interpretação seria exclusivamente literal (referencial) numa sentença afirmativa (*cf.*

(42b) *vs.* (42c)). Entretanto, as sentenças em (42) também mostram que *sem* é incapaz de negar a oração inteira; afinal, em (42a) João chegou e em (42b) Maria viajou. Em outras palavras, *sem* é um caso de negação de constituinte (ver nota 9) e, independentemente, negação de constituinte é incapaz de participar de concordância negativa. Portanto, a excepcionalidade de (41) é apenas aparente.

(42) a. O João chegou **sem nada** nos bolsos.
  b. A Maria viajou **sem um tostão furado**.
  c. #A Maria viajou com um tostão furado.

Que a negação de constituinte não pode participar da concordância negativa é ilustrada pelo interessante paradigma em (43). A posição pós-verbal de *não* em (43a) indica que não se trata de negação predicativa, mas de negação de constituinte. Sendo assim, o contraste entre (43b) e (43c) encontra facilmente uma explicação. Em (43b), *não* pós-verbal tem como alvo o constituinte nucleado por *sem,* anulando o importe negativo deste último, que não pode mais licenciar o NPI *um tostão furado*. Já em (43c), a especificação negativa de *sem* não é cancelada e é capaz de licenciar o NPI de forma autônoma, independentemente de a oração matriz ser negada ou não.

(43) a. O Pedro saiu **não sem** antes dizer adeus.
  b. *O Pedro vai viajar **não sem** ter **um tostão furado**.
  c. O Pedro (**não**) vai viajar **sem** ter **um tostão furado**.

Um conjunto restrito de predicados (não necessariamente os mesmos em PE e PB) permite concordância negativa entre elementos em orações diferentes, conforme mostrado em (44).[15] As orações com infinitivo são geralmente mais porosas para concordância negativa interoracional do que orações finitas, como ilustrado pelos contrastes em (45).

(44) a. Eu **não** quero que ele compre **nada**.
  b. Eu **não** acredito que ele tenha mexido **um dedo** para me ajudar.
  c. **Não** senti que esse tratamento tivesse efeito colateral **nenhum**.
  d. Ela **não** pediu que eu trouxesse **nada**.

(45) a. Eu **não** vi o João falar com **ninguém**.
  a.' *Eu **não** percebi que o João dançou com **ninguém**.
  b. Ele **não** mexeu um dedo para ajudar **ninguém**.
  b.' *Ele **não** mexeu um dedo para que socorressem **ninguém**.

7.3.2 Negação enfática

A negação enfática descreve o tipo de negação que contradiz/nega uma asserção positiva anterior, geralmente apresentada como uma sentença declarativa afirmativa ou como uma pergunta-*tag* que antecipa uma resposta positiva, conforme ilustrado respectivamente em (46).[16]

(46) a. [*Contexto:* A: – Vocês saíram sem pagar.]
       B: – A gente não saiu sem pagar **não**.   (PE/PB)
   b. [*Contexto:* A: – Ele gosta de bacalhau, não gosta?]
       B: – Não gosta **não**.   (PE/PB)

A negação enfática com *não* no fim da sentença se comporta de maneira paralela à afirmação enfática com *sim* no fim da sentença (ver seção 7.2.1): enquanto *sim* em fim de sentença amplifica uma declarativa afirmativa, *não* em fim de sentença amplifica uma declarativa negativa, gramaticalmente funcionando como um reforço em relação ao valor de verdade da sentença declarativa à qual estão associados. Assim, dois itens de negação homófonos são realizados em construções de negação enfática como as de (46), a saber, o marcador de negação predicativa e o marcador de negação externa, sem que haja negação dupla com um marcador negativo anulando o outro.

Embora o PE e o PB possam ambos expressar negação enfática com *não* no final da sentença, como em (46), a relação entre esse marcador e a negação predicativa é menos restrita no PB. Em particular, no PB, mas não no PE, *não* em fim de sentença pode ser associado à negação de uma subordinada completiva, como mostrado em (47), a um imperativo negativo, como ilustrado em (48),[17] e pode ser usado para enviesar uma interrogativa-*sim/não* para uma resposta positiva, como mostrado pela pergunta de confirmação em (49) e o convite educado em (50). No entanto, as duas variedades convergem na exclusão de *não* enfático em interrogativas-*qu*, como ilustrado em (51).

(47)   A Maria disse que ele **não** comprou aquela casa **não**.   (PE: *; PB: √)
(48)   **Não** convide o João **não**.   (PE: *; PB: √)
(49)   Você **não** terminou o relatório **não**?   (PE: *; PB: √)
(50)   Você **não** quer tomar um cafezinho **não**?   (PE: *; PB: √)
(51)   a. *O que é que o João **não** comprou **não**?   (PE: *; PB: *)
       b. *Quem é que o João **não** cumprimentou **não**?

O PE e o PB também podem fazer uso do indefinido negativo *nada* para expressar negação enfática, embora com diferenças no que diz respeito à posição em que *nada* é licenciado e à obrigatoriedade da negação predicativa.[18]

No PE, o marcador de negação enfática *nada* deve se seguir imediatamente ao verbo e o marcador de negação predicativa é obrigatório, conforme ilustrado em (52). Já em PB, *nada* ocorre na posição final da sentença e a negação predicativa é opcional, como mostrado em (53). Observe que uma construção de negação enfática como (54a) é aceitável em ambas as variedades porque não há outro material além de *nada* seguindo o verbo; portanto, *nada* em (54a) pode satisfazer tanto o requisito de adjacência pós-verbal em PE, como o requisito de posição final de sentença em PB. De fato, a negação enfática com *nada* no PB soa mais natural quando o predicado envolve apenas o verbo, como em (54b), correspondendo assim à contrapartida negativa das respostas curtas com afirmação enfática (ver seção 7.2.1).[19]

(52) *PE:*
[*Contexto:* A: – Vi o teu namorado a beijar a Maria.]
B: – **Não** viste **nada** o meu namorado a beijar a Maria.

(53) *PB:*
[*Contexto:* A: – O mecânico disse que consertou o carro.]
B: – **(Não)** consertou o carro **nada.**

(54) [Contexto: A: – Ontem o João chegou na hora certa.]
    a. B: – Não chegou nada.   (PE/PB)
    b. B: – Chegou nada.   (*PE/PB)

Alguns dialetos do PB (em particular, dialetos do Nordeste) permitem *não* no final de sentença sem estar vinculado ao marcador de negação predicativa em vários tipos de construções, como ilustrado em (55a) com uma resposta a uma interrogativa-*sim/não* e (55b) com um imperativo negativo. Esses dialetos também usam esse quadro para expressar negação enfática, como ilustrado em (56).[20]

(55) *%PB:*
    a. [*Contexto:* A: – Você fez o trabalho?]
       B: – Fiz **não**.
    b. Convide ele **não**.

(56) *%PB:*
    a. [*Contexto:* A: – Cê demorou pra chegar.]
       B: – Demorei **não**.
    b. [*Contexto:* A: – O João vai viajar amanhã.]
       B: – Vai **não**.

Curiosamente, não é o caso que esses dialetos do PB tenham simplesmente substituído construções de negação enfática com marcador de negação predicativa por construções como (55). As duas estruturas ocorrem lado a lado, embora a versão sem o marcador de negação predicativa seja mais restrita, sendo proibida em orações encaixadas. Uma sentença como (57), por exemplo, pode ser interpretada como negando o que a Maria disse, mas não como negando a compra (cf. (47)). Além disso, a versão sem o marcador de negação predicativa permite um NPI como *nada* em posição pós-verbal por exemplo, mas não é capaz de licenciar um minimizador como *um tostão furado*, conforme ilustrado em (58). Isso indica que sentenças como (56) nesses dialetos não podem ser analisadas simplesmente como dispensando a expressão gramatical da negação predicativa, pois do contrário (58a) seria excluído porque o NPI pós-verbal *nada* não seria licenciado; inversamente, essas sentenças não podem ser analisadas como envolvendo simplesmente o apagamento fonológico do marcador de negação predicativa, pois do contrário o minimizador em (58b) deveria ser licenciado. Em outras palavras, essas construções parecem envolver um marcador de negação predicativa nulo com uma especificação de traços distinta do marcador de negação predicativa *não*.[21]

(57) %PB:
A Maria disse que ele comprou aquela casa **não**.
'Maria não disse que ele comprou aquela casa.'
*'Maria disse que ele não comprou aquela casa.'

(58) %PB:
a. [*Contexto:* A: – Você comprou alguma coisa?]
B: – Comprei nada **não**.
b. [*Contexto:* A: – O João é rico!]
B: – O quê? *Ele tem um tostão furado **não**.

7.3.3 Negação metalinguística

O termo *negação metalinguística* descreve o tipo de negação que sinaliza objeção a um enunciado anterior, não necessariamente em relação ao seu valor de verdade, mas em relação à sua adequação ou a inferências suscitadas.[22] Considere o diálogo em (59), por exemplo. Do ponto de vista lógico, se o João errou todas as questões, é necessariamente verdade que ele errou algumas questões. O marcador negativo em (59), no entanto, não torna o enunciado de B contraditório ou sem sentido. Na verdade, B não está negando que o João errou algumas respostas, mas questionando a adequação do enunciado de A num contexto em que o João errou todas as respostas, pois o enunciado de A convida à inferência de que pelo menos algumas das respostas estavam certas. Temos aqui um exemplo de negação metalinguística.

(59) [*Contexto:* A: – O João errou algumas questões na prova.]
B: – Ele **não** errou algumas questões. Ele errou todas.

Além do marcador negativo *não* visto em (59), o PE e o PB empregam dois outros padrões gerais para expressar negação metalinguística. O primeiro envolve certos elementos-*qu*, como ilustrado em (60) para o PE.[23]

(60) *PE:*
[*Contexto:* A: – Eles humilharam-no.]
a. B: – **Qual** humilharam-no!
a.' B: – *Humilharam-no **qual**!
b. B: – Humilharam-no **o quê**!
b.' B: – *{**O que/quê**} humilharam-no!
c. B: – **Qual (quê)**!
d. B: – **Qual** humilharam-no {**qual quê/o quê**}!

O PE usa os aparentes determinantes/pronomes-*qu qual*, *o quê* e *quê*, com uma distribuição muito interessante. *Qual* pode aparecer isoladamente (ver (60c)) ou na posição inicial da sentença (ver (60a) *vs.* (60a')). Já *o quê/quê* tem de ocupar a posição final da sentença (ver (60b) *vs.* (60b')). Finalmente, *quê* pode ocorrer em combinação com *qual*, seja isoladamente (ver (60c)), seja na posição final da sentença redobrando um *qual* no início da sentença (ver (60d)). Esta última possibilidade também está disponível para *o quê* (ver (60d)). Curiosamente, o elemento-*qu* em posição preverbal em (60a) e (60d) não desencadeia próclise, em claro contraste com determinantes-*qu* e pronomes-*qu* canônicos (ver seção 5.6.1).

O PB, por sua vez, recorre a *que:* e *o quê*, conforme ilustrado em (61) (os dois pontos depois de *que* indicam alongamento da vogal).[24] Esses elementos-*qu* também ocupam diferentes posições periféricas, com *que* ocorrendo no início da sentença (ver (61a) vs. (61a')) e *o quê* no final (ver (61a) vs. (61a')), o que também permite que possam coocorrer (ver (61c)). A possibilidade de *que:* inicial em (61a) e (61c) contrasta claramente com o pronome interrogativo *que* em PB, que tem de ser precedido por uma preposição ou ser seguido pelo complementizador homófono *que* (ver seção 5.3.2).[25,26]

(61) *PB:*
[*Contexto:* A: – O João não vai comer sobremesa.]
a. B: – **Que:** não vai!
a.' B: – *Não vai **que:**!
b. B: – Não vai **o quê**!
b.' B: – ***O que** não vai!
c. B: – **Que:** não vai comer sobremesa **o quê**!

O segundo padrão geral que codifica negação metalinguística gramaticalmente envolve três itens lexicais específicos que se originaram de adverbiais dêiticos, a saber, *lá*, *cá* e *agora*, como ilustrado em (62) e (63).

(62) *PE:*
[*Contexto:* A: – Você estava um pouco preocupado.]
   a. B: – Eu estava {**lá/cá/agora**} um pouco preocupado. Estava morto de preocupação.
   b. B: – *Eu {**lá/cá/agora**} estava um pouco preocupado. Estava morto de preocupação.
   c. B: – Eu estava um pouco preocupado {*****lá/*cá/agora**}. Estava morto de preocupação.
   d. B: – *Eu estava {**lá/cá**} um pouco preocupado **agora**. Estava morto de preocupação.

(63) *PB:*
[*Contexto:* A: – Eu trouxe esses exercícios pra você me ajudar.]
   a. B: – E eu {**lá/agora**} entendo de matemática?!
   b. B: – E eu entendo {**lá/agora**} de matemática?!
   c. B: – E eu entendo de matemática {*****lá/agora**}?!
   d. B: – E eu **lá** entendo de matemática **agora**?!
   e. B: – E eu entendo **lá** de matemática **agora**?!

A comparação entre as sentenças gramaticais de (62) e (63), por um lado, e as sentenças agramaticais de (64), por outro, mostra que a negação metalinguística é um fenômeno de oração matriz.

(64) a. *PE:* [*Contexto:* A: – A Maria disse que tu estavas um pouco preocupado?]
      B: – *A Maria disse [que eu estava **agora** um pouco preocupado]. Estava morto de preocupação.
   b. *PB:* [*Contexto:* A: – Eu trouxe esses exercícios pra você me ajudar.]
      B: – *E eu lamento [que eu **lá** entendo de matemática]?!

Examinemos mais detalhadamente *lá*, *cá* e *agora* como marcadores de negação metalinguística, pois esse uso tem passado despercebido nas gramáticas do português devido à sua natureza coloquial. A primeira coisa a salientar é que *cá* só é usado como marcador de negação metalinguística no PE (ver (62)). *Lá* e *agora* são usados em ambas as variedades, embora no PB estejam basicamente restritos a contextos que envolvem perguntas retóricas como respostas, como visto em (63). O segundo ponto digno de nota é que o PE e o PB diferem quanto à posição desses marcadores de negação metalinguística especializados. No PE, *lá* e *cá* sempre ocorrem imediatamente após o verbo, enquanto *agora* também pode aparecer em final de sentença, como visto em (62).[27] No PB, por outro lado, *lá* e *agora* podem preceder ou seguir imediatamente o verbo, como mostrado em (63a,b), mas somente *agora* pode aparecer em posição de final de sentença (ver (63c)). No PB, mas não no PE, pode-se também ter, na mesma sentença, o marcador *lá* na posição adjacente ao verbo e o marcador *agora* ocupando a posição final da sentença, como ilustrado pelo contraste entre (62d) em PE e (63d,e) em PB.

Lá em PB também apresenta um comportamento excepcional quando associado idiomaticamente a *sei*. Considere os dados em (65) e (66), por exemplo. (65a) e (66b) exibem o padrão esperado para *lá* (ver (63)), com uma entoação ascendente característica de uma pergunta retórica e *lá* precedendo ou seguindo o verbo.[28] Curiosamente, o sujeito não pode ser apagado em (65a), como mostrado em (65c). O padrão inesperado surge com *lá* pós-verbal em (66): a entoação é descendente, o sujeito está elidido e, embora interpretado como uma resposta negativa (afirmando que B não sabe a resposta para a pergunta de A), não recebe necessariamente uma leitura de negação metalinguística (questionando a adequação da pergunta de A). (67) mostra ainda que a excepcionalidade de (66) está restrita à primeira pessoa do singular do verbo *saber* no presente do indicativo, pois a construção análoga com o imperfeito do indicativo em (66d) é completamente inaceitável. A sentença (67d), no entanto, é perfeitamente possível no PE, que também contrasta com o PB no fato de a expressão muito comum *sei lá* traduzir negação metalinguística. Ou seja, no PE uma resposta como (66) não é meramente a declaração de que não se dispõe da informação pedida, antes tem implícito um comentário crítico do tipo: 'Por que diabo eu haveria de saber?'.

(65) *PB:*
 [*Contexto:* A: – Eles vão casar?]
 a. B: – Eu **lá** sei (se eles vão casar)?!
 b. B: – Eu sei **lá** (se eles vão casar)?!
 c. B: – ***Lá** sei (se eles vão casar)?!

(66) *PB:*
 [*Contexto:* A: – Eles vão casar?]
 B: – Sei **lá** (se eles vão casar).

(67) *PB:*
 [*Contexto:* A: – Por que você não me contou que eles iam casar?]
 a. B: – E eu **lá** sabia (que eles iam casar)?!
 b. B: – E eu sabia **lá** *(que eles iam casar)?!
 c. B: – *E **lá** sabia (que eles iam casar)?!
 d. B: – *Sabia **lá** (que eles iam casar).

No PE, os marcadores de negação metalinguística *lá* e *cá* também diferem de *agora* em vários aspectos. *Agora* tem requisitos mais rígidos do que *lá* e *cá* no que diz respeito ao seu licenciamento no discurso, pois deve se opor a um enunciado de fato efetivado, enquanto *lá* e *cá* podem contradizer uma pressuposição implícita. Assim, *agora* pode ser licenciado em (62a) ou (68), mas não em (69). Por isso, se *agora* toma a posição de *cá* em (68), como mostrado em (70), a sentença se torna agramatical.

(68) *PE:*
[*Contexto:* A: – Vem para o nosso grupo de filosofia.]
B: – (Vou **agora**). Eu sei **cá** alguma coisa de filosofia.

(69) *PE:*
[*Contexto:* A: – O João estará em casa?]
a. B: – Sei **lá**.
b. B: – *Sei **agora**.

(70) *PE:*
[*Contexto:* A: – Vem para o nosso grupo de filosofia.]
B: – (Vou **agora**). *Eu sei **agora** alguma coisa de filosofia.

Outra diferença é que *agora* pode ocorrer isoladamente ou precedendo um fragmento nominal numa resposta, mas *lá* e *cá* não podem, como ilustrado em (71) e (72).

(71) *PE:*
[*Contexto:* A: – Ele pagou o jantar?]
a. B: – **Agora**.
b. B: – {***Lá**/***cá**}.

(72) *PE:*
[*Contexto:* A: – O João vai comprar mas é a bicicleta.]
a. B: – **Agora** a bicicleta.
b. B: – {***Lá**/***cá**} a bicicleta.

Agora também é compatível com elipse de VP e com VSVPE (ver seção 6.2), ao contrário de *lá* e *cá*, como ilustrado em (73) e (74).[29]

(73) *PE:*
[*Contexto:* A: – O João tem lido todos os livros.]
a. B: – Tem **agora**.
b. B: – *Tem **lá**.
c. B: – O João tem **lá** lido todos os livros.

(74) *PE:*
[*Contexto:* A: – A Maria ofereceu um cão à filha.]
a. B: – Ofereceu **agora**.
b. B: – *Ofereceu **cá**.
c. B: – A Maria ofereceu **cá** um cão à filha.

Lá e *cá* são totalmente incompatíveis com *não,* como mostrado em (75), enquanto *agora* pode ocorrer com *não* em contextos como o de (76). No entanto, nesses contextos *agora* se opõe a um enunciado negativo prévio e induz uma interpretação de dupla negação (daí o contraste entre (75b) e (76) em relação a *agora)*. Em outras palavras, nenhum dos marcadores de negação metalinguística pode ser licenciado por meio de concordância negativa.[30]

(75) *PE:*
 [*Contexto:* A: – Tens de pedir-lhe desculpa.]
 a. B: – Peço-lhe {**lá/cá/agora**} desculpa.
 b. B: – *****Não** lhe peço {**lá/cá/agora**} desculpa (**não**).
(76) *PE:*
 [*Contexto:* A: – Eu não vou pedir-lhe desculpa.]
 B: – **Não** vais **agora** pedir-lhe desculpa.

O PE e o PB também possuem uma série de expressões idiomáticas e palavrões que podem se comportar como marcadores de negação metalinguística quando ocorrem na posição final da sentença ou são clivados na posição inicial da sentença. Tomaremos a expressão *uma ova,* exemplificada em (77), como representativa dessa classe. *Lá, cá* e *agora* não podem coocorrer com *uma ova,* como mostrado em (78) e (79).[31]

(77) [*Contexto:* A: – O João vai tomar conta de tudo.]
 a. B: – Vai tomar conta de tudo **uma ova**. (PE/PB)
 b. B: – **Uma ova** é que vai tomar conta de tudo. (PE)
 b.' B: – **Uma ova** que ele vai tomar conta de tudo. (PB)
(78) *PE:*
 [*Contexto:* A: – Tens de pedir-lhe desculpa.]
 a. B: – Peço-lhe {**lá/cá/agora**} desculpa.
 b. B: – Peço-lhe desculpa **uma ova**.
 c. B: – *Peço-lhe {**lá/cá/agora**} desculpa **uma ova**.
 d. B: – *****Uma ova** é que lhe peço {**lá/cá/agora**} desculpa
(79) *PB:*
 [*Contexto:* A: – O João disse que ele paga as contas em dia.]
 a. B: – E ele {**lá/agora**} paga as contas em dia?!
 b. B: – Ele paga as contas em dia **uma ova**!
 c. B: – *E ele {**lá/agora**} paga as contas em dia **uma ova**!
 d. B: – *****Uma ova** que ele {**lá/agora**} paga as contas em dia!

Por outro lado, *lá* e *cá* podem formar um marcador complexo com *agora*. No PB, a ordem dentro do complexo é fixada com *lá* precedendo *agora*, como mostrado em (80), mas em PE, *lá* e *cá* podem se agrupar com *agora* em qualquer ordem, como ilustrado em (81). Curiosamente, ao contrário do que vimos em (71), *lá* e *cá* podem aparecer sem o suporte do verbo se agrupados com *agora*, como exemplificado em (82). Ou seja, os marcadores complexos {*lá/cá*} *agora* e *agora* {*lá/cá*} podem ocorrer isolados, tal como o marcador simples *agora* e em contraste com *lá* e *cá*. Isso sugere que *lá* e *cá* são formas fracas (ou com algum tipo de deficiência morfológica), necessitando por isso de se apoiar ou no verbo ou num outro marcador de negação metalinguística que seja também um dêitico. Pela mesma razão, *lá* e *cá* não podem ocorrer no final da sentença, como se mostrou em (62) e (63).

(80) *PB:*
[*Contexto:* A: – Eu trouxe esses exercícios pra você me ajudar.]
 a. B: – E eu **lá agora** entendo de matemática?!
 b. B: – *E eu **agora lá** entendo de matemática?!

(81) *PE:*
[*Contexto:* A: – Ele viveu sempre em Paris.]
 a. B: – Ele viveu **agora {lá/cá}** sempre em Paris.
 b. B: – Ele viveu **{lá/cá} agora** sempre em Paris.

(82) *PE:*
[*Contexto:* A: – Ele pagou o jantar?]
 a. B: – **Agora lá**.
 b. B: – **Agora cá**.

Dado que a negação metalinguística envolve a contestação da adequação de um enunciado anterior, marcadores de negação metalinguística não ambíguos não são apropriados quando introduzidos "do nada", para iniciar uma conversa, por exemplo; daí o contraste entre o marcador negativo *default não* em (83a) e os marcadores *lá*, *cá* e *agora* em (83b), por exemplo.

(83) *PE:*
 a. A: – Ah, **não** trouxe a carteira. Pagas-me o café?
 b. A: – *Ah, trouxe {**lá/cá/agora**} a carteira. Pagas-me o café?

Que os marcadores de negação metalinguística *lá, cá* e *agora* não são operadores (lógicos) de negação proposicional também é confirmado por contrastes como o de (84). O uso corretivo da conjunção *mas* só é licenciado quando precedido pela negação proposicional (lógica); portanto, pode ser licenciado por *não* em (84a), mas não por *lá/cá/agora* em (84b)

(84) *PE:*
 a. Ele **não** tem três filhos, mas quatro.
 b. *Ele tem {**lá/cá/agora**} três filhos, mas quatro.

Uma vez que *lá*, *cá* e *agora* não participam de relações de concordância negativa, também não podem licenciar NPIs, como mostra o contraste com *não* em (85) e (86).

(85) PE:
    a. [*Contexto:* A: – Tu é que conheces uma pessoa que sabe arranjar isto.]
       B: – Eu **não** conheço **ninguém** que saiba arranjar isso.
       B': – Eu conheço {**lá/cá**} {alguém/***ninguém**} que saiba arranjar isso.
    b. [*Contexto:* A: – Eu sei que tu gostas de marisco.]
       B: – Eu **não** gosto de marisco **de todo**.
       B': – *Eu gosto **agora** de marisco **de todo**.

(86) PB:
    a. [*Contexto:* A: – Vem para o nosso grupo de filosofia.]
       B: – Eu **não** sei **nada** de filosofia.
       B': – E eu **agora** sei {alguma coisa/***nada**} de filosofia?!
    b. [*Contexto:* A: – Hoje você vai sair comigo.]
       B: – Eu **não** saio com você **nem morta**.
       B': – *Eu **lá** saio com você **nem morta**?!

Por fim, vale ressaltar que *lá*, *cá* e *agora* são, na verdade, compatíveis com itens de polaridade positiva (*positive polarity items - PPIs*) enfatizadores. Em (87) e (88), por exemplo, vemos a sua compatibilidade com os PPIs *e peras* em PE, *e tanto* em PB, e *do diabo* em ambos, contrastando com o indefinido negativo *ninguém*.

(87) PE:
    a. [*Contexto:* A: – Ele é um nadador e peras.]
       B: – ***Ninguém** é um nadador **e peras**.
       B':– Ele é **cá** um nadador **e peras**.
    b. [*Contexto:* A: – Tiveste uma sorte do diabo.]
       B: – ***Ninguém** teve uma sorte **do diabo**.
       B': – Tive **lá** uma sorte do diabo.

(88) PB:
    a. [*Contexto:* A: – Ele é um nadador e tanto.]
       B: – ***Ninguém** é um nadador **e tanto**.
       B': – Ele **lá** é um nadador **e tanto**?!
    b. [*Contexto:* A: – Você teve uma sorte do diabo.]
       B: – ***Ninguém** teve uma sorte **do diabo**.
       B': – E eu **agora** tive uma sorte **do diabo**?!
       Eu joguei foi muito bem!

7.3.4 Negação expletiva

O termo *negação expletiva* é usado para descrever casos em que um marcador negativo não nega algo, mas adiciona ênfase a uma sentença afirmativa não assertiva.[32] Essa negação não é, portanto, verdadeiramente expletiva (quer dizer, vazia de significado), mas a sua contribuição semântica é diferente da contribuição da negação regular e mais difícil de caracterizar. O PE e o PB restringem a negação expletiva a sentenças exclamativas, como exemplificado em (89) e (90).

(89) a. O que o João **(não)** faz pela família!
 b. O que o meu pai **(não)** diria se soubesse!
 c. Quantos acidentes **(não)** poderiam ser evitados!
 d. Quantos livros ela **(não)** leu!

(90) a. **Não é que** ele sabia a resposta!
 b. **Não é que** ela comeu tudo!

Embora o PE e o PB se comportem da mesma forma em relação ao licenciamento da negação expletiva em exclamativas-*qu*, como em (89), e exclamativas com a expressão *não é que*, como em (90), a negação expletiva é na verdade mais restrita no PB que no PE, como visto na seção 5.4. Em particular, o PE permite negação expletiva com exclamativas quantificacionais sem elementos-*qu*, mas o PB não permite, como mostrado em (91).[33,34]

(91) a. Muito ele **(não)** lê! (PE: √; PB: *)
 b. Os livros que ele **(não)** lê! (PE: √; PB: *)
 c. As coisas que ele **(não)** me disse! (PE: √; PB: *)

Não sendo um verdadeiro caso de negação (mas possivelmente uma partícula modalizadora), a negação expletiva é incapaz de licenciar NPIs, conforme mostrado em (92), e é incompatível com o marcador de negação enfática *nada* (ver seção 7.3.2), conforme mostrado em (93).[35] Na verdade, a negação expletiva é compatível com itens de polaridade positiva, conforme ilustrado em (94) com o PPI *do diabo*.

(92) a. *O que **não** faz **nenhum** pai pelos filhos!
 b. ***Não é que** ela criticou **ninguém**!

(93) [*Contexto:* A: – Você nunca vai lá.]
 a. B: – Eu?! Quantas vezes eu **não** fui lá! (PE/PB)
 b. B: – Eu?! *Quantas vezes **não** fui **nada** lá! (PE)
 b.' B: – Eu?! *Quantas vezes eu **não** fui lá **nada**! (PB)

(94) Quantos imbecis **não** têm uma sorte **do diabo**!

Consideremos finalmente os contrastes em (95) e (96). Uma oração coordenada reduzida pode ser licenciada pelo advérbio *também* se for afirmativa ou pelo complexo *também não* se for negativa. Como ilustrado em (95) e (96), *também* é compatível com uma estrutura de coordenação contendo negação expletiva, mas *também não* não é. Isso confirma que orações com negação expletiva de fato não contam como orações negativas.

(95) a. O que **não** diria o seu pai se soubesse e o meu **também**!
 b. *O que **não** diria o seu pai se soubesse e o meu **também não**!
(96) a. **Não é que** o Pedro sabia tudo e a Maria **também**!
 b. *Não é que o Pedro sabia tudo e a Maria **também não**!

7.4 INTERROGATIVAS POLARES ENVIESADAS

Vimos na seção 5.3.1 que, tanto no PE quanto no PB, interrogativas-*sim/não* (polares) neutras e sentenças declarativas afirmativas neutras exibem a mesma ordem canônica SVO, diferindo apenas em termos do contorno entoacional (tipicamente, um contorno descendente (↓) nas declarativas e um contorno ascendente (↑) nas interrogativas polares), conforme ilustrado em (97).

(97) a. A Maria pôs os livros na estante. (↓)
 b. A Maria pôs os livros na estante? (↑)

Uma interrogativa polar positiva como (97b) também é neutra em relação à resposta positiva ou negativa que solicita, pois não sinaliza que o contexto relevante possa favorecer uma resposta em relação à outra. No entanto, se a negação for adicionada, a pergunta se torna enviesada para uma ou outra resposta, como veremos.[36] Nas subseções que se seguem, examinaremos dois tipos de interrogativas polares enviesadas, a saber, interrogativas polares negativas e interrogativas-*tag*.

7.4.1 Interrogativas polares negativas

Interrogativas polares negativas são sempre enviesadas para uma resposta negativa ou positiva e denotam de uma forma ou de outra o ponto de vista de quem pergunta.[37] O viés pode se refletir nas propriedades prosódicas e/ou nas escolhas lexicais da pergunta, conforme ilustrado em (98) e (99). Também pode ser simplesmente inferido a partir do contexto do discurso, incluindo suposições sobre as intenções e pressupostos do falante. As perguntas de confirmação, por exemplo, favorecem um viés positivo em contextos onde há evidência para (ou uma forte crença a favor de) um certo estado de coisas e um viés negativo em contextos onde há evidências contra esse estado de coisas. Assim, a mesma pergunta pode estar enviesada para uma resposta positiva ou negativa, conforme ilustrado em (100).

(98) a. Ele não comeu **já** a salada? (PE) [*viés positivo*]
 b. Ele **ainda** não comeu a salada? [*viés negativo*]
(99) a. Não existe **um** restaurante
 tailandês aqui perto? [*viés positivo*]
 b. Não existe **nenhum** restaurante
 tailandês aqui perto? [*viés negativo*]
(100) a. Você não vem amanhã? [*viés positivo ou negativo*]
 b. A Maria não gostou do bacalhau? [*viés positivo ou negativo*]

As perguntas que expressam uma censura indireta também permitem as duas possibilidades de viés, como exemplificado em (101) e (102). Em (101c) *já* faz a balança pender para o viés positivo, enquanto em (102b) e (102c), *ainda*, *nada* e *nem* fazem a balança pender para o viés negativo.

(101) a. Eu não te pedi pra você
 ficar calado? (PB) [*viés positivo*]
 b. Não sabias que era o teu
 dia de fazer o jantar? (PE) [*viés positivo*]
 c. Não tens **já** o que querias? (PE) [*viés positivo*]
(102) a. Não tens vergonha? (PE) [*viés negativo*]
 ['Você deveria ter vergonha de si mesmo.']
 b. Você **ainda** não está satisfeito?
 Nada te satisfaz? (PB) [*viés negativo*]
 c. Não quer **nem** um café? (PE) [*viés negativo*]

Interrogativas polares negativas também podem expressar um pedido educado (ver (103a,b)) ou oferta (ver (103c)). Nesse caso, o viés é positivo (mesmo que o falante não tenha evidências para uma resposta positiva).

(103) a. Cê não pode me dar uma
 ajudinha com isso? (PB) [*viés positivo*]
 b. Não me compras o jornal
 quando fores à rua? (PE) [*viés positivo*]
 c. Não quer um cafezinho? (PE) [*viés positivo*]

Interrogativas polares negativas expressando comentários avaliativos, como exemplificado em (104), ou desafiando uma afirmação anterior do interlocutor, conforme ilustrado em (105), inequivocamente carregam um viés positivo e podem ser compatíveis com um PPI como *dos diabos* (ver (104c) e (105c)).

(104) a. Não está crescido o meu filho? [*viés positivo*]
 b. Não está horrível esta sopa? [*viés positivo*]
 c. Não está um frio dos diabos? [*viés positivo*]
(105) a. [*Contexto:* A: – Estou com fome.]
 B: – Não há comida no frigorífico? (PE) [*viés positivo*]
 B': – Não tem comida na geladeira? (PB) [*viés positivo*]
 b. [*Contexto:* A: – Ele é tão sem sal.]
 B: – Ele não escreveu um *best-seller*? [*viés positivo*]
 c. [*Contexto:* A: – Todos gostam dele.]
 B: – (Mas) ele não é um sacana dos diabos? [*viés positivo*]

O fato de as interrogativas polares negativas serem sempre enviesadas para uma das respostas tem implicações pragmáticas interessantes. Em particular, podem ser interpretadas como uma espécie de declarativa, dispensando, portanto, uma resposta genuína, que já é fornecida pelo viés. Considere o diálogo em (106), por exemplo. Usando uma interrogativa polar negativa, B diz para A que prefere almoçar na varanda ou no quintal. A a rigor não responde à pergunta, mas, por meio de outra interrogativa polar negativa, comunica a B que não acha que essa seja uma boa ideia. Por fim, B também não responde à interrogativa polar negativa de A, mas expressa concordância em relação à afirmação oculta induzida pela pergunta enviesada.

(106) A: – Vou pôr a mesa para o almoço.
 B: – Não vamos comer lá fora?
 A: – Não está frio?
 B: – Tá bom, então! Eu corto o pão.

Da mesma forma, o destinatário também pode simplesmente tomar como certa a resposta enviesada implícita em uma interrogativa polar negativa e adicionar uma estrutura de coordenação, como se fosse realmente precedida por uma declarativa. Isso é exemplificado por interações do tipo ilustrado em (107) e (108).

(107) A: – O João não terminou já o curso?
 B: – Mas ainda não arranjou trabalho.
(108) A: – Não está alto o meu filho?
 B: – E bonito também.

7.4.2 Interrogativas-*tag*

Uma interrogativa-*tag* é um tipo específico de interrogativa polar composto por uma *âncora declarativa* (afirmativa ou negativa) e uma *coda interrogativa* (a *tag*), que inverte a polaridade da âncora.[38] Em (109a), por exemplo, a âncora é positiva e a coda é negativa e em (109b), a âncora é negativa e a coda é positiva.

(109) a. A Maria **terminou** o trabalho, **não terminou**?
b. A Maria **não terminou** o trabalho, **terminou**? (PB)

As interrogativas-*tag* são sempre fortemente enviesadas: se a âncora declarativa for positiva, antecipa-se uma resposta positiva; se a âncora declarativa for negativa, o falante espera uma resposta negativa. A seguir ilustramos diferentes tipos de *tags* a que o PE e o PB recorrem, dependendo da polaridade da âncora.

Quando a âncora é positiva, a coda interrogativa pode envolver algumas expressões especializadas, conforme ilustrado em (110).

(110) Vocês pediram bacalhau,
    a. **não é verdade?** (PE/PB)
    b. **não é assim?** (PE/*PB)
    c. **não é?** (PE/PB)
    d. **é?** (PE/*PB)

Além da forma fixa na terceira pessoa do singular do presente do indicativo, o verbo *ser* em (110c) também pode concordar com o tempo da âncora se o verbo estiver no pretérito perfeito ou imperfeito do indicativo, conforme ilustrado em (111).

(111) a. Vocês pedi**ram** bacalhau, **não foi?** (PE/PB)
    b. Vocês, nesse restaurante,
       costuma**vam** pedir bacalhau, **não era?** (PE/PB)

Porém, o tipo mais comum de coda interrogativa para uma âncora positiva é a que envolve o marcador negativo *não* e uma cópia do verbo finito da âncora, conforme ilustrado em (112).

(112) a. Eu **fiz** um bom negócio, **não fiz**?
    b. A Maria **fala** bem inglês, **não fala**?
    c. **Vamos** precisar contratar mais um estagiário, **não vamos**?
    d. As crianças **brincaram** bastante, **não brincaram**?

Se a âncora positiva contiver expressões que carregam uma implicatura negativa (por exemplo, o advérbio *só* ou uma estrutura de clivagem), a coda interrogativa não pode repetir o verbo, como mostrado em (113), e uma das expressões fixas deve ser empregada como alternativa, como ilustrado em (114).

(113) a. *Só a Maria **chegou** hoje de Paris, **não chegou**?
b. *Ontem **é que** a Maria **regressou** de Paris, **não regressou**?
(114) a. Só a Maria **chegou** hoje de Paris, **não é verdade**?
b. Ontem **é que** a Maria **regressou** de Paris, **não foi**?

Como vimos no caso da afirmação enfática (ver seção 7.2.1), se a âncora positiva envolver o advérbio *já* em PE, o próprio advérbio pode ser copiado na coda interrogativa se não estiver acompanhado do verbo, como ilustrado em (115).[39]

(115) *PE:*
a. A Maria **já regressou** de Paris, **não regressou**?
b. A Maria **já regressou** de Paris, **não já**?
c. *A Maria **já regressou** de Paris, **não já regressou**?

Examinemos agora codas interrogativas associadas a uma âncora negativa. Este tipo de interrogativa polar é compatível com as expressões fixas vistas em (110), conforme mostrado a seguir em (116). Também é compatível com a coda com *ser* e concordância de tempo (ver (111)), como mostrado em (117).

(116) Vocês **não** pediram bacalhau, a. **não é verdade?** (PE/PB)
b. **não é assim?** (PE/*PB)
c. **não é?** (PE/PB)
d. **é?** (PE/*PB)
(117) a. Vocês não ped**iram** bacalhau, **não foi?** (PE/PB)
b. Eles nunca se decid**iam**, **não era?** (PE/PB)

Curiosamente, o PE e o PB exibem um contraste marcante na sua opção mais comum de coda interrogativa para uma âncora negativa, conforme mostrado em (118) (ver seção 7.2.1). O PB simplesmente copia o verbo finito na coda – possibilidade que o PE não usa. O PE prefere fazer uso da partícula confirmativa *pois* em conjunto com o marcador negativo *não* – possibilidade que não está disponível em PB.[40]

(118) a. Eu **não fiz** um bom negócio, **pois não**? (PE)
a.' Eu **não fiz** um bom negócio, **fiz**? (PB)
b. A Maria **não fala** bem inglês, **pois não**? (PE)
b.' A Maria **não fala** bem inglês, **fala**? (PB)
c. **Não vamos** precisar contratar mais estagiários, **pois não**? (PE)
c.' **Não vamos** precisar contratar mais estagiários, **vamos**? (PB)
d. As crianças **não brincaram** muito, **pois não**? (PE)
d.' As crianças **não brincaram** muito, **brincaram**? (PB)

7.5 RESPOSTAS CURTAS PARA INTERROGATIVAS-*SIM/NÃO*

Uma resposta apropriada a uma interrogativa-*sim/não* (uma interrogativa polar) pode ser vista como abrangendo duas informações: (i) se o estado de coisas referido na pergunta é verdadeiro ou falso, o que é expresso pela oposição *positivo/negativo*; e (ii) se essa informação está ou não em consonância com a forma como a pergunta foi formulada em relação à sua polaridade, o que é expresso pela oposição *concordância/discordância*. A distinção entre essas duas informações não é óbvia no caso de interrogativas polares não marcadas (positivas), mas se torna mais clara no caso de interrogativas polares negativas (ver seção 7.4). Considere o contraste entre (119a) e (119b) em PE, por exemplo, em um contexto em que a resposta de B visa informar que o João vendeu o carro (resposta positiva).

(119) *PE:*
   a. A: – O João vendeu o carro?
      B: – Sim.
   b. A: – O João não vendeu o carro, pois não?
      B: – *Sim.

Uma resposta positiva concorda com a polaridade (positiva) da pergunta não marcada em (119a), mas não com a polaridade (negativa) da pergunta marcada em (119b). O fato de *sim* poder ser uma resposta apropriada em (119a), mas não em (119b) mostra que uma análise adequada de respostas a interrogativas polares deve levar em consideração a oposição concordância/discordância além da usual oposição positivo/negativo.

A seguir, examinaremos em detalhes como o PE e o PB codificam gramaticalmente respostas positivas e negativas em contextos de concordância ou discordância com a polaridade das interrogativas relevantes.[41] Discutiremos, em particular, respostas mínimas, ou seja, respostas que contam como apropriadas mesmo não repetindo todos os itens lexicais da pergunta.[42] Na seção 7.5.1 discutiremos respostas mínimas envolvendo verbos isolados e/ou as partículas responsivas *sim* e *não*; na seção 7.5.2, respostas mínimas com certos advérbios e quantificadores; e na seção 7.5.3, respostas mínimas com o verbo *ser*.

7.5.1 Respostas mínimas com verbos e partículas responsivas

Consideremos algumas das possíveis respostas curtas para as interrogativas em (120).

(120) A: – Ele vai sair hoje?
A': – Ele vai sair hoje, não vai?
a. B: – Vai. [*concordância positiva*] (PE/PB)
b. B: – Sim. [*concordância positiva*] (PE/%PB)
c. B: – *Pois. [*concordância positiva*] (*PE/*PB)
d. B: – Sim, vai. [*concordância positiva*] (PE/%PB)
e. B: – Não. [*discordância negativa*] (PE/PB)
f. B: – Não, não vai. [*discordância negativa*] (PE/PB)

Dado que a pergunta de A em (120) corresponde a uma interrogativa não marcada (com polaridade positiva) e a pergunta-*tag* de A' é enviesada para uma resposta positiva (ver seção 7.4.2), as respostas com uma asserção positiva contam como concordância positiva e as respostas com uma asserção negativa contam como discordância negativa. Tanto em PE quanto em PB, respostas verbais simples como em (120a), que contêm apenas o verbo relevante da pergunta, constituem o padrão canônico de respostas positivas mínimas para tais interrogativas e a resposta curta com *não* em (120e) representa a opção canônica para respostas negativas mínimas. Conforme mencionado na seção 7.2.1, *pois* não é uma partícula responsiva em PE; já em PB, é parte da expressão congelada *pois não* (ver nota 3) ou parte da expressão confirmativa *pois é* (ver seção 7.5.3). Segue-se daí a agramaticalidade de (120c) em ambas as variedades. Finalmente, as respostas com *sim* tanto em sua versão curta como em (120b) quanto em sua versão expandida em (120d) também podem ser usadas como respostas positivas regulares em PE, mas não em PB. De modo geral, respostas com *sim* em PB (sejam curtas ou expandidas) são restritas a registros formais, geralmente em contextos um tanto ritualizados que envolvem listas de perguntas e respostas. Assim, soam mais naturais em concursos envolvendo perguntas e respostas, como em (121a), e interrogatórios legais, como em (121b-c), por exemplo. Nesses tipos de contexto, não é incomum que a questão esteja oculta sob uma afirmação a ser avaliada, como em (121a), ou que a própria questão envolva explicitamente a escolha entre *sim* e *não,* conforme ilustrado em (121c).

(121) *PB:*
a. A: – Martin Luther King Jr. ganhou o Nobel da Paz.
B: – Sim.
b. A: – O senhor conhece a testemunha?
B: – Sim, conheço.
c. A: – O suspeito falou com a vítima no dia do crime? Sim ou não?
B: – Sim.

Conforme discutido em detalhe na seção 7.4.2, a pergunta-*tag* enviesada de A' em (120) também pode ser respondida por uma resposta mínima com negação enfática, conforme ilustrado em (122), caso em que codifica discordância negativa.

(122) A: – Ele vai sair hoje, não vai?
B: – Não vai, não.   [*discordância negativa*]   (PE/PB)

Examinemos agora respostas mínimas para a interrogativa polar negativa de A em (123). Conforme discutido na seção 7.4.1, interrogativas polares negativas podem ser interpretadas como enviesadas para uma resposta positiva ou negativa. Assim, a pergunta de A em (123) deve ser considerada nesses dois cenários diferentes. Se estiver enviesada para uma resposta positiva, encontramos os mesmos padrões de respostas já vistos em (120a-f), com as respostas afirmativas codificando concordância positiva e as respostas negativas, discordância negativa. Consideremos então o cenário em que a pergunta de A em (123) tenha viés para uma resposta negativa, de modo a podermos examiná-la junto com as respostas para as interrogativas-*tag* de A' e A", que têm viés negativo.

(123) A: – Ele não vai sair hoje? [*sob um viés negativo*]
A': – Ele não vai sair hoje, pois não?   (PE)
A": – Ele não vai sair hoje, vai?   (PB)
a. B: – Vai.   [*discordância positiva*]   (PE/PB)
b. B: – *Sim.   [*discordância positiva*]   (*PE/*PB)
c. B: – Sim, vai.   [*discordância positiva*]   (?PE/%PB)
d. B: – Vai, sim.   [*discordância positiva*]   (PE/PB)
e. B: – Vai, pois.   [*discordância positiva*]   (PE/*PB)
f. B: – Vai, vai.   [*discordância positiva*]   (PE/*PB)
g. B: – Não.   [*concordância negativa*]   (PE/PB)
h. B: – Não, não vai.   [*concordância negativa*]   (PE/PB)
i. B: – Sim, não vai.   [*concordância negativa*]   (PE/*PB)

Como vimos em (120), respostas verbais simples como a de (123a) constituem o padrão *default* de respostas positivas mínimas em PE e PB, enquanto a resposta curta com *não* em (123g) representa a opção *default* para respostas negativas mínimas. Uma resposta positiva para as perguntas de A' e A" e para a pergunta de A num viés negativo em (123) conta como uma resposta de discordância e uma resposta negativa, como uma resposta de concordância. As respostas em (123d-f), com *sim, pois,* e o verbo reduplicado na posição final da sentença, são interpretados como casos de afirmação enfática, conforme discutido na seção 7.2.

A comparação entre (120) e (123) revela um padrão interessante associado a *sim*. Nos registros e contextos relevantes, a resposta com *sim* em PB não pode codificar discordância positiva por si só (ver (123b)), a menos que seja expandida com uma afirmação positiva (ver (123c)). O PE também não permite a resposta curta com *sim* nesse cenário (ver (123b)), contrastando com o que vimos em (120b). Diante de uma resposta como (123b) nesse contexto em PE, o interlocutor poderia perguntar *Sim o quê?*, indicando que (123b) na verdade não fornece uma resposta adequada para uma interrogativa polar negativa em PE. Mesmo quando expandida como em (123c), a resposta *sim* não soa como uma resposta positiva de discordância verdadeiramente adequada. Curiosamente, no PE *sim* pode realmente constituir uma resposta de concordância negativa adequada se associada a uma extensão negativa como em (123i), o que não é possível no PB. Os dados em (120) e (123) indicam, portanto, que *sim* é uma palavra positiva nos registros relevantes do PB, mas uma palavra concordante em PE. Dito de outra forma, uma resposta curta com *sim* codifica concordância em PE (ver (120b)) e é inadequada em contextos de discordância positiva (cf. (123b) *vs.* (123d)). Quando aparece no início da sentença em PE, *sim* concorda com o enunciado anterior no discurso, seja ele positivo (ver (120b,c)) ou negativo (ver (123i)); quando aparece em posição final, como em (123d), *sim* concorda com a afirmação positiva de sua sentença, dando origem a uma interpretação enfática.

Esse comportamento de concordância de *sim* em PE é confirmado pelo fato de uma resposta curta com *sim* ser permitida em PE se a interrogativa negativa relevante não for uma interrogativa negativa de fato, mas um pedido educado, convite ou comentário, conforme ilustrado em (124).

(124) *PE:*
    a. A: – Não me pode emprestar uma caneta, por favor?
       B: – Sim (claro).
    b. A: – Não quer um cafezinho?
       B: – Sim (obrigado).
    c. A: – Não está crescido o meu filho?
       B: – Sim. [*com um sorriso*]

Até agora, examinamos casos gramaticais de respostas verbais simples que codificam concordância positiva (ver (120a)) ou discordância positiva (ver (123a)). Uma resposta verbal simples, no entanto, não conta como uma resposta apropriada para uma interrogativa não marcada (com polaridade positiva) se a pergunta carrega implicaturas negativas. Considere as sentenças em (125), por exemplo. (125a) indica que ele não ganhou a corrida; (125b), que ele não comeu o que deveria comer; (125c), que ele não faz nada além de dormir; (125d), que outras pessoas além dele não confessaram tudo; e (125e), que ele não estaria preso se não tivesse confessado tudo. Em todos esses casos, a resposta *sim* é escolhida ao invés da resposta verbal simples (para comparação com o PB, ver seção 7.5.3). Isso sugere que respostas verbais simples carregam especificações positivas, não sendo possível recuperar o conteúdo de interrogativas contendo implicaturas negativas, pois seria um caso de concordância negativa. As respostas com *sim*, por outro lado, não são tão rígidas, como vimos em relação a (123i).[43]

(125) a. A: – Ele quase venceu a corrida?
B: – *Venceu.
B': –Sim.   (PE/%PB)
b. A: – Ele mal tocou na comida?]
B: – *Tocou.
B': – Sim.   (PE/%PB)
c. A: – Ele só dorme?!
B: – *Dorme.
B': – Sim.   (PE/%PB)
d. A: – Foi ele que confessou tudo?
B: – *Confessou.
B': – Sim.   (PE/%PB)
e. A: – Ele está na prisão porque contou tudo?
B: – *Está.
B': – Sim.   (PE/%PB)

Respostas com *sim* em PE podem ainda incorporar valores modais epistêmicos (fracos), ao contrário de respostas verbais simples. Os dados em (126), por exemplo, mostram que uma resposta com *sim* pode expressar uma concordância de "comprometimento fraco" com o que o falante considera ser a expectativa do interlocutor. Uma vez estabelecida essa concordância geral, ela pode ser matizada por uma continuação que a enfraqueça. Tal estratégia não está disponível quando uma resposta verbal simples é escolhida para expressar concordância positiva.

(126) *PE:*
a. A: – Gosta de comida picante?
B: – Sim, talvez goste.
B': #Gosto, talvez goste.
b. A: – E se saíssemos hoje à noite?
B: – Sim, vamos pensar nisso.
B': – #Saímos, vamos pensar nisso.
c. A: – Ele seguramente vai apoiar a proposta?
B: – Sim, pode ser que apoie.
B': – #Vai. Pode ser que apoie.

Os dados em (127) mostram ainda que respostas curtas com *sim* em PE devem na verdade recuperar todo o antecedente. Uma resposta positiva curta para uma interrogativa polar com um verbo modal como *poder* pode envolver o modal, o verbo principal ou *sim*, como mostrado pela resposta de B em (127). Uma continuação como na resposta de B' soa inadequada (na verdade, contraditória) no caso do verbo principal, mas é aceitável com o modal. A resposta curta com *sim*, por sua vez, também admite a mesma continuação, o que mostra que *sim* é compatível com a leitura modal. Por outro lado, a continuação alternativa na resposta em (127b) torna evidente que a recuperação de todo o conteúdo da questão, incluindo o modal, é de fato obrigatória nas respostas com *sim*. Por recuperar todo o antecedente, *sim* constitui também uma resposta adequada a uma interrogativa polar envolvendo coordenação, como mostra (127c).

(127) *PE:*
    a. A: – Podes emprestar-me uma caneta?
       B: – {Posso/Empresto/Sim}.
       B': – {Posso/#Empresto/Sim}, mas não empresto.
    b. A: – Podes emprestar-me dinheiro?
       B: – {#Posso/Empresto/#Sim}, embora não possa.
    c. A: – A Maria terminou as aulas e viajou?
       B: – *Terminou.
       B': – *Viajou.
       B": – Sim.

O padrão geral de respostas curtas para interrogativas polares em PE e PB se encontra resumido na Tabela 7.1.

Tabela 7.1 – Respostas mínimas para interrogativas polares (neutras) em PE e PB

Interpretação	Respostas curtas	PE	PB
Concordância positiva	*Verbo.* cf. (120a)	√	√
	Sim. cf. (120b)	√	%
	Sim, *verbo.* cf. (120d)	√	%
Discordância negativa	Não. cf. (120e)	√	√
	Não, não *verbo.* cf. (120f)	√	√
	Não *verbo*, não. cf. (122)	√	√
Discordância positiva	*Verbo.* cf. (123a)	√	√
	Sim, *verbo.* cf. (123c)	?	%
	Verbo, sim. cf. (123d)	√	√
	Verbo, pois. cf. (123e)	√	*
	Verbo, verbo. cf. (123f)	√	*
Concordância negativa	Não. cf. (123g)	√	√
	Não, não *verbo.* cf. (123h)	√	√
	Sim, não *verbo.* cf. (123i)	√	*

Antes de deixarmos esta seção, examinemos alguns detalhes adicionais em relação a algumas das respostas resumidas na Tabela 7.1. A primeira observação tem a ver com a distribuição das respostas curtas com *sim* e *não,* por um lado, e das respostas curtas verbais, por outro. Tanto no PE quanto no PB, *sim* e *não* não podem por si mesmos fornecer uma resposta adequada a uma interrogativa indireta numa oração subordinada. (128a) e (128b), por exemplo, só podem ser interpretados como respostas à oração matriz.

(128) A: – Você sabe se o João (não) vem?
    a. B: – Sim.   (PE/%PB)
    b. B: – Não.

Por outro lado, as respostas verbais podem constituir respostas apropriadas a interrogativas indiretas. Curiosamente, existem, de fato, mais possibilidades de respostas apropriadas quando se trata de interrogativas indiretas. Em primeiro lugar, *sim* e *não* em final de sentença deixam de ser interpretados como contrastivos (como um caso de discordância); assim, (129c) e (130b) também contam como respostas adequadas para as interrogativas indiretas relevantes, além das respostas positivas esperadas em (129a) e (129b) e a da resposta negativa em (130a). Além disso, uma resposta negativa para uma interrogativa indireta positiva pode ter o formato de (129d), com apenas a negação precedendo o verbo, o que não soa natural no caso de uma interrogativa matriz, como mostrado em (131).

(129) A: – Você sabe se o João vem?
   a. B: – Vem.
   b. B: – Sim, vem.
   c. B: – **Vem, sim.**
   d. B: – **Não vem.**
   e. B: – Não, não vem.
(130) A: – Você sabe se o João não vem?
   a. B: – Não, não vem.
   b. B: – **Não vem, não.**
(131) A: – O João vem?
   a. B: –??Não vem.
   b. B: – Não, não vem.

As respostas verbais que repetem um verbo subordinado são restritas a interrogativas indiretas. Como mostrado em (132), um verbo num complemento de predicado factivo ou numa oração adjunta, por exemplo, não serve de base para uma resposta verbal simples.[44]

(132) a. A: – A Maria sabe que o João contou tudo?
       B: – Sabe.
       B': *Contou.
   b. A: – O João estava na prisão quando contou tudo?
       B: – Estava.
       B': *Contou.

Em geral, as respostas verbais simples repetem o tempo do verbo finito que ocorre na pergunta, com o ajuste relevante em pessoa se o verbo na pergunta tiver flexão de primeira ou segunda pessoa. Esse é, entretanto, apenas o caso geral. Já vimos em (127) que uma resposta verbal (finita) pode ser baseada em um verbo infinitivo associado ao auxiliar modal *poder*. Um padrão semelhante também ocorre com o auxiliar *ter* em tempos compostos (no pretérito mais que perfeito e no "presente perfeito" no PE e apenas no pretérito mais que perfeito no PB). Conforme ilustrado em (133), uma resposta verbal nesse caso pode ser baseada no auxiliar ou no verbo principal participial.

(133) a. A: – Ele tinha feito isso de propósito?
       B: – Tinha.
       B': – **Fez.**
   b. A: – Ele tem tomado os comprimidos?
       B: – Tem.
       B': – **Toma.**   (PE)

Outro padrão interessante é observado no PE com a morfologia do futuro do presente do indicativo. Se a morfologia do futuro do presente no verbo da pergunta é interpretada semanticamente como futuro, a correspondente resposta curta soa mais natural se for formulada no presente do indicativo que no futuro do presente, conforme ilustrado em (134). Se a morfologia do futuro do presente na pergunta exprimir, ao invés, um valor modal (dúvida/incerteza/probabilidade), as respostas curtas com morfologia do futuro do presente ou *sim* são bloqueadas e o tempo presente é usado, como mostrado em (135) e (136). Da mesma forma, se a morfologia do futuro do pretérito do indicativo na pergunta expressar modalidade, como ilustrado em (137), as respostas curtas com morfologia do futuro do pretérito ou *sim* são descartadas e uma resposta com morfologia do pretérito perfeito é empregada.[45]

(134) *PE:*
    A: – **Farás** isso por mim?
    a. B: – ?Farei.
    b. B: – **Faço.**

(135) *PE:*
    [*Contexto:* A e B estão batendo na porta de seus amigos]
    A: – Eles (não) **estarão** em casa?
    a. B: – *Estarão.
    b. B: – *Sim.
    c. B: – **Estão.** (Acabei de ouvir passos lá dentro.)

(136) *PE:*
    A: – Ela **terá** 30 anos?
    a. B: – *Terá.
    b. B: – *Sim.
    c. B: – **Tem.** (Ela na verdade tem 31.)
    d. B: – **Deve ter.**

(137) *PE:*
    A: – Estou tão nervosa. O João **teria** passado no exame?!
    a. B: – *Teria.
    b. B: – *Sim.
    c. B: – **Passou.** (Era ele ao telefone.)

Por fim, consideremos brevemente as respostas a interrogativas polares fragmentárias, ou seja, estruturas elípticas não verbais que podem funcionar como interrogativas polares bem formadas num contexto discursivo apropriado. Deixando de lado a formalidade associada às respostas curtas com *sim* em PB, podemos encontrar três padrões diferentes. Se o fragmento puder ser interpretado como o argumento de um verbo implícito recuperado pelo contexto, tanto respostas verbais simples quanto respostas curtas com *sim* estão disponíveis, conforme ilustrado em (138). Se o fragmento é interpretado como um argumento tópico, sendo destacado como um membro discursivamente saliente entre os membros do conjunto denotado pelo argumento do verbo, uma resposta verbal simples é permitida, mas não uma resposta curta com *sim*, como mostrado em (139). Finalmente, se a pergunta não for um argumento do verbo, mas algum modificador, respostas curtas com *sim* são permitidas, mas não respostas verbais simples, como mostrado em (140). Nesse caso, respostas curtas contendo apenas uma preposição também podem ser permitidas, conforme mostrado em (140b-d).

(138) a. A: – {Café?/Vinho?}
        B: – Quero (, por favor).
        B': – Sim (, por favor).   (PE/%PB)
    b. [*Contexto:* A e B estão saindo
       para passar o domingo fora, mas ainda não
       decidiram onde ir. Quando entram no carro,
       A pergunta a B:]
       A: – Para a praia?
       B: – Vamos.
       B': – Sim.   (PE/%PB)

(139) a. [*Contexto:* B foi ao supermercado e está
       mostrando a A o que comprou para o jantar.]
       A: – E as bebidas?
       B: – Comprei.
       B': *Sim.
    b. [*Contexto:* A e B vão assistir a um filme
       na casa de B. B está mostrando
       opções diferentes.]
       A: – E filmes espanhóis?
       B: – Tenho.
       B': – *Sim.

(140) a. [*Contexto:* A está oferecendo vinho a B.]
       A: – Tinto?
       B: – *Quero (, por favor).
       B': – Sim (, por favor).   (PE/%PB)
    b. [*Contexto:* A está oferecendo café para B.]
       A: – Com leite?
       B: – *Quero (, por favor).
       B': – Sim (, por favor).   (PE/%PB)
       B'': – Com (, por favor).   (?PE/PB)

B'''': – Sim, com (, por favor).   (PE/%PB)
  B''''': – Sem (, por favor).   (PE/PB)
c. [Contexto: A está oferecendo chá para B.]
  A: – Sem açúcar?
  B: – *Quero (, por favor).
  B': – Sim (, por favor).   (PE/%PB)
  B'': – Sem (, por favor).   (?PE/PB)
  B''': – Sim, sem (, por favor).   (PE/%PB)
  B'''': – Com (, por favor).   (PE/PB)
d. [Contexto: A está oferecendo café para B.]
  A: – Com ou sem açúcar?
  B: – Com.   (PE/PB)
  B': – Sem.   (PE/PB)

7.5.2 Respostas mínimas com advérbios e quantificadores

Expressões adverbiais também podem constituir respostas mínimas para interrogativas polares em PE e PB.[46] O primeiro padrão geral, que é bastante comum nas línguas naturais, envolve respostas com advérbios evidenciais ou epistêmicos ausentes na pergunta relevante, conforme ilustrado em (141). O PE e o PB também permitem esse tipo de resposta com o advérbio de grau *quase* e os advérbios temporais *sempre* e *nunca*, como mostrado em (142). Os exemplos em (143) mostram ainda que esse padrão de respostas adverbiais é lexicalmente condicionado e não inclui advérbios como *também* ou *só*, por exemplo, mesmo em contextos onde seriam pragmaticamente apropriados.

(141) A: – O João vai conseguir terminar o trabalho a tempo?
  B: – {Claro/Evidentemente/Sem dúvida/Talvez}.
(142) a. A: – O Pedro terminou o trabalho?
    B: – Quase.
  b. A: – A Maria visita os pais no fim de semana?
    B: – Sempre.
  c. A: – O João já tinha feito esse comentário antes?
    B: – Nunca.
(143) a. A: – O Pedro pediu cerveja. E você, quer cerveja?
    B: – *Também.
  b. A: – Ele toma vinho?
    B: – *Só.

Nesta seção consideraremos outro tipo de respostas adverbiais mínimas disponíveis em PE e PB, que repetem um advérbio presente na pergunta. Esse padrão envolve os advérbios *também, sempre, nunca, só, quase, talvez, já* e *ainda*. Examinemos então as propriedades de cada um desses advérbios responsivos, começando com *também, sempre* e *nunca,* que são ilustrados em (144)-(146).[47]

(144) a. A: – Ele **também** vai viajar?
B: – Também. [*concordância positiva*]
B' – *Também não. [*discordância negativa*]
b. A: – Ele **também** não vai viajar?
B: – Também não. [*concordância negativa*]
B' – *Também. [*discordância positiva*]
(145) a. A: – Ele **sempre** usou chapéu?
B: – Sempre. [*concordância positiva*]
B': – Nem sempre. [*discordância negativa*]
b. A: – Ele nem **sempre** usava chapéu, pois não? (PE)
A': – Ele nem **sempre** usava chapéu, usava? (PB)
B: – Nem sempre. [*concordância negativa*]
B': – *Sempre. [*discordância positiva*]
(146) A: – Ele **nunca** viajará de avião?
B: – Nunca. [*concordância negativa*]

Como visto em (144) e (145), *também* e *sempre* expressam concordância positiva quando sozinhos (ver (144a) e (145a)). Quando acompanhado por uma expressão negativa, *sempre* pode expressar tanto concordância negativa (ver (145b)), quanto discordância negativa (ver (145a)), enquanto *também* é restrito à concordância negativa (ver (144b)). O advérbio *nunca,* por sua vez, é inerentemente negativo; portanto, só exprime concordância negativa (ver (146)).

Talvez e *só* diferem dos advérbios anteriores por serem compatíveis com concordância positiva ou negativa quando ocorrem isoladamente em resposta a uma interrogativa polar, conforme mostrado em (147) e (148).[48] No entanto, esses advérbios se comportam como os advérbios anteriores em não admitir uma interpretação de discordância positiva. Em contextos negativos como (147b) e (148b), uma resposta curta com *talvez* ou *só* pode ser interpretada apenas como concordância negativa.[49]

(147) a. A: – Ele **talvez** venha?
B: – Talvez. [*concordância positiva*]
B': – Talvez não. [*discordância negativa*]

b. A: – Ele **talvez** não venha?
   B: – Talvez   [*concordância negativa*]/[**discordância positiva*]
   B': – Talvez não.   [*concordância negativa*]

(148) a. A: – **Só** ele disse a verdade?
   B: – Só.   [*concordância positiva*]
   B': – Não só.   [*discordância negativa*]

   b. A: – **Só** ele não disse a verdade?
   B: – Só.   [*concordância negativa*]/[**discordância positiva*]
   B': – Não só.   [*discordância negativa (dupla negação)*]

O advérbio *quase* se comporta como *talvez* e *só*, sendo compatível tanto com concordância positiva, quanto negativa, como mostrado nas respostas de B em (149a) e (149b). Diferentemente, porém, a sua associação com negação não é compatível com discordância negativa (ver resposta de B' em (149b)) e produz um resultado marginal em PE e completamente inaceitável em PB como forma de codificar concordância negativa (ver resposta de B' em (149a).

(149) a. A: – Ela **quase** ganhou a corrida?
   B: – Quase.   [*concordância positiva*]
   B': – *Quase não.   [*discordância negativa*]

   b. A: – Ela **quase** não ganhou corrida?
   B: – Quase.   [*concordância negativa*]
   B': – Quase não.   [*concordância negativa*]   (?PE/*PB)

Consideremos finalmente *já* e *ainda*, que não acionam necessariamente a repetição e podem, em vez disso, se substituir um ao outro, conforme ilustrado em (150) e (151).[50]

(150) a. A: – Ela **já** terminou o livro?
   B: – Já.   [*concordância positiva*]
   B': – Ainda não.   [*discordância negativa*]

   b. A: – Ela **já** não quer mais correr a maratona?
   B: – *Já.   [*discordância positiva*]/[*concordância negativa*]
   B: – Já não.   [*concordância negativa*]   (PE/*PB)

(151) a. A: – Ela **ainda** trabalha nesse escritório?
   B: – Ainda.   [*concordância positiva*]
   B: – **Já** não.   [*discordância negativa*]   (PE/*PB)

   b. A: -Você **ainda** não viu esse filme?
   B: – Ainda não.   [*concordância negativa*]
   B': – Já.   [*discordância positiva*]   (PE/*PB)
   B'': – Já, sim.   [*discordância positiva*]   (PE/PB)

Já é o único advérbio responsivo que pode por si só codificar discordância positiva, embora apenas quando a pergunta envolve *ainda não* e apenas no PE, como pode ser visto pelo contraste entre as respostas de B em (150b) e de B' em (151b). Interessante também é o fato de *já* poder combinar com *não* em PE para codificar tanto concordância negativa (ver resposta de B''' em (150b)), quanto discordância negativa (ver resposta de B'' em (151a)), possibilidades que não são permitidas em PB. Esse comportamento excepcional certamente está relacionado ao fato de *já* também ser excepcional em PE por ser o único advérbio que pode expressar discordância positiva via reduplicação de modo semelhante ao padrão de reduplicação verbal, conforme ilustrado em (152a) (ver seção 7.2.1), e formar interrogativas-*tag*, conforme ilustrado em (152b) (consulte a seção 7.4.2).

(152) *PE:*
    a. [*Contexto:*
        A: – O João ainda não saiu.]
        B: – O João **já** saiu, **já.**
    b. **Já** viste este filme, não **já?**

Por fim, observe-se que os quantificadores *tudo* e *nada* também podem funcionar como respostas mínimas para interrogativas polares, conforme ilustrado em (153) e (154).[51] Isoladamente, *tudo* codifica concordância positiva e *nada,* concordância negativa (ver respostas de B em (153a) e (154a)), o que permite que sejam associados a *sim* e *não,* conforme ilustrado respectivamente nas respostas de B' em (153a) e (154a). Um morfema diminutivo também pode ser adicionado a cada um desses quantificadores, como mostrado em (153b) e (154b), dando origem a uma leitura enfática.

(153) A: – A Maria fez **tudo** sozinha?
    a. B: – Tudo.   [*concordância positiva*]
       B': – Sim, tudo.   [*concordância positiva*] (PE/%PB)
    b. B: – Tud**inho.**   [*concordância positiva*]
    c. B: – Nem tudo.   [*discordância negativa*]
(154)   A: – O João não comprou **nada?**
    a. B: – Nada.   [*concordância negativa*]
       B': – Não, nada.   [*concordância negativa*]
    b. B'': – Nad**inha.**   [*concordância negativa*] (PE)
       B''': – Nadica de nada.   [*concordância negativa*] (PB)
    c. B: – Comprou (, sim).   [*discordância positiva*]

Nada também pode expressar discordância negativa enfática em exclamativas negativas, como ilustrado em (155) (ver nota 19). Nesse caso, porém, *nada* não precisa ser uma repetição.

(155) A: – O João chegou antes da hora desta vez?
B: – Nada disso!   (PE)
B': – Que nada!   (PB)

7.5.3 Respostas mínimas com *ser*

O PE e o PB também podem (marginalmente) permitir respostas mínimas com a terceira pessoa do singular da cópula *ser* no presente do indicativo ou concordando com o tempo do verbo da pergunta, conforme ilustrado em (156).[52]

(156) A: – Os organizadores perderam o voo?
  a. B: – Foi.   [*concordância positiva*]   (%PE/*PB)
  b. B: – É.   [*concordância positiva*]]   (%PE/%PB)
  c. B: – Pois é.   [*concordância positiva*]   (*PE/PB)

As respostas mínimas com *ser* não são uniformemente permitidas pelos falantes do PE, que podem julgar tais respostas dentro de uma faixa de pouco natural (quando *ser* concorda com o tempo da pergunta, como em (156a)) a agramatical (quando a forma invariável *é* é empregada, como em (156b)). Os falantes do PE que rejeitam ou apenas aceitam marginalmente as respostas polares mínimas com *ser* permitem formas afins como confirmações de uma sentença declarativa anterior (especialmente formas com concordância de tempo), que podem ser opcionalmente acompanhadas pela partícula confirmativa *pois*, conforme ilustrado em (157).

(157) A: – Eles já encontraram as chaves.
B: – (Pois) foi.   (PE/*PB)

No PB, o uso da cópula invariável como resposta mínima pode estar sujeito a variação individual (ver (156b)) e *pois é* é empregado como expressão confirmativa, ainda que, em contraste com o PE, possa ocorrer em resposta a uma interrogativa polar. Assim, a resposta em (156c) soa mais adequada em um contexto em que A já tem evidências ou suspeita que os organizadores perderam o voo. Assim, *pois é* não pode ser empregado como uma resposta a um pedido genuíno de informação, como mostrado em (158a) (ver também (162d), (163d) e (164c), mas é um comentário apropriado a uma sentença declarativa anterior, conforme ilustrado em (158b), que seria igualmente possível em PE (ver seção 7.2.1). Note que a agramaticalidade da resposta de B em (157) no PB se deve à flexão de tempo, sendo a expressão *pois é* invariável no PB.

(158) *PB:*
    a. A: – Você lembrou de trazer os documentos?
       B: – *Pois é.
    b. A: – A inflação voltou.
       B: – Pois é.

Respostas mínimas com *ser* em PE e PB e respostas com *pois é* em PB expressam inequivocamente concordância com a polaridade da interrogativa, seja concordância positiva, como em (156), seja concordância negativa, como em (159). Essas respostas não podem, no entanto, ser expandidas em associação com *sim* ou *não*, como mostrado em (160) e (161).

(159) A: – Ele não veio?
    a. B: – Foi.   [*concordância negativa*]   (%PE/*PB)
    b. B: – É.   [*concordância negativa*]   (%PE/%PB)
    c. B: – Pois é.   [*concordância negativa*]   (*PE/PB)
(160) A: – O João já voltou de férias?
    a. B: – Foi.   [*concordância positiva*]   (%PE/*PB)
    a.' B: – *Sim, foi.   [*concordância positiva*]   (*PE/*PB)
    b. B: – É.   [*concordância positiva*]   (%PE/%PB)
    b.' B: – *Sim, é.   [*concordância positiva*]   (*PE/*PB)
    c. B: – Pois é.   [*concordância positiva*]   (*PE/PB)
    c.' B: – *Sim, pois é.   [*concordância positiva*]   (*PE/*PB)
(161) A: – O João não gostou do filme?
    a. B: – Foi.   [*concordância negativa*]   (%PE/*PB)
    a.' B: – *Não, não foi.   [*concordância negativa*]   (*PE/*PB)
    b. B: – É.   [*concordância negativa*]   (%PE/%PB)
    b.' B: – *Não, não é.   [*concordância negativa*]   (*PE/*PB)
    c. B: – Pois é.   [*concordância negativa*]   (*PE/PB)
    c.' B: – *Não, pois não é.   [*concordância positiva*]   (*PE/*PB)

Respostas mínimas com *ser* e respostas com *pois é* diferem de respostas verbais simples por não poderem ser interpretadas como respostas a interrogativas indiretas em orações subordinadas, como mostrado em (162).

(162) A: – Vocês sabem se o João telefonou?
    a. B: – Telefonou.
    b. B: – *Foi.
    c. B: – *É.
    d. B: – *Pois é.

Respostas mínimas com *ser* e respostas com *pois é* também não fornecem uma resposta adequada para perguntas que devam ser interpretadas como formas educadas de fazer um pedido ou oferecer algo, por exemplo, como ilustrado em (163) e (164).

(163) A: – O senhor pode assinar nesta linha?
    a. B: – Posso.
    b. B: – Assino.
    c. B: – *É.
    d. B: – *Pois é.

(164) A: – Vai um cafezinho?
    a. B: –Vai.
    b. B: – *É.
    c. B: – *Pois é.

Em PB, as respostas com *ser* parecem ter preenchido a lacuna deixada pela obsolescência das respostas com *sim* em seu sistema (ver seção 7.5.1). Assim, o contexto mais natural para uma resposta com *ser* em PB envolve ambientes onde uma resposta verbal simples não está disponível (ver seção 7.5.2), como é o caso de interrogativas com um constituinte clivado, interrogativas com implicaturas negativas ou interrogativas com verbos coordenados, por exemplo, como ilustrado em (165).[53]

(165) *PB:*
    a. A: – Esse filme que você queria ver?
        B: – *Queria.
        B': – É.
    b. A: – O João só escreveu um parágrafo?
        B: – *Escreveu.
        B': – É.
    c. A: – A Maria terminou as aulas e viajou?
        B: – *Terminou.
        B': – *Viajou.
        B'': – É.

7.6 RESUMO

Os quelônios se diferenciam de todos os outros animais pelo seu casco, que não é um exoesqueleto, mas uma caixa torácica modificada que incorpora a coluna vertebral. Essa propriedade definidora não impede que o casco possa ter diferentes formas e nesse ponto diferenciamos os jabutis, com um casco pesado em forma de cúpula, dos cágados da ribeira, com um casco leve e baixo. Assim como o casco destaca os quelônios, neste capítulo vimos que uma propriedade tipológica que destaca o PE e o PB é o fato de permitirem verbos e alguns advérbios isoladamente como respostas curtas a interrogativas polares, como mostrado em (166) e (167).

(166) A: – O João vendeu o carro?
B: – Vendeu. (PE/PB)
(167) A: – A Maria já saiu?
B: – Já. (PE/PB)

Também vimos que há espaço para diferentes formas de codificação da polaridade e que o PE e o PB divergem consideravelmente em relação a configurações de polaridade específicas. O PE tem um espectro mais amplo de possibilidades para codificar a afirmação, como ilustrado em (168), enquanto a negação é menos restrita no PB, como mostrado em (169).

(168) [*Contexto:* A: – O João ainda não saiu.]
    a. B: – Saiu, sim. (PE: √; PB: √)
    b. B: – Saiu, pois. (PE: √; PB: *)
    c. B: – Saiu, saiu. (PE: √; PB: *)
    d. B: – Já saiu, já. (PE: √; PB: *)
(169) a. Ele não comprou aquela casa não. (PE: √; PB: √)
    b. A Maria disse que ele **não** comprou aquela casa **não**. (PE: *; PB: √)
    c. **Não** convide o João **não**. (PE: *; PB: √)
    d. Você **não** terminou o relatório **não**? (PE: *; PB: √)
    e. Você **não** quer tomar um cafezinho **não**? (PE: *; PB: √)

A interação entre essas tendências gerais leva a padrões interessantes e intrincados, como vimos em detalhes nas seções anteriores.

Notas

[1] Quando a afirmação enfática inverte a polaridade de uma asserção com negação tanto na oração matriz quanto na subordinada, a partícula afirmativa *sim* segue mais naturalmente o verbo matriz, conforme ilustrado em (ia). Em (ia) há uma pausa após *sim*, o que sugere que o complemento oracional é extraposto para a direita da partícula afirmativa. Curiosamente, tal extraposição é bloqueada com reduplicação de verbo, como mostrado em (ib) em contraste com (ic).
(i)   [*Contexto:* A: – A Maria não sabe que o João não foi contratado.]
   a. B: – A Maria sabe, **sim**, que o João não foi contratado.   (PE: √; PB: √)
   b. B: – *A Maria **sabe, sabe**, que o João não foi contratado.   (PE: *; PB: *)
   c. B: – A Maria **sabe** que o João não foi contratado, **sabe**.   (PE: √; PB: *)

[2] Para discussão relevante, ver *e.g.* Martins 2006b, 2013a, 2016a.

[3] No PB, *pois não* é uma expressão congelada com dois significados diferentes, dependendo de sua entoação. Quando associado a uma entoação ascendente, como em (ia), *pois não* pode ser usado como uma forma educada de o falante expressar que é a vez de o interlocutor dizer o que ele quer. Com essa entoação, pode ser uma forma educada de cumprimentar um cliente, por exemplo. Quando associado a uma entoação descendente, fornece uma resposta positiva formal educada a um pedido de assistência, conforme ilustrado em (ib), por exemplo.
(i)   *PB:*
   a. Pois não? (↑)
   b. [*Contexto:* A: – Você pode me dar uma ajudinha?]
       B: – Pois não. (↓)

[4] Para discussão relevante, ver *e.g.* Martins 2007, 2016a.

[5] Embora a reduplicação de verbos não esteja disponível no PB, sentenças com repetição de fragmentos análogas às de (13b) e (14b) são perfeitamente aceitáveis nessa variedade.

[6] A resposta em (16a) em PE é pragmaticamente inadequada com uma entoação ascendente que sinaliza discordância positiva (ver seção 7.5.1). Se for atribuída uma entoação plana (→), conforme representado em (i), recebe uma interpretação irônica indicando que as coisas de fato não correram bem (ver nota 21 para um caso semelhante).
(i)   [*Contexto:* A: – Felizmente, correu tudo bem.]
        B: – Correu, correu. (→)   (PE)

[7] Ver *e.g.* Duarte e Matos 2000 para discussão relevante.

[8] Vigário (2003) de fato mostra que as unidades verbais que hospedam um pronome mesoclítico funcionam como palavras prosódicas complexas (com dois domínios de acento de palavra), semelhantemente a verbos compostos e verbos com prefixos acentuados.

[9] A menos que seja relevante para a discussão da polaridade sentencial, deixaremos de lado os casos de "negação de constituinte", em que a negação tem escopo não sobre a oração inteira, mas sobre um dos seus constituintes ou um fragmento do discurso, como ilustrado em (i). Para discussão relevante, ver *e.g.* Vitral 1999 e Cavalcante 2012.
(i)   a. A **não aprovação** do projeto deixou todos furiosos.
       b. **Não** poucos alunos reclamam.
       c. Ele **não**. [*slogan da campanha contra Bolsonaro nas eleições presidenciais brasileiras em 2018*]

[10] Para discussão relevante, ver *e.g.* Mioto 1992, Peres 1995, 1997, 2013, Abreu 1998, Biberauer e Cyrino 2009 e Teixeira de Sousa 2012, 2015.

[11] Ver *e.g.* Costa e Martins 2010 para discussão relevante.

[12] Para discussão relevante, ver *e.g.* Vasconcelos 1901, E. Martins 1997, Ramos 2002 e Cavalcante 2004.

[13] Em (37), os itens de polaridade negativa ocupam posições canônicas reservadas para o sujeito e advérbios preverbais. O PE também permite que o NPI *nada* apareça em posição preverbal quando é um objeto, como ilustrado em (ia). Os NPIs *ninguém* e *nenhum* não têm essa possibilidade, conforme mostrado em (ib) e (ic). O contraste entre (ia), por um lado, e (ib) e (ic), por outro, também existe em PB, embora (ia) tenha um tom formal ou literário.
(i)   a. Ele **nada** fez para me ajudar.
       b. *Ele **ninguém** contratou para me ajudar.
       c. ??Ele **nenhuma** palavra disse para me consolar.

[14] Sobre a natureza dos itens de polaridade negativa em português e sua interação com a negação, ver *e.g.* Martins 2000b. Em português, ao contrário da maioria das línguas românicas, NPIs não são permitidos em contextos não assertivos positivos (por exemplo, em interrogativas, orações condicionais, complementos de predicados de proibição e orações adverbiais iniciadas por *antes que*), conforme mostrado em (i):

(i) a. O João queria saber se viria {**alguém/*ninguém**}.
  b. Se você quiser comer {**alguma coisa/*nada**}, é só dizer.
  c. O comandante proibiu que {**alguém/*ninguém**} saísse do quartel.
  d. O Pedro saiu antes que {**alguém/*ninguém**} pudesse fazer {**um/*nenhum**} gesto.
[15] Para discussão relevante, ver *e.g.* Mioto 1992 e Peres 1995, 1997, 2013.
[16] Para discussão relevante, ver *e.g.* Mioto 1992, Biberauer e Cyrino 2009, Cavalcante 2012, Teixeira Sousa 2012 e Martins 2013a, 2016a.
[17] A sentença (48) é aceitável em PE (e em PB também) com entoação plana, caso em que é interpretada como uma espécie de ameaça: Se você não convidar o João, algo ruim pode acontecer com você.
[18] Ver *e.g.* Pinto 2010 e Cavalcante 2012 para discussão relevante.
[19] *Nada* como uma expressão negativa não argumental também pode ser encontrado em estruturas de imperativo, como em (i), ou em exclamativas negativas, como em (ii).
  (i) Meninos, **nada** de comerem os bombons todos.
  (ii) [*Contexto:* A: – Ele telefonou para te dar os parabéns?]
    a. B: – **Nada** disso! (PE)
    b. B: – Que **nada**! (PB)
[20] Ver *e.g.* Biberauer e Cyrino 2009, Cavalcante 2007, 2010, Fonseca 2011 e Teixeira Sousa 2012 para discussão relevante.
[21] Esse conjunto de traços deve permitir que *não* possa entrar numa relação de concordância negativa, como em (58a), mas não possa licenciar um minimizador, como visto em (58b). Observe-se ainda que a falta de conteúdo fonético desse marcador de negação permite que se mantenha a generalização segundo a qual a negação predicativa/proposicional em português é necessariamente preverbal.
Até agora, restringimos nossa atenção ao caso mais geral de negação enfática envolvendo a negação de uma declaração afirmativa anterior. No entanto, deve-se salientar que a negação enfática também pode contradizer uma asserção negativa anterior, caso em que requer alguma marcação especial. Na sentença do PE em (ia), por exemplo, a leitura de dupla negação é imposta pelo complementizador *que,* enquanto em (ib) a leitura de dupla negação requer uma entoação plana especial (→) tanto em PE quanto em PB. O fato de a sentença afirmativa em (ic) em PE apresentar o mesmo tipo de entoação que caracteriza (ib) (ver também nota 6) sugere que esse contorno entoacional talvez seja um indicador prosódico de ironia.
  (i) [*Contexto:* A: – A Maria não gosta de viajar.]
    a. B: – Não que não gosta. (PE)
    b. B: – Não gosta não. (→) (PE/PB)
    c. B: – Gosta pouco gosta. (→) (PE)
[22] Para discussão relevante sobre negação metalinguística em português, ver *e.g.* Martins 2010, 2012, 2014, 2020a, 2021b, Pinto 2010, 2020, Cavalcante 2012, Pereira 2010, 2013 e Marcelino 2018.
[23] Ver *e.g.* Martins 2020a, 2021b para discussão relevante.
[24] Para discussão relevante, ver *e.g.* Rocha 2021.
[25] Na seção 5.3.2, foi sugerido que esse comportamento excepcional poderia ser explicado se *que* interrogativo fosse um pronome fraco em PB. Curiosamente, *que* em (61) tem sua vogal alongada (representado pelos dois pontos), o que talvez possa ser visto como uma forma de contornar a restrição envolvendo a posição de início de sentença.
[26] Alguns dialetos do PB também permitem a expressão *que mané* como outro marcador de negação metalinguística em início de sentença, como ilustrado em (i), que pode ser opcionalmente duplicado por *que nada.* Para discussão relevante, ver *e.g.* Rocha 2021.
  (i) %PB:
    a. [*Contexto:* A: – Ele não vai poder jogar *videogame* hoje.]
      B: – **Que mané** não vai poder jogar *videogame* hoje (**que nada**)!
    b. [*Contexto:* A: – Você disse que ia trazer sobremesa.]
      B: – **Que mané** sobremesa (**que nada**)! Eu disse que ia trazer cerveja, como sempre.
[27] Alguns dialetos do noroeste de Portugal também permitem *agora* na posição inicial da sentença, como ilustrado em (i). Ver Pereira 2010, 2013 para discussão relevante. Embora *agora* seja geralmente pronunciado em PE como [ɐ'gɔɾɐ] (com a característica redução das vogais não acentuadas do PE), na posição inicial da sentença, como em (i), é pronunciado como [a'gɔɾɐ]. O marcador de negação metalinguística *agora* se comporta, assim, de modo semelhante ao marcador *que*: do PB (ver (61) acima), passando também por fortalecimento fonológico quando na posição de início de sentença.
  (i) [*Contexto:* A: – Tu estavas um pouco preocupado.]
    B – **Agora** estava. (%PE)
[28] Outro padrão possível no mesmo contexto é mostrado em (i), que parece combinar (65a) com clivagem com *que,* que é um fenômeno típico do PB (ver seção 5.2.2.3).
  (i) B: – Eu **lá** que sei (se eles vão casar)?! (PB)

²⁹ O fato de *lá* e *cá* não poderem ocorrer isoladamente ou com fragmentos nominais e nem serem compatíveis com elipse de VP sugere que esses marcadores formam uma unidade morfológica com o verbo ao qual se ligam, afetando o cômputo de identidade que se aplica a construções de elipse (ver seção 6.2).

³⁰ Tanto em PE quanto em PB, *lá* pós-verbal também pode ser usado como um item de polaridade negativa expressando grau. Nesse caso, *lá* é licenciado apenas em orações negativas e é interpretado como uma palavra de grau paucal, conforme ilustrado em (i) e (ii). Em PE, mas não em PB, o NPI *lá* que expressa grau geralmente precede o advérbio de grau *muito*. Assim, (iib) também é aceitável em PE; já em relação a (iia), o PE recorre a *cá*, com interpretação semelhante. Na verdade, *cá* em PE pode ser um intensificador compatível quer com asserções negativas, quer com asserções positivas, funcionando respectivamente como um NPI ou um PPI, como exemplificado em (iii).

(i) *PE:*
    a. Ele não gosta **lá** muito de trabalhar.
    b. Ele não fala inglês **lá** muito bem.

(ii) *PB:*
    a   Eu não sou **lá** de fazer essas coisas, mas eu vou tentar.
    b. Ele não é **lá** de trabalhar muito.

(iii) *PE:*
    a. Eu não quero cá saber disso (para nada).
    b. Eu não quero cá prendas (nenhumas).
    c. Eles têm cá uma casa!
        ['Eles têm uma casa boa num grau muito elevado']
    d. Ele tem cá um feitio!
        ['Ele tem um feitio mau/difícil num grau elevado']

³¹ (79c) e (79d) podem ser aceitáveis no PB se *agora* for interpretado como 'atualmente' (ou seja, com o seu valor original de advérbio temporal) e não como um marcador de negação metalinguística.

³² Ver *e.g.* Martins 2000b, Matos 2003, Greco 2019 e Delfitto 2020 para discussão relevante.

³³ As sentenças em (91a-c) podem ser aceitáveis em PB sob diferentes interpretações. Por exemplo, (91a) é aceitável sob uma leitura de foco contrastivo para o advérbio fronteado (ver seção 5.2.2.2) e (91b) e as sentenças em (91c) podem ser interpretadas como exclamativas simples expressando surpresa em relação aos livros que ele leu ou não leu e as coisas que ele disse ou não disse.

³⁴ A expressão idiomática do PE em (i) combina a negação expletiva com o marcador enfático *lá* (ver seção 7.3.3) numa exclamativa não quantificativa.

(i)   **Não** querem **lá** ver o idiota!   (PE)
       '{Você/ele} é tão idiota.'

³⁵ Recorde-se que a negação expletiva é compatível com VS mesmo no PB, como mostrado em (i) (ver seção 5.4). Assim, tanto no PE quanto no PB, a agramaticalidade de (92a) se deve à falta de um licenciador para o NPI pós-verbal (ver seção 7.3.1).

(i)   O que não **faz um pai** pelos filhos!

³⁶ Para discussão relevante, ver *e.g.* Dimitrova 2020.

³⁷ O PE e o PB não diferem substancialmente em relação a interrogativas polares negativas. Assim, a identificação de alguns exemplos nesta subseção como sendo do PE ou do PB não quer dizer que a descrição relevante se aplica apenas a uma variedade, mas simplesmente indica que o exemplo em questão possui escolhas lexicais ou estruturas gramaticais independentes que são encontradas em apenas uma das variedades.

³⁸ Ver *e.g.* Hagemeijer e Santos 2004 para discussão relevante.

³⁹ Para discussão relevante, ver *e.g.* Martins 2006b.

⁴⁰ Em dialetos do norte de Portugal, a partícula confirmativa *pois* também pode coocorrer com o verbo copiado numa coda interrogativa associada a uma âncora positiva, conforme ilustrado em (ib).

(i)   a.   O João **não comeu** a sopa, **pois não**?   (PE)
      b.   O João **comeu** a sopa, **pois comeu**?   (%PE)

⁴¹ Fatores pragmáticos e prosódicos também podem distinguir concordância positiva de discordância positiva, por um lado, e discordância negativa de concordância negativa, por outro, mas neste capítulo estaremos preocupados apenas com formas lexicais e sintáticas de codificar distinções de polaridade.

⁴² Para discussão relevante, ver *e.g.* Kato e Tarallo 1992, Martins 1994b, 2006b, 2016a, Oliveira 1996, Santos 2002, 2003, 2009, Sell 2003, Kato 2016 e Teixeira de Sousa 2020.

⁴³ Se o advérbio que introduz implicaturas negativas aparece em posição pós-verbal, uma resposta verbal simples se torna disponível, como ilustrado em (i) com *quase* e *só*.

(i)   a.   A: – Ele comeu **quase** o bolo todo?
           B: – Comeu.
           B': – Sim.   (PE/%PB)

b. A: – Ele comeu **só** as batatas?
     B: – Comeu.
     B': – Sim.   (PE/%PB)

[44] Uma exceção a essa generalização envolve interrogativas com verbos de alçamento (ver seção 3.4.3) na oração matriz. Conforme mostrado em (i), neste caso o verbo encaixado pode constituir uma resposta verbal simples.
  (i) A: – Ele acabou por ler o livro?   (PE)
      A': – Ele acabou lendo o livro?   (PB)
      a. B: – *Acabou.
      b. B: – Leu.

[45] Para alguns falantes do PE, as respostas com *sim* em (135)-(137) são permitidas se tiverem uma entoação particular, com forte ênfase na palavra *sim*.

[46] Para discussão relevante, ver *e.g.* Santos 2002, 2003, 2009, Kato 2016 e Martins 2016a.

[47] Normalmente, respostas adverbiais mínimas também podem ser expandidas nos moldes das respostas verbais simples discutidas na seção 7.5.1, conforme ilustrado em (i).
  (i) A: – O João **já** fechou a loja?
      a. B: – Já.
      b. B: – Sim, já.
      c. B: – Sim, já fechou.

[48] Sentenças interrogativas que incluem o advérbio modal *talvez* exibem modo subjuntivo, que não pode aparecer em uma resposta verbal simples. Uma resposta verbal simples com modo indicativo é possível, como mostrado em (id), mas contrasta com as respostas adverbiais e *sim* em (ia) e (ib) por não ser capaz de recuperar a modalidade expressa pela pergunta (cf. (126) e (127)). Assim, a resposta verbal simples permite uma continuação como (id), mas não como (ic).
  (i) A: – O João talvez saia do hospital hoje?
      a. B: – Talvez. Mas também pode não sair.
      b. B: – Sim. Mas também pode não sair.   (PE/%PB)
      c. B: – **Sai**. #Mas também pode não sair.
      d. B: – **Sai**. Acabaram de ligar do hospital.

[49] Respostas a interrogativas com advérbios como *talvez* e *só* podem expressar discordância positiva se estiverem associadas a expressões de negação metalinguística (ver seção 7.3.3), conforme ilustrado em (i).
  (i) a. [Contexto: A: – Ele talvez não venha?]
         B: – **Uma ova que** ele talvez não venha!   (PB)
         B': – **Que:** talvez não venha **o quê**!   (PB)
      b. [Contexto: A: – Só ele disse a verdade?]
         B: – **Agora** só ele! (PE)
         B': – Só ele disse a verdade **o quê**?   (PE)

[50] Ao contrário de advérbios como *sempre* ou *só*, que podem licenciar uma resposta adverbial independentemente de serem preverbais ou pós-verbais, como mostrado em (i), o licenciamento de uma resposta adverbial por *já* pós-verbal é aceito apenas por alguns falantes, conforme ilustrado em (ii). Ver Santos 2002 para informações relevantes discussão.
  (i) a. A: – {Ele **sempre** gostou dela?/Ele gostou **sempre** dela?}
         B: – Sempre.
      b. A: – {Ele só disse mentiras?/Ele disse só mentiras?}
         B: – Só.
  (ii) a. A: – Ele nessa idade **já** tinha problemas?
          B: – Já.
       b. A: – Ele nessa idade tinha **já** problemas?
          B: – %Já.

[51] Ver *e.g.* Kato 2016 para discussão relevante.

[52] Para discussão relevante, ver Santos 2003, 2009, Kato 2016 e Martins 2016a.

[53] As respostas com *ser* também são possíveis no PE nesses contextos, mas apresentam preferencialmente concordância temporal com o antecedente (A resposta à pergunta de (165c), por exemplo, seria preferencialmente *Foi*) e são menos comuns que as respostas com *sim*.

PORTUGUÊS BRASILEIRO E PORTUGUÊS EUROPEU: UMA OU DUAS GRAMÁTICAS?

    Nos capítulos anteriores discutimos as principais semelhanças e diferenças sintáticas entre o português europeu (*PE*) e o português brasileiro (*PB*). Começando com os seus sistemas pronominais no capítulo "Sistema pronominal", observamos que à primeira vista, o PE e o PB compartilham basicamente o mesmo sistema pronominal, diferindo apenas no fato de alguns pronomes serem usados mais frequentemente em uma variedade que em outra. No entanto, quando examinamos as distinções de caso de cada sistema pronominal, surge um quadro muito diferente. As Tabelas 8.1 e 8.2 (adaptadas das Tabelas 2.8 e 2.9) mostram que, enquanto no PE o sincretismo envolvendo a forma nominativa *default* é restrito a alguns pronomes (representados pelas áreas em sombra escura), no PB o sincretismo é a norma, e não a exceção.

Tabela 8.1 – Sincretismo de pronomes pessoais com a forma *default* no português europeu[a]

	[+REFL] AC	[+REFL] DAT	[-REFL] AC	[-REFL] DAT	[+REFL][-REFL] OBL	[-REFL] NOM	GEN preposicional	GEN sintético
1.SG	$me_{[Cl]}$	$me_{[Cl]}$	$me_{[Cl]}$	$me_{[Cl]}$	mim / comigo	**eu**		$meu_{[MASC.SG]}$ $meus_{[MASC-PL]}$ $minha_{[FEM.SG]}$ $minhas_{[FEM-PL]}$
2.SG[+prox]	$te_{[Cl]}$	$te_{[Cl]}$	$te_{[Cl]}$	$te_{[Cl]}$	ti / contigo	**tu**		$teu_{[MASC.SG]}$ $teus_{[MASC-PL]}$ $tua_{[FEM.SG]}$ $tuas_{[FEM-PL]}$
2.SG[-prox]	$se_{[Cl]}$	$se_{[Cl]}$	$o_{[MASC.CL]}$ $a_{[FEM.CL]}$	$lhe_{[Cl]}$	si / consigo	**você**		$seu_{[MASC.SG]}$ $seus_{[MASC-PL]}$ $sua_{[FEM.SG]}$ $suas_{[FEM-PL]}$
3.SG	$se_{[Cl]}$	$se_{[Cl]}$	$o_{[MASC.CL]}$ $a_{[FEM.CL]}$	$lhe_{[Cl]}$		$ele_{[MASC]}$ $ela_{[FEM]}$		
3-PL	$se_{[Cl]}$	$se_{[Cl]}$	$os_{[MASC.Cl]}$ $as_{[FEM.Cl]}$	$lhes_{[Cl]}$		$eles_{[MASC]}$ $elas_{[FEM]}$		
2-PL/2.PL	$vos_{[Cl]}$	$vos_{[Cl]}$	$vos_{[Cl]}$	$vos_{[Cl]}$	convosco	**vocês**	$vosso_{[MASC.SG]}$ $vossos_{[MASC-PL]}$ $vossa_{[FEM.SG]}$ $vossas_{[FEM-PL]}$	
1.PL	$nos_{[Cl]}$	$nos_{[Cl]}$	$nos_{[Cl]}$	$nos_{[Cl]}$	connosco	a gente / **nós**		$nosso_{[MASC.SG]}$ $nossos_{[MASC-PL]}$ $nossa_{[FEM.SG]}$ $nossas_{[FEM-PL]}$

[a] A primeira coluna exibe a descrição tradicional dos pronomes nominativos em negrito (ver seção 3.4.2 para revisões e refinamentos).

Tabela 8.2 – Sincretismo de pronomes pessoais com a forma *default* no português brasileiro[a]

	[+REFL]	[-REFL]	[+REFL]	[-REFL]	[-REFL]	[-REFL]	GEN preposicional	GEN sintético
	AC	DAT	AC	DAT	OBL	NOM		
1.SG	me[Cl]	me[Cl]	me[Cl]	me[Cl]	mim / comigo	eu		meu[MASC.SG] / meus[MASC-PL] / minha[FEM.SG] / minhas[FEM-PL]
2.SG	se[Cl]	te[Cl]				você		seu[MASC.SG] / seus[MASC-PL] / sua[FEM.SG] / suas[FEM-PL]
2.SG		cê[Fc]				cê[Fc]		
2-PL	se[Cl]					vocês		
2-PL		cês[Fc]				cês[Fc]		
3.SG/3-PL	se[Cl]					ele[MASC.SG] / ela[FEM.SG] / eles[MASC-PL] / elas[FEM-PL]		
1.PL	se[Cl]					a gente		
1.PL						nós		nosso[MASC.SG] / nossos[MASC-PL] / nossa[FEM.SG] / nossas[FEM-PL]

[a] A primeira coluna exibe a descrição tradicional dos pronomes nominativos em negrito (ver seção 3.4.2 para revisões e refinamentos).

É sabido que quando uma língua perde distinções morfológicas de caso, sua ordem de palavras tende a se tornar mais rígida. Dada a extensão do sincretismo de casos no PB, seríamos levados a esperar que o PB exibisse uma ordem muito mais rígida que o PE. Conforme discutido em detalhe no capítulo "Ordem de palavras", essa expectativa é de fato observada. Embora SVO seja a ordem básica das palavras em ambas as variedades, o PE recorre à ordem VS em várias configurações sintáticas, enquanto o PB frequentemente mantém a ordem básica SV nas mesmas configurações, geralmente restringindo VS a configurações que codificam julgamentos téticos e, mesmo nesse caso, a ordem VS é lexicalmente condicionada (ver seções 5.2.1.1, 5.3, 5.4 e 5.5). O PE e o PB também diferem claramente em relação à colocação dos pronomes clíticos (ver seção 5.6). O PE exibe uma interação complexa de fatores que produz ora resultados com ênclise, ora resultados com próclise, enquanto PB apresenta um padrão geral de próclise ao verbo principal.

Os diferentes sistemas pronominais descritos nas Tabelas 8.1 e 8.2 também interagem intimamente com a concordância nominal e verbal. Vimos no capítulo "Concordância" que o PB geralmente favorece formas sem concordância sempre que possível. No caso dos sintagmas nominais, em particular, o PB permite que o traço número seja registrado morfologicamente apenas no determinante, o que abriu caminho para o surgimento de singulares nus com substantivos contáveis nessa variedade. Essa preferência geral por formas subespecificadas em PB não se restringiu à realização superficial da concordância, mas afetou a própria especificação subjacente dos seus pronomes. Conforme mostrado na Tabela 3.12 e repetido a seguir na Tabela 8.3, embora o PE e o PB desencadeiem a mesma forma de superfície para concordância verbal, as especificações subjacentes dos seus pronomes nominativos e da flexão verbal associada a eles são consideravelmente diferentes.

Tabela 8.3: Especificações morfológicas para pessoa e número e concordância verbal em português

Pronomes nominativos	Especificação morfológica para pessoa e número				Forma de superfície para *dançar*
	Português europeu		Português brasileiro		
	Especificação do pronome	Flexão de concordância	Especificação do pronome	Flexão de concordância	
eu	[P.N:1.SG]	[P.N:1.SG]	[P.N:SG]	[P.N:SG]	*danço*
tu	[P.N:2.SG]	[P.N:2.SG]			*danças*
você	[P:2-N:SG]	[P:2-N:SG]	[P-N]	[P:n-N:n]	*dança*
ele/ela	[P:3-N:SG]	[P:3-N:SG]			
a gente	[P.N]	[P:n-N:n]	[P.N]		
nós	[P.N:1.PL]	[P.N:1.PL]	[P.N:1]	[P.N:1]	*dançamos*
vocês	[P:2-N:PL]	[P:2-N:PL]	[P-N:PL]	[P:n-N:PL]	*dançam*
eles/elas	[P:3-N:PL]	[P:3-N:PL]			

A análise que subjaz à Tabela 8.3 permite explicar o fato de que o número de distinções de concordância verbal em PE e PB não é suficiente para explicar suas diferenças em vários domínios e, em particular, quando se trata de sujeitos nulos. Vimos no capítulo "Sujeitos nulos" que a mesma flexão de concordância verbal superficial pode ou não licenciar morfologicamente um sujeito nulo dependendo da sua composição subjacente de traços. Mais especificamente, argumentamos que o licenciamento morfológico de sujeitos nulos é regido pela Condição de Valoração do Traço Proeminente, repetida em (1).

(1) *Condição de Valoração do Traço Proeminente*
Uma dada flexão verbal Infl só pode licenciar morfologicamente a elipse de um sujeito pronominal definido em português se o traço de Infl mais proeminente na escala *pessoa>número>gênero>caso* for valorado.

De acordo com (1), o licenciamento de um dado sujeito nulo – interpretado aqui em termos de elipse pronominal – depende de o traço mais proeminente da flexão de concordância verbal associada ao pronome a ser elidido ser valorado ou não. Dado que diferentes flexões de tempo/aspecto podem ter traços diferentes, a previsão é que um dado sujeito nulo possa dar origem a diferentes graus de aceitabilidade, dependendo da composição específica dos traços do Infl, bem como da sua valoração. Vimos no capítulo "Sujeitos nulos" que as especificações de traços na Tabela 8.3, juntamente com a Condição de Valoração do Traço Proeminente em (1), de fato fornecem uma explicação direta para o padrão de licenciamento de sujeitos nulos descrito nas Tabelas 4.22 e 4.23, repetidas a seguir como Tabelas 8.4 e 8.5 (O sombreamento mais claro nas células marcadas com "*" na coluna de particípios indica que, embora não ocorra licenciamento morfológico nesse ambiente, o pronome nulo pode ser licenciado via concordância semântica). Para o PE, o padrão de licenciamento é bastante uniforme (descontada a especificidade do pronome *a gente*), como é próprio de uma língua de sujeito nulo típica (ver Tabela 8.4), enquanto o PB apresenta um padrão de licenciamento muito complexo e restritivo (ver Tabela 8.5), configurando-se como uma língua de sujeito nulo parcial.

Tabela 8.4 – Licenciamento morfológico de sujeitos nulos
definidos em português europeu

		Orações finitas		Infinitivos flexionados	Particípios	Gerúndios não flexionados atribuidores de caso
		Paradigma pleno	Paradigma empobrecido			
Contraparte nula de	eu	√	√	√	√	√
	tu	√	√	√	√	√
	você	√	√	√	√	√
	ele/ela	√	√	√	√	√
	nós	√	√	√	√	√
	vocês	√	√	√	√	√
	eles/elas	√	√	√	√	√
	a gente	*	*	*	*	√

Tabela 8.5 – Licenciamento morfológico de sujeitos nulos
definidos em português brasileiro

		Orações finitas		Infinitivos flexionados	Particípios	Gerúndios não flexionados atribuidores de caso
		Paradigma pleno	Paradigma empobrecido			
Contraparte nula de	nós	√	√	√	*	√
	vocês	??	??	??	*	√
	eles/elas	??	??	??	√	√
	eu	??	*	*	*	√
	você	*	*	*	*	√
	ele/ela	*	*	*	√	√
	a gente	*	*	*	*	√

A perda dos clíticos acusativos de terceira pessoa e possessivos de terceira pessoa no PB vista na Tabela 8.2 também teve um impacto na distribuição e interpretação de objetos nulos e possessivos nulos nessa variedade (ver capítulo "Objetos nulos e possessivos nulos"). Curiosamente, não acontece simplesmente que o PB seja mais restritivo que o PE em relação a categorias vazias, pois isso depende da categoria vazia em questão. No caso dos sujeitos nulos e possessivos nulos, encontramos uma distribuição mais alargada e uma gama mais ampla de interpretações em PE (ver capítulos "Sujeitos nulos" e "Objetos nulos e possessivos nulos"); já no caso dos objetos nulos, é o PB que exibe uma distribuição mais abrangente e um maior leque de possibilidades interpretativas, conforme ilustrado na Tabela 6.1, repetida aqui como Tabela 8.6 (ver capítulo "Objetos nulos e possessivos nulos").

Tabela 8.6 – Licenciamento de objetos nulos
em português europeu e português brasileiro

			[+hum]		[-hum]	
			PE	PB	PE	PB
Sem ilhas	antecedente no discurso		√	√	√	√
	antecedente na mesma sentença	na posição do tópico	√	√	√	√
		na posição de sujeito	*	*	*	√
		em outras posições	*	*	√	√
Objeto nulo dentro de uma ilha forte	antecedente no discurso		*	*	*	√
	antecedente na mesma sentença	na posição de tópico	*	√	?*	√
		na posição de sujeito	*	*	*	√
		em outras posições	*	*	*	√

Na mesma linha, o PE e PB tratam a polaridade de forma diferente, pois o PE tem um espectro mais amplo de possibilidades para expressar afirmação, enquanto a negação é menos restrita em PB, conforme discutido no capítulo "Afirmação, negação, interrogativas-*sim/não* e respostas curtas".

Dadas as semelhanças e diferenças entre o PE e o PB examinadas detalhadamente nos capítulos anteriores, surge a questão de saber se estamos realmente lidando com uma única língua ou duas línguas diferentes. Essa é, no entanto, uma questão muito espinhosa, pois existem inúmeros significados atribuídos à palavra *língua* e as respostas podem diferir drasticamente dependendo do que se assume como definição de *língua*.

Neste capítulo de conclusão, lidaremos brevemente com essa questão escorregadia, abordando um ponto mais palpável: Assumindo que o termo *gramática* descreve o sistema de conhecimento sintático que falantes nativos alcançam no decorrer de um processo prototípico de aquisição da linguagem (ver capítulo "Delimitando o objeto de análise"), o PE e o PB são produtos de uma única gramática ou de duas gramáticas diferentes?

Crucialmente, duas gramáticas diferentes podem, às vezes, produzir o mesmo resultado. Considere as gramáticas abstratas G_1 e G_2 em (2), por exemplo. G_1 e G_2 são matematicamente distintas, embora possam produzir um mesmo resultado, dependendo dos valores de x e y, conforme ilustrado na Tabela 8.7.

(2) a. $G_1: x + 2y = z$
    b. $G_2: x + y^2 = w$

Tabela 8.7 – Diferentes resultados para as gramáticas G_1 e G_2

		G_1	G_2
x	y	z	w
0	0	0	0
0	2	4	4
1	0	1	1
1	2	5	5
2	0	2	2
2	2	6	6
0	1	2	1
0	3	6	9
1	3	7	10
2	1	4	3
2	3	8	11

A partir desta perspectiva, o PE e o PB são claramente o produto de duas gramáticas diferentes, que podem produzir o mesmo resultado em alguns casos, mas não em outros. O fato de o mesmo resultado poder estar associado a diferentes codificações gramaticais significa que as aparências podem muitas vezes ser enganosas. Uma mesma expressão morfofonológica da flexão verbal, por exemplo, pode estar associada a diferentes especificações gramaticais subjacentes, que, por sua vez, podem ser capazes de licenciar um sujeito nulo em PE, mas não em PB. À primeira vista, jabutis e tartarugas também podem não ser diferenciados, dependendo da atenção, do interesse e da demora com que se olhem, vendo ou não para lá da presença do casco e outras afinidades. Da mesma forma, o PE e o PB podem ser vistos como quelônios quando se observa apenas seu resultado fenotípico ou como jabutis e tartarugas quando são examinadas suas distintas gramáticas subjacentes. Para quem nos acompanhou até aqui observando para além do casco:

$\emptyset_{[P.N:1.PL]}$ esperamos que $\emptyset_{[P:2\text{-}N:SG]}$ tenha-$\emptyset_{[P:2]}$-$\emptyset_{[N:SG]}$ gostado do livro! (PE)
$\emptyset_{[P.N:1]}$ esperamos que você$_{[P\text{-}N]}$ tenha-$\emptyset_{[P:n]}$-$\emptyset_{[N:n]}$ gostado do livro! (PB)

Chelonoidis carbonaria
Tartaruga terrestre chamada de jabuti-piranga ou jabuti-vermelho

Mauremys leprosa
Tartaruga de água doce chamada de cágado-mediterrânico
ou cágado mourisco

REFERÊNCIAS BIBLIOGRÁFICAS

ABAURRE, Maria Bernadete; GALVES, Charlotte. Os clíticos no português brasileiro: Elementos para uma abordagem sintático-fonológica. In CASTILHO, Ataliba; BASÍLIO, Margarida orgs.) *Gramática do português falado:* estudos descritivos. Campinas: Editora da UNICAMP, 1996, pp. 273-319.
ABNEY, Steven. *The noun phrase in its sentential aspect*. Cambridge, MA, 1987. Tese (Doutorado) – Massachusetts Institute of Technology.
ABREU, Sabrina. *A negação sentencial*: da Teoria de Princípios e Parâmetros para o Programa Minimalista – uma investigação através do português brasileiro. Porto Alegre, 1998. Tese (Doutorado) – Pontifícia Universidade Católica do Rio Grande do Sul.
ABSOUSALH, Elaine. *Resolução de choques de acento no português brasileiro*: elementos para uma reflexão sobre a interface fonologia-sintaxe. Campinas, 1997. Dissertação (Mestrado) – Universidade Estadual de Campinas.
ALEXANDRE, Nélia. *A estratégia resumptiva em relativas restritivas do português europeu*. Lisboa, 2000. Dissertação (Mestrado) – Universidade de Lisboa.
_____. "Estruturas em movimento: alguns tópicos sobre as construções-Q e de clivagem". *Letras de Hoje* 41, 2006, pp. 99-119.
ALEXIADOU, Artemis; CARVALHO, Janayna. The role of location in (partial) pro-drop languages. In SHEEHAN, Michelle; BAILEY, Laura (orgs.) *Order and Structure in Syntax II:* Subjecthood and Argument Structure. Berlin: Language Science Press, 2017, pp. 41-67.
AMBAR, Manuela. *Para uma sintaxe da inversão sujeito-verbo em português*. Lisboa: Colibri, 1992a.
_____. Temps et structure de la phrase en portugais. In OBENAUER, Hans-Georg; ZRIBI-HERTZ, Anne (orgs.) *Structure de la phrase et théorie du liage*. Paris: Presses Universitaires de Vincennes, 1992b, pp. 29-49.
_____. Aux-to-COMP and lexical restrictions on verb movement. In CINQUE, Guglielmo; KOSTER, Jan; POLLOCK, Jean-Yves; RIZZI, Luigi; ZANUTTINI, Raffaella (orgs) *Paths toward Universal Grammar:* Studies in Honor of Richard Kayne. Washington, D.C.: Georgetown University Press, 1994, pp. 1-23.
_____. "Inflected infinitives revisited: genericity and single event". *Canadian Journal of Linguistics/Revue Canadienne de Linguistique* 43, 1998, pp. 5-36.
_____. Aspects of the syntax of focus in Portuguese. In REBUSCHI, George; TULL, Laurice (orgs.) *The Grammar of Focus*. Amsterdam/Philadelphia: John Benjamins, 1999, pp. 23-53.
_____. Infinitives *vs.* participles. In COSTA, João (org.) *Portuguese Syntax*: New Comparative Studies. Oxford/New York: Oxford University Press, 2000, pp. 14-30.
_____. Wh-questions and wh-exclamatives unifying mirror effects. In BEYSSADE, Claire; BOK-BENNEMA, Reineke; DRIJKONINGEN, Frank; MONACHESI, Paola (orgs.) *Romance Languages and Linguistic Theory 2000* - Selected Papers from 'Going Romance' 2000. Amsterdam/Philadelphia: John Benjamins, 2002, pp. 15-40.
_____. WH asymmetries. In DI SCIULLO, Anna Maria (org.) *Asymmetries in Grammar*. Amsterdam/Philadelphia: John Benjamins, 2003. pp. 209-49.
_____. Clefts and tense asymmetries. In DI SCIULLO, Anna Maria (org.) *UG and External Systems*. Amsterdam/Philadelphia: John Benjamins, 2005, pp. 95-127.

_____. Yes-no questions, subjects, adverbs and left periphery - New evidence from Portuguese. In EMONDS, Joseph; JANEBOVÁ, Markéta (orgs.) *Language Use and Linguistic Structure: Proceedings of the Olomouc Linguistics Colloquium 2013*. Olomouc: Palacký University, 2013, pp. 15-32.

_____. On finiteness and the left periphery. In BLASZCZAK, Joanna; GIANNAKIDOU, Anastasia; KLIMEK-JANKOWSKA, Dorota; MIGDALSKI, Krzysztof (orgs) *Mood, Aspect, Modality Revisited*: New Answers to Old Questions. Chicago: University of Chicago Press, 2016, pp. 125-76.

_____; JIMÉNEZ-FERNÁNDEZ, Ángel. Overtly/non-overtly inflected infinitives in Romance. In EVERAERT, Martin; VAN RIEMSDIJK, Henk (orgs.) *The Blackwell Companion to Syntax*. Oxford: Wiley-Blackwell, 2017, pp. 1996–2037.

_____; KATO, Mary A.; MIOTO, Carlos; VELOSO, Rita. "Padrões de interrogativas-Q no português europeu e no português brasileiro: uma análise inter- e intralinguística". *Boletim da ABRALIN* 25, 2003, pp. 400-4.

_____; NEGRÃO, Esmeralda; VELOSO, Rita; GRAÇA, Luís. Tense domains in BP and EP – *v*P, CP and phases. In ABOH, Enoch; VAN DER LINDEN, Elisabeth; QUER, Joseph; SLEEMAN, Petra (orgs.) *Romance Languages and Linguistic Theory* - Selected Papers from 'Going Romance' Amsterdam 2007. Amsterdam/Philadelphia: John Benjamins, 2007, pp. 1-24.

_____ VELOSO, Rita. On the nature of wh-phrases, word order and wh-in-situ: Evidence from Portuguese, French, Hungarian and Tetum. In D'HULST, Yves; ROORYCK, Johan; SCHROTEN, Jan (orgs.) *Romance Languages and Linguistic Theory 1999* - Selected Papers from 'Going Romance' 1999. Amsterdam/Philadelphia: John Benjamins, 2001, pp. 1-38.

ANDRADE, Aroldo de; GALVES, Charlotte. "A unified analysis for subject topics in Brazilian Portuguese". *Journal of Portuguese Linguistics* 13, 2014, pp. 117-47.

ARMELIN, Paula. *A relação entre gênero e morfologia avaliativa nos nominais do português brasileiro*: uma abordagem sintática da formação de palavras. São Paulo, 2015. Tese (Doutorado) – Universidade de São Paulo.

AUGUSTO, Marina; FERRARI NETO, José; CORRÊA, Letícia. "Explorando o DP: a presença da categoria NumP". *Revista de Estudos da Linguagem* 14, 2006, pp. 245-75.

AVELAR, Juanito. *Dinâmicas morfossintáticas com* ter, ser *e* estar *em português brasileiro*. Campinas, 2004. Dissertação (Mestrado) – Universidade Estadual de Campinas.

_____. *Adjuntos adnominais preposicionados no português brasileiro*. Campinas, 2006. Tese (Doutorado) – Universidade Estadual de Campinas.

_____. "Inversão locativa e sintaxe de concordância no português brasileiro". *Matraga* 16, 2009, pp. 232-52.

_____. *Ter, ser e estar*: dinâmicas morfossintáticas no português brasileiro. Campinas: RG, 2009b.

_____; CALLOU, Dinah. Sobre a emergência do verbo possessivo em contextos existenciais no português brasileiro. In CASTILHO, Ataliba de; TORRES MORAIS, Maria Aparecida; LOPES, Ruth; CYRINO, Sonia (orgs.) *Descrição, aquisição e história do português brasileiro*. Campinas: Pontes/FAPESP, 2007, 375-402.

_____; CYRINO, Sonia. "Locativos preposicionados em posição de sujeito: uma possível contribuição das línguas Bantu à sintaxe do português brasileiro". *Revista de Estudos Linguísticos da Universidade do Porto* 3, 2008, pp. 49-65.

_____; GALVES, Charlotte. Tópico e concordância em português brasileiro e português europeu. In COSTA, Armanda; FALÉ, Isabel; BARBOSA, Pilar (orgs.) *Textos seleccionados do XXVI Encontro da Associação Portuguesa de Linguística*. Lisboa: Associação Portuguesa de Linguística, 2011, pp. 49-65.

BACELAR DO NASCIMENTO, Maria Fernanda. *A gente*, um pronome de 4ª pessoa?. In *Actas do congresso sobre a investigação e ensino do português – 18/22 Maio 1997*. Lisboa: ICALP, 1989, pp. 480-90.

_____. Formas de tratamento. In RAPOSO, Eduardo Paiva; BACELAR DO NASCIMENTO, Maria Fernanda; MOTA, Maria Antónia; SEGURA, Luísa; MENDES, Amália (orgs.) *Gramática do português*. Lisboa: Fundação Calouste Gulbenkian, 2020, pp. 2701-32.

BARBOSA, Pilar. *Null Subjects*. Cambridge, MA, 1995. Tese (Doutorado) – Massachusetts Institute of Technology.

_____. A new look at the null subject parameter. In COSTA, João; GOEDEMANS, Rob; VAN DE VIJVER, Ruben (orgs.) *Proceedings of ConSole IV*. Leiden: HIL, 1996.

_____. "Subject positions in the null subject languages". *Seminários de Linguística* 1, 1997, pp. 39-63.

_____. Clitics: A window to the null subject property. In COSTA, João (org.) *Portuguese Syntax:* New Comparative Studies. Oxford/New York: Oxford University Press, 2000, pp. 31-93.

_____. On inversion in wh-questions in Romance. In HULK, Aafke; POLLOCK, Jean-Yves (orgs.) *Subject inversion in Romance and the theory of Universal Grammar*. Oxford/New York: Oxford University Press, 2001, pp. 20-59.

_____. A propriedade do sujeito nulo e o princípio da projecção alargado. In MATEUS, Maria Helena Mira; CORREIA, Clara (orgs.) *Saberes no tempo*: homenagem a Maria Henriqueta Costa Campos. Lisboa: Colibri, 2002, pp. 51-71.

_____. "Ainda a questão dos sujeitos pré-verbais em português europeu: uma resposta a Costa (2001)". *D.E.L.T.A.* 22, 2006, pp. 345-402.
_____. "Two kinds of subject pro". *Studia Linguistica* 63, 2009, pp. 2-58.
_____. As construções pseudoclivadas: Perguntas e respostas. In SILVA, Maria de Fátima da; FALÉ, Isabel; PEREIRA, Sandra (orgs.) *XXVIII Encontro Nacional da Associação Portuguesa de Linguística* - textos selecionados. Braga: Associação Portuguesa de Linguística, 2013, pp. 131-48.
_____. "*pro* as a minimal NP: Toward a unified approach to pro-drop". *Linguistic Inquiry* 50, 2019, pp. 487-526.
_____; COCHOFEL, Fátima. O infinitivo preposicionado em PE. In DUARTE, Inês; LEIRIA, Isabel (orgs.) *Actas do XX Encontro Nacional da Associação Portuguesa de Linguística*. Lisboa: Associação Portuguesa de Linguística, 2005, pp. 387-400.
_____; DUARTE, Maria Eugênia Duarte; KATO, Mary A. A distribuição do sujeito nulo no português europeu e no português brasileiro. In CORREIA, Clara; GONÇALVES, Anabela (orgs.) *Actas do XVI Encontro Nacional da Associação Portuguesa de Linguística*. Lisboa: Associação Portuguesa de Linguística, 2001, pp. 539-50.
_____; _____; _____. "Null subjects in European and Brazilian Portuguese". *Journal of Portuguese Linguistics* 4, 2005, pp. 11-52.
_____; FLORES, Cristina; PEREIRA, Cátia. On subject realization in infinitival complements of causative and perceptual verbs in European Portuguese. Evidence from monolingual and bilingual speakers. In CUZA, Alejandro; GUIJARRO-FUENTES, Pedro (orgs.) *Language Acquisition and Contact in the Iberian Peninsula*. Berlin/Boston: de Gruyter, 2018, pp. 125-58.
_____; RAPOSO, Eduardo Paiva. Subordinação argumental infinitiva. In RAPOSO, Eduardo Paiva; BACELAR DO NASCIMENTO, Maria Fernanda; MOTA, Maria Antónia; SEGURA, Luísa; MENDES, Amália (orgs.) *Gramática do português*. Lisboa: Fundação Calouste Gulbenkian, 2013, pp. 1901-77.
_____; SANTOS, Pedro; VELOSO, Rita. Tipos de frase e força ilocutória. In RAPOSO, Eduardo Paiva; BACELAR DO NASCIMENTO, Maria Fernanda; MOTA, Maria Antónia; SEGURA, Luísa; MENDES, Amália; ANDRADE, Amália (orgs.) *Gramática do português*. Lisboa: Fundação Calouste Gulbenkian, 2020, pp. 2517-86.
BARROS, Evângela. *Construções de posse com clítico no PB*: percurso diacrônico. Belo Horizonte, 2006. Tese (Doutorado) – Universidade Federal de Minas Gerais.
BASSANI, Indaiá; LUNGUINHO, Marcus. "Revisitando a flexão verbal do português à luz da Morfologia Distribuída: um estudo do presente, pretérito perfeito e pretérito imperfeito do indicativo". *ReVEL*, edição especial, n. 5, p., 2011, pp. 199-227.
BASTOS, Ana Claudia. *Fazer, eu faço! Topicalização de constituintes verbais em português brasileiro.* Campinas, 2001. Dissertação (Mestrado) – Universidade Estadual de Campinas.
BASTOS-GEE, Ana Claudia. Topicalization of verbal projections in Brazilian Portuguese. In NUNES, Jairo (org.) *Minimalist Essays on Brazilian Portuguese Syntax*. Amsterdam/Philadelphia: John Benjamins, 2009, pp. 161-90.
_____. *Information Structure within the Traditional Nominal Phrase*: The Case of Brazilian Portuguese. Storrs, 2011. Tese (Doutorado) – University of Connecticut.
BAXTER, Alan. A concordância de número. In LUCCHESI, Dante; BAXTER, Alan; RIBEIRO, Ilza (orgs.) *O português afro-brasileiro*. Salvador: EDUFBA, 2009, pp. 269-93.
BERLINCK, Rosane. *La Position du sujet en portugais*: Etude diachronique des varietés brésilienne et européene. Leuven, 1996a. Tese (Doutorado) – Katholieke Universiteit Leuven.
_____. The Portuguese dative. In VAN BELLE, William; VAN LANGENDONCK, Willy (orgs.) *The Dative*: Descriptive Studies. Amsterdam/Philadelphia: John Benjamins, 1996b, pp. 119-51.
_____. Brazilian Portuguese VS order: a diachronic analysis. In KATO, Mary A.; NEGRÃO, Esmeralda (orgs.) *Brazilian Portuguese and the Null Subject Parameter*. Madrid and Frankfurt am Main: Iberoamericana and Vervuert, 2000, pp. 175-194.
_____; COELHO, Izete. A ordem do sujeito em construções declarativas na história do português brasileiro. In CYRINO, Sonia; TORRES MORAIS, Maria Aparecida (orgs.) *Mudança sintática do português brasileiro*: perspectiva gerativista. São Paulo: Contexto, 2018, pp. 308-81.
BETONI, Simone. *O expletivo ele em domínios dependentes em Português Europeu*. Lisboa, 2013. Dissertação (Mestrado) – Universidade de Lisboa.
BIANCHI, Valentina; FIGUEIREDO SILVA, Maria Cristina. On some properties of agreement-object in Italian and Brazilian Portuguese. In MAZZOLA, Michael (org.) *Issues and Theory in Romance Linguistics* - Selected Papers form the LSRL XXIII. Washington, DC: Georgetown University Press, 1994, pp. 181-97.
BIBERAUER, Theresa; CYRINO, Sonia. Negative developments in Afrikaans and Brazilian Portuguese. Trabalho apresentado no 19th Colloquium on Generative Grammar. University of the Basque Country, 2009.
BOECKX, Cedric; HORNSTEIN, Norbert; NUNES, Jairo. *Control as Movement*. Cambridge: Cambridge University Press, 2010.

BOLRINHA, Márcia. *Clivada de* ser *e estrutura enfática com* mas ser: uma mesma estrutura ou estruturas diferentes?. Lisboa, 2017. Dissertação (Mestrado) – Universidade Nova de Lisboa.
BONET, Eulàlia. *Morphology after Syntax*: Pronominal Clitics in Romance. Cambridge, MA, 1991. Tese (Doutorado) – Massachusetts Institute of Technology.
BRITO, Ana Maria. *A sintaxe das orações relativas em português*. Porto: INIC, 1991a.
_____. Ligação, co-referência e o princípio evitar pronome. In BRITO, Ana Maria (org.) *Homenagem a Óscar Lopes*. Lisboa: Associação Portuguesa de Linguística, 1991b, pp. 101-21.
_____. "European Portuguese possessives and the structure of DP". *Cuadernos de Lingüística* XIV, 2007, pp. 27-50.
BRITTO, Helena. *Reduzidas gerundivas*: Teoria do Caso e inversão verbo-sujeito. Campinas, 1994. Dissertação (Mestrado) – Universidade Estadual de Campinas.
_____. *Deslocamento à esquerda, resumptivo-sujeito, ordem SV e a codificação sintáctica de juízos categórico e tético no português do Brasil*. Campinas, 1998. Tese (Doutorado) – Universidade Estadual de Campinas.
_____. Syntactic codification of categorial and thetic judgments in Brazilian Portuguese. In KATO, Mary A.; NEGRÃO, Esmeralda (orgs.) *Brazilian Portuguese and the Null Subject Parameter*. Madrid and Frankfurt am Main: Iberoamericana and Vervuert, 2000, pp. 195-222.
BROCARDO, Maria Teresa; LOPES, Célia. Main morphosyntactic changes and grammaticalization processes. In WETZELS, Leo; COSTA, João; MENUZZI, Sergio (orgs.) *Handbook of Portuguese Linguistics*. Malden: Wiley Blackwell, 2016, pp. 471-86.
BUTHERS, Christina; DUARTE, Fábio. "Português brasileiro: uma língua de sujeito nulo ou de sujeito obrigatório?" *Diacrítica* 26, 2012, pp. 65-89.
CALINDRO, Ana. *Introduzindo argumentos*: uma proposta para as sentenças ditransitivas do português brasileiro. São Paulo, 2015. Tese (Doutorado) – Universidade de São Paulo.
_____. Ditransitive constructions: What sets Brazilian Portuguese apart from other Romance languages? In PINEDA, Anna; MATEU, Jaume (org.) *Dative Constructions in Romance and Beyond*. Berlin: Language Science Press, 2020, pp. 75-95.
CAMACHO, José. *Null Subjects*. Cambridge: Cambridge University Press, 2013.
_____. The null subject parameter revisited: The evolution from null subject Spanish and Portuguese to Dominican Spanish and Brazilian Portuguese. In KATO, Mary A.; ORDÓÑEZ, Francisco (orgs.) *The Morphosyntax of Portuguese and Spanish in Latin America*. Oxford: Oxford University Press, 2016, pp. 27-48.
CÂMARA JR., Joaquim Mattoso. *Estrutura da língua portuguesa*. Petrópolis: Vozes, 1970.
CANÇADO, Márcia. *Verbos psicológicos*: a relevância dos papéis temáticos vistos sob a ótica de uma semântica representacional. Campinas, 1995. Tese (Doutorado) – Universidade Estadual de Campinas.
_____. "Verbos psicológicos no português brasileiro e a análise inacusativa de Belletti & Rizzi: indícios para uma proposta semântica". *D.E.L.T.A.* 13, 1997, pp. 119-39.
_____. "O quantificador *tudo* no PB". *Revista Letras* 70, 2006, pp. 157-82.
_____. "Verbal alternations in Brazilian Portuguese". *Studies in Hispanic and Lusophonic Linguistics* 3, 2010, pp. 77-111.
_____; GODOY, Luísa; AMARAL, Luana. *Catálogo de verbos do português brasileiro:* classificação verbal segundo a decomposição de predicados. Volume I: verbos de mudança. Belo Horizonte: Editora da UFMG, 2013.
_____; GONÇALVES, Anabela. Lexical semantics: Verb classes and alternations. In WETZELS, Leo; COSTA, João; MENUZZI, Sergio (orgs.) *Handbook of Portuguese Linguistics*. Malden: Wiley Blackwell, 2016, pp. 374-91.
_____; NEGRÃO, Esmeralda. Two possessor raising constructions in Brazilian Portuguese. Trabalho apresentado no VIII Workshop on Formal Linguistics, Universidade de São Paulo, 2010.
CARDINALETTI, Anna; STARKE, Michal. The typology of structural deficiency: On the three grammatical classes. In VAN RIEMSDIJK, Henk (org.) *Clitics in the Languages of Europe*. Berlin: De Gruyter Mouton, 1999, pp. 145-234.
CARDOSO, Adriana. *Variation and change in the syntax of relative clauses*. Lisboa, 2010. Tese (Doutorado) – Universidade de Lisboa.
_____. *Portuguese Relative Clauses in Synchrony and Diachrony*. Oxford: Oxford University Press, 2016.
_____; ALEXANDRE, Nélia. Relativas clivadas em variedades não *standard* do PE. In SILVA, Maria de Fátima da; FALÉ, Isabel; PEREIRA, Sandra (orgs.) *XXVIII Encontro Nacional da Associação Portuguesa de Linguística* - textos selecionados. Braga: Associação Portuguesa de Linguística, 2013, pp. 205-27.
_____; CARRILHO, Ernestina; PEREIRA, Sandra. "On verbal agreement variation in European Portuguese: Syntactic conditions for the 3SG/3PL alternation". *Diacrítica* 25, 2011, pp. 135-58.
CARDOSO, Daisy. "O imperativo gramatical no português do Brasil". *Revista de Estudos da Linguagem* 14, 2006, pp. 317-40.

REFERÊNCIAS BIBLIOGRÁFICAS

CARNEIRO, Zenaide. *Cartas da Bahia*: um estudo linguístico-filológico. Campinas, 2005. Tese (Doutorado) – Universidade Estadual de Campinas.

_____; GALVES, Charlotte. "Variação e gramática: Colocação de clíticos na história do português brasileiro". *Revista de Estudos da Linguagem* 18, 2010, pp. 7-38.

CARRILHO, Ernestina. Construções de expletivo visível em português europeu (não padrão). In VEIGA, Alexandre (org.) *Gramática e léxico em sincronia e diacronia* - um contributo da linguística portuguesa. Santiago de Compostela: Universidade de Santiago de Compostela, 2003, pp. 29-38.

_____. *Expletive ele in European Portuguese dialects*. Lisboa, 2005. Tese (Doutorado) – Universidade de Lisboa.

_____. Beyond doubling: Overt expletives in European Portuguese dialects. In BARBIERS, Sjef; KOENEMAN, Olaf; LEKAKOU, Marika; VAN DER HAM, Margreet (orgs.) *Syntax and Semantics vol. 36:* Microvariation in Syntactic Doubling. Bingly: Emerald, 2008, pp. 301-23.

_____. "Sobre o expletivo *ele* em português europeu". *Estudos de Linguística Galega* 1, 2009, pp. 7-26.

_____; PEREIRA, Sandra. On the areal distribution of non-standard syntactic constructions in European Portuguese. Trabalho apresentado no Congress of Dialectology and Geolinguistics, University of Maribor, 2009.

CARVALHO, Danniel. "O traço de gênero na morfossintaxe do português". *D.E.L.T.A.* 34: 635-60, 2018.

CARVALHO, Janayna. *A morfossintaxe do português brasileiro e sua estrutura argumental*: uma investigação sobre anticausativas, médias, impessoais e a alternância agentiva. São Paulo, 2016. Tese (Doutorado) – Universidade de São Paulo.

_____. "Diferentes tipos de sujeito nulo no português brasileiro". *ReVEL* 16, 2018, pp. 78-107.

_____. Teasing apart 3rd person null subjects in Brazilian Portuguese. In FELDHAUSEN, Ingo; ELSIG, Martin; KUCHENBRANDT, Imme; NEUHAUS, Mareike (orgs.) *Romance Languages and Linguistic Theory 2016*. Selected Papers from 'Going Romance' 30 Frankfurt. Amsterdam/Philadelphia: John Benjamins, 2019, pp. 237-54.

CASTELEIRO, João Malaca. "Sintaxe e semântica das construções enfáticas com 'é que'". *Boletim de Filologia* XXV, 1979, pp. 97-166.

CASTRO, Ana. *On Possessives in Portuguese*. Lisboa/Paris, 2006. Tese (Doutorado) – Universidade Nova de Lisboa/Université Paris 8.

CASTRO, Ivo. *Introdução à história do português*. Lisboa: Edições Colibri, 2006.

CAVALCANTE, Rerisson. "Construções negativas no português falado em Salvador". *Hyperion* 7, 2004.

_____. *A negação pós-verbal no português brasileiro*: análise descritiva e teórica dos dialetos rurais de afro-descendentes. Salvador, 2007. Dissertação (Mestrado) – Universidade Federal da Bahia.

_____. "Complementos dativos sem preposição no dialeto mineiro". *ReVEL* 7, 2009, pp. 1-19.

_____. *Negação anafórica no português brasileiro*: negação sentencial, negação enfática e negação de constituinte. São Paulo, 2012. Tese (Doutorado) – Universidade de São Paulo.

CAVALCANTE, Sílvia. *O uso de se com infinitivo na história do português*: do português clássico ao português europeu e brasileiro modernos. Campinas, 2006. Tese (Doutorado) – Universidade Estadual de Campinas.

CERQUEIRA, Vicente. A forma genitiva *dele* e a categoria de concordância (AGR) no português brasileiro. In *Português brasileiro:* uma viagem diacrônica, ROBERTS, Ian; KATO, Mary A. Campinas: Editora da UNICAMP, 1993, pp. 129-61.

_____. *A sintaxe do possessivo no português brasileiro*. Campinas, 1996. Tese (Doutorado) – Universidade Estadual de Campinas.

CHAO, Wynn. "The interpretation of null Subjects: Brazilian Portuguese". *Cahiers Linguistiques d'Ottawa* 11, 1983, pp. 69-74.

CHOMSKY, Noam. "Conditions on transformations". In ANDERSON, Stephen R.; KIPARSKY, Paul (orgs.) *A Festschrift for Morris Halle*. New York: Holt, Rinehart, and Winston, 1973, pp. 232-86.

_____. *Lectures on Government and Binding*. Dordrecht: Foris, 1981.

_____. *Knowledge of Language: Its Nature, Origin and Use*. New York: Praeger, 1986.

_____. Minimalist inquiries: The framework. In MARTIN, Roger; MICHAELS, David; URIAGEREKA, Juan (orgs.) *Step by Step*: Essays on Minimalist Syntax in Honor of Howard Lasnik. Cambridge, Mass: MIT Press, 2000, pp. 89-155.

_____. Derivation by phase. In KENSTOWICZ, Michael (org.) *Ken Hale*: A Life in Language. Cambridge, Mass: MIT Press, 2001, pp. 1-52.

_____; LASNIK, Howard. The theory of principles and parameters. In JACOBS, Joachim; VON STECHOW, Arnim; STERNEFELD, Wolfgang; VENNEMANN, Theo (orgs.) *Syntax: An International Handbook of Contemporary Research*. Berlin/New York: Walter de Gruyter, 1993, pp. 506-69.

CINQUE, Guglielmo. "On *si* constructions and the theory of *arb*". *Linguistic Inquiry* 19, 1988, pp. 521-82.

CINTRA, Luís Lindley. "Nova proposta de classificação dos dialectos galego-portugueses". *Boletim de Filologia* 22, 1971, pp. 81-116.

_____. *Sobre "formas de tratamento" na língua portuguesa*. Lisboa: Livros Horizonte, 1972.
CIRÍACO, Larissa; CANÇADO, Márcia. "Inacusatividade e inergatividade no PB". *Cadernos de Estudos Linguísticos* 46, 2006, pp. 207-25.
COELHO, Claudia; NUNES, Jairo; SANTOS, Leticia. "On the movement analysis of null subjects in Brazilian Portuguese: Experimental results from extraction of embedded subjects". *Isogloss* 4, 2018, pp. 85-112.
COELHO, Izete. *A ordem VDP em construções monoargumentais*: uma restrição sintático-semântica. Florianópolis, 2000. Tese (Doutorado) – Universidade Federal de Santa Catarina.
_____ and Marco Antonio Martins. "Padrões de inversão do sujeito na escrita brasileira do século 19: evidências empíricas para a hipótese de competição de gramáticas". *Alfa* 56, 2012, pp. 11-28.
COLAÇO, Madalena. *Configurações de coordenação aditiva*: tipologia, concordância e extracção. Lisboa, 2005. Tese (Doutorado) – Universidade de Lisboa.
_____. Especificidades das estruturas de coordenação: Padrões de concordância. In *Manual de linguística portuguesa*, MARTINS, Ana Maria; CARRILHO, Ernestina. Berlin/Boston: De Gruyter, 2016, pp. 481-522.
CORRÊA, Vilma. *O objeto direto nulo no português do Brasil*. Campinas, 1991. Dissertação (Mestrado) – Universidade Estadual de Campinas.
COSTA, Doris. *Os verbos psicológicos e a queda da preposição a no português do Brasil*. Florianópolis, 2000. Dissertação (Mestrado) – Universidade Federal de Santa Catarina.
COSTA, Igor; AUGUSTO, Marina; RODRIGUES, Erica. "Verbos metereológicos flexionados no plural e a hipótese da inacusatividade biargumental: explorando a sintaxe do português brasileiro". *Veredas* 18, 2014, pp. 257-80.
COSTA, João. *Word Order Variation*: A Constraint-based Approach. The Hague: Holland Academic Graphics, 1998.
_____. "Postverbal subjects and agreement in unaccusative contexts in European Portuguese". *The Linguistic Review* 18, 2001, pp. 1-17.
_____. Null vs overt Spec,TP in European Portuguese. In QUER, Josep; SCHROTEN, Jan; SCORRETTI, Mauro; SLEEMAN, Petra; VERHEUGD-DAATZELAAR, Els (orgs.) *Romance Languages and Linguistic Theory 2001*. Amsterdam/Philadelphia: John Benjamins, 2003, pp. 31-47.
_____. *Subject Positions and the Interfaces:* The Case of European Portuguese. Berlin/New York: Mouton de Gruyter, 2004.
_____; DUARTE, Inês. Minimizando a estrutura: Uma análise unificada das construções de clivagem em português. In CORREIA, Clara; GONÇALVES, Anabela (orgs.) *Actas do XVI Encontro Nacional da Associação Portuguesa de Linguística*. Lisboa: APL/Colibri, 2001, pp. 627-38.
_____; _____. Objectos nulos em debate. In CASTRO, Ivo; DUARTE, Inês (orgs.) *Razões e emoção:* miscelânea de estudos em homenagem a Maria Helena Mira Mateus. Lisboa: INCM, 2003, pp. 249-60.
_____; _____. Objeto nulo. In RAPOSO, Eduardo Paiva; BACELAR DO NASCIMENTO, Maria Fernanda; MOTA, Maria Antónia; SEGURA, Luísa; MENDES, Amália (orgs.) *Gramática do português*. Lisboa: Fundação Calouste Gulbenkian, 2013, pp. 2339-48.
_____; FIGUEIREDO SILVA, Maria Cristina. Nominal and verbal agreement in Portuguese: An argument for Distributed Morphology. In COSTA, João; FIGUEIREDO SILVA, Maria Cristina (orgs.) *Studies on Agreement*. Amsterdam/Philadelphia: John Benjamins, 2006a, pp. 25-46.
_____; _____. On the (in)dependence relations between syntax and pragmatics. In MOLNAR, Valéria; WINKLER, Susanne (orgs.) *The Architecture of Focus*. Berlin: Mouton de Gruyter, 2006b, pp. 83-104.
_____; LOBO, Maria. Estruturas clivadas: Evidência dos dados do português europeu não-standard. *Anais do Congresso Internacional da Abralin – João Pessoa 2009*, 2009, pp. 3800-06.
_____; MARTINS, Ana Maria. Clitic placement across grammar components. Trabalho apresentado no Going Romance 2003, University Nijmegen, 2003.
_____; _____. Middle scrambling with deictic locatives in European Portuguese. In BOK-BENNEMA, Reineke; KAMPERS-MANHE, Brigitte; HOLLEBRANDSE, Bart (orgs.) *Romance Languages and Linguistic Theory* 2. Amsterdam/Philadelphia: John Benjamins, 2010, pp. 59-76.
_____; _____. "On focus movement in European Portuguese". *Probus* 23, 2011, pp. 217-45.
_____; PRATAS, Fernanda. VP ellipsis: New evidence from Capeverdean. In FRANCO, Irene; LUSINI, Sara; SAAB, Andrés (orgs.) Romance Languages and Linguistic Theory 2010 - Selected Papers from 'Going Romance' Leiden 2010. Amsterdam/Philadelphia: John Benjamins, 2012, pp. 155-76.
_____; MOURA, Denilda; PEREIRA, Sandra. Concordância com *a gente*: Um problema para a teoria de verificação de traços. In CORREIA, Clara; GONÇALVES, Anabela (orgs.) *Actas do XVI Encontro Nacional da Associação Portuguesa de Linguística*. Lisboa: Associação Portuguesa de Linguística, 2001, pp. 639-55.
_____; PEREIRA, Sandra. "Phases and autonomous features: A case of mixed agreement". *Working Papers in Linguistics 49 - Perspectives on Phases*, 2005, pp. 115-24.

_____; _____. *A gente*: revisitando o estatuto pronominal e a concordância. In SEDRINS, Adeilson; CASTILHO, Ataliba de; SIBALDO, Marcelo; LIMA, Rafael de (orgs.) *Por amor à linguística:* miscelânea de estudos linguísticos dedicados à Maria Denilda Moura. Alagoas: Editora da UFAL, 2012, pp. 101-22.
_____; _____. "*A gente*: Pronominal status and agreement revisited". *Linguistic Review* 30, 2013, pp. 161-84.
CREUS, Susana; MENUZZI, Sérgio. "Sobre o papel do gênero na alternância entre objetos nulos e pronomes plenos em português brasileiro". *Revista da Abralin* 3, 2004, 149-76.
CYRINO, Sonia. Observações sobre a mudança diacrônica no português do Brasil: Objeto nulo e clíticos. In ROBERTS, Ian; KATO, Mary A. (orgs.) *Português brasileiro:* uma viagem diacrônica. Campinas: Editora da UNICAMP, 1993, pp. 163-84.
_____. *O objeto nulo no português do Brasil:* um estudo sintático-diacrônico. Londrina: Editora UEL, 1997.
_____. The loss of clitic climbing in Brazilian Portuguese revisited. Trabalho apresentado no 10th Diachronic Generative Syntax Conference – DiGS X, Cornell University, 2008.
_____. The null object in Romania Nova. In KATO, Mary A.; ORDÓÑEZ, Francisco (orgs.) *The Morphosyntax of Portuguese and Spanish in Latin America*. Oxford: Oxford University Press, 2016, pp. 177-203.
_____. O objeto nulo do português brasileiro: Sincronia e diacronia. In GALVES, Charlotte; KATO, Mary A.; ROBERTS, Ian (orgs.) *Português brasileiro:* uma segunda viagem diacrônica. Campinas: Editora da UNICAMP, 2019, pp. 173-200.
_____. "Objetos nulos em português brasileiro". *Cuadernos de la ALFAL* 12, 2020, pp. 387-410.
_____; DUARTE, Maria Eugênia; KATO, Mary A. Visible subjects and invisible clitics in Brazilian Portuguese. In KATO, Mary A.; NEGRÃO, Esmeralda (orgs.) *Brazilian Portuguese and the Null Subject Parameter*. Madrid and Frankfurt am Main: Iberoamericana and Vervuert, 2000, pp. 55-74.
_____; ESPINAL, M. Teresa. "Bare nominals in Brazilian Portuguese: More on the DP/NP analysis". *Natural Language and Linguistic Theory* 33, 2015, pp. 471-521.
_____; LOPES, Ruth. "Null objects are ellipsis in Brazilian Portuguese". *The Linguistic Review* 33, 2016, 483-502.
_____ and Gabriela Matos. "VP ellipsis in European and Brazilian Portuguese: A comparative analysis". *Journal of Portuguese Linguistics* 1, 2002, pp. 177-214.
_____; MATOS, Gabriela. "Local licensers and recovering in VP ellipsis". *Journal of Portuguese Linguistics* 4, 2005, pp. 79-112.
_____; _____. Null objects and VP ellipsis in European and Brazilian Portuguese. In WETZELS, Leo; COSTA, João; MENUZZI, Sergio (orgs.) *Handbook of Portuguese Linguistics*. Malden: Wiley Blackwell, 2016, pp. 294-316.
D'ALBULQUERQUE, Alair. "A perda dos clíticos num dialeto mineiro". *Tempo Brasileiro* 78/79, 1984.
DELFITTO, Denis. Expletive negation. In DÉPREZ, Viviane; ESPINAL, M. Teresa (orgs.) *The Oxford Handbook of Negation*. Oxford: Oxford University Press, 2020, 255-268.
DIAS MARTINS, Maria José. *Etnografia, linguagem e folclore de uma pequena região da Beira Baixa (Póvoa de Atalaia, Alcongosta, Tinalhas e Sobral do Campo)*. Lisboa, 1954. Tese (Licenciatura). Universidade de Lisboa.
DIMITROVA, Margarita. *On the Syntax of Yes-No Questions in Bulgarian and Portuguese*. Lisboa, 2020. Tese (Doutorado) – Universidade de Lisboa.
DOBROVIE-SORIN, Carmen. "Number neutral amounts and pluralities in Brazilian Portuguese". *Journal of Portuguese Linguistics* 9, 2010, pp. 53-74.
_____; PIRES DE OLIVEIRA, Roberta. Reference to kinds in Brazilian Portuguese: Definite singulars *vs.* bare singulars. In GRØNN, Atle (org.) *Proceedings of SuB12*. Oslo: ILOS, 2008, pp. 107-21.
DUARTE, Inês. *A construção de topicalização na gramática do português*. Lisboa, 1987. Tese (Doutorado) – Universidade de Lisboa.
_____. A topicalização em português europeu: Uma análise comparativa. In DUARTE, Inês; LEIRIA, Isabel (orgs.) *Actas do Congresso Internacional sobre o Português (Lisboa 1994)*. Lisboa: APL/Colibri, 1996, pp. 327-60.
_____. Ordem de palavras: Sintaxe e estrutura discursiva. In BRITO, Ana Maria; OLIVEIRA, Fátima; LIMA, Isabel de; MARTELO, Rosa (orgs.) *Sentido Que a Vida Faz:* estudos para Óscar Lopes. Porto: Campo das Letras, 1997, pp. 581-92.
_____. Frases com tópicos marcados. In MATEUS, Maria Helena Mira; BRITO, Ana Maria; DUARTE, Inês; FARIA, Isabel; FROTA, Sónia; MATOS, Gabriela; OLIVEIRA, Fátima; VIGÁRIO, Marina; VILLALVA, Alina (orgs.) *Gramática da língua portuguesa*. Lisboa: Caminho, 2003a, pp. 489-506.
_____. Padrões de colocação dos pronomes clíticos. In MATEUS, Maria Helena Mira; BRITO, Ana Maria; DUARTE, Inês; FARIA, Isabel; FROTA, Sónia; MATOS, Gabriela; OLIVEIRA, Fátima; VIGÁRIO, Marina; VILLALVA, Alina (orgs.) *Gramática da língua portuguesa*. Lisboa: Caminho, 2003b, pp. 847-67.

_____. Construções ativas, passivas, incoativas e médias. In RAPOSO, Eduardo Paiva; BACELAR DO NASCIMENTO, Maria Fernanda; MOTA, Maria Antónia; SEGURA, Luísa; MENDES, Amália (orgs.) *Gramática do português*. Lisboa: Fundação Calouste Gulbenkian, 2013a, 427-58.
_____. Construções de topicalização. In RAPOSO, Eduardo Paiva; BACELAR DO NASCIMENTO, Maria Fernanda; MOTA, Maria Antónia; SEGURA, Luísa; MENDES, Amália (orgs.) *Gramática do português*. Lisboa: Fundação Calouste Gulbenkian, 2013b, pp. 401-26.
_____; GONÇALVES, Anabela; MIGUEL, Matilde. Propriedades de C em frases completivas. In DUARTE, Inês; LEIRIA, Isabel (orgs.) *Actas do XX Encontro Nacional da Associação Portuguesa de Linguística*. Lisboa: Associação Portuguesa de Linguística, 2005, pp. 549-62.
_____; MATOS, Gabriela. Romance clitics and the minimalist program. In COSTA, João (org.) *Portuguese Syntax*: New Comparative Studies. Oxford/New York: Oxford University Press, 2000, pp. 116-42.
_____; SANTOS, Ana Lúcia; GONÇALVES, Anabela. O Infinitivo flexionado na gramática do adulto e na aquisição de L1. In MARTINS, Ana Maria; CARRILHO, Ernestina (orgs.) *Manual de linguística portuguesa*. Berlin/Boston: De Gruyter, 2016, pp. 451-80.
DUARTE, Maria Eugênia. *Variação e sintaxe*: clítico acusativo, pronome lexical e categoria vazia no português do Brasil. São Paulo, 1986. Dissertação (Mestrado) – Pontifícia Universidade Católica de São Paulo.
_____. Clítico acusativo, pronome lexical e categoria vazia no português do Brasil. In TARALLO, Fernando (org.) *Fotografias sociolinguísticas*. Campinas: Pontes/Editora da UNICAMP, 1989, pp. 19-34
_____. "A perda da ordem V(erbo) S(ujeito) em interrogativas qu- no português do Brasil". *D.E.L.T.A.* 8, 1992, pp. 37-52.
_____. Do pronome nulo ao pronome pleno: a trajetória do sujeito no português do Brasil. In ROBERTS, Ian; KATO, Mary A. (orgs.) *Português brasileiro:* uma viagem diacrônica. Campinas: Editora da UNICAMP, 1993, pp. 107-28.
_____. *A perda do princípio "Evite Pronome" no português brasileiro*. Campinas, 1995. Tese (Doutorado) – Universidade Estadual de Campinas.
_____. Left-dislocated subjects and parametric change in Brazilian Portuguese. In CARON, Bernard (org.) *Proceedings of the 16th International Congress of Linguists*. Amsterdam: Elsevier, 1998, CD-Rom, 219.
_____. The loss of the Avoid Pronoun principle in Brazilian Portuguese. In KATO, Mary A.; NEGRÃO, Esmeralda (orgs.) *Brazilian Portuguese and the Null Subject Parameter*. Madrid and Frankfurt am Main: Iberoamericana and Vervuert, 2000, pp. 17-36.
_____. On the embedding of a syntactic change. In GUNNARSSON, Britt-Louise; BERGSTRÖM, Lena; EKRUND, Gerd; FRIDELL, Staffan (orgs.) *Language Variation in Europe*: Papers from the Second International Conference on Language Variation in Europe, ICLaVE 2. Uppsala: Universitetstryckeriet,, 2004, pp. 145-55.
_____. Sobre outros frutos de um projeto herético: O sujeito expletivo e as construções de alçamento. In CASTILHO, Ataliba de; TORRES MORAIS, Maria Aparecida; LOPES, Ruth; CYRINO, Sonia (orgs.) *Descrição, aquisição e história do português brasileiro*. Campinas: Pontes/FAPESP, 2007, pp. 35-48.
_____; KATO, Mary A. "A diachronic analysis of Brazilian Portuguese *wh*-questions". *Santa Barbara Portuguese Studies* VI, 2002, pp. 326-39.
_____; _____. Mudança paramétrica e orientação para o discurso. Trabalho apresentado no XXIV Encontro Nacional da Associação Portuguesa de Linguística, Universidade do Minho, 2008.
DUGUINE, Maia. *Null Arguments and Linguistic Variation*: A Minimalist Analysis of pro-drop. Vitória/Nantes, 2013. Tese (Doutorado) – University of the Basque Country/University of Nantes.
ELISEU, André. *Verbos ergativos do português*: descrição e análise. Lisboa, 1984. Trabalho de síntese para provas de aptidão pedagógica e capacidade científica. Universidade de Lisboa.
EMONDS, Joseph E. *A Transformational Approach to English Syntax*: Root, Structure-preserving, and Local Transformations. New York: Academic Press, 1976.
ESTRELA, Antónia. *A Teoria da Ligação*: dados do português europeu. Lisboa, 2006. Dissertação (Mestrado) – Universidade Nova de Lisboa.
FARACO, Carlos. *The Imperative Sentence in Portuguese*: A Semantic and Historical Discussion. Tese (Doutorado) – University of Salford, 1982.
_____. "Considerações sobre a sentença imperativa no português do Brasil". *D.E.L.T.A.* 2, 1986, pp, 1-15.
_____. "O tratamento *você* em português: uma abordagem histórica". *Fragmenta* 13, 1996, pp. 51-82.
FARRELL, Patrick. "Null objects in Brazilian Portuguese". *Natural Language and Linguistic Theory* 8, 1990, pp. 325-46.
FERREIRA, Marcelo. *Argumentos nulos em português brasileiro*. Campinas, 2000. Dissertação (Mestrado) – Universidade Estadual de Campinas.
_____. Null subjects and finite control in Brazilian Portuguese. In NUNES, Jairo (org.) *Minimalist Essays on Brazilian Portuguese Syntax*. Amsterdam/Philadelphia: John Benjamins, 2009, pp. 17-49.

REFERÊNCIAS BIBLIOGRÁFICAS

_____. "The morpho-semantics of number in Brazilian Portuguese bare singulars". *Journal of Portuguese Linguistics* 9, 2010, pp. 95-116.

FIÉIS, Alexandra; LOBO, Maria. Aspectos da sintaxe das orações gerundivas no português medieval e no português europeu contemporâneo. In BRITO, Ana Maria; SILVA, Fátima; VELOSO, João; FIÉIS, Alexandra (orgs.) *XXV Encontro Nacional da Associação Portuguesa de Linguística* - textos seleccionados. Lisboa: Associação Portuguesa de Linguística, 2010, pp. 419-34.

FIGUEIREDO SILVA, Maria Cristina. Les clitiques en portugais du Brésil: notes pur une étude. Université de Genève, 1990, Manuscrito.

_____. *A posição do sujeito no português brasileiro:* frases finitas e infinitivas. Campinas: Editora da UNICAMP, 1996.

_____. A perda do marcador dativo e algumas de suas consequências. In CASTILHO, Ataliba de; TORRES MORAIS, Maria Aparecida; LOPES, Ruth; CYRINO, Sonia (orgs.) *Descrição, aquisição e história do português brasileiro*. Campinas: Pontes/FAPESP, 2007, pp. 85-10.

_____; GROLLA, Elaine. Some syntactic and pragmatic aspects of WH-in-situ in Brazilian Portuguese. In KATO, Mary A.; ORDÓÑEZ, Francisco (orgs.) *The Morphosyntax of Portuguese and Spanish in Latin America*. Oxford: Oxford University Press, 2016, pp. 259-85.

FLORIPI, Simone. *Argumentos nulos dentro de DPs em português brasileiro*. Campinas, 2003. Dissertação (Mestrado) – Universidade Estadual de Campinas.

_____; NUNES, Jairo. Movement and resumption in null possessor constructions in Brazilian Portuguese. In NUNES, Jairo (org.) *Minimalist Essays on Brazilian Portuguese Syntax*. Amsterdam/Philadelphia: John Benjamins, 2009, pp. 51-68.

FONSECA, Hely. "Marcador negativo final no português brasileiro". *Cadernos de Estudos Linguísticos* 46, 2011, pp. 5-20.

FRANCHI, Carlos; NEGRÃO, Esmeralda; VIOTTI, Evani. "Sobre a gramática das orações impessoais com *ter/haver*". *D.E.L.T.A.* 14, 1998, pp. 105-31.

FROTA, Sónia; MORAES, João António de. Intonation in European and Brazilian Portuguese. In WETZELS, W. Leo; COSTA, João; MENUZZI, Sérgio (orgs.) *The Handbook of Portuguese Linguistics*. Hoboken, NJ: Wiley Blackwell, 2016, pp. 141-166.

GALVES, Charlotte. "A interpretação 'reflexiva' do pronome no português brasileiro". *D.E.L.T.A.* 2, 1986a, pp. 249-64.

_____. *Aluga-(se) casas: Um problema de sintaxe portuguesa na teoria de regência e vinculação*. Campinas: Preedição 2, 1986b.

_____. "A sintaxe do português brasileiro". *Ensaios de Linguística* 13, 1987, pp. 31-50.

_____. "O objeto nulo no português brasileiro: percurso de uma pesquisa". *Cadernos de Estudos Lingüísticos* 17, 1989, pp. 65-90.

_____. O enfraquecimento da concordância no português brasileiro. In ROBERTS, Ian; KATO, Mary A. (orgs.) *Português brasileiro: uma viagem diacrônica*. Campinas: Editora da UNICAMP, 1993, pp. 387-408.

_____. La syntaxe pronominale du portugais brésilien et la typologie des pronouns. In ZRIBI-HERTZ, Anne (org.) *Les Pronoms*. Paris: Presses Universitaires de Vincennes, 1997, pp. 11-34.

_____. "Tópicos, sujeitos, pronomes e concordância no português brasileiro". *Cadernos de Estudos Lingüísticos* 34, 1998, pp. 7-21.

_____. *Ensaios sobre as gramáticas do português*. Campinas: Editora da UNICAMP, 2001.

_____; RIBEIRO, Ilza; TORRES MORAIS, Maria Aparecida. "Syntax and morphology in the placement of clitics in European and Brazilian Portuguese". *Journal of Portuguese Linguistics* 4, 2005, 143-77.

GONÇALVES, Anabela. *Predicados verbais complexos em contextos de infinitivo não preposicionado em português europeu*. Lisboa, 1999. Tese (Doutorado) – Universidade de Lisboa.

_____; CARRILHO, Ernestina; PEREIRA, Sandra. Predicados complexos numa perspetiva comparativa. In MARTINS, Ana Maria; CARRILHO, Ernestina (orgs.) *Manual de linguística portuguesa*. Berlin/Boston: De Gruyter, 2016, pp. 523-57.

_____; DUARTE, Inês. Construções causativas em português europeu e em português brasileiro. In CORREIA, Clara; GONÇALVES, Anabela (orgs.) *Actas do XVI Encontro Nacional da Associação Portuguesa de Linguística*. Lisboa: Associação Portuguesa de Linguística, 2001, pp. 657-71.

_____; MIGUEL, Matilde. Porque é que os relógios não quebram os ponteiros em português europeu?. In CARRILHO, Ernestina; MARTINS, Ana Maria; PEREIRA, Sandra; SILVESTRE, João Paulo (orgs.) *Estudos linguísticos e filológicos oferecidos a Ivo Castro*. Lisboa: Centro de Linguística da Univrsidade de Lisboa, 2019, pp. 713-38.

_____; SANTOS, Ana Lúcia; DUARTE, Inês. (Pseudo-)inflected infinitives and control as Agree. In LAHOUSSE, Karen; MARZO, Stefania (orgs.) *Romance Languages and Linguistic Theory 2012*. Amsterdam/Philadelphia: John Benjamins, 2014, pp. 161-80.

GONÇALVES, Fernanda. *Riqueza morfológica e aquisição da sintaxe em português europeu e brasileiro*. Évora, 2004. Tese (Doutorado) – Universidade de Évora.
GONÇALVES, Perpétua. Lusofonia em Moçambique com ou sem glotofagia? Trabalho apresentado no II Congresso Internacional de Linguística Histórica. Universidade de São Paulo, 2012.
GONZÁLEZ RODRÍGUEZ, Raquel. "Exclamative wh-phrases as positive polarity items". *Catalan Working Papers in Linguistics* 7, 2008, pp. 91-116.
GRECO, Matteo. "Is expletive negation a unitary phenomenon?". *Lingue e Linguaggio*. XVIII.1, 2019, pp. 25-58.
GUESSER, Simone. *La sintassi delle frasi cleft in portoghese brasiliano*. Siena, 2011. Tese (Doutorado) – Università di Siena.
GUILHERME, Ana Rita; LARA BERMEJO, Víctor. "Quão cortês é *você*? O pronome de tratamento *você* em Português Europeu". *Labor Histórico* 1, 2015, pp. 167-80.
GUIMARÃES, Maximiliano. *Repensando a interface fonologia-sintaxe a partir do Axioma de Correspondência Linear*. Campinas, 1998. Dissertação (Mestrado) – Universidade Estadual de Campinas.
GUY, Gregory. *Linguistic Variation in Brazilian Portuguese*: Aspects of the Phonology, Syntax, and Language History. Philadelphia, University of Pennsylvania, 1981.
HAEGEMAN, Liliane. Non-overt subjects in diary contexts. In MASCARÓ, Joan; NESPOR, Marina (orgs.) *Grammar in Progress,* GLOW Essays for Henk van Riemsdijk. Dordrecht: Foris, 1990, pp. 167-74.
_____. "The syntax of registers: Diary subject omission and the privilege of the root". *Lingua* 130, 2013, pp. 88-110.
HAGEMEIJER, Tjerk. O português em contacto em África. In MARTINS, Ana Maria; CARRILHO, Ernestina (orgs.) *Manual de linguística portuguesa*. Berlin/Boston: De Gruyter, 2016, pp. 43-67.
_____; SANTOS, Ana Lúcia. Elementos polares na periferia direita. In CORREIA, Clara; GONÇALVES, Anabela (orgs.) *Actas do XIX Encontro Nacional da Associação Portuguesa de Linguística*. Lisboa: Associação Portuguesa de Linguística, 2004, pp. 465-76.
HALLE, Morris; MARANTZ, Alec. Distributed morphology and the pieces of inflection. In HALE, Kenneth; KEYSER, S. Jay (orgs.) *The View from Building 20*. Cambridge, Mass.: MIT Press, 1993, pp. 111-76.
HARRIS, James; HALLE, Morris. "Unexpected Plural Inflections in Spanish: Reduplication and Metathesis", *Linguistic Inquiry* 36, 2005, pp. 195-222.
HOLMBERG, Anders; NAYUDU, Aarti; SHEEHAN, Michelle. "Three partial null-subject languages: A comparison of Brazilian Portuguese, Finnish and Marathi". *Studia Linguistica* 63, 2009, pp. 59–97.
HORNSTEIN, Norbert. "Movement and control". *Linguistic Inquiry* 30, 1999, pp. 69-96.
_____; MARTINS, Ana Maria; NUNES, Jairo. "Infinitival complements of perception and causative verbs: A case study on agreement and intervention effects in English and European Portuguese". *University of Maryland Working Papers in Linguistics* 14, 2006, pp. 81-110.
_____; _____; _____. "Perception and causative structures in English and European Portuguese: φ-feature agreement and the distribution of bare and prepositional infinitivals". *Syntax* 11, 2008, pp. 198-222.
HOUAISS, Antônio; SALLES VILLAR, Mauro de. *Dicionário Houaiss da língua portuguesa*. Rio de Janeiro: Objetiva, 2001.
HUANG, C.-T. James. "On the distribution and reference of empty pronouns". *Linguistic Inquiry* 15, 1984, pp. 531-74.
KATO, Mary A. "Tópico e sujeito: duas categorias em sintaxe?". *Cadernos de Estudos Lingüísticos* 17, 1989, pp. 109-32.
_____. "Variação sintática e estilo". *Cadernos de Estudos Lingüísticos* 20, 1992, pp. 127-38.
_____. Recontando a história das relativas. In ROBERTS, Ian; KATO, Mary A. (orgs.) *Português brasileiro:* uma viagem diacrônica. Campinas: Editora da UNICAMP, 1993a, pp. 223-61.
_____. The distribution of pronouns and null elements in object position in Brazilian Portuguese. In ASHBY, William; MITHUN, Marianne; and PERISSINOTTO, Giorgio (orgs.) *Linguistic Perspectives on Romance languages*: Selected Papers from the XXI Linguistic Symposium of Romance Languages. Amsterdam/Philadelphia: John Benjamins, 1993b, pp. 225-35.
_____. A theory of null objects and the development of a Brazilian child grammar. In TRACY, Rosemarie; LATTEY, Elsa (orgs.) *How Tolerant is Universal Grammar*. Tübingen: Niemeyer, 1994, pp. 125-53.
_____. "Strong pronouns, weak pronominals and the null subject parameter". *Probus* 11, 1999, pp. 1-37.
_____. The partial pro-drop nature and the restricted VS order in Brazilian Portuguese. In KATO, Mary A.; NEGRÃO, Esmeralda (orgs.) *Brazilian Portuguese and the Null Subject Parameter*. Madrid and Frankfurt am Main: Iberoamericana and Vervuert, 2000, pp. 223-58.
_____. "Pronomes fortes e fracos na sintaxe do português brasileiro". *Revista Portuguesa de Filologia* XXIV, 2002a, 101-22.
_____. "The reanalysis of unaccusative constructions as existentials in Brazilian Portuguese". *Revista do GEL* n.º especial, 2002b, pp. 157-86.

REFERÊNCIAS BIBLIOGRÁFICAS

_____. Null objects, null resumptives and VP-ellipsis in European and Brazilian Portuguese. In QUER, Josep; SCHROTEN, Jan; SCORRETTI, Mauro; SLEEMAN, Petra; VERHEUGD-DAATZELAAR, Els (orgs.) *Romance Languages and Linguistic Theory 2001*. Amsterdam/Philadelphia: John Benjamins, 2003, pp. 131-54.
_____. Gramática do letrado: Questões para a teoria gramatical. In MARQUES, Maria Aldina (org.) *Ciências da linguagem:* 30 anos de investigação e ensino. Braga: Universidade do Minho/CEHUM, 2005, pp. 131-45.
_____. "Comentários a respeito do artigo: 'Gramática, competição e padrões de variação: casos com *ter/haver* e *de/em* no português brasileiro', de Juanito Avelar". *Revista de Estudos da Linguagem* 14, 2006, pp. 145-49.
_____. "Free and dependent small clauses in Brazilian Portuguese". *D.E.L.T.A.* 23, 2007, pp. 85-111.
_____. "Mudança de ordem e gramaticalização na evolução das estruturas de foco no português brasileiro". *Revista do GEL* 38, 2009, pp. 375-85.
_____. Optional prepositions in Brazilian Portuguese. In ARREGI, Karlos; FAGYAL, Zsuzsanna; MONTRUL, Silvina; TREMBLAY, Annie (orgs.) *Romance Linguistics 2008*: Interactions in Romance. Amsterdam/Philadelphia: John Benjamins, 2010, pp. 171-84.
_____. Caso inerente, Caso "default" e ausência de preposições. In SEDRINS, Adeilson; CASTILHO, Ataliba de; SIBALDO, Marcelo; LIMA, Rafael de (orgs.) *Por amor à linguística:* miscelânea de estudos linguísticos dedicados à Maria Denilda Moura. Alagoas: Editora da UFAL, 2012, pp. 86-99.
_____. Deriving "wh-in-situ" through movement in Brazilian Portuguese. In CAMACHO-TABOADA, Victoria; JIMÉNEZ-FERNÁNDEZ, Ángel; MARTÍN-GONZÁLEZ, Javier; REYES-TEJEDOR, Mariano (orgs.) *Information structure and agreement*. Amsterdam/Philadelphia: John Benjamins, 2013, pp. 175-91.
_____. Focus and *wh*-questions in Brazilian Portuguese. In DION, Nathalie; LAPIERRE, Andrés; TORRES CACOULLOS, Rena (orgs.) *Linguistic Variation*: Confronting Fact and Theory. London: Routledge, 2014, pp. 111-30.
_____. Affirmative polar replies in Brazilian Portuguese. In TORTORA, Christina; DEN DIKKEN, Marcel; MONTOYA, Ignacio (orgs.) *Romance Linguistics 2013* - Selected Papers from the 43rd Linguistic Symposium on Romance Languages (LSRL). Amsterdam/Philadelphia: John Benjamins, 2016, pp. 195-212.
_____. "A variação no domínio dos clíticos no português brasileiro". *Revista da ALFAL* 33, 2017, pp. 133-49.
_____. Morphological doublets in Brazilian Portuguese *wh*-constructions. In REPETTI, Lori; ORDÓÑEZ, Francisco (orgs.) *Romance Languages and Linguistic Theory 14*: Selected Papers from the 46th Linguistic Symposium on Romance Languages (LSRL). Amsterdam/Philadelphia: John Benjamins, 2018, pp. 135-52.
_____. As interrogativas-Q e as estruturas de foco na diacronia e na sincronia do PB. In GALVES, Charlotte; KATO, Mary A.; ROBERTS, Ian (orgs.) *Português brasileiro:* uma segunda viagem diacrônica. Campinas: Editora da UNICAMP, 2019, pp. 313-36.
_____. *Wh*-questions in Brazilian Portuguese and Quebec French. In PIRES DE OLIVEIRA, Roberta; QUAREZEMIN, Sandra (orgs.) *Brazilian Portuguese, Syntax and Semantics,* 20 years of Núcleo de Estudos Gramaticais. Amsterdam/Philadelphia: John Benjamins, 2020a, pp. 135-50.
_____. "Uma narrativa sincrônica das interrogativas-Q em português brasileiro". *Cuadernos de la ALFAL* 12, 2020b, pp. 126-44.
_____; CYRINO, Sonia; CORRÊA, Vilma. Brazilian Portuguese and the recovery of lost clitics through schooling. In PIRES, Acrisio; ROTHMAN, Jason (orgs.) *Minimalist Inquiries into Child and Adult Language Acquisition*: Case Studies across Portuguese. Berlin/New York: De Gruyter Mouton, 2009, pp. 245-72.
_____; DUARTE, Maria Eugênia. A codificação dos juízos tético e categórico no português brasileiro. In MEDEIROS, Alessandro; NEVINS, Andrew (orgs.) *O apelo das árvores*: estudos em homenagem a Miriam Lemle. Campinas: Pontes, 2018, pp. 15-44.
_____; _____. Parametric variation: The case of Brazilian Portuguese null subjects. In BÁRÁNY, András; BIBERAUER, Theresa; DOUGLAS, Jamie; VIKNER, Sten (orgs.) *Syntactic Architecture and Its Consequences III*: Inside Syntax. Berlin: Language Science Press, 2021, pp. 357-98.
_____; MARTINS, Ana Maria. The main varieties of Portuguese: An overview on word order. In WETZELS, Leo; COSTA, João; MENUZZI, Sergio (orgs.) *Handbook of Portuguese Linguistics*. Malden: Wiley Blackwell, 2016, pp. 15-40.
_____; MIOTO, Carlos. A multi-evidence study of European and Brazilian Portuguese *wh*-questions. In KEPSER, Stephan; REIS, Marga (orgs.) *Linguistic Evidence*: Empirical, Theoretical, and Computational Perspectives. Berlin/New York: Mouton de Gruyter, 2005, pp. 307-28.
_____; _____. Pseudo-clivadas e os efeitos de conectividade. In NAVES, Rozana; SALLES, Heloisa (orgs.) *Estudos formais das línguas naturais*. Brasília: Cânone, 2011, pp. 51-66.
_____; _____. "Sobre a estrutura das sentenças pseudo-clivadas e semi-clivadas". *Cadernos de Estudos Linguísticos* 57, 2015, pp. 23-40.
_____; _____. Pseudo-clefts and semi-clefts: An analysis based on Portuguese. In KATO, Mary A.; ORDÓÑEZ, Francisco (orgs.) *The Morphosyntax of Portuguese and Spanish in Latin America*. Oxford: Oxford University Press, 2016, pp. 286-331.

_____; NEGRÃO, Esmeralda (orgs.). *Brazilian Portuguese and the Null Subject Parameter*. Madrid and Frankfurt am Main: Iberoamericana and Vervuert, 2000.
_____; NUNES, Jairo. A uniform raising analysis for standard and nonstandard relative clauses. In NUNES, Jairo (org.) *Minimalist Essays on Brazilian Portuguese Syntax*. Amsterdam/Philadelphia: John Benjamins, 2009, pp. 93-120.
_____; _____. "Uma análise unificada dos três tipos de relativas restritivas do português brasileiro". *Sociodialeto* 4, 2014, pp. 575-90.
_____; ORDÓÑEZ, Francisco. "Topic subjects in Brazilian Portuguese and clitic left dislocation in Dominican Spanish". *Syntax* 22, 2019, pp. 229-47.
_____; RAPOSO, Eduardo Paiva. European and Brazilian Portuguese word order: Questions, focus and topic Constructions. In PARODI, Claudia; QUICOLI, Carlos; SALTARELLI, Mario; Zubizarreta, Maria Luisa (orgs.) *Aspects of Romance Linguistics*. Washington, D.C.: Georgetown University Press, 1996, pp. 267-77.
_____; _____. O objeto nulo definido no português europeu e no português brasileiro: Convergências e divergências. In CORREIA, Clara; GONÇALVES, Anabela (orgs.) *Actas do XVI Encontro Nacional da Associação Portuguesa de Linguística*. Lisboa: Associação Portuguesa de Linguística, 2001, pp. 673-85.
_____; _____. Obje(c)tos e artigos nulos : Similaridades e diferenças entre o português europeu e o português brasileiro. In MOURA, Denilda (org.) *Reflexões sobre a sintaxe do português*. Maceió: Edufal, 2005, pp. 73-96.
_____; _____. Topicalization in European and Brazilian Portuguese. In CAMACHO, José; FLORES-FERRÁN, Nydia; SÁNCHEZ, Liliana; DÉPREZ, Viviane; CABRERA, María José (orgs.) *Romance Linguistics 2006*: Selected Papers from the 36th Linguistic Symposium on Romance Languages (LSRL). Amsterdam/Philadelphia: John Benjamins, 2007, pp. 199-212.
_____; RIBEIRO, Ilza. A evolução das estruturas clivadas no português: Período V2. In LOBO, Tânia; RIBEIRO, Ilza; CARNEIRO, Zenaide; ALMEIDA, Norma (orgs.) *Para a história do português brasileiro*. Salvador: EDUFBA, 2006, pp. 165-82.
_____; _____. Cleft sentences from Old Portuguese to Modern Brazilian Portuguese. In DUFTER, Andreas; JACOB, Daniel (orgs.) *Focus and Background in Romance Languages*. Amsterdam/Philadelphia: John Benjamins, 2009, pp. 123-54.
_____; TARALLO, Fernando. *Sim*: Respondendo afirmativamente em português. In PASCHOAL, Mara; CELANI, Maria Antonieta (orgs.) *Lingüística Aplicada*: da aplicação da lingüística a uma linguística transdisciplinar. São Paulo: EDUC, 1992, pp. 259-78.
_____; _____. The loss of VS syntax in Brazilian Portuguese. In SCHLIEBE-LANGE, Brigitt; KOCH, Ingedore; JUNGBLUTH, Kontanze (orgs.) *Dialogue between Schools:* Sociolinguistics, Conversational Analysis and Generative Theory in Brazil. Münster: Nodus Publicationen, 2003, pp. 101-29.
KENEDY, Eduardo. *Aspectos estruturais da relativização em português* – uma análise baseada no modelo de *raising*. Rio de Janeiro, 2003. Dissertação (Mestrado) – Universidade Federal do Rio de Janeiro.
_____. *A antinaturalidde de pied-piping em orações relativas*. Rio de Janeiro, 2007.Tese (Doutorado) – Universidade Federal do Rio de Janeiro.
KIPARSKY, Paul. "Elsewhere" in phonology. In ANDERSON, Stephen R.; KIPARSKY, Paul (orgs.) *A Festschrift for Morris Halle*. New York: Holt, Rinehart, and Winston, 1973, pp. 93-106.
KURODA, Shige-Yuki. "The categorical and the thetic judgments". *Foundations of Language* 9, 1972, pp. 153–85.
LACERDA, Renato. *Middle-field Syntax and Information Structure in Brazilian Portuguese*. Storrs, 2020. Tese (Doutorado) – University of Connecticut.
_____. Todos os quantificadores têm cada um as suas particularidades. In *Anais do VII Congresso Internacional da ABRALIN*, 2011, 3701-12.
_____. Rebel without a Case: Quantifier floating in Brazilian Portuguese and Spanish. In KATO, Mary A.; ORDÓÑEZ, Francisco (orgs.) *The Morphosyntax of Portuguese and Spanish in Latin America*. Oxford: Oxford University Press, 2016, pp. 78-106.
LARA BERMEJO, Víctor. *Los tratamientos de 2PL en Andalucía occidental y Portugal: Estudio geo- y socio-lingüístico de un proceso de gramaticalización*. Madri, 2015. Tese (Doutorado) – Universidad Autónoma de Madrid.
_____. "La generalización de *vocês* en el português europeo continental y su patrón de difusión geográfica". *Hispanic Research Journal* 18, 2017, pp. 93-117.
_____; GUILHERME, Ana Rita. "The politeness of *você* in European Portuguese". *Studies in Hispanic and Lusophone Linguistics* 11, 2018, pp. 337-66.
LASNIK, Howard; SAITO, Mamoru. "On the nature of proper government". *Linguistic Inquiry* 15, 1984, pp. 235-89.
LEMLE, Miriam; NARO, Anthony J. *Competências básicas do português*. Relatório final de pesquisa. Rio de Janeiro: MOBRAL-MEC/Fundação Ford, 1977.

REFERÊNCIAS BIBLIOGRÁFICAS

LESSA DE OLIVEIRA, Adriana. *Aquisição do constituinte-Q em dois dialetos do português brasileiro*. Campinas, 2003. Dissertação (Mestrado) – Universidade Estadual de Campinas.

_____. *As sentenças relativas em português brasileiro*: aspectos sintáticos e fatos de aquisição. Campinas, 2008, Tese (Doutorado) – Universidade Estadual de Campinas, 2008.

LIGHTFOOT, David. *How to Set Parameters*: Arguments from Language Change. Cambridge, Mass.: MIT Press, 1991.

LOBATO, Lucia. Sobre a questão da influência ameríndia na formação do português do Brasil. In SILVA, Denize (org.) *Língua, gramática e discurso*. Goiânia: Cânone, 2006, pp. 54-86.

LOBO, Maria. *Para uma redefinição do parâmetro do sujeito nulo*. Lisboa, 1995. Dissertação (Mestrado) – Universidade de Lisboa.

_____. On gerund clauses of Portuguese dialects. In VEIGA, Alexandre; LONGA, Víctor; ANDERSON, JoDee (orgs.) *El verbo*: Entre el léxico y la gramática. Lugo: Trim Tram, 2001, pp. 107-18.

_____. *Aspectos da sintaxe das orações subordinadas adverbiais do português*. Lisboa, 2003. Tese (Doutorado) – Universidade Nova de Lisboa.

_____. Assimetrias em construções de clivagem em português: Movimento *vs.* geração na base. In OLIVEIRA, Fátima; BARBOSA, Joaquim (orgs.) *Textos seleccionados do XXI Encontro Nacional da Associação Portuguesa de Linguística*. Lisboa: Associação Portuguesa de Linguística, 2006, pp. 457-74.

_____. Dependências referenciais. In RAPOSO, Eduardo Paiva; BACELAR DO NASCIMENTO, Maria Fernanda; MOTA, Maria Antónia; SEGURA, Luísa; MENDES, Amália (orgs.) *Gramática do português*. Lisboa: Fundação Calouste Gulbenkian, 2013a, pp. 2177-230.

_____. Sujeito nulo: Sintaxe e interpretação. In RAPOSO, Eduardo Paiva; BACELAR DO NASCIMENTO, Maria Fernanda; MOTA, Maria Antónia; SEGURA, Luísa; MENDES, Amália (orgs.) *Gramática do português*. Lisboa: Fundação Calouste Gulbenkian, 2013b, pp. 2309-335.

_____. O gerúndio flexionado no português dialetal. In MARTINS, Ana Maria; CARRILHO, Ernestina (orgs.) *Manual de linguística portuguesa*. Berlin/Boston: De Gruyter, 2016a, pp. 481-501.

_____. Sujeitos nulos: Gramática do adulto, aquisição de L1 e variação dialetal. In MARTINS, Ana Maria; CARRILHO, Ernestina (orgs.) *Manual de linguística portuguesa*. Berlin/Boston: De Gruyter, 2016b, pp. 558-80.

_____ and Ana Maria Martins. Subjects. In DUFTER, Andreas; STARK, Elisabeth (orgs.) *Manual of Romance Morphosyntax and Syntax*. Berlin/Boston: De Gruyter, 2017, pp. 27-88.

LOPES, Célia. "*Nós* e *a gente* no português falado culto do Brasil". *D.E.L.T.A.* 14, 1998, pp. 405-22.

_____. *A inserção de* a gente *no quadro pronominal do português*. Frankfurt: Iberoamerica – Vervuert, 2003.

_____. Retratos da variação entre *você* e *tu* no português do Brasil: Sincronia e diacronia. In RONCARATI, Cláudia; ABRAÇADO, Jussara (orgs.) *Português brasileiro II* – contato lingüístico, heterogeneidade e história. Niterói: EDUFF, 2008, pp. 55-71.

_____; DUARTE, Maria Eugênia. Notícias sobre o tratamento em cartas escritas no Brasil dos séculos XVIII e XIX. In RAMOS, Jânia; ALKMIM, Mônica (orgs.) *Para a história do português brasileiro Vol. V*: estudos sobre mudança lingüística e história social. Belo Horizonte: Editora FALE/UFMG, 2007, pp. 329-57.

_____; RUMEU, Márcia. O Quadro de pronomes pessoais do português: As mudanças na especificação dos traços intrínsecos. In CASTILHO, Ataliba de; TORRES MORAIS, Maria Aparecida; LOPES, Ruth; CYRINO, Sonia (orgs.) *Descrição, aquisição e história do português brasileiro*. Campinas: Pontes/FAPESP, 2007, pp. 419-35.

LOPES, Ruth. "The production of subject and object in Brazilian Portuguese by a young child". *Probus* 15, 2003, pp. 123-46.

_____. Bare nouns and DP number agreement in the acquisition of Brazilian Portuguese. In SAGARRA, Nuria; TORIBIO, Almeida Jacqueline (orgs.) *Selected Proceedings of the 9th Hispanic Linguistics Symposium*. Somerville: Cascadilla Press, 2005, pp. 252-62.

LOPES-ROSSI, Maria Aparecida. Estudo diacrônico sobre as interrogativas no Português do Brasil. In ROBERTS, Ian; KATO, Mary A. (orgs.) *Português brasileiro*: uma viagem diacrônica. Campinas: Editora da UNICAMP, 1993, pp. 241-66.

LUCCHESI, Dante. A concordância de gênero. In LUCCHESI, Dante; BAXTER, Alan; RIBEIRO, Ilza (orgs.) *O português afro-brasileiro*. Salvador: EDUFBA, 2009, pp. 295-318.

LUÍS, Ana R.; KAISER, Georg. A. Clitic Pronouns: Phonology, morphology, and syntax. In WETZELS, Leo; COSTA, João; MENUZZI, Sergio (orgs.) *Handbook of Portuguese Linguistics*. Malden: Wiley Blackwell, 2016, pp. 210-33.

LUNGUINHO, Marcus. Partição de constituintes no português brasileiro: características sintáticas. In SILVA, Denize (org.) *Língua, gramática e discurso*. Goiânia: Cânone, 2006, pp. 133-47.

_____; MEDEIROS JR., Paulo. "Inventou um novo tipo de sujeito: características sintáticas e semânticas de uma estratégia de indeterminação do sujeito no português brasileiro". *Interdisciplinar: Revista de Estudos em Língua e Literatura* 9, 2009, pp. 7-21.

MACHADO-ROCHA, Ricardo. *O redobro de clítico no português brasileiro dialetal*. Belo Horizonte, 2016. Tese (Doutorado) – Universidade Federal de Minas Gerais.

____; RAMOS, Jânia. "Clitic doubling and pure agreement person features". *Revista de Estudos da Linguagem* 24, 2016, pp. 378-416.

MAGALHÃES, Telma. "Aprendendo o sujeito nulo na escola". *Letras de Hoje* 38, 2003, pp. 189-202.

____. "Valorando traços de concordância dentro do DP". *D.E.L.T.A.* 20, 2004, pp. 149-70.

____. *O sistema pronominal sujeito e objeto na aquisição do português europeu e do português brasileiro*. Campinas, 2006. Tese (Doutorado) – Universidade Estadual de Campinas.

____. "A aquisição de pronomes sujeitos no PB e no PE". *Letras de Hoje* 42, 2007, pp. 97-112.

____; SANTOS, Ana Lúcia. "As respostas verbais e a freqüência de sujeito nulo na aquisição do português brasileiro e português europeu". *Letras de Hoje* 41, 2006, pp. 179-93.

MAGRO, Catarina. Introdutores de orações infinitivas: O que diz a sintaxe dos clíticos. In DUARTE, Inês; LEIRIA, Isabel (orgs.) *Actas do XX Encontro Nacional da Associação Portuguesa de Linguística*. Lisboa: Associação Portuguesa de Linguística, 2005, pp. 649-64.

____. *Clíticos*: variações sobre o tema. Lisboa, 2007. Tese (Doutorado) – Universidade de Lisboa.

MARAFONI, Renata. *A distribuição do objeto nulo no português europeu e no português brasileiro*. Rio de Janeiro, 2010. Tese (Doutorado) – Universidade Federal do Rio de Janeiro.

MARCELINO, Nara. *Sentenças de negação com é ruim e nem a pau em português brasileiro*. Natal, 2018. Tese (Doutorado) – Universidade Federal do Rio Grande do Norte.

MARTINS, Ana Maria. *Clíticos na história do português*. Lisboa, 1994a. Tese (Doutorado) – Universidade de Lisboa.

____. "Enclisis, VP deletion, and the nature of Σ". *Probus* 6, 1994b, pp. 173-206.

____. "Alguns", "poucos", "muitos", "todos" e a relação sintaxe-semântica. In BRITO, Ana Maria; OLIVEIRA, Fátima; LIMA, Isabel de; MARTELO, Rosa (orgs.) *Sentido Que a Vida Faz:* estudos para Óscar Lopes. Porto: Campo das Letras, 1997, pp. 679-92.

____. A minimalist approach to clitic climbing. In COSTA, João (org.) *Portuguese Syntax*: New Comparative Studies. Oxford/New York: Oxford University Press, 2000a, pp. 169-90.

____. Polarity items in Romance: Underspecification and lexical change. In PINTZUK, Susan; TSOULAS, George; WARNER, Anthony (orgs.) *Diachronic Syntax*: Models and Mechanisms. Oxford: Oxford University Press, 2000b, pp. 191-219.

____. On the origin of the Portuguese inflected infinitive: A new perspective on an enduring debate. In BRINTON, Laurel (org.) *Historical Linguistics 1999*: Selected Papers from the 14th International Conference on Historical Linguistics, Vancouver, 9-13 August 1999. Amsterdam/Philadelphia: John Benjamins, 2001, pp. 207-22.

____. Construções com *se*: Mudança e variação no português europeu. In CASTRO, Ivo; DUARTE, Inês (orgs.) *Razões e emoção:* miscelânea de estudos em homenagem a Maria Helena Mira Mateus. Lisboa: INCM, 2003, pp. 19-41.

____. Aspects of infinitival constructions in the history of Portuguese. In ARTEAGA, Deborah; GESS, Randall (orgs.) *Historical Romance Linguistics*: Retrospective and Perspectives. Amsterdam/Philadelphia: John Benjamins, 2006a, pp. 327-55.

____. Emphatic affirmation and polarity: Contrasting European Portuguese with Brazilian Portuguese, Spanish, Catalan and Galician. In DOETJES, Jenny; GONZÁLEZ, Paz (orgs.) *Romance Languages and Linguistic Theory 2004*. Amsterdam/Philadelphia: John Benjamins, 2006b, 197-223.

____. Double realization of verbal copies in European Portuguese emphatic affirmation. In CORVER, Norbert; NUNES, Jairo (orgs.) *The Copy Theory of Movement*. Amsterdam/Philadelphia: John Benjamins, 2007, pp. 77-118.

____. Subject doubling in European Portuguese dialects: The role of impersonal *se*. In ABOH, Enoch; VAN DER LINDEN, Elisabeth; QUER, Joseph; SLEEMAN, Petra (orgs.) *Romance Languages and Linguistic Theory* - Selected Papers from 'Going Romance' Amsterdam 2007. Amsterdam/Philadelphia: John Benjamins, 2009, 179-200.

____. Negação metalinguística (*lá, cá* e *agora*). In BRITO, Ana Maria (org.) *Actas do XXV Encontro da Associação Portuguesa de Linguística*. Lisboa: Associação Portuguesa de Linguística, 2010, pp. 567-87.

____. "Clíticos na história do português à luz do teatro vicentino". *Estudos de Lingüística Galega* 3, 2011, pp. 55-83.

____. Deictic locatives, emphasis and metalinguistic negation. In GALVES, Charlotte; CYRINO, Sonia; LOPES, Ruth; SÂNDALO, Filomena; AVELAR, Juanito (orgs.) *Parameter Theory and Linguistic Change*. Oxford: Oxford University Press, 2012, pp. 213-36.

____. "Emphatic polarity in European Portuguese and beyond". *Lingua* 128, 2013a, pp. 95-123.

REFERÊNCIAS BIBLIOGRÁFICAS

_____. Posição dos pronomes pessoais clíticos. In RAPOSO, Eduardo Paiva; BACELAR DO NASCIMENTO, Maria Fernanda; MOTA, Maria Antónia; SEGURA, Luísa; MENDES, Amália (orgs.) *Gramática do português*. Lisboa: Fundação Calouste Gulbenkian, 2013b, pp. 2231-302.

_____. "The interplay between VSO and coordination in two types of non-degree exclamatives". *Catalan Journal of Linguistics* 12, 2013c, pp. 1-27.

_____. "How much syntax is there in metalinguistic negation?". *Natural Language and Linguistic Theory* 32, 2014, pp. 635–72.

_____. O sistema responsivo: Padrões de resposta a interrogativas polares e a asserções. In MARTINS, Ana Maria; CARRILHO, Ernestina (orgs.) *Manual de linguística portuguesa*. Berlin/Boston: De Gruyter, 2016a, pp. 501-609.

_____. VP and TP Ellipsis: Sentential polarity and information structure. In FISCHER, Susann; GABRIEL, Christoph (orgs.) *Manual of Grammatical Interfaces in Romance*. Berlin/Boston, De Gruyter, 2016b, pp. 457-85.

_____. Metalinguistic negation. In DÉPREZ, Viviane; ESPINAL, M. Teresa (orgs,) *The Oxford handbook of negation*. Oxford: Oxford University Press, 2020a, pp. 349-68.

_____. "Some notes on postverbal subjects in declarative (and other non *wh*-) sentences". *Diadorim* 22, 2020b, pp. 98-119.

_____. "Microvariação na sintaxe dos clíticos: Os dialetos portugueses dos Açores e Madeira". *Estudos de Lingüística Galega* 13, 2021a, pp. 67-105.

_____. "Syntactic aspects of metalinguistic negation". *Revue Roumaine de Linguistique* LXVI, 2021b.

_____; COSTA, João. Ordem dos constituintes frásicos: sujeitos invertidos, objetos antepostos. In MARTINS, Ana Maria; CARRILHO, Ernestina (orgs.) *Manual de linguística portuguesa*. Berlin/Boston: De Gruyter, 2016, pp. 371-400.

_____; LOBO, Maria. Estratégias de marcação de foco: Ordem dos constituintes frásicos e estruturas clivadas. In RAPOSO, Eduardo Paiva; BACELAR DO NASCIMENTO, Maria Fernanda; MOTA, Maria Antónia; SEGURA, Luísa; MENDES, Amália; ANDRADE, Amália (orgs.) *Gramática do português*. Lisboa: Fundação Calouste Gulbenkian, 2020, pp. 2617-64.

_____; NUNES, Jairo. "Raising issues in Brazilian and European Portuguese". *Journal of Portuguese Linguistics* 4, 2005, pp. 53-77.

_____; _____. Syntactic change as *chain reaction*: The emergence of hyper-raising in Brazilian Portuguese. In CRISMA, Paola; and LONGOBARDI, Giuseppe (orgs.) *Historical Syntax and Linguistic Theory*. Oxford: Oxford University Press, 2009, pp. 144-57.

_____; _____. Apparent hyper-raising in Brazilian Portuguese: Agreement with topics across a finite CP. In PANAGIOTIDIS, Phoevos (org.) *The Complementiser Phase*: Subjects and Operators. Oxford: Oxford University Press, 2010, pp. 142-63.

_____; _____. Passives and *se* constructions. In WETZELS, Leo; COSTA, João; MENUZZI, Sergio (orgs.) *Handbook of Portuguese Linguistics*. Malden: Wiley Blackwell, 2016, pp. 318-37.

_____; _____. "Deletion of reflexive clitics with the verb *custar* in European Portuguese: An MTC Account". *Journal of Portuguese Linguistics* 16, 2017a, pp. 1-25.

_____; _____. "Identity avoidance with reflexive clitics in European Portuguese and minimalist approaches to control". *Linguistic Inquiry* 37, 2017b, 627-49.

_____; _____. Subespecificação de traços-φ em infinitivos flexionados e variação dialetal/idioletal em português. Trabalho apresentado no Workshop Romania Nova IX/ALFAL XVIII, Universidade Nacional de Colombia, 2017c.

_____; _____. Brazilian and European Portuguese and Holmberg's 2005 typology of null subject languages. In BAAUW, Sergio; DRIJKONINGEN, Frank; MERONI, Luisa (orgs.) *Romance Languages and Linguistic Theory 2018*: Selected Papers from 'Going Romance' 32, Utrecht. Amsterdam/Philadelphia: John Benjamins, 2021, pp. 171-90.

MARTINS, Eneida. *Sentential Negation in Spoken Brazilian Portuguese*. Washington, 1997. Dissertação (Mestrado) – Georgetown University.

MATEUS, Maria Helena Mira; BRITO, Ana Maria; DUARTE, Inês; FARIA, Isabel; FROTA, Sónia; MATOS, Gabriela; OLIVEIRA, Fátima; VIGÁRIO, Marina; VILLALVA, Alina. *Gramática da língua portuguesa*. Lisboa: Caminho, 2003.

MATOS, Gabriela. *Clítico verbal demonstrativo*. Lisboa, 1985. Dissertação (Mestrado) – Universidade de Lisboa.

_____. *Construções de elipse de predicado em português*: SV nulo e despojamento. Lisboa, 1992. Tese (Doutorado) – Universidade de Lisboa.

_____. Aspectos sintácticos da negação. In MATEUS, Maria Helena Mira; BRITO, Ana Maria; DUARTE, Inês; FARIA, Isabel; FROTA, Sónia; MATOS, Gabriela; OLIVEIRA, Fátima; VIGÁRIO, Marina; VILLALVA, Alina (orgs.) *Gramática da língua portuguesa*. Lisboa: Caminho, 2003, pp. 770-93.

_____. Elipse. In RAPOSO, Eduardo Paiva; BACELAR DO NASCIMENTO, Maria Fernanda; MOTA, Maria Antónia; SEGURA, Luísa; MENDES, Amália (orgs.) *Gramática do português*. Lisboa: Fundação Calouste Gulbenkian, 2013a, pp. 2349-86.

_____. "Quotative inversion in Peninsular Portuguese and Spanish, and in English". *Catalan Journal of Linguistics* 12, 2013b, pp. 111-30.

MATTOS E SILVA, Rosa Virgínia. *O português arcaico* - morfologia e sintaxe. São Paulo: Contexto, 1993.

_____. *O português arcaico* - uma aproximação. Lisboa: Imprensa Nacional – Casa da Moeda, 2008.

MAURER JR., Theodoro. *O infinitivo flexionado português:* estudo histórico-descritivo. São Paulo: Companhia Editora Nacional, 1968.

MEDEIROS JÚNIOR, Paulo. *Relativas livres do PB*: sintaxe, semântica e diacronia. Campinas, 2014. Tese (Doutorado) – Universidade Estadual de Campinas.

MEIRELES, Letícia; CANÇADO, Márcia. "A alternância parte-todo com verbos transitivos no PB: Um caso de fatoração de argumento". *D.E.L.T.A.* 36, 2020, pp. 1-28.

MENON, Odete. *O imperativo no português do Brasil*. Curitiba, 1984. Dissertação (Mestrado) – Universidade Católica do Paraná.

_____. "*A gente*: um processo de gramaticalização". *Estudos Lingüísticos* 25, 1996, pp. 622-28.

_____; LOREGIAN-PENKAL, Loremi. Variação no indivíduo e na comunidade: *tu/você* no sul do Brasil. In VANDRESEN, Paulino (org.) *Variação e mudança no português falado no Sul*. Pelotas: Educat, 2002, pp. 147-88.

MENSCHING, Guido. *Infinitive Constructions with Specified Subjects*: A Syntactic Analysis of the Romance Languages. Oxford: Oxford University Press, 2000.

MENUZZI, Sérgio. Adjectival positions inside DP. In BOK-BENNEMA, Reineke; and CREMERS, Crit (orgs.) *Linguistics in the Netherlands 1994*. Amsterdam/Philadelphia: John Benjamins, 1994, pp. 127-38.

_____. 3rd Person possessives in Brazilian Portuguese: On the syntax-discourse relation. In BOTLEY, Simon (org.) *Proceedings of the Discourse Anaphora and Anaphora Resolution Colloquium*. Lancaster: Lancaster University, 1996, pp. 191-210.

_____. *Binding theory and pronominal anaphora in Brazilian Portuguese*. The Hague. Holland Academic Graphics, 1999.

_____. First person plural anaphora in Brazilian Portuguese: Chains and constraint interaction in binding. In COSTA, João (org.) *Portuguese Syntax*: New Comparative Studies. Oxford/New York: Oxford University Press, 2000, pp. 191-240.

_____. "Pronomes como determinantes: algumas propriedades do elemento interrogativo QUE em português brasileiro". *Leitura* 33, 2004, pp. 65-86.

_____. "Algumas observações sobre foco, contraste e exaustividade". *Revista Letras* 86, 2012, pp. 95-121.

_____; FIGUEIREDO SILVA, Maria Cristina; DOETJES, Jenny. "Subject bare singulars in Brazilian Portuguese and information structure". *Journal of Portuguese Linguistics* 14, 2015, pp. 7-44.

_____; LOBO, Maria. Binding and pronominal forms in Portuguese. In WETZELS, Leo; COSTA, João; MENUZZI, Sergio (orgs.) *Handbook of Portuguese Linguistics*. Malden: Wiley Blackwell, 2016, pp. 338-55.

MIGUEL, Matilde. *O possessivo e a estrutura predicativa do sintagma nominal*. Lisboa, 1992. Dissertação (Mestrado) – Universidade de Lisboa.

_____. A preposição *a* e os complementos genitivos. In GONÇALVES, Anabela; COLAÇO, Madalena; MIGUEL, Matilde; MÓIA, Telmo (orgs.) *Quatro estudos em sintaxe do português*. Lisboa: Colibri, 1996, pp. 101-47.

_____. *O sintagma nominal*: Posições de sujeito. Lisboa, 2004, Tese (Doutorado) – Universidade de Lisboa.

_____; GONÇALVES, Anabela; DUARTE, Inês. Possessive and personal datives in Portuguese. Trabalho apresentado no IV Workshop Romania Nova. Campos do Jordão, 2010.

MIOTO, Carlos. *Negação sentencial em português brasileiro e a teoria da gramática*. Campinas, 1992. Tese (Doutorado) – Universidade Estadual de Campinas.

_____. "As interrogativas WH no português brasileiro e o critério-WH". *Letras de Hoje* 96, 1994, pp. 19-33.

_____. Interrogativas WH no português europeu e no português brasileiro. In PIRES DE OLIVEIRA, Roberta; MIOTO, Carlos (org.) *Percursos em Teoria da Gramática*. Florianópolis: Editora da UFSC, 2011, pp. 43-72.

_____. Reduced pseudoclefts in Caribbean Spanish and in Brazilian Portuguese. In BIANCHI, Valentina; CHESI, Cristiano (orgs.) *Enjoy Linguistics!* Papers Offered to Luigi Rizzi on the Occasion of his 60th Birthday. Siena: CISCL Press, 2012, pp. 287-302.

_____; FIGUEIREDO SILVA, Maria Cristina. "Wh que = wh é que?". *D.E.L.T.A.* 11, 1995, pp. 301-11.

_____; LOBO, Maria. Wh-movement: Interrogatives, relatives and clefts. In WETZELS, Leo; COSTA, João; MENUZZI, Sergio (orgs.) *Handbook of Portuguese Linguistics*. Malden: Wiley Blackwell, 2016, pp. 275-93.

_____; NEGRÃO, Esmeralda. As sentenças clivadas não contêm uma relativa. In CASTILHO, Ataliba de; TORRES MORAIS, Maria Aparecida; LOPES, Ruth; CYRINO, Sonia (orgs.) *Descrição, aquisição e história do português brasileiro*. Campinas: Pontes/FAPESP, 2007, pp. 159-83.

REFERÊNCIAS BIBLIOGRÁFICAS

MODESTO, Marcello. *On the Identification of Null Arguments*. Los Angeles, 2000. Tese (Doutorado) – University of Southern California.
_____. *As construções clivadas no português do Brasil:* relações entre interpretaçãoo focal, movimento sintático e prosódia. São Paulo: Humanitas, 2001.
_____. Infinitivos flexionados em português brasileiro e sua relevância para a teoria do controle. In DA HORA, Dermeval; NEGRÃO, Esmeralda (orgs.) *Estudos da Linguagem* – casamento entre temas e perspectivas. João Pessoa: UFPB/Ideia, 2011, pp. 63-87.
_____. Inflected infinitives and restructuring in Brazilian Portuguese. In KATO, Mary A.; ORDÓÑEZ, Francisco (orgs.) *The Morphosyntax of Portuguese and Spanish in Latin America*. Oxford: Oxford University Press, 2016, pp. 157-76.
MÓIA, Telmo. *A sintaxe das orações relativas sem antecedente expresso do português*. Lisboa, 1992. Dissertação (Mestrado) – Universidade de Lisboa.
MOREIRA DA SILVA, Samuel. *Études sur la symétrie et l'asymétrie sujet/objet dans le portugais du brésil*. Paris VIII, 1983. Tese (Doutorado) – Université de Paris VIII.
MOTA, Maria Antónia. Les traits nombre et personne/nombre en portugais - l'oral dans ses varietés. In BILGER, Mireille; VAN DEN EYNDE, Karel; GADET, Françoise (orgs.) *Analyse linguistique et approaches de l'oral* - Recueil d' études offert à Claire Blanche-Benveniste (Orbis, Supplementa 10). Louvain/Paris: Peeters, 1997, pp. 339-45.
_____. Morfologia nas interfaces. In MARTINS, Ana Maria; CARRILHO, Ernestina (orgs.) *Manual de linguística portuguesa*. Berlin/Boston: De Gruyter, 2016, pp. 156-77.
_____. Introdução à morfologia. In RAPOSO, Eduardo Paiva; BACELAR DO NASCIMENTO, Maria Fernanda; MOTA, Maria Antónia; SEGURA, Luísa; MENDES, Amália; ANDRADE, Amália (orgs.) *Gramática do português*. Lisboa: Fundação Calouste Gulbenkian, 2020a, pp. 2783-831.
_____. Morfologia do nome e do adjetivo. In RAPOSO, Eduardo Paiva; BACELAR DO NASCIMENTO, Maria Fernanda; MOTA, Maria Antónia; SEGURA, Luísa; MENDES, Amália; ANDRADE, Amália (orgs.) *Gramática do português*. Lisboa: Fundação Calouste Gulbenkian, 2020b, pp. 2835-930.
MÜLLER, Ana. *A gramática das formas possessivas no português do Brasil*. Campinas, 1996. Tese (Doutorado) – Universidade Estadual de Campinas.
_____. "Nomes nus e o parâmetro nominal no português brasileiro". *Revista Letras* 58, 2002, pp. 331-44.
_____; OLIVEIRA, Fátima. "Bare nominals and number in Brazilian and European Portuguese". *Journal of Portuguese Linguistics* 3, 2004, 9-36.
MUNHOZ, Ana. *A estrutura argumental das construções de tópico-sujeito:* o caso dos sujeitos locativos. Brasília, 2011. Dissertação (Mestrado) – Universidade de Brasília.
_____; NAVES, Rozana. "Construções de tópico-sujeito: Uma proposta em termos de estrutura argumental e de transferência de traços de C". *Signum* 15, 2012, 245-65.
MUNN, Alan; SCHMITT, Cristina. "Number and indefinites". *Lingua* 115, 2005, pp. 821-55.
MUTALI, Henrique. *A colocação dos pronomes clíticos no português angolano escrito*. Lisboa, 2019. Dissertação (Mestrado) – Universidade de Lisboa.
NARO, Anthony. "The genesis of the reflexive impersonal construction in Portuguese: A study in syntactic change as a surface phenomenon". *Language* 52, 1976, pp. 779-810.
_____; SCHERRE, Marta. *Origens do português brasileiro*. São Paulo: Parábola, 2007.
_____; VOTRE, Sebastião. Discurso e ordem vocabular. In *Anais do IV Encontro de Variação Lingüística e Bilingüismo na Região Sul*. Porto Alegre: Universidade Federal do Rio Grande do Sul, 1986, pp. 2-24.
_____; _____. "Discourse motivations for linguistic regularities: Verb/subject order in spoken Brazilian Portuguese". *Probus* 11, 1999, pp. 76-100.
NASCIMENTO, Milton do. *Sur la posposition du sujet dans le Portugais du Brésil*. Paris, 1984. Tese (Doutorado) – Université de Paris VIII.
NEGRÃO, Esmeralda. *Anaphora in Brazilian Portuguese Complement Structures*. Maddison, 1986. Tese (Doutorado) – University of Wisconsin.
_____. Asymmetries in the distribution of overt and empty categories in Brazilian Portuguese. In BLACK, James; MOTAPAYANE, Virginia (orgs.) *Clitics, Pronouns and Movement*. Amsterdam/Philadelphia: John Benjamins, 1997, pp. 217-35.
_____. *O português brasileiro*: uma língua voltada para o discurso. São Paulo, 1999. Tese (Livre-Docência) – Universidade de São Paulo.
_____; MÜLLER, Ana. "As mudanças no sistema pronominal do português brasileiro: Substituição ou especialização de formas". *D.E.L.T.A.* 12, 1996, pp. 125-52.
_____; VIOTTI, Evani. Estratégias de impessoalização no português brasileiro. In FIORIN, José Luiz; PETTER, Margarida (org.) *África no Brasil:* a formação da língua portuguesa. São Paulo: Contexto, 2008, pp. 179-203.

_____; _____. "Elementos para a investigação semântica do clítico *se* em português brasileiro". *Cadernos de Estudos Linguísticos* 57, 2015, 41-59.

NEVES, Maria Helena Moura. *Gramática de usos do português*. São Paulo: Editora da Unesp, 2000.

NUNES, José Joaquim. *Compêndio de gramática histórica portuguesa* - fonética e morfologia. Lisboa: Clássica, 1919.

NUNES, Jairo. *O famigerado* se: uma análise sincrônica e diacrônica das construções com *se* apassivador e indeterminador, Campinas, 1990. Dissertação (Mestrado) – Universidade Estadual de Campinas.

_____. "*Se* apassivador e *se* indeterminador: o percurso diacrônico no português brasileiro". *Cadernos de Estudos Lingüísticos* 20, 1991, 33-57.

_____. Direção de cliticização, objeto nulo e pronome tônico na posição de objeto em português brasileiro. In ROBERTS, Ian; KATO, Mary A. (orgs.) *Português brasileiro:* uma viagem diacrônica. Campinas: Editora da UNICAMP, 1993, pp. 207-22.

_____. "Ainda o famigerado *se*". *D.E.L.T.A.* 11, 1995, pp. 201-40.

_____. "Sideward movement". *Linguistic Inquiry* 31, 2001, pp. 303-44.

_____. *Linearization of Chains and Sideward Movement*. Cambridge, Mass.: MIT Press, 2004.

_____. Triangulismos e a sintaxe do português brasileiro. In CASTILHO, Ataliba de; TORRES MORAIS, Maria Aparecida; LOPES, Ruth; CYRINO, Sonia (orgs.) *Descrição, aquisição e história do português brasileiro*. Campinas: Pontes/FAPESP, 2007, pp. 25-34.

_____. "Inherent Case as a licensing condition for A-movement: The case of hyper-raising constructions in Brazilian Portuguese". *Journal of Portuguese Linguistics* 7, 2008a, pp. 83-108.

_____. "Preposition insertion in the mapping from Spell-Out to PF". *Linguistics in Potsdam 28: Optimality Theory and Minimalism - Interface Theories*, 2008b, pp. 133-56.

_____. Dummy prepositions and the licensing of null subjects in Brazilian Portuguese. In ABOH, Enoch; VAN DER LINDEN, Elisabeth; QUER, Joseph; SLEEMAN, Petra (orgs.) *Romance Languages and Linguistic Theory*: Selected Papers from 'Going Romance' Amsterdam 2007. Amsterdam/Philadelphia: John Benjamins, 2009, pp. 243-65.

_____. "A note on *wh*-islands and finite control in Brazilian Portuguese". *Estudos da Língua(gem)* 8, 2010a, 79-103.

_____. "Relativizing minimality for A-movement: φ- and θ-relations". *Probus* 22, 2010b, 1-25.

_____. "On the diachronic reanalysis of null subjects and null objects in Brazilian Portuguese. In RINKE, Esther; KUPISH, Tanja (orgs.) *The Development of Grammar: Language Acquisition and Diachronic Change* - In Honor of Jürgen M. Meisel. Amsterdam/Philadelphia: John Benjamins, 2011, pp. 331-54.

_____. "*Edge features* legitimando movimento-A". *RevEL* n. especial 7, 2013, pp. 35-50.

_____. Adjunct control and edge features. In KOSTA, Peter; FRANKS, Steven; RADEVA-BORK, Teodora; SCHÜRCKS, Lilia (orgs.) *Minimalism and Beyond*: Radicalizing the Interfaces. Amsterdam/ Philadelphia: John Benjamins, 2014, pp. 79-108.

_____. "De clítico a concordância: a caso dos acusativos de terceira pessoa em português brasileiro". *Cadernos de Estudos Linguísticos* 57, 2015a, pp. 61-84.

_____. Subespecificação de traços-φ e hiperalçamento em português brasileiro. In FIGUEIREDO, Cristina; ARAÚJO, Edivalda (orgs.) *Diálogos com Ribeiro:* sobre gramática e história da língua portuguesa. Salvador: Edufba, 2015b, pp. 121-148.

_____. Subject and topic hyper-raising in Brazilian Portuguese: A case study on reference sets for economy computations. In KATO, Mary A.; ORDÓÑEZ, Francisco (orgs.) *The Morphosyntax of Portuguese and Spanish in Latin America*. Oxford: Oxford University Press, 2016, pp. 107-34.

_____. Circumventing φ-minimality: On some unorthodox cases of A-movement in Brazilian Portuguese. In LOPES, Ruth; AVELAR, Juanito; CYRINO, Sonia (orgs.) *Romance Languages and Linguistic Theory 12*: Selected Papers from the 45th Linguistic Symposium on Romance languages. Amsterdam/ Philadelphia: John Benjamins, 2017, pp. 159-83.

_____. Movimento-*wh* e controle de adjunto em português. In MEDEIROS, Alessandro; NEVINS, Andrew (orgs.) *O apelo das árvores*: estudos em homenagem a Miriam Lemle. Campinas: Pontes, 2018, pp. 45-77.

_____. Clíticos acusativos de terceira pessoa em PB como concordância de objeto. In GALVES, Charlotte; KATO, Mary A.; ROBERTS, Ian (orgs.) *Português brasileiro:* uma segunda viagem diacrônica. Ian. Campinas: Editora da UNICAMP, 2019a, pp. 151-72.

_____. "Remarks on finite control and hyper-raising in Brazilian Portuguese". *Journal of Portuguese Linguistics* 18, 2019b, pp. 1-50.

_____. "Especificação morfológica de pronomes nominativos, concordância verbal e sujeitos nulos em português brasileiro". *Fórum Linguístico* 17, n.º especial, 2020a, pp. 4658-72.

_____. "Hiperalçamento em português brasileiro". *Cuadernos de la ALFAL* 14, 2020b, pp. 199-227.

REFERÊNCIAS BIBLIOGRÁFICAS

_____. "Edge features and multiple *wh*-questions". *Cadernos de Linguística* 2, 2021a, pp. 1-29.
_____. "On the locus and licensing of edge features". *Glossa* 6, 2021b, pp. 1-35.
_____; Kato, Mary A. Approaching "topic-subjects" in Brazilian Portuguese from below. In Rodrigues, Cilene; Saab, Andrés (orgs.) *Formal Approaches to Languages of South America*. New York: Springer, a sair.
_____; Raposo, Eduardo Paiva. Are non-trivial chains needed for feature checking? Evidence from Portuguese infinitives. Trabalho apresentado no Going Romance 1997, University of Gronigen, 1997.
_____; _____. Portuguese Inflected infinitivals and the configurations for feature checking. Trabalho apresentado no GLOW 21 (Generative Linguistics in the Old World), Universiteit van Tilburg, 1998.
_____; Santos, Raquel S. Stress shift as a diagnostics for identifying empty categories in Brazilian Portuguese. In Nunes, Jairo (org.) *Minimalist Essays on Brazilian Portuguese Syntax*. Amsterdam/Philadelphia: John Benjamins, 2009, pp. 121-36.
_____; Ximenes, Cristina. Prepositional contractions and morphological sideward movement in Brazilian Portuguese. In Nunes, Jairo (org.) *Minimalist Essays on Brazilian Portuguese Syntax*. Amsterdam/Philadelphia: John Benjamins, 2009, pp. 191-214.
_____; Zocca, Cynthia. Lack of morphological identity and ellipsis resolution in Brazilian Portuguese. In Nunes, Jairo (org.) *Minimalist Essays on Brazilian Portuguese Syntax*. Amsterdam/Philadelphia: John Benjamins, 2009, 215-36.
Oliveira e Silva, Giselle. "Variação no sistema possessivo de terceira pessoa". *Tempo Brasileiro* 78/79, 1984, pp. 54-72.
Oliveira, Ireniza. *They Are Really Tough, But Also Middle:* diferentes estruturas para sentenças com predicado *tough*. Campinas, 2009. Tese (Doutorado) – Universidade Estadual de Campinas.
Oliveira, Marilza de. *Respostas assertivas e sua variação nas línguas românicas*: o seu papel na aquisição. Campinas, 1996. Tese (Doutorado) – Universidade Estadual de Campinas.
Omena, Nelise. *Pronome pessoal de terceira pessoa*: suas formas variantes em função acusativa. Rio de Janeiro, 1978. Dissertação (Mestrado) – Pontifícia Universidade Católica do Rio de Janeiro.
_____; Braga, Maria Luísa. *A gente* está se gramaticalizando?. In Macedo, Alzira; Roncaratti, Cláudia; Mollica, Maria Cecília (orgs.) *Variação e discurso*. Rio de Janeiro: Tempo Brasileiro, 1996, pp. 75-84.
Othero, Gabriel. "Revisitando o status do pronome *cê* no português brasileiro". *Revista de Estudos da Linguagem* 21, 2013, 135-56.
Pagotto, Emilio. Clíticos, mudança e seleção natural. In Roberts, Ian; Kato, Mary A. (orgs.) *Português brasileiro:* uma viagem diacrônica. Campinas: Editora da UNICAMP, 1993, pp. 185-206.
Panitz, Ezekiel. *Argument Ellipsis and Strong Islands*. Londres, 2018. Tese (Doutorado) – University College London.
Paredes Silva, Vera. "Variação e funcionalidade no uso de pronomes de 2ª pessoa do singular no português carioca". *Revista de Estudos da Linguagem* 7, 1998, pp. 121-38.
_____. O retorno do pronome *tu* à fala carioca. In Roncarati, Cláudia; Abraçado, Jussara (orgs.) *Português brasileiro:* contato lingüístico, heterogeneidade e história. Rio de Janeiro: Sete Letras, 2003, pp. 160-69.
Pereira, Bruna. "Feature interpretability and the positions of 2nd person possessives in dialectal Brazilian Portuguese". *Filologia e Linguística Portuguesa* 18, 2016, pp. 199-229.
Pereira, Sandra. *Gramática comparada de* a gente: variação no português europeu. Lisboa, 2003. Dissertação (Mestrado) – Universidade de Lisboa.
Pereira, Sílvia. *O marcador de negação metalinguística agora nos dialectos do português europeu*. Lisboa, 2010. Dissertação (Mestrado) – Universidade de Lisboa.
_____. "*Àgora* no dialecto minhoto". *Estudos de Lingüística Galega* 5, 2013, pp. 105-26
Peres, João Andrade. Concordância negativa através de fronteiras frásicas. In *Actas do X Encontro Nacional da Associação Portuguesa de Linguística (Évora 1994)*. Lisboa: Associação Portuguesa de Linguística, 1995, pp. 435-51.
_____. Extending the notion of negative concord. In Forget, Danielle; Hirschbühler, Paul; Martineau, France; Rivero, Maria-Luisa (orgs.) *Negation and Polarity*: Syntax and Semantics. Amsterdam/Philadelphia: John Benjamins, 1997, pp. 289-310.
_____. Aspetos gerais da negação. In Raposo, Eduardo Paiva; Bacelar do Nascimento, Maria Fernanda; Mota, Maria Antónia; Segura, Luísa; Mendes, Amália (orgs.) *Gramática do português*. Lisboa: Fundação Calouste Gulbenkian, 2013, pp. 461-98.
_____; Móia, Telmo. *Áreas críticas da língua portuguesa*. Lisboa: Caminho, 1995.
Perini, Mário. *A Grammar of Portuguese Infinitives.* Austin, 1974. Tese (Doutorado) – University of Texas.
_____. "O surgimento do sistema possessivo do português coloquial: uma abordagem funcional". *D.E.L.T.A.* 1, 1985, pp. 1-16.

PERLMUTTER, David. *Deep and Surface Constraints in Syntax*. New York: Holt, Rinehart & Winston, 1971.
PETERSEN, Carol. "A tripartição pronominal e o estatuto das formas *cê, ocê* e *você*". *D.E.L.T.A.* 24, 2008, pp. 283-308.
PETERSEN, Maria Carolina. *O licenciamento do sujeito nulo em orações subjuntivas no português brasileiro*: contribuições para a teoria de controle por movimento. São Paulo, 2011. Dissertação (Mestrado) – Universidade de São Paulo.
PILATI, Eloisa. *Aspectos sintáticos e semânticos das orações com ordem verbo-sujeito no português do Brasil*. Brasília, 2006. Tese (Doutorado) – Universidade de Brasília.
PINTO, Clara. *Negação metalinguística e estruturas com nada no português europeu*. Lisboa, 2010. Dissertação (Mestrado) – Universidade de Lisboa.
_____. "Polarity, expression of degree and negation: The vernacular form caraças". *Estudos de Lingüística Galega* 12, 2020, 115-39.
PIRES, Acrisio. *The Minimalist Syntax of Defective Domains*. Amsterdam/Philadelphia: John Benjamins, 2006.
_____; TAYLOR, Heather. The syntax of wh-in-situ and common ground. In ELLIOTT, Malcolm; KIRBY, James; SAWADA, Osamu; STARAKI, Eleni; YOON, Suwon (orgs.) *Proceedings from the 43rd Annual Meeting of the Chicago Linguistic Society*. Chicago: Chicago Linguistic Society, 2007, pp. 201-15PIRES DE OLIVEIRA, Roberta; ROTHSTEIN, Susan. "Bare singular noun phrases are mass in Brazilian Portuguese". *Lingua* 121, 2011, 2153-75.
POLLOCK, Jean-Yves. "Verb movement, UG and the structure of IP". *Linguistic Inquiry* 20, 1989, 365-424.
PONTES, Eunice. *O tópico no português do Brasil*. Campinas: Pontes, 1987.
QUICOLI, Antonio Carlos. *The Structure of Complementation*. Ghent: E. Story-Scientia, 1982.
RAMOS, Jânia. O uso das formas *você, ocê* e *cê* no dialeto mineiro. In DA HORA, Dermeval (org.) *Diversidade lingüística no Brasil*. João Pessoa: Idéia, 1996, pp. 43-60.
_____. A alternância entre "não" e "num" no dialeto mineiro: Um caso de mudança linguística. In RAMOS, Jânia; COHEN, Maria Antonieta (orgs.) *Dialeto mineiro e outras falas:* estudos de variação e mudança linguística. Belo Horizonte: FALE/UFMG, 2002, pp. 155-67.
RAPOSO, Eduardo Paiva. "Some asymmetries in the binding theory in Romance". *The Linguistic Review* 5, 1985, pp. 75-110.
_____. On the null object construction in European Portuguese. In JAEGGLI, Osvaldo; SILVA-CORVALÁN, Carmen (orgs.) *Studies in Romance Linguistics*. Dordrecht: Foris, 1986, pp. 373-90.
_____. "Case theory and Infl-to-Comp: The inflected infinitive". *Linguistic Inquiry* 18, 1987a, 85-109.
_____. Romance infinitival clauses and Case Theory. In NEIDLE, Carol; NÚÑEZ-CEDEÑO, Rafael (orgs.) *Studies in Romance languages*. Dordrecht: Foris, 1987b, pp. 237-49.
_____. Prepositional infinitival constructions in European Portuguese. In JAEGGLI, Osvaldo; SAFIR, Kenneth (orgs.) *The Null Subject Parameter*. Dordrecht: Kluwer, 1989, pp. 277-305.
_____. Affective operators and clausal structure in European Portuguese and European Spanish. Trabalho apresentado no 24th Linguistic Symposium on Romance Languages, University of California at Los Angeles, 1994.
_____. Próclise, ênclise e posição do verbo em português europeu. In SANTOS, João Camilo dos; WILLIAMS, Frederick (orgs.) *O amor das letras e das gentes* - In Honor of Maria de Lourdes Belchior Pontes. Santa Barbara: University of California at Santa Barbara, 1995, pp. 455-81.
_____. Definite/zero alternations in Portuguese: Towards a unification of topic constructions. In SCHWEGLER, Armin; TRANEL, Bernard; URIBE-ETXEBARRIA, Myriam (orgs.) *Romance Linguistics: Theoretical Perspectives*. Amsterdam/Philadelphia: John Benjamins, 1998a, pp. 197-212.
_____. "Some observations on the pronominal system of Portuguese". *Catalan Woking Papers in Linguistics* 6, 1998b, 59-93.
_____. Clitic positions and verb movement. In COSTA, João (org.) *Portuguese Syntax*: New Comparative Studies. Oxford/New York: Oxford University Press, 2000, pp. 266-97.
_____. Pronomes. In RAPOSO, Eduardo Paiva; BACELAR DO NASCIMENTO, Maria Fernanda; MOTA, Maria Antónia; SEGURA, Luísa; MENDES, Amália (orgs.) *Gramática do português*. Lisboa: Fundação Calouste Gulbenkian, 2013, pp. 881-918.
_____; URIAGEREKA, Juan. Two types of small clauses. In CARDINALETTI, Anna; GUASTI, Maria Teresa (orgs.) *Small Clauses*. New York: Academic Press, 1995, pp. 179-206.
_____; _____. "Indefinite SE". *Natural Language and Linguistic Theory* 14, 1996, pp. 749-810.
RESENES, Mariana. *A sintaxe das construções semiclivadas e pseudoclivadas do português brasileiro*. São Paulo, 2014. Tese (Doutorado) – Universidade de São Paulo.
RIBEIRO, Ilza. A formação dos tempos compostos: A evolução histórica das formas *ter, haver* e *ser.* In ROBERTS, Ian; KATO, Mary A. (orgs.) *Português brasileiro:* uma viagem diacrônica. Campinas: Editora da UNICAMP, 1993, pp. 343-86.

_____. *A sintaxe da ordem no português arcaico*: o efeito V2. Campinas, 1995a. Tese (Doutorado) – Universidade Estadual de Campinas.

_____. Evidence for a verb-second phase in Old Portuguese. In Battye, Adrian; Roberts, Ian (orgs.) *Clause Structure and Language Change*. Oxford: Oxford University Press, 1995b, pp. 110-39.

Ribeiro, Maria Raquel. *As ocorrências da forma de gerúndio na variedade padrão e numa variedade dialectal do português europeu*. Lisboa, 2002. Dissertação (Mestrado) – Universidade Nova de Lisboa.

Rinke, Esther. Does animacy matter for the realization of null objects in European Portuguese? Evidence from monolingual and bilingual language acquisition and use. Trabalho apresentado no International Meeting on Null Objects from a Crosslinguistic and Developmental Perspective, Universidade do Minho, 2021.

_____; Flores, Cristina; Barbosa, Pilar. "Null objects in the spontaneous speech of monolingual and bilingual speakers of European Portuguese". *Probus* 30, 2018, pp. 93-120.

Rio-Torto, Graça. Derivação. In Raposo, Eduardo Paiva; Bacelar do Nascimento, Maria Fernanda; Mota, Maria Antónia; Segura, Luísa; Mendes, Amália; Andrade, Amália (orgs.) *Gramática do português*. Lisboa: Fundação Calouste Gulbenkian, 2020, pp. 3029-149.

Roberts, Ian. A deletion analysis of null subjects. In Biberauer, Theresa; Holmberg, Anders; Roberts, Ian; Sheehan, Michelle (orgs.) *Parametric Variation*: Null Subjects in Minimalist Theory. Cambridge: Cambridge University Press, 2010, pp. 58-87.

Rocha, Paula da. "Que adiar a formatura o quê; já tô entregando o TCC": Um estudo sobre as construções [que mané X], [que X o quê] e [que X que nada] do português brasileiro. Rio de Janeiro, 2021. Trabalho de conclusão de curso, Universidade Federal do Rio de Janeiro.

Rodrigues, Cilene. Morphology and null subjects in Brazilian Portuguese. In Lightfoot, David (org.) *Syntactic Effects of Morphological Change*. Oxford: Oxford University Press, 2002, pp. 160-78.

_____. *Impoverished Morphology and A-movement out of Case Domains*. College Park, 2004. Tese (Doutorado) – University of Maryland.

_____. Possessor raising through thematic positions. In Hornstein, Norbert; Polinsky, Maria (orgs.) *The Movement Theory of Control*. Amsterdam/Philadelphia: John Benjamins, 2010, 119-46.

_____. "Estruturas com alçamento de possuidor e a restrição de entidade afetada: evidência para controle como movimento". *Cuadernos de la ALFAL* 14.2, 2020, 228-50.

Rodrigues, Erica. *O processamento da concordância de número entre sujeito e verbo na produção de sentenças*. Rio de Janeiro, 2006. Tese (Doutorado) – Pontifícia Universidade Católica do Rio de Janeiro.

Rodygina, Olga. *Colocação dos pronomes átonos nas orações infinitivas no português europeu*. Braga, 2009. Dissertação (Mestrado) – Universidade do Minho.

Rooryck, Johan; Costa, João. Pseudo-raising. In Rooryck, Johan; *Configurations of Sentential Complementation*: Perspectives from Romance languages. London/New York: Routledge, 2000, pp. 54-72.

Ross, John R. *Constraints on Variables in Syntax*. Cambridge, MA, 1967. Tese (Doutorado) – Massachusetts Institute of Technology.

_____. Pronoun deleting processes in German. Trabalho apresentado no Annual Meeting of the Linguistic Society of America, San Diego, 1982.

Saab, Andrés. On the notion of partial (non-) *pro*-drop in Romance. In Kato, Mary A.; Ordóñez, Francisco (orgs.) *The Morphosyntax of Portuguese and Spanish in Latin America*. Kato, Mary A.; Ordóñez, Francisco. Oxford: Oxford University Press, 2016, pp. 49-77.

Salles, Heloisa. *Prepositions and the Syntax of Complementation*. Bangor, 1997. Tese (Doutorado) – University of Wales.

Sândalo, Maria Filomena; Truckenbrodt, Hubert. "Some notes on phonological phrasing in Brazilian Portuguese". *MIT Working Papers in Linguistics* 42, 2002, 285-310.

Santos, Ana Lúcia. *O particípio absoluto em português e em outras línguas românicas*. Lisboa, 1999. Dissertação (Mestrado) – Universidade de Lisboa.

_____. Answers to yes/no questions and clitic placement: the question of adverbs. In Gonçalves, Anabela; Correia, Clara (orgs.) *Actas do XVII Encontro Nacional da Associação Portuguesa de Linguística*. Lisboa: Associação Portuguesa de Linguística, 2002, pp. 445-55.

_____. "The acquisition of answers to yes/no questions in Portuguese: Syntactic, discourse and pragmatic factors". *Journal of Portuguese Linguistics* 2, 2003, pp. 61-91.

_____. *Minimal Answers: Ellipsis, Syntax and Discourse in the Acquisition of European Portuguese*. Amsterdam/Philadelphia: John Benjamins, 2009.

Santos, Leticia. *Estruturas finitas de repetição verbal em português brasileiro*. São Paulo, 2018. Dissertação (Mestrado) – Universidade de São Paulo.

Santos, Raquel S. "Categorias sintáticas vazias e retração de acento em português Brasileiro". *D.E.L.T.A.* 18, 2002, 67-86.

_____. "Traces, pro and stress retraction in Brazilian Portuguese". *Journal of Portuguese Linguistics* 2, 2003, pp. 101-13.
SARAIVA, Maria Elizabeth. *O SN nu objeto em português*: um caso de incorporação semântica e sintática. Belo Horizonte, 1996. Tese (Doutorado) – Universidade Federal de Minas Gerais.
_____. *"Buscar menino no colégio"*: a questão do objeto incorporado em português. Campinas: Pontes, 1997.
SCHER, Ana Paula. *As construções com dois complementos no inglês e no português do Brasil*: um estudo sintático comparativo. Campinas, 1996. Dissertação (Mestrado) – Universidade Estadual de Campinas.
SCHERRE, Maria Marta. *Reanálise da concordância nominal em português*. Rio de Janeiro, 1988. Tese (Doutorado) – Universidade Federal do Rio de Janeiro.
_____. "Aspectos da concordância de número no português do Brasil". *Revista Internacional de Língua Portuguesa* 12, 1994, 37-49.
_____. Norma e uso: O imperativo no português brasileiro. In DIETRICH, Wolf; NOLL, Volker (orgs.) *O português do Brasil:* perspectivas da pesquisa atual. Madrid: Iberoamericana, 2004, pp. 231-60.
_____. "Aspectos sincrônicos e diacrônicos do imperativo gramatical no português brasileiro". *Alfa* 51, 2007, pp. 189-222.
_____; CARDOSO, Daisy; LUNGUINHO, Marcus; SALLES, Heloisa. "Reflexões sobre o imperativo em português". *D.E.L.T.A.* 23, nº especial, 2007, pp. 193-241.
_____; NARO, Anthony. "Restrições sintáticas e semânticas no controle da concordância verbal em português". *Fórum Lingüístico* 1, 1998a, 54-71.
_____; _____. Sobre a concordância de número no português falado do Brasil. In RUFFINO, Giovanni (org.) *Atti del XXI Congresso Internazionale di Linguistica e Filologia Romanza*. Tübingen: Niemeyer, 1998b, pp. 509-23.
_____; DUARTE, Maria Eugênia. Main current processes of morphosyntactic variation. In WETZELS, Leo; COSTA, João; MENUZZI, Sergio (orgs.) *Handbook of Portuguese Linguistics*. Malden: Wiley Blackwell, 2016, pp. 526-44.
SCHMITT, Cristina; MUNN, Alan. Against the nominal mapping parameter: Bare nouns in Brazilian Portuguese. In TAMANJI, Pius, HIROTANI, Masako; HALL, Nancy (orgs.) *Proceedings of NELS 29*. Amherst: University of Massachusetts, 1999, pp. 339-53.
_____; _____. "The syntax and semantics of bare arguments in Brazilian Portuguese". *Linguistic Variation Yearbook* 2, 2002, 185-216.
SEGURA, Luísa. Variedades dialetais do português europeu. In RAPOSO, Eduardo Paiva; BACELAR DO NASCIMENTO, Maria Fernanda; MOTA, Maria Antónia; SEGURA, Luísa; MENDES, Amália (orgs.) *Gramática do português*. Lisboa: Fundação Calouste Gulbenkian, 2013, pp. 85-142.
SELL, Fabíola. *As interrogativas do português brasileiro*: Perguntas e respostas. Florianópolis,, 2003. Tese (Doutorado) – Universidade Federal de Santa Catarina.
SELPH, Blake. *Vós, vocês and the Null Subject in European Portuguese*. Lisboa, 2021. Dissertação (Mestrado) – Universidade de Lisboa.
SHEEHAN, Michelle. Subjects, null subjects and expletives. In FISCHER, Susann; GABRIEL, Christoph (orgs.) *Manual of Grammatical Interfaces in Romance*. Berlin/Boston: DeGruyter, 2016, pp. 329-62.
SILVA, Gláucia. *Word Order in Brazilian Portuguese*. Berlin/Boston: De Gruyter Mouton, 2013.
SILVA-VILLAR, Luis. Subject positions and the roles of CP. In SCHWEGLER, Armin; TRANEL, Bernard; URIBE-ETXEBARRIA, Myriam (orgs.) *Romance Linguistics - Theoretical Perspectives*. Amsterdam/Philadelphia: John Benjamins, 1998, pp. 247-70.
SIMIONI, Leonor. "The relationship among subject positions, focus, and agreement in passive constructions in Brazilian Portuguese". *Estudos da Língua(gem)* 8, 2010, 173-87.
_____. *Concordância em construções passivas como argumentos pré- e pós verbais e incorporação de nomes nus no PB*. São Paulo, 2011. Tese (Doutorado) – Universidade de São Paulo.
SIMÕES, Luciene. *Sujeito nulo na aquisição do português brasileiro*: um estudo de caso. Porto Alegre, 1997. Tese (Doutorado) – Pontifícia Universidade Católica do Rio Grande do Sul.
_____. "Sujeito nulo na aquisição do português do Brasil". *Cadernos de Estudos da Linguagem* 36, 1999, pp. 105-30.
SÓRIA, Maíra. *Nós, a gente e o sujeito nulo de primeira pessoa do plural*. Lisboa, 2013. Dissertação (Mestrado) – Universidade de Lisboa.
TARALLO, Fernando. *Relativization Strategies in Brazilian Portuguese*. Filadélfia, 1983. Tese (Doutorado) – University of Pennsylvania.
_____; KATO, Mary A. *Harmonia trans-sistêmica:* variação intra- e inter-linguística. Campinas: Preedição, 1989.
TAYLOR, Michael. "On the pronominal status of Brazilian Portuguese *a gente*". *New York University Working Papers in Linguistics* 2, 2009, pp. 1-36.

REFERÊNCIAS BIBLIOGRÁFICAS

TEIXEIRA DE SOUSA, Lílian. *Sintaxe e interpretação de negativas sentenciais no português brasileiro.* Campinas, 2012. Tese (Doutorado) – Universidade Estadual de Campinas.
_____. "Three types of negation in Brazilian Portuguese". *Lingua* 159, 2015, pp. 27-46.
_____. "O sistema responsivo do português brasileiro". *Diadorim* 22, 2020, 497-515.
TESCARI NETO, Aquiles. *On Verb Movement in Brazilian Portuguese*: A Cartographic Study. Veneza, 2012. Tese (Doutorado) – Università Ca' Foscari di Venezia.
TORRES MORAIS, Maria Aparecida. Aspectos diacrônicos do movimento do verbo, estrutura da frase e caso nominativo no português do Brasil. In ROBERTS, Ian; KATO, Mary A. (orgs.) *Português brasileiro: uma viagem diacrônica.* Campinas: Editora da UNICAMP, 1993, pp. 263-306.
_____. *Os dativos.* São Paulo, 2007. Tese (Livre-Docência) – Universidade de São Paulo.
_____; BERLINCK, Rosane. "Eu disse pra ele" ou "Disse-lhe a ele": A expressão do dativo nas variedades brasileira e europeia do português. In CASTILHO, Ataliba de; TORRES MORAIS, Maria Aparecida; LOPES, Ruth; CYRINO, Sonia (orgs.) *Descrição, aquisição e história do português brasileiro.* Campinas: Pontes/FAPESP, 2007, 61-83.
_____; SALLES, Heloisa. "Parametric change in the grammatical encoding of indirect objects in Brazilian Portuguese". *Probus* 22, 2010, 181-209.
_____; _____. The external possessor construction in European Portuguese and Brazilian Portuguese. In KATO, Mary A.; ORDÓÑEZ, Francisco (orgs.) *The Morphosyntax of Portuguese and Spanish in Latin America.* Oxford: Oxford University Press, 2016, pp. 204-35.
URIAGEREKA, Juan. An F position in Western Romance. In KISS, Katalin (org.) *Discourse Configurational Languages.* Oxford: Oxford University Press, 1995a, pp. 153-75.
_____. "Aspects of the syntax of clitic placement in Western Romance". *Linguistic Inquiry* 26, 1995b, pp. 79-123.
_____. A peripheral pleonastic in Western Iberian. Trabalho apresentado em *EXPLetive Subjects in Romance and Germanic languages.* University of Konstanz, 2004.
VASCONCELOS, José Leite de. *Esquisse d'une dialectologie portugaise.* Paris: Aillaud & Cie, 1901.
VELOSO, Rita. Subordinação relativa. In RAPOSO, Eduardo Paiva; BACELAR DO NASCIMENTO, Maria Fernanda; MOTA, Maria Antónia; SEGURA, Luísa; MENDES, Amália (orgs.) *Gramática do português.* Lisboa: Fundação Calouste Gulbenkian, 2013, pp. 2061-136.
VERCAUTEREN, Aleksandra. *Como é que é com o é que?* Análise de estruturas com *é que* em variedades não standard do português europeu. Lisboa, 2010. Dissertação (Mestrado) – Universidade Nova de Lisboa.
_____. *A Conspiracy Theory for Clefts: The Syntax and Interpretation of Cleft Constructions.* Lisboa/Ghent, 2015. Tese (Doutorado) – Universidade Nova de Lisboa/University of Ghent.
VERGNAUD, Jean-Roger. "Letter to Noam Chomsky and Howard Lasnik on 'Filters and Control', April 17, 1977". In FREIDIN, Robert; OTERO, Carlos; ZUBIZARRETA, Maria Luisa (orgs.) *Foundational Issues in Linguistic Theory:* Essays in Honor of Jean-Roger Vergnaud. Cambridge, Mass: MIT Press, 2008, pp. 3-16.
VIANNA, Juliana. *A concordância de nós e a gente em estruturas predicativas na fala e na escrita carioca.* Rio de Janeiro, 2006. Dissertação (Mestrado) – Universidade Federal do Rio de Janeiro.
VICENTE, Helena. *O quantificador flutuante "todos" no português brasileiro e no inglês:* uma abordagem gerativa. Brasília, 2006. Tese (Doutorado) – Universidade de Brasília.
VIGÁRIO, Marina. *The Prosodic Word in European Portuguese.* Berlin: Mouton de Gruyter, 2003.
VILLALVA, Alina. *Estruturas morfológicas - unidades e hierarquias nas palavras do português.* Lisboa: Fundação Calouste Gulbenkian/FCT, 2000.
_____. Estrutura morfológica básica. In MATEUS, Maria Helena Mira; BRITO, Ana Maria; DUARTE, Inês; FARIA, Isabel; FROTA, Sónia; MATOS, Gabriela; OLIVEIRA, Fátima; VIGÁRIO, Marina; VILLALVA, Alina (orgs.) *Gramática da língua portuguesa.* Lisboa: Caminho, 2003, pp. 917-38.
_____. Composição. In RAPOSO, Eduardo Paiva; BACELAR DO NASCIMENTO, Maria Fernanda; MOTA, Maria Antónia; SEGURA, Luísa; MENDES, Amália; ANDRADE, Amália (orgs.) *Gramática do português.* Lisboa: Fundação Calouste Gulbenkian, 2020, pp. 3151-210.
VIOTTI, Evani. "Uma história para *ter* e *haver*". *Cadernos de Estudos Lingüísticos* 34, 1998, pp. 41-50.
_____. *A sintaxe das sentenças existenciais no português do Brasil.* São Paulo, 1999. Tese (Doutorado) – Universidade de São Paulo.
_____. "O Caso *default* no português do Brasil: Revisitando o Caso dos inacusativos". *Revista Estudos da Linguagem* 13, 2005, 53-71.
_____. Ordem VS no português brasileiro: Questionando a existência de expletivos nulos. In CASTILHO, Ataliba de; TORRES MORAIS, Maria Aparecida; LOPES, Ruth; CYRINO, Sonia (orgs.) *Descrição, aquisição e história do português brasileiro.* Campinas: Pontes/FAPESP, 2007, pp. 131-58.
VITRAL, Lorenzo. "A forma *cê* e a noção de gramaticalização". *Revista Estudos da Linguagem* 4, 1996, pp. 115-124.
_____. "A negação: Teoria da checagem e mudança lingüística". *D.E.L.T.A.* 15, 1999. 57-84.

WALL, Albert. *Bare Nominals in Brazilian Portuguese* – An integral approach. Amsterdam/Philadelphia: John Benjamins, 2017.
WEINGART, Anja. *Anaphoric Dependencies in Spanish and European Portuguese:* A Minimalist Analysis. Göttingen, 2020. Tese (Doutorado) – Georg-August-Universität Göttingen.
WHEELER, Dana. Portuguese pseudo-clefts: Evidence for free relatives. In TUITE, Kevin; SCHEIDER, Robinson; CHAMETZKY, Robert (orgs.) *Papers from the Eighteenth Regional Meeting of the Chicago Linguistic Society*. Chicago: University of Chicago, 1982, pp. 507-20.
WHITAKER-FRANCHI, Regina. *As construções ergativas*: um estudo semântico e sintático. Campinas, 1989. Dissertação (Mestrado) – Universidade Estadual de Campinas.
WIEDEMER, Marcos. *Variação e gramaticalização no uso de preposições em contextos de verbo de movimento no português brasileiro*. São José do Rio Preto, 2013. Tese (Doutorado) – Universidade Estadual Paulista.
WILLIAMS, Edwins. *From Latin to Portuguese* – Historical Phonology and Morphology of the Portuguese Language. Philadelphia, PA: University of Philadelphia Press, 1938.
XIMENES, Cristina. *Contração de preposição em estruturas coordenadas*. Campinas, 2002. Dissertação (Mestrado) – Universidade Estadual de Campinas.
____ ; NUNES, Jairo. Contraction and duplication of prepositions in coordinated structures in Brazilian Portuguese. In CHAND, Vinneta; KELLEHER, Ann; RODRIGUEZ, Angelo; SCHMEISER, Benjamin (orgs.) *WCFFL 23*: Proceedings of the 23rd West Coast Conference on Formal Linguistics. Somerville: Cascadilla Press, 2004, pp. 815-28.
ZILLES, Ana. "The development of a new pronoun: The linguistic and social embedding of *a gente* in Brazilian Portuguese". *Language Variation and Change* 17, 2005, pp. 19-53.
ZOCCA, Cynthia. *O que não está lá?* Um estudo sobre morfologia flexional em elipses. Campinas, 2003. Dissertação (Mestrado) – Universidade Estadual de Campinas.

Fontes

CORDIAL-SIN. Corpus Dialetal para o Estudo da Sintaxe/Syntax-oriented Corpus of Portuguese Dialects, coordenado por Ana Maria Martins, CC licensed: CORDIAL-SIN by Centro de Linguística da Universidade de Lisboa.
http://clul.ulisboa.pt/recurso/cordial-sin-syntax-oriented-corpus-portuguese-dialects.
Também disponível (com áudio) em: http://corpora.ugr.es/synapse/index.php?action=home

CRPC. Corpus de Referência do Português Contemporâneo, do Centro de Linguística da Universidade de Lisboa.
https://clul.ulisboa.pt/projeto/crpc-corpus-de-referencia-do-portugues-contemporaneo.
Buscas com CPQweb (http://alfclul.clul.ul.pt/CPQweb) e TEITOK (http://teitok.clul.ul.pt/teitok/crpcoral/).

AUTORES

Mary A. Kato. Professora Titular aposentada da Universidade Estadual de Campinas. Coorganizadora (com Ian Roberts) de *Português brasileiro: Uma viagem diacrônica* (1993, Editora da UNICAMP; 2017, Contexto), coorganizadora (com Esmeralda Negrão) de *Brazilian Portuguese and the Null Subject Parameter* (2000, Vervuert), coorganizadora (com Francisco Ordóñez) de *The Morphosyntax of Portuguese and Spanish in Latin America* (2016, Oxford University Press), coorganizadora (com Charlotte Galves e Ian Roberts) de *Português brasileiro: Uma segunda viagem diacrônica* (2019, Editora da UNICAMP) e coautora (com Ana Maria Martins e Jairo Nunes) de *The Syntax of Portuguese* (no prelo, Cambridge University Press)

Ana Maria Martins. Professora Catedrática, Universidade de Lisboa, Faculdade de Letras, Centro de Linguística. Autora de *Documentos do Noroeste e da Região de Lisboa. Da produção primitiva ao século XVI* (2001, Imprensa Nacional – Casa da Moeda), coorganizadora (com Ernestina Carrilho) de *Manual de Linguística Portuguesa* (2016, DeGruyter), coorganizadora (com Adriana Cardoso) de *Word Order Change* (2018, Oxford University Press), coautora (com Mary A. Kato e Jairo Nunes) de *The Syntax of Portuguese* (no prelo, Cambridge University Press), coeditora do periódico *Estudos de Lingüística Galega* e coordenadora do CORDIAL-SIN (Corpus Dialetal para o Estudo da Sintaxe, Centro de Linguística da Universidade de Lisboa).

Jairo Nunes. Professor Titular da Universidade de São Paulo. Autor de *Linearization of Chains and Sideward Movement* (2004, MIT Press), coautor (com Norbert Hornstein e Kleanthes K. Grohman) de *Understanding Minimalism* (2005, Cambridge University Press), coorganizador (com Norbert Corver) de *The Copy Theory of Movement* (2007, John Benjamins), organizador de *Minimalist Essays on Brazilian Portuguese Syntax* (2009, John Benjamins), coautor (com Cedric Boeckx e Norbert Hornstein) de *Control as Movement* (2010, Cambridge University Press), coautor (com Mary A. Kato e Ana Maria Martins) de *The Syntax of Portuguese* (no prelo, Cambridge University Press) e coeditor do periódico *Probus* (De Gruyter).

GRÁFICA PAYM
Tel. [11] 4392-3344
paym@graficapaym.com.br